钱锺書集

錢鍾書集

管錐編

（三）

生活·讀書·新知 三聯書店

圖書在版編目（CIP）數據

錢鍾書集：管錐編（三）／錢鍾書著. —2 版. —北京：生活·讀書·
新知三聯書店，2007.10 （2022.8 重印）
ISBN 978 – 7 – 108 – 02750 – 4

Ⅰ.錢… Ⅱ.錢… Ⅲ.①錢鍾書（1910 ~ 1998）– 文集
②社會科學 – 文集 Ⅳ.C52

中國版本圖書館 CIP 數據核字（2007）第 086086 號

書名題簽 錢鍾書 楊 絳

特約編輯 趙秀亭
責任編輯 孫曉林 馮金紅
裝幀設計 陸智昌
責任印制 董 歡
出版發行 **生活·讀書·新知** 三聯書店
（北京市東城區美術館東街 22 號）
郵 編 100010

目　次

全上古三代秦漢三國六朝文 一四〇則

"解酲以酒"

目 次

妒而行間——家書——"有見"與"無見"——能作與能評

目 次

全上古三代秦漢三國六朝文

一四〇則

一　總　敍

嚴可均《總敍》："唐以前要當有總集，斯事體大，是不才之責也。"按王毓藻據嚴氏手稿，刊行此書，《序》言："點竄塗乙，丹墨紛如，皆廣文手筆，因憶俞氏《癸巳存稿》有《目録識語》，……謂此實陽湖孫淵如觀察之力，而鐵橋廣文籤寫裁貼成之，蓋未審也。"蓋指俞正燮《癸巳存稿》卷一二《〈全上古至隋文〉目録不全本識語》："實陽湖孫淵如觀察之力。……鐵橋搜校古書金石，補至十分之一。"李詳《媿生叢録》卷二仍主俞説，據《李申耆先生年譜》及《孫淵如先生年譜》，斷言嚴氏"攘美"。甚矣好奇而偏聽也！李兆洛譜稱孫星衍始輯唐以前文，兆洛終其事，而孫星衍譜稱孫兄弟與嚴氏同輯；一則不及嚴，一則不及李。李氏渾不覺二譜之牴牾。祇怪孫書"已寫有定本，何以海内絶無流傳"而讓嚴書"巋然獨存"；且亦知李譜"容有附會"，却未嘗一檢嚴氏撰著。不明清於單辭，斯不中於兩辭矣。嚴氏《鐵橋類稿》卷三《上提學陳碩士同年書》、《答徐星伯同年書》道草創傍蒐此書之劬，自我作故，非因人成事者；卷四《答孫氏問》面斥孫星衍之不學，僅讀《説文》"開卷四條"、"未治古音"，詞氣輕薄，使果相沾丏，何敢無顧藉乃爾？獨不慮盜傷事主之訶哉？嚴書於古籍之目存而書已亡者，必爲補輯，如桓譚《新論》是；於書尚存而有佚文者，必爲拾遺，如應劭《風俗通》是。而《全三國文》卷七五於楊泉《物理論》不輯隻字，不按片語，一反通例；《全晉文》卷四七輯傅玄《傅子》按語則云："知《意林》所載《傅子》，乃楊泉《物理論》也。"豈非以孫星衍《平津館叢書》中已有《物理論》輯本耶？怵人之先，而復不屑享人之成，舉此可隅反也。嚴、孫或始欲協作，漸即隙末，而嚴不舍以底於大成，孫則中道廢置。故嚴敘絕不道孫，以原有共輯之議，恐人以己爲掠美也；而孫譜必道嚴，亦正以初議共輯而終讓嚴氏獨爲，恐其書成而專美也。俞氏《識語》，當是惑於悠悠之口。嚴氏與陳碩士書極推俞氏"於書無所不窺"，彭元瑞《新五代史補註》實俞草創；是嚴表俞之推善而勿居，而俞幾若誣嚴之冒功而勿讓，笑面之施而得嗔拳之報矣。譚獻《復堂日記》卷五又記吳熹語謂此書出孫星衍手。楊守敬《晦明軒稿》第一册有此書《跋》云："邇來有傳此書爲孫淵如所纂者，謂其言出自吳山尊，是大不然。嚴氏致星伯書，欲得梁永陽王前墓志及隋高麗碑；今此書已有梁墓志文，是星伯録寄。此志海内孤本，孫氏《訪碑録》所未載，尤此書非孫氏作之切證。"其言明且清矣。雖然，俞氏固云，嚴氏補搜占書金石"至十分之一"，尚可解謂梁墓志正在此數中；王氏目驗手稿，庶足息訟，真相白而主名定也。俞氏識語已增補嚴書缺漏數事，後來平步青《樵隱昔寱》卷四《與汪荔牆書》、文廷式《純常子枝語》卷四、卷一〇、楊守敬《晦明軒稿》第二册《補嚴氏古文存序》等各爲拾遺正誤。擷摭未盡，餘地尚多。如開卷之黃帝《兵法》，嚴即漏輯《藝文類聚》卷二《霧》、《虹》、卷六〇《牙》，又《太平御覽》卷二四一

《都尉》、卷三三四《牙》、卷八七八《虹蜺》諸節引文；《全漢文》卷一六賈誼《過秦論》三首入《文選》者祇一首，嚴按語乃謂蕭《選》通採三篇而顛倒其次。"耳目之前尚如此！"誠非妄歎。拾穗靡遺，掃葉都淨，網羅理董，俾求全徵獻，名實相符，猶有待於不恥支離事業之學士焉。

【增訂四】湯壽潛亦嘗欲增補嚴氏此書，曾向繆荃孫借鈔藏拓，見《藝風堂書札》五〇〇頁。

二　全上古三代文卷二

　　武王《机銘》："皇皇唯敬，口生垢，口戕口。"按武王器物諸銘，黄庭堅《豫章黄先生文集》卷二五《題太公〈丹書〉後》始標舉之，洪邁《容齋續筆》卷九繼之，而賞析以爲奇文者，鍾惺、譚友夏《古詩歸》卷一也。《詩歸》録此銘多一"口"字："皇皇惟敬口，口生垢，口戕口"；譚評："四'口'字疊出，妙語"；鍾評："讀'口戕口'三字，悚然骨驚。"明季談者鄙薄竟陵，每指摘《詩歸》以供軒渠，此評亦爲暴謔之資。周亮工《賴古堂集》卷二〇《與林鐵崖》："伯敬、友夏只是好新，落筆遂不顧所安耳。他且勿論，即如《穆天子傳》、《汲冢周書》凡缺類作囗；武王《几銘》'囗戕囗'，亦缺文也。兩君目'囗'爲'口'字，評云云；不知《几銘》與四'口'字何涉，豈三代時便學作鍾、譚詩耶?"周氏復著其説於《書影》卷一，初未省己之以不誤爲誤也。王應奎《柳南隨筆》卷一："《詩歸》評周武王《几銘》，以爲四'口'字疊出妙語，周亮工、錢陸燦皆辨其謬。近見宋板《大戴禮》，乃吾邑秦景暘閲本，是'口'字，並非方孔圈"；嚴元照《蕙櫋雜記》："几者，人君出令所依，故以言語爲戒也；周蓋未嘗讀《禮》。'口生垢'作'口口生垢'，則誤也"；

張宗泰《魯巖所學集》卷八《再跋〈因樹屋書影〉》："編録金石文字，遇有缺文，則以方空代之，而經、傳不聞有此也。武王《几銘》載在《大戴禮・武王踐阼》篇，歷代相傳；乃指數'口'字爲缺文，可乎?"足息三尺喙矣。《大戴禮》盧辯註："'唁'、恥也"，則"口生唁"即《書・説命》之"惟口起羞"。"口戕口"可與本卷武王《筆書》所云"陷文不活"印證；前"口"乃口舌之口，謂言語，後"口"則丁口之口，謂生人。以口興戎，害人殺身，皆"口戕口"，羅隱《言》詩所謂"須信禍胎生利口"，古語雙關之例也。"惟敬"者，惟慎也，戒慎言之《金人銘》即入《説苑・敬慎》篇。又按几固如嚴元照説，乃人君出令所依，故"口"即言語；顧古人食雖據案，而《説文》曰："案、几之屬"，趙懷玉《亦有生齋集・文》卷一一《几席考》謂後世以椅代古之席，以桌代古之几。《全後漢文》卷五〇李尤《几銘》云："昔帝軒轅，仁智恭恕，恐事之有缺，作倚几之法"，蓋即《國語・楚語》上所謂"倚几誦訓"，故"口"乃口舌之"口"；又云："殽仁飯義，枕典席文，道可醉飽，何必清醇!"，則"几"正同案，可據以飲食，"口"復爲口腹之"口"。口腹之"口"，則"生唁"者，"飲食之人，人皆賤之"也，而"戕口"者，"病從口入"、"爛腸之食"也。《易・頤》："慎言語，節飲食"，足以移箋"口戕口"之兩義兼涵矣。

　　武王《盥盤銘》："溺于淵，猶可援也；溺于人，不可救也。"按武王《筆書》亦云："陷水可脱，陷文不活。"以人欲世事，比於"淵"、"水"之足以沉没喪生，後來踵增胎衍，如"禍水滅火"、"宦海風波"等語，不可勝稽。《全唐文》卷八六六楊夔《溺賦》："此則以江以湖，没不可援，今復以非波非濤，溺不可算。……麯糵是惑，沉湎無時，……酒之溺也。……苞藏其戾，矜持其妍，……色之溺也。……溝壑難滿，錐刀必聚，……貪之溺也。……言張其機，笑孕其毒，……權之溺也。……不波而沉，……色曰愛河，……酒曰甘波，……財曰藥江，……權曰狼津。"酒溺一節亦取武王《觴銘》之"沉湎致非，社稷爲危"，不特"没不可援"顯本《盥盤銘》也。釋典流傳，"愛欲海"遂成慣語，然概指貪戀世間法，故王巾《頭陀寺碑文》："愛流成海"，《文選》李善註："言人皆沉於愛河，則妻子財帛也"；楊賦則以專指男女悅好之情。古羅馬名小説寫大海舟沉，人皆淹死，因列舉好勇者戰死，貪口腹者傷食而死，諸如此類，"昧昧思之，人世無地不可覆舟也！"(si bene caculum ponas, ubique naufragium est)[1]；即"不波而沉"之旨。《論語·季氏》之"三戒"爲"色"、"鬥"、"得"，實即色、氣、財而不及酒；《後漢書·楊震傳》記震子秉曰："有三不惑，酒、色、財也"；楊賦始言酒色財權。宋李曾伯《可齋雜稿》卷二有《和清湘蔣省幹〈酒、色、財、氣〉韻》五古四首；真德秀《西山真文忠公集》卷三六《跋章翔卿詩集》："作詩幾三千首，其中有《酒、色、財、氣》四詠，尤足砭世人膏肓"；無名氏《東南紀聞》卷一："韓大倫云：不飲酒，不耽色，不愛財，皆當服行；唯氣之一字不可少屈。"是晚宋又易"權"以"氣"，沿襲至今。宋後賦詠益多，如《樂府羣珠》卷四鄧玉霄《普天樂》分詠酒、色、財、氣四曲，史九敬先《莊周夢》第一折稱爲"四件事無毛大蟲"。明時至見之奏疏，如申時行《召對錄》記萬曆十八年正月朔神宗斥雒於仁上本

---

① Petronius, *Satyricon*, § 115, "Loeb", 244.

曰："先生每看這本説朕酒、色、財、氣，試爲朕評一評"，雒氏四《箴》載於呂毖《明朝小史》卷一四。翟灝《通俗編》卷二二謂"明人增'氣'爲四"，考之未賅也。

【增訂三】黄庭堅《鷓鴣天》："人間底是無波處，一日風波十二時"；最足概括"溺淵"、"陷水"之意。"酒色財氣"連舉，北宋已然。全真教祖王喆生於宋徽宗政和二年，其詞如《黄鶯兒》："酒色纏綿財氣，沉埋人人，都緣四般留住"，又《花心動》："氣財酒色，一齊釀逐"，又《西江月·四害》："堪歎酒色財氣，塵寰被此長迷"（《全金元詞》一六二、一六三、二〇八頁），不具引（一六四、一八一、一八九、二二一、二五七、二六六頁）。《紅窗迴》："便咄了氣財色，遊三昧，却因何不斷香醪"（二三〇頁），即以"香醪"爲"酒"之代詞也。王氏大弟子馬鈺詞亦然（二六八、二七三、二七七、二八一、二八八、二八九、二九三頁等）；《漁家傲》："斷葷戒酒全容易，不戀浮財渾小事。深可畏，輕輕觸著無明起。大抵色心難抛棄"（三〇五頁），則以"無明"爲"氣"之代詞耳。撮合四者以爲滑熟套語，似最先見道流篇什中，殆黄冠始拈此口號耶？《輟耕錄》卷二五《院本名目》舉《諸雜大小院本》中有《酒色財氣》，是元人專以"四般"爲爨弄矣。

【增訂四】明吕坤《呻吟語》卷一《談道》："儒戒聲色貨利，釋戒聲色香味，道戒酒色財氣。"是亦以"酒色財氣"之口號屬諸道流也。

三　全上古三代文卷三

　　樂毅《獻書報燕王》：“齊王逃遁走莒，僅以身免。珠玉財寶，車甲珍器，盡收入燕；大呂陳於元英，故鼎反於歷室，齊器設於寧臺，薊丘之植，植於汶篁。”按《史記·索隱》：“言燕之薊丘所植，植齊王汶上之竹”；古人詫爲倒裝奇句。不乏祖構，如《困學紀聞》卷一七引樓昉《太學策問》言宣和平遼事云：“夷門之植植於燕雲。”周君振甫曰：“不必矯揉牽強，説爲倒裝。末‘於’與前兩‘於’異，即‘以’也，謂：‘薊丘之植，植以汶篁’”；是也。其句法猶《墨子·三辯》：“昔諸侯倦於聽治，息於鐘鼓之樂；士大夫倦於聽治，息於竽瑟之樂；農夫春耕夏耘、秋斂冬藏，息於瓴缶之樂”；第二、四、五“於”與第一、三“於”異，亦“以”也，謂“息以鐘鼓、竽瑟、瓴缶之樂”耳。又有進者。此語逆承前數語；前數語皆先言齊（“大呂”、“故鼎”、“齊器”）而後言燕（“元英”、“歷室”、“寧臺”），此語煞尾，遂變而首言燕（“薊丘”）而次言齊（“汶篁”），錯綜流動，《毛詩》卷論《關雎·序》所謂“丫叉法”（chiasmus）也。聊復舉例，以博其趣。《論語·鄉黨》：“迅雷風烈必變”，《楚辭·九歌·東皇太一》：“吉日兮辰良”，“風”、“辰”近隣“雷”、“日”，

"烈"、"良"遥儷"迅"、"吉"，此本句中兩詞交錯者；《史記·平津侯、主父列傳》載嚴安上書："馳車擊轂"，而《漢書·嚴、朱、吾丘等傳》下作"馳車轂擊"，於義爲長，非徒詞之錯也。《漢書·王莽傳》下："桃湯赭鞭，鞭灑屋壁"；不曰"灑鞭"而曰"鞭灑"，先以"鞭"緊承"赭鞭"，後以"灑"間接"桃湯"。《列子·仲尼》篇："務外游不務内觀，外游者求備於物，内觀者取足於身，取足於身，游之至也，求備於物，游之不至也"；第二、三句於第一句順次申説，第四、五、六、七句於第二、三句逆序申説。王勃《採蓮賦》："畏蓮色之如臉，願衣香分勝荷"，杜甫《朝享太廟賦》："曾何以措其筋力與韜鈐，載其刀筆與喉舌"；王則上句先物後人而下句先人後物，杜適反是。李涉《岳陽别張祐》："龍蛇縱在没泥塗，長衢却爲駑駘設"；上句言才者失所，下句言得位者庸，錯互以成對照。韓偓《亂後却至近甸有感》："關中却見屯邊卒，塞外翻聞有漢村"；"中"雖對"外"，而"塞"比鄰"邊"，"漢"回顧"中"，謂外禦者入内，内屬者淪外，易地若交流然。

【增訂三】王安石《荆文公詩》卷四八《晚春》："春殘葉密花枝少，睡起茶多酒盞疎。""密"與"少"，"多"與"疎"，當句自對，"密"與"多"，"少"與"疎"，成聯相對；而"多"緊承"少"，"疎"遥應"密"，又爲丫叉法。詩律工細，不覺矯揉。

李夢陽《艮嶽篇》："到眼黄蒿元玉砌，傷心錦纜有漁舟"；出語先道今衰、後道昔盛，對語先道昔盛、後道今衰，相形寄慨。韓愈《奉和裴相公東征途經女几山下作》："旗穿曉日雲霞雜，山倚秋空劍戟明"，五百家註引洪興祖曰："一士人云：以我之旗，況彼雲霞；以彼之山，況我劍戟。詩家謂之‘迴鸞舞鳳格’”；實亦丫叉法，風物之山緊接雲霞，軍旅之旗遥承劍戟。元稹《景申秋》之四：“瓶瀉高簷雨，窗來激箭風”；“簷”、“窗”密鄰，皆實物也，“瓶”、“箭”遥偶，皆虛擬也，迴鸞舞鳳。杜甫《寄張十二山人彪》：“草書何太苦，詩興不無神；曹植休前輩，張芝更後身；數篇吟可老，一字買堪貧”；三、四句逆接一、二句，而五、六句又順接三、四句，可與《列子》一節比勘，皆有意矯避平板。柳宗元《送元嵩師序》：“其上爲通侯，爲高士，爲儒先；資其儒故不敢忘孝，跡其高故能爲釋，承其侯故能與達者游”；則逆接分承者增而爲三，脈絡全同《史記·老子、韓非列傳》之“鳥吾知其能飛”云云。并有擴而大之，不限於數句片段，而用以謀篇布局者。如諸葛亮《出師表》：“郭攸之、費褘、董允等”云云，承以“臣本布衣”云云（“允等”：“臣”），繼承以“受命以來，……此臣之所以報先帝而忠陛下之職分也”，承以“至於斟酌損益，……則攸之、褘、允之任也”（“臣”：“允等”），終承以“不效則治臣之罪”，承以“則戮允等以章其慢”（“臣”：“允等”）；長短奇偶錯落交遞，幾泯間架之跡，工於行布者也。至若《焦仲卿妻》：“君當作磐石，妾當作蒲葦；蒲葦紉如絲，磐石無轉移”；王僧孺《爲人傷近而不見》：“我有一心人，同鄉不異縣，異縣不成隔，同鄉更脈脈”；江淹《恨賦》：“春草暮兮秋風驚，秋風罷兮春草生”；《文心雕龍·指瑕》：“《武帝誄》云：‘尊靈永蟄’；《明帝誄》云：‘聖體浮輕’；‘浮輕’有似於胡蝶，‘永蟄’頗疑於昆蟲”（亦見《金樓子·立言篇》下，董斯張《吹景集》卷二有駁）；王維《送梓州李使君》：“萬壑樹參天，千山響杜鵑；山中一夜雨，樹杪百重泉”；常建《送楚十少府》：“因送別鶴操，

贈之雙鯉魚；鯉魚在金盤，別鶴哀有餘"；胥到眼即辨。沈佺期
（一作宋之問）《和洛州康士曹庭芝望月有懷》："臺前疑掛鏡，簾
外似懸鈎，張尹將眉學，班姬取扇儔"；同此結構而較詞隱脈潛。
彎眉近承鈎，以其曲，團扇遥應鏡，以其圓；正是叉法。雖然，
脱詩題爲概泛詠月，自可徧道殊相，兼及弦望；今明標"望月"，
則即景寓目，斷無同時覜其盈缺之事，修詞固巧而賦詩未著題
矣。連類舉似而掎摭焉，於賞析或有小補云。

四　全上古三代文卷五

孫武《兵法》："山峻谷險，難以踰越，謂之窮寇。擊之之法，伏卒隱廬，開其去道，示其去路；求生透出，必無鬪志，因而擊之，雖衆必破。"按參觀《左傳》卷論宣公十二年。《孫子·軍爭》篇云："歸師勿遏，窮寇勿迫，圍師必闕"，此文"開其去道"即"圍"而"闕"也。曹操註《孫子》本節，亦曰："所以示生路"，何延錫、張預兩註均引曹仁語。夫仁語見《三國志·魏書·曹仁傳》，正爲規諫曹操，勸操"圍城必示之活門，開其生路。"是操不免紙上談兵，臨陣廝殺，忘却槍法矣。《唐太宗李衛公問對》每及操之《新書》，卷中論"作陣對敵必先立表"之非，有曰："曹公驕而好勝，當時諸將奉《新書》者，莫敢攻其短"；想當然而理或然歟。《漢書·趙充國傳》虜遁，充國徐驅，曰："此窮寇不可迫也，緩之則不顧，急之則還致死"；《三國志·魏書·張郃傳》裴松之註引《魏略》記郃亦諫司馬懿曰："軍法：圍城必開出路，歸軍勿迫"；又《吳書·張紘傳》裴註引《吳書》："合肥城久不拔，紘進計曰：'古之圍城，開其一面，以疑衆心。今圍之甚密，攻之又急，誠懼并命戮力。……可小寬之，以觀其變'"；《南史·張欣泰傳》魏軍退，假道，欣泰曰：

“歸師勿遏，古人畏之，死地兵不可輕也。”泰西古兵法言，不僅留路容敵之逃，并鋪道便其遁（hosti non solum dandum esse viam ad fugiendum，sed etiam muniendam）①。故波斯大軍侵希臘，希臘兵主欲圍迫以斷其歸路；老謀之士（Aristides）進曰：“萬勿切斷津梁，毋寧增橋以便虜酋之倉皇東遁耳”（We must not，then，tear down the bridge that is already there，nay rather，we must build another alongside it，if that be possible，and cast the fellow out of Europe in a hurry）②。西方遂有諺曰：“敵師若遁逃，爲搭金銀橋”，《堂·吉訶德》中即引之（Al enemigo que huye, hacerle la puente de plata）③。又按《三國演義》寫赤壁之戰，黃蓋苦肉計詐降，周瑜佯醉騙蔣幹，皆使曹操墮術中；徵之《三國志·吳書·周瑜傳》，黃蓋詐降而無苦肉計，蔣幹作說客而無被騙事。《演義》所增詭計，中外古兵書皆嘗舉似。《孫子·用間》篇：“內間者，因其官人而信之”，何延錫註引李雄鞭扑泰見血，使譎羅尚，尚信之，即《演義》第四六回周瑜之撻黃蓋④；又：“反間，因其敵間而用之”，蕭世誠註謂“敵使人來候我，我佯不知而示以虛事”，即《演義》第四五回周瑜之賺蔣幹⑤，古羅馬詩人所謂：“倘人將計以就計，則我得計正失計”（nam qui sese frustrari quem frustra sentit，/qui frustratur frus-

①　Frontinus，*Stratagems*，IV. vii. 16（Scipio Africanus），cf. II. vi. 1（Camillus），“Loeb”，314，164-6.

②　Plutarch，*Lives*，“Themistocles”，16，“Loeb”，II，47. Cf. Frontinus，*op. cit.*，II. vi. 8，p. 169.

③　*Don Quijote*，II，cap. 58，“Clásicos Castellanos”，VIII，74.

④　Cf. Frontinus，III. iii. 3-4，p. 212.

⑤　Cf. Frontinus，II. vii. 2，III. xiv. 4，pp. 170，256.

tra est si non ille est frustra)①。註《孫子》十家，曹操居首，而操於"五間"不著一語，瞠若無覩，是未嘗心領承教，宜《演義》寫其爲周瑜所弄矣！然操於孫子"圍師必闕"之誡，固嘗作註，而用兵時背棄不顧，則即爲"五間"詮解，臨事或亦忘却爾。宋時釋子野語，謂仁宗朝"高麗遣使問魏武註《孫子》，三處要義無註"；廷臣不能對其故，歐陽修馳使廬山，請於僧居訥，訥教答曰："機密之事不可以示人"（釋志磐《佛祖統紀》卷四五）。未識"五間"亦在"三處"中不。

---

① Ennius, *Satires*, fr.30-1, *Remains of Old Latin*, "Loeb", I, 392. Cf. La Bruyère, *Les Caractères*, V.58, Hachette, 141: "Vous le croyez votre dupe: s'il feint de l'être, qui est plus dupe de lui ou de vous?"; La Rochefoucauld, *Réflexions morales*, 117, *Oeuvres*, "Les Grands Écrivains de la France", Hachette, I, 80-1, note.

五　全上古三代文卷六

太公《龍韜》：“多言多語，惡口惡舌，終日言惡，寢臥不絕，爲衆所憎，爲人所疾。此可使要問閭里，察奸伺猾。”按《管子·七臣七主》篇之“侵主”、“侵臣”，皆“從狙而好小察”即專務斯事也。後世“察事”、“察子”、“覘步”、“候官”、“校事”、“覘者”、“邏者”（參觀呂祖謙《皇朝文鑑》卷六二江公望《論邏察》、葉適《習學記言序目》卷二七、吳曾《能改齋漫録》卷一、朱弁《曲洧舊聞》卷一、俞正燮《癸巳存稿》卷七、俞樾《茶香室續鈔》卷七），以若輩爲之，亦見操業之不理於衆口矣。《三國志·魏書·高柔傳》：“時置校事盧洪、趙達等，使察羣下。柔諫。太祖曰：‘卿知達等，恐不如吾也。要能刺舉而辨衆事，使賢人君子爲之，則不成也。昔叔孫通用羣盜，良有以也’”；可與《龍韜》相發明。然既“惡口”、“多言”，爲諸餘之所“憎”、“疾”，人將望望去之，苟遜避不及，亦必嚴周身之防、效朕舌之捫。太公乃使此曹要問察伺、刺取陰私，幾何不如張弓以祝雞歟！朱慶餘《宮詞》：“含情欲説宮中事，鸚鵡前頭不敢言”；楊萬里《題沈子壽〈旁觀録〉》云：“逢着詩人沈竹齋，丁寧有口不須開，被渠譜入《旁觀録》，四馬如何挽得回！”屬垣之耳，燒城之舌，爲人憎疾，更不待言。元俞德鄰《佩韋齋文集》卷八《贅旟》云："吴郡之齋，旟而趨者十餘輩，率傲且黠。有贅而貧者，目眵昏，手足惰窳，隆背而低首，行步竭蹶，揚其聲呼之，則'呀、呀'開口。羣視之若無人。一日竢於庭，遷延而入余室，卑陬而前，纖抑而笑，出片紙若訟牒者置余几，亞傴僂而退，睨左右，若畏若駭。余驚焉，視之觀縷數百字，蓋摘校人之欺而悼子産之謬而不悟也。余於是憮然，曰：'可畏哉！不能容人之過、善於伺人之短者，何往而非耳聰而目明者哉！'"蓋似痴如聾，"羣視之若無人"而不畏不惕，乃能鬼瞰狙伺，用同淮南所教之懸鏡（《意林》卷六引《淮南萬畢術》）①，行比柳州所罵之屍蟲（《柳先生文集》卷一七《罵屍蟲文》）。較之"多語"、"惡舌"之徒，且事半而功倍焉。故太公雖有機心而未善機事也。古希臘操國柄者欲聆察民間言動，乃雇婦女爲探子（the female detectives）②，豈不以其柔媚而使人樂與親接、忘所顧忌耶？龔自珍《定盦文續集》卷一《京師樂籍説》論帝王"募召女子"以"籠塞天下之游士"，僅言其可用以"耗"，未識其並可用以偵也。

【增訂四】錢泳《履園叢話》卷一："李敏達公衛涖杭，不禁妓女，不禁樗蒲，不廢茶坊酒肆，曰：'此盜綫也，絶之則盜難踪跡矣。'"此可以補龔自珍之論"京師樂籍"也。

《六韜》佚文："丁侯不朝"云云。按別見《史記》卷論《外戚世家》。

---

① Cf. John O'Hara："Mrs Stratton of Oak Knoll"，*Assembly*，42（"busybody"）.

② Aristotle，*Polities*，Bk. V. ch. 11，*Basic Works of Aristotle*，Random House，1258.

六 全上古三代文卷八

蘇秦《上書説秦惠王》："夫徒處而致利，安坐而廣地，雖古五帝、三王、五伯、明主賢君常欲坐而致之，其勢不能，故以戰續之。"按"續"如"貂不足，狗尾續"之"續"，完成之、補足之也。《戰國策·秦策》一此節高誘註："'續'猶備其勢也。"孫詒讓《札迻》卷三云："《説文·系部》：續、古文作'賡'，古與'庚'通，《月令》鄭註云：'庚之言更也'，言以戰更之也。高註未允"；似屬多事。"備"非"預備"之"備"，乃"完備"之"備"，謂全局可結，非謂先事以籌。近世德國兵家言："戰争乃政治之繼續而別出手法者"（Der Krieg ist eine blosse Fortsetzung der Politik mit andern Mitteln）①，正是"以戰續之"之旨。更端以説，翩其反而，苟謂政治爲戰争之續，同歸而殊塗，似無不可。直所從言之異路耳。

---

① Klausewitz, *Vom Kriege*, Kap. I, § 24, hrsg. Fr. von Cochenhausen, 79.

七　全上古三代文卷九

荀卿《雲賦》："精微乎毫毛，而大盈乎大寓。……充塞大宇而不窕，入郤穴而不偪。"按荀子賦雲諸語，東漢趙壹《迅風賦》移以賦風："纖微無所不入，廣大無所不充，經營八荒之外，宛轉毫毛之中。"然幾無不可形容道或理之致廣大而極精微者。《知賦》："大參乎天，精微而無形"，楊倞註："言智慮大則參天，小則精微無形"，王先謙《集解》引《讀書雜志》所舉《大戴禮》、《管子》等語參證；蓋荀早自以寫有形之雲者移狀無形之知矣。《淮南子·原道訓》："舒之幎於六合，卷之不盈於一握。……神託於秋毫之末，而大宇宙之總"；揚雄《太玄經·太玄攡》第九："纖也入薎，廣也包畛"，又《解嘲》："大者含元氣，細者入無倫"；陳子昂《感遇》之一一："舒可彌宇宙，卷之不盈分"；白居易《和答詩》之五《四皓廟》："由來聖人道，無朕不可窺，卷之不盈握，舒之亘八陲"；《河南二程遺書》卷一一《伊川語》："放之則彌六合，卷之則退藏於密"；同此機杼。《雲賦》："友風而子雨"云云，別見《易林》卷論《乾》之《未濟》、《太平廣記》卷論卷四九〇。

荀卿《蠶賦》。按梁元帝《金樓子·立言篇》下："楊泉

《賦》序曰：'古人作賦者多矣，而獨不賦鹽，乃爲《鹽賦》。'是何言歟！楚蘭陵荀況有《鹽賦》，近不見之，有文不如無述也！"

八　全上古三代文卷一〇

　　宋玉《風賦》：“……寧體便人，此所謂大王之雄風也。……死生不卒，此所謂庶人之雌風也。”按王之風而謂之“雄”、庶之風而謂之“雌”，即雌爲庶而雄爲王爾。王庶之判貴賤，正亦男女之別尊卑（sexism）也。同卷《笛賦》言衡山之竹，師曠“取其雄”，宋意“得其雌”，却平等齊觀，未有軒輊。吾國舊説，於虹、雷、歲、月、草、木、金、石之類，皆分辨雌雄，洪邁《容齋三筆》卷一一（又《夷堅丁志》卷八《宜黃人相船》）、來集之《倘湖樵書》初編卷一、顧炎武《日知録》卷三二、吳景旭《歷代詩話》卷三〇等臚列略備。雄者不能産育，《史記·封禪書》：“爲伐南越，告禱太一，以牡荊畫幡”，《漢書·郊祀志》上如淳註：“荊之無子者。”顧植物以結實爲貴；故竹供笛材，雌雄尚無高下，而竹爲笱本，則不重生男重生女，如蘇軾《仇池筆記》卷下：“竹有雌雄，雌者多笱，故種竹當種雌。”乃知《西遊記》第三五回孫行者哄妖王謂葫蘆一雌一雄，第七一回又哄妖王謂金鈴一雌一雄，雖搗鬼而非杜撰也。妖王斥之曰：“鈴兒乃金丹之寶，又不是飛禽走獸，如何辨得雌雄？”適見其未嘗學問。《抱朴子》内篇《登涉》：“取牡銅以爲雄劍，取牝銅以爲雌劍”；王嘉《拾遺記》卷二：“禹鑄九鼎，……使工師以雌金爲陰鼎，以雄金爲陽鼎”；固方士之常談。至丹鼎家言，以鉛爲雄，以汞爲雌，且有“男人女妝”、“女人男妝”，如《悟眞篇》卷中《五言四韻》所謂：“女子着青衣，郎君披素練”，則“金丹之寶”正復從“辨得雌雄”來耳。

　　宋玉《大言賦》、《小言賦》，楚襄王命諸大夫爲大、小言。按《晏子春秋》外篇第一四《景公問天下有極大極細，晏子對》實爲嚆矢，《書影》卷四已言此；《列子·湯問》亦其類，《永樂大典》卷一二〇四三《酒》字引《古今事通》采《啓顏錄》載漢武帝命公孫弘、東方朔所爲大言，則罕知者。《禮記·中庸》：“故君子語大、天下莫能載焉，語小、天下莫能破焉”，可概大、小言之謀篇。洪邁《容齋續筆》卷一三嘗謂《列子》之龍伯、焦螟與《莊子》之鯤、鵬、蝸角，“皆不若《中庸》此二語”。夫二語定大小之界義，諸喻示大小之事例，肅括詭異，各有攸宜。《管子·宙合》：“是大之無外，小之無内”，《呂氏春秋·下賢》：“其大無外，其小無内”，《楚辭·遠遊》：“其小無内兮，其大無垠”，則可匹《中庸》二語；洪興祖註《楚辭》引《淮南子》：“深閎廣大，不可爲外，析豪剖芒，不可爲内。”“垠”、邊也、界也，物之盡際而仍屬其體者；出乎“垠”，則脱物而在其體之外。故“垠”與“外”反，一尚即物，一已離物。顧《楚辭》之“其大無垠”與《管子》之“大之無外”或顏眞卿等《大言》聯句之“四方上下無外頭”，了無二致。“無垠”正亦“無外”；猶《中州集》卷三王庭筠《夏日》名句：“花影未斜貓睡外，槐枝猶顫鵲飛邊”，鵲已飛離枝上，“外”正亦“邊”。常語如“物在桌邊”、“錢在身邊”，謂在桌上、身上也；“物在桌傍”、“錢在身傍”，則謂其在桌與身以外，特尚逼近耳。“物在手邊”却與“物在手傍”

無異，皆謂近手易取，而非謂握在手中，猶"兒女在身邊"無異
於"兒女在身傍"。"白髮鬢邊生"，髮在鬢之中；"但喫肉邊菜"
（《壇經·行由》第一），肉在菜之外。"邊"與"傍"或異或同，
一字而歧意。《呂氏春秋·淫辭》："辭之中又有辭焉，心之謂
也"；即所謂"話裏有話"，正同"言外之意"。《全唐文》卷七九
六皮日休《桃花賦》："有艷外之艷，華中之華"；易爲"艷中"、
"華外"亦無不可。皆須"觀其辭之終始"也（詳見《左傳》卷
論隱公元年）。又按古希臘辯士以"小物説似大，大物説似小"
（making small things appear great and great things small），爲詞
令之首務①；即"大言"、"小言"。斯多噶派論想像（phantasia），
或張小物而大之，或斂大物而小之，用比類之法（conclusions by
analogy）②，祇須配當適稱（eduction of correlates），談者或舉
《海外軒渠錄》中大人國、小人國爲例③。宋玉兩賦，機杼猶此。
《莊子·秋水》有"天地稊米，毫末邱山"之喻，白居易《禽蟲
十二章》之九："蟭螟殺敵蚊巢上，蠻觸交争蝸角中，應似諸天
觀下界，一微塵内鬭英雄"；《鶡冠子·天則》"道開"節陸佃註：
"雖栖在蚊睫，而視之若嵩華，戰於蝸角，而聽之若齊魏"；蒲壽
宬《心泉學詩稿》卷二《登師姑巖見陣中大閲》："俯彼萬鎧羣，
微哉一窖蟻！……更陟最上頭，須彌亦芥子；徐渭《徐文長逸
稿》卷八《天河》："天河下看匡瀑垂，老蛾齾口一絲飛；昨宵殺

---

①　Isocrates, *Panegyricus*, 8, "Loeb", I, 123–5, cf. p. 124, note (Gorgias, Tisias).

②　Diogenes Laertius, *Lives of Eminent Philosophers*, VI.53, "Loeb", II, 163.

③　C. Spearman, *Psychology down the Ages*, II, 218; *Nature of Intelligence and Principles of Cognition*, 329. Cf. J. E. Brown, ed., *Critical Opinions of Samuel Johnson*, 518.

蝨三十個，亦報將軍破月支"，自註："上句以大視小，下句以小視大"；均以推以比，亦小亦大。法國十七世紀小説寫一學究侈言世界之大以視人之小，猶人身之於蟣蝨蟭螟(Si le monde nous semble grand，notre corps ne le semble pas moins à un pou ou à un ciron)，而蟭螟之體亦有微蟲聚族而居，相親相仇，其人將賦詩詠之①。伏爾泰諷世小説，命名即曰《小大人》，言壽命之短長、形體之巨細，與靈椿蛄菌、稊米邱山，比物此志焉②。

《小言賦》："析飛糠以爲輿，剖粃糟以爲舟，泛然投乎杯水中，淡若巨海之洪流"，即《莊子·逍遥遊》："覆杯水於坳堂之上，則芥爲之舟。""憑蚋眥以顧盼"，即《晏子春秋》："東海有蟲，巢於蚊睫。""無内之中，微物潛生，……視之則眇眇，望之則冥冥，離朱爲之歎悶"，即《列子》："江浦之間生麼蟲，……離朱子羽方拭眥揚眉而望之，勿見其形。"《遠遊》曰："其小無内"，而此賦曰"無内之中"，更進一層。"内"、"中"也，"無内"矣，却猶有"中"而容"物潛生"，則厥"物"之"微"，非思議所及矣。納矛盾於一語，不相攻而俱傷，却相得而益彰，猶《老子》第四三章之言："無有入無間"（參觀崔璐《覽皮先輩盛製、因作十韻》："小言入無間，大言塞空虛"），此修詞之狡獪也。後世笑林以大言博噱嚛，如明屠本畯《憨子雜俎》謂海舶誤入鯤腹，鵬吞鯤而止於大人眉稜，大人以爲蠅也，摑之斃，鵬腐鯤潰，舟始露見，則高擱巖顛，去海尚千里，幸王姥小遺其傍，

---

① Sorel，*Histoire comique de Francion*，Liv. XI，"Textes Français Modernes"，IV，11–2 et note.

② Voltaire，*Microm*é*gas*，chs. 2 et 4，*Romans et Contes*，"la Pléiade"，105f.，107 f..

隨流滔滔，遂濟所屆。布局貫串，不復似宋玉原作及六朝擬作之散列零星。小言似無相類者。明季西製諸鏡入華，李漁《十二樓》之四《夏宜樓》即用"千里鏡"爲關捩，然未覯人以"顯微鏡"湊泊宋玉之賦。蘊端《玉池生稿》卷一《西洋四鏡》詩見稱於查爲仁《蓮坡詩話》卷中，其第二首咏顯微鏡，不過云"一卷即是山，一勺即是水"，了無幻想警語也，釋道宣《高僧傳》二集卷一五《玄續傳》："嘗見人述《莊子》鵬鷃之喻，便歎曰：'莊蒙以小大極於此矣，豈知須彌不容金翅，世界入於鄰虛？井蛙之智，穢人耳目！'"；釋道世《法苑珠林》卷一○《畜生部·身量》亦謂"俗書莊周說"大鵬"背不知幾千里"，不過"當内典小金翅鳥"，"莊周說"微莫過鷦鷯，"此亦未達内典，衆生受報極小者形如微塵，凡眼不覯"，如水中"細蟲"。佛者排道，遂如家帑享金、藏石詡寶。莊、列所云蝸角、蚊睫，二僧不應不知，豈以爲寓言不實，非同天竺之博物可徵耶？"肉眼看水清淨，其内無蟲"，然實有蟲。張籍《律僧》："濾蟲還入泉"，眼不見爲淨耳。《分別功德論》卷二載二比丘共至佛所，頓乏漿水，"時有小池潢水"，一比丘"深思禁律"，自念"若飲此水，殺生必多"，遂"全戒殞命"，即生天上；一比丘飲水全命，至佛所，佛曰："卿雖覯我，去我甚遠，正可覯我肉形耳！"《醒世恒言》卷二六《薛録事魚服證仙》論"好生"，引諺："若依佛法，冷水莫呷"；西土傳婆羅門毀顯微鏡，以其照見一滴水中生物相吞食(A Brahmin destroyed a microscope because it showed him animals killing each other in a drop of water)①；皆釋氏小言之諍論矣。莊

---

① *Alfred Lord Tennyson*：*A Memoir*，by His Son，I，278.

子言鵬"背不知其幾千里也",虛數泛稱,示意而已;釋典則言
金翅鳥"頭尾相去八千由旬,高下亦爾",一若丈量切實者,轉
覺粘滯①。貪多好大(jumboism)乃梵籍結習,如買菜求益,市瓜
擇巨,每侈陳數多量洪,籌算堆垛,以爲殊勝(Les Hindous ont
inventé des unités prodigieuses qui servent de base et de matière à
leurs fantaisies numériques)②。或譏其未脱兒童之見(childish),
以龐大認作偉大(passes off bigness for greatness)③。頗中所病。

　　【作者按:下一節原見《管錐編》稿中,周君振甫審閲時,
恐滋物議,命余删去。余以所考論頗能窮源發覆,未忍抛擲,録
存備萬一他年拾遺補闕焉。一九八四年二月十日槐聚記。】宋玉
《高唐賦》。神女語楚王"願薦枕席",王"因幸之";詰旦臨别,
女自道脚色曰:"朝爲行雲,暮爲行雨,朝朝暮暮,陽臺之下。"
按"枕席"之薦與"雲雨"之司,雖屬一人,自是兩事,後世混
而同之。《王荆文公詩箋註》卷九《葛藴作〈巫山高〉,愛其飄
逸,因亦作兩篇》之一:"那知襄王夢時事,但見朝朝暮暮長雲
雨",正謂夢中薦枕席非即朝暮行雲雨,一不可得"知"而一則
人所共"見"也。故李壁註引《雲華夫人傳》而申説曰:"據此,
所稱'雲雨',蓋事涉道真,理該造化,後世乃以喻情欲之事,
其褻瀆甚矣!"翟灝《通俗編》卷一:"杜甫《貧交行》:'翻手爲

----

　　① Cf. Leopardi, *Zibaldone*, "I Classici Mondadori", I, 971:"... una pic-
colissima *idea confusa* è sempre maggiore di una grandissima, affatto *chiara*.
L'incertezza se una cosa sia o non sia del tutto, è pur fonte di una grandezza" ecc..

　　② T. Ribot, *Essai sur l'Imagination créatrice*, 7ᵉ èd., 173.

　　③ Coleridge, *On the Divine Ideas*, quoted in J. H. Muirhead, *Coleridge as Phi-
losopher*, 283-4.

雲覆手雨’，只反覆不常意。小説家牽合高唐‘雲雨’之文，資
穢褻之用，殊可笑!”李腐翟泥，均乖通方。“喻”與“牽合”，
自非偶然；常情以雲雨象男女之事，宋賦、杜詩現成湊手，適資
挪用而已。薦枕席非即行雲雨，而薦枕席者亦即行雲雨者，宋賦
不無寓意。《莊子・天運》：“雲者爲雨乎？雨者爲雲乎？孰居無
事淫樂而勸是?”；王先謙《莊子集解》引宣穎云：“雲雨乃陰陽
交和之氣所成，故以爲造化之淫樂。”翟氏數典求朔，當引《莊
子》此文。“勸”、致力也，如《史記・貨殖列傳》“各勸其業”
之“勸”，“居無事”猶《水滸》第二四回王婆説風情所謂“要有
閒工夫”，或古希臘、羅馬哲人與詩人所謂“愛情乃閒人之忙事”
（Love is the business of the idle; Otia si tollas, periere Cupidinis
arcus; Tam Venus otia amat)[1]。 《易・家人》及《歸妹》等
《彖》皆以男女之事爲“天地之大義”，《繫辭》下揚言：“天地絪
緼，萬物化醇；男女構精，萬物化生。”《管子・水地篇》“人、
水也”一節、《太平御覽》卷五八引《春秋元命苞》“水之爲言、
演也”一節，均以“男女精氣合”釋水土之情狀；《論衡・物勢
篇》謂“天地合氣”生人猶“夫婦合氣”生子；《全上古三代文》
卷一六彭祖《養壽》發揮“天地得交接之道”尤詳。唐白行簡媟
語俳文以《天地陰陽交歡大樂賦》標題，蓋有典據。夫既近取諸
身（anthropomorphism），擬天地於男女，則充類而推及乎雲雨，
亦題中應有之義耳。“牽合穢褻”、“喻情欲”，殆自唐之叔世乎。

---

① Diogenes Laertius, *Lives of Eminent Philosophers*, VI.51, Diogenes of Si-
nope; Ovid, *Remediorum amoris*, 139, 143. Cf. Byron, *Don Juan*, XIV.76 (idle-
ness), Variorum Ed. by T.G. Steffan and W.W. Pratt, Vol.III, P.443; Stendhal, *De
l'Amour*, "Premier Essai de Préface" et ch.13 (le loisir), "le Divan", t.1, pp.7, 68.

王嘉《拾遺記》卷七記魏文帝使迎薛靈芸，"車徒咽路，塵起蔽
於星月。……帝乘雕玉之輦，以望車徒之盛，嗟曰：'昔者言：
朝爲行雲，暮爲行雨；今非雲非雨，非朝非暮。'"以行塵與行
雲、行雨比類並論，則祇指騰雲作雨，雖緣姬妾而發，不含牀笫
之義。陶弘景《真誥·稽神樞》之四記學道飛昇者有朱孺子，
"存泥丸法四十年，遂致雲雨於洞房"。"雲雨"、"洞房"，兩詞連
屬，唐後的然"穢褻"，而貞白渾然不覺雙關，祖然不慮誤會。
庾信《庾子山集》卷一六《趙國公夫人紇豆陵氏墓志銘》："雲雨
去來，既流連於楚后"，正用《高唐賦》事，爲貴夫人諛墓，壽
之貞珉，唐後必貽譏取怒，而蘭成下筆，初無避忌。頗徵南北朝
未渠以"雲雨"爲好合之代詞也。李賀《湘妃》："巫雲蜀雨遥相
通"，尚難定詁；《惱公》："蜀煙飛重錦，峽雨濺輕容"，則顯爲
"穢褻"語，猶吳偉業《西江月·春思》之"雲蹤雨跡"矣。魚
玄機《感懷寄人》："早知雲雨會，未起蕙蘭心"；孫光憲《更漏
子》祇云："雲雨態，蕙蘭心"，此則以"會"字承"雲雨"，意
義益明，謂雖早解人事，而未動芳心。韓偓《六言》之一："秦
樓處子傾城，金陵狎客多情。朝雲暮雨會合，羅韈繡被逢迎。華
山梧桐相覆，蠻江荳蔻連生。幽歡不盡告別，秋河悵望平明"；
中間四句一意，既以宋玉賦中"薦枕席"與"行雲雨"二事泯而
一之，復以"相覆"、"連生"重言申明之，"會合"即魚詩之
"會"，"羅韈、繡被"類李詩之"重錦、輕容"。唐彥謙《無題》
之二："楚雲湘雨會陽臺，錦帳芙蓉向夜開"；亦用"會"字，以
卜"夜"故，不言"朝暮"，掉臂自在，勿拘泥來歷，韓冬郎詠
"平明"即"告別"，却仍稱"朝雲暮雨"，相形而見謹細矣。李
後主《菩薩蠻》："雨雲深繡户，來便諧衷素"；孫光憲《河傳》：

“如花殿脚三千女，争雲雨，何處留人住”，又《浣溪紗》：“欲棲雲雨計難成”；五代蓋成套語。爾後如周邦彦《青玉案》之“滅燭來相就，雨散雲收眉兒皺”，無名氏《點絳唇》褻詞之“殢雨尤雲”云云（沈雄、江尚質同輯《古今詞話·詞品》卷下引《詞統》），更踵“雲雨”之陳言而增華潤色焉。希臘古傳天地交歡，乃有雨露，滋生萬物（The Greeks called the sky Uranus，understanding by the name the generative power of the sky which penetrates the earth with warmth and moisture，and through which the earth brings forth every living thing）[1]。文藝復興時意大利脚本中一婦久曠，自言曰：“雨澤不降，已逾七月矣”（più di sette mesi sono，che non me ci ha piovuto）[2]。讀近世歐美小説，時復一遭。如或記婚儀中女呼男爲“己之雨”而男呼女爲“己之土”（This man is my rain from heaven. This woman is the earth to me）[3]。或言沛然下雨，儼如洪荒之世，天地欲生育男女而歡合（I could hear the rain falling and the seeds swelling. I could feel the sky and the earth copulating as in primitive times when they mated like a man and woman and wanted children）；霖降注河又如牝牡交接（The male waters of heaven spouted down and united with the rivers and lakes，the female waters of earth）[4]。

---

[1]　Hans Licht，*Sexual Life in Ancient Greece*，tr. J. H. Freese，p. 181.

[2]　Bruno，*Candalaio*，IV. ix（Marta），*Opere di G. Bruno e di T. Campanella*，Riccardo Ricciardi，p. 123.

[3]　D. H. Lawrence，*The Plumed Serpent*，ch. 20（Kate and Don Cipriano），Martin Secker，p. 352.

[4]　N. Kazantzakis，*Zorba the Greek*，tr. C. Wildman，p. 65；*The Last Temptation*，tr. P. A. Bien，p. 271.

或寫男求歡曰："旱久不雨，吾何以堪"（On the one hand it's been a long season without rain. A man is not a man for nothing）[1]。故知"雲雨"之"牽合"，匪獨吾國爲然，且始著於吾國詩詞，初非由"小説家"言也。按蘇軾《仇池筆記》卷上嘗譏昭明《文選》"編次無法"，乃"小兒强作解事"；章學誠《文史通義》内篇一《詩教》下亦斥《文選》分門"淆亂蕪穢，不可殫詰"。聊增一例。此賦寫巫山風物，而入《文選·情》門，實與《神女》、《好色》，不倫非類；當入《遊覽》門，與孫綽《遊天台山賦》相比。宋賦僅爲襄王陳高唐之"珍怪奇偉"，而設想"王將欲往見之"，王未真登陟也；孫賦祇言神遊，見天台"圖像"而"遥想"、"不任吟想"，"俛仰之間，若已再升"，亦未嘗親"經魑魅之途，踐無人之境"也。白居易《想東遊五十韻·序》早曰："亦猶孫興公想天台山而賦之也"；楊萬里《誠齋集》卷一四《寄題李與賢似剡庵》更明言之："君不見興公舊草《天台賦》，元不曾識天台路，一俛仰間已再升，何用瘦籐與芒屨？"宋玉侈説高唐，以堅襄王規往之興；孫綽"馳神運思"於天台，踪跡雖未實經，快意差如過屠之嚼；李白《夢游天姥吟》因"越人語"而發興生幻，夢事一若實事，當其栩栩，遊目暢懷，遠過襄王、孫綽，及夫蘧蘧然覺，反添嗟悵。三篇合觀，頗益文思。

　　宋玉《登徒子好色賦》："天下之佳人，莫若楚國，楚國之麗者，莫若臣里，臣里之美者，莫若臣東家之子。"按"佳"、"麗"、"美"三變其文，造句相同而選字各異，豈非避複去板歟？此類句法如拾級增高，彷彿李商隱《楚吟》之"山上離宮宮上

---

[1]　Bernard Malamud, *The Mixer* (1966) (Yakov to Zina)，pp.51–2.

樓"或唐彥謙《寄同人》之"高高山頂寺，更有最高人"，竊欲取陸佃《埤雅》卷三論《麟趾》所謂"每況愈上"名之。西方詞學命爲"階進"(gradation)或"造極"(climax)語法[1]。司馬遷《報任少卿書》："太上不辱先，其次不辱身，其次不辱理色，其次不辱辭令，其次詘體受辱，其次易服受辱，其次關木索、被箠楚受辱，其次髡毛髮、嬰金鐵受辱，其次毀肌膚、斷支體受辱，最下腐刑極矣!"每下愈況，循次九而至底，"不辱"四、"受辱"五，事歸一致而詞判正反，變化以避呆板，得不謂爲有意爲文耶? 斯法不僅限於數句，尚可以成章謀篇，先秦出色文字如《戰國策·楚策》四莊辛謂楚襄王"君獨不見夫蜻蛉乎?"云云、《呂氏春秋·順説》惠盎謂宋康王"臣有道於此"云云。《管子·權修》一篇中屢用不一用，"地之守在城"云云凡四進級，"故地不辟"云云凡五進級，"天下者國之本也"云云凡六進級，則鈍置滯相，猶填匡格，有"動人嫌處只緣多"之歎。古羅馬修詞家誡學者少用"階進"法(esse rarior debet)[2]，是已。後世詩文運用善巧者，所覿莫逾陸機《文賦》中一大節："含清唱而靡應。……故雖應而不和。……故雖和而不悲。……又雖悲而不雅。……固既雅而不艷"; 五層升進，一氣貫串，章法緊密而姿致舒閒，讀之猝不覺其累疊。趙執信《飴山詩集》卷一三《畊入城行》："村畊終歲不入城，入城怕逢縣令行; 行逢縣令猶自可，莫見當衙據案坐; 但聞坐處已驚魂，何事喧轟來向村!"; 參《獨漉

---

[1]　Demetrius, *On Style*, V.270, "Loeb", 465; H. Lausberg, *Handbuch der literarischen Rhetorik*, I, 315: "Die *gradatio* ist eine fortschreitende Anadiplose (reduplicatio)."

[2]　Quintilian, *Institutio oratoria*, IX.iii.54, "Loeb", III.476.

篇》句法（參觀《毛詩》卷論《正月》）以成階進，能押韻而不爲韻壓，承接便捷，運轉流利。若汪中《述學·補遺·〈修禊序〉跋尾》："今體隸書以右軍爲第一，右軍書以《修禊序》爲第一，《修禊序》以定武本爲第一，世所存定武本以此爲第一，在於四累之上，故天下古今無二"；其胎息於宋賦、《呂覽》，望而可曉也。民間風謠亦有此構，如馮猶龍《山歌》卷二《哭》："只指望山上造樓，樓上造塔，塔上參梯"；西方謂之"累積歌"（cumulative song）①。別詳《列子》卷論張湛《註》、《全唐文》卷論李翱《薦所知於徐州張僕射書》。

　　《好色賦》："增之一分則太長，減之一分則太短，著粉則太白，施朱則太赤。"按前兩句當參觀《神女賦》："穠不短，纖不長。"王若虛《滹南遺老集》卷三七駁云："乃若長短，則相形者也。'增一分'既已'太長'，則先固長矣，而'減一分'乃復'太短'，却是原短。豈不相窒乎？"《晶花寶鑑》第三八回託爲屈道生語亦云："'增之一分則太長'，則此人真長，減一分必不爲短；'減之一分則太短'，則此人真短，增一分必不爲長。亦語病也。"吹索毛瘢，均非篤論，而辨析毫芒，足發深省。夫形容品目之詞，每無須加著"過"或"太"，而溢量超度之意已傳，故《神女賦》之"長"、"短"正即《好色賦》之"太長"、"太短"。同卷《招魂》曰："長人千仞，唯魂是索些"，"長"、太長也、踰越尋常之"長"也；又曰："長髮曼鬋，艷陸離些"，"長"即長耳，得其所宜之長，不嫌過長也。李廣"短衣射虎"，便於衣短

---

　　① 　James Reeve，*The Idiom of the People*，212，"The Tree in the Wood"．Cf. Heine，"Fresko-Sonette an Christian S."iv，*Werke und Briefe*，Aufbau，I，67.

也；甯戚"短衣飯牛"，則怨衣太短矣。"多才多藝"之"多"、多也，許之也；"君子多乎哉"之"多"，太多也，不許之也。英、法諺皆曰："庖人太多則敗羹"（Too many cooks spoil the broth；Trop de cuisiniers gâtent la sauce），而德諺曰："庖人多則敗羹"（Viele Köche verderben den brei），詞旨相等，有"太"不爲增，無"太"不爲減焉。是以"長"、"短"或謂適可之長、短，加"太"則謂過分；或正謂不適可之長、短，不待加"太"，已含過分之意。亦猶"够"謂不欠、恰好，而亦可謂太過、多膡，如曰："够了！够了！少説爲妙！"①。王若虛輩泥字義而未察詞令，初不省《好色賦》之"長"、"短"爲長短恰好，故可加"太"以示失中乖宜，非若《神女賦》之"長"、"短"乃是過與不及之長短也。唐太宗《小池賦》："減微涓而頓淺，足一滴而還深"，機杼似而不同；蓋專就"減"言而不兼及"增"，謂倘"減"一滴即池太淺，必補"足"之始"還"復舊"深"，下句重言以申上句耳。釋書如《彌勒下生經》稱修梵摩貌相端正："不長不短，不肥不瘦，不白不黑，不老不少"，又《長阿含經》稱王女寶貌相端正："不長不短，不粗不細，不白不黑，不剛不柔"；古希臘詩稱美人："不太纖，不太穠，得其中"（not too slender nor too stout，but the mean between the two）②；拜倫詩稱美人："髮色增深一絲，容光減褪一忽，風韻便半失"（One shade the more，one ray the less，/Had half impair'd the nameless grace/Which waves in every raven tress，/Or softly lightens

---

① Cf. C. S. Lewis, *Studies in Words*, 77 ("enough of" = "more than one wants").

② *Greek Anthology*, V. 37, Rufinus, "Loeb", I, 147.

o'er her face)①。與宋玉手眼相類，均欲示恰到好處，無纖芥微塵之憾。倘不負言而正言之，即曹植《洛神賦》："穠纖得中，修短合度"；允執厥中，正未許强以名學之"排中律"相繩也。"著粉"兩句可以《說苑・反質》篇移釋："丹漆不文，白玉不雕，寶珠不飾，何也？質有餘者，不受飾也"（《孔子家語・好生》篇同，無"寶珠"句）；亦猶庾信《詠園花》所謂："自紅無假染，真白不須妝。"班婕妤《擣素賦》："調鉛無以玉其貌，凝朱不能異其唇"；傅毅《七激》："紅顏呈素，蛾眉不畫，唇不施朱，髮不加澤"；王粲《神女賦》："質素純皓，粉黛不加"；白居易《和李勢女》："減一分太短，增一分太長，不朱面若花，不粉肌若霜"（參觀歐陽修《鹽角兒》）；陳陳相因。翻新者乃反面着想，如張祜《集靈臺》："却嫌脂粉污顏色"；蘇軾《西江月》："素面常嫌粉涴，洗妝不褪唇紅"；蓋擬議而變化也。

《好色賦》："於是處子悅若有望而不來，忽若有來而不見，意密體疏，俯仰異觀，含喜微笑，竊視流眄。"按《神女賦》又云："意似近而既遠兮，若將來而復旋。……似逝未行，中若相首，目略微盼，精彩相授，……意離未絕。"皆寫如即如離、亦迎亦拒之狀，司空圖《詩品》之《委曲》曰："似往已迴，如幽非藏"，可借以形容。枚乘《梁王菟園賦》末節寫采桑婦人，仿此而鑄語未工，"神連未結"即"意密體疏"；曹植《洛神賦》："神光離合，乍陰乍陽。……進止難期，若往若還"（《文選》李善註："'陰'去'陽'來也"），庶幾與宋玉爭出手矣。後來刻劃，如晉《白紵舞歌》："若推若引留且行，……如矜如思凝且

①　Byron："She Walks in Beauty."

翔"；劉禹錫《觀柘枝舞》："曲盡回身去，層波猶注人"；韓偓《三憶》："憶去時，向月遲遲行；强語戲同伴，圖郎聞笑聲"；柳永《木蘭花令》："問著洋洋回卻面"；張先《踏莎行》："佯佯不覷雲鬟點"；陳師道《放歌行》："不惜捲簾通一顧，惜君著眼未分明"；史達祖《祝英臺近》："見郎和笑拖裙，匆匆欲去，驀忽冒留芳袖"；王實甫《西廂記》第一折："怎當他臨去秋波那一轉"；增華窮態，要不出宋玉二賦語之牢籠。《樂府詩集》卷二五《淳于王歌》："但使心相念，高城何所妨"，以至李商隱《無題》："身無彩鳳雙飛翼，心有靈犀一點通"，或周邦彥《拜星月慢》："怎奈何一縷相思，隔溪山不斷"，皆"意密體疏"之充類也。元稹《會真記》："張生且喜且駭，謂必獲濟；及崔至，則端服儼容，大數張。……言畢，翻然而逝"；又豈非"似近而既遠、將來而復旋"之極致耶？古羅馬詩人《牧歌》亦寫女郎風情作張致，見男子，急入柳林中自匿，然回身前必欲邀男一盼（Malo me Galatea petit，lasciva puella，／et fugit ad salices，et se cupit ante videri）①；談者以此篇擬希臘舊什而作，遂謂譯詩可以取則，足矯逐字蠻狠對翻之病（violentius transferantur）②。夫希臘原作祇道女以蘋果擲男③，茲數語直是奪胎換骨，智過其師，未宜僅以迻譯目之。所寫情境，則正宋賦、劉詩、王曲之比也。

《招魂》："目極千里兮傷春心。"按《楚辭》卷論《招魂》者不復贅，補拈此句，以合之《高唐賦》："長吏隳官，賢士失志，

---

① Virgil，*Eclogues*，III. 64-5，"Loeb"，I，22.

② Aulus Gellius，*Attic Nights*，IX. ix，"Loeb"，II，176.

③ Theocritus，V，*The Greek Bucolic Poets*，"Loeb"，73.

愁思無已，太息垂淚，登高遠望，使人心瘁。”二節爲吾國詞章增闢意境，即張先《一叢花令》所謂“傷高懷遠幾時窮”是也。

【增訂三】《高唐賦》中“登高心瘁”云云，當與《説苑·指武》、《孔子家語·致思》兩篇記孔子語合觀。孔子東上農山，子路、子貢、顔淵從，孔子“喟然歎曰：‘登高望下，使人心悲！’”先秦記孔子登臨觀感，不過《孟子·盡心》所載：“孔子登東山而小魯，登泰山而小天下”，祇如杜甫《望嶽》之“一覽衆山小”爾（參觀 2057—2058 頁）。漢人書中記孔子望遠傷高，乃與宋玉戚戚有同感焉，於浪漫主義之“距離悵惘”（pathos of distance），儼具先覺。後世傳誦如王勃《滕王閣序》：“天高地迥，覺宇宙之無窮，興盡悲來，識盈虚之有數”；陳子昂《登幽州臺》：“念天地之悠悠，獨愴然而涕下”；柳宗元《湘江館》：“境勝豈不豫，慮紛固難裁；升高欲自舒，彌使遠念來”；會心正復不遠。竊謂牛山之沾衣、峴山之垂泣，“懷遠悼近”（語出潘岳《秋興賦》，參觀《文選》李善註此句），則亦類幽州臺之下涕耳。此等情味可拈出而概名之曰“農山心境”，於談藝之挈領研幾，或有小補乎。

張協《雜詩》之九：“重基可擬志，迴淵可比心”，《文選》李善註引《顧子》：“登高使人意遐，臨深使人志清”，斯固然矣。別有言憑高眺遠、憂從中來者，亦成窠臼，而宋玉賦語實爲之先。《詩·魏風·陟岵》詠登岵之“瞻”、升岡之“望”，尚明而未融、渾而未畫；《秦風·蒹葭》雖歎“道阻且長”，而有遠無高，則猶未極遠致。是以李商隱《楚吟》：“山上離宮宮上樓，樓前宮畔暮江流；楚天長短黄昏雨，宋玉無愁亦自愁”；温庭筠《寄岳州李外郎遠》：“天遠樓高宋玉悲”；已定主名，謂此境拈自宋玉也。

《太平御覽》卷四六九引《郭子》："王東海登琅邪山，歎曰：'我由來不愁，今日直欲愁！'太傅云：'當爾時形神俱往。'"視《晉書‧王承傳》之"人言愁我始欲愁矣"，詞意較晰；《世說‧任誕》亦記王廞"登茅山大慟哭曰：'琅邪王伯興終當爲情死！'"曲傳心理，殆李嶠《楚望賦》（《全唐文》卷二四二）乎："非歷覽無以寄杼軸之懷，非高遠無以開沉鬱之緒。……思必深而深必怨，望必遠而遠必傷。……故夫望之爲體也，使人慘悽伊鬱，惆悵不平，興發思慮，震蕩心靈。其始也，惘兮若有求而不致也，悵乎若有待而不至也。……精迴魂亂，神茶志否，憂憤總集，莫能自止。……乃若羊公愾惻於峴山，孔宣憫然於曲阜，王生臨遠而沮氣，顏子登高而白首。……故望之感人深矣，而人之激情至矣！"

【增訂四】"登高心悲"之"農山心境"，如北宋初楊徽之《寒食寄鄭起侍郎》所謂"地迥樓高易斷魂"者，南宋敖陶孫《西樓》絶句申發最明："只有西樓日日登，欄杆東角每深凭；一層已是愁無奈，想見仙人十二層"（《後村千家詩》卷十六，《宋詩紀事》卷五八引；不見《臞翁詩集》）。直似登陟愈高，則悲愁愈甚，此中有正比例；一層臨眺，已喚奈何，上推蓬宮瑶臺十二層中人，其傷高懷遠，必腸回心墜矣。鍾惺名句，亦堪作例。《隱秀軒集‧宇集》卷一《九日携姪登雨花臺》："子姪漸親知老至，江山無故覺情生"，極爲《隨園詩話》所賞。"無故"二字，視王承登山所謂："我由來不愁，今日直欲愁。"更醒豁也。

晁補之《照碧堂記》（《雞肋集》卷二九）："斯須爲之易意，樂未已也，哀又從之。故景公美齊而隨以雪涕；傳亦曰：'登高遠望，使人心悴'"；不如李之微至也。王粲《登樓賦》始云："登茲樓以四望兮，聊假日以銷憂"，而繼云："憑軒檻以遥望兮，對北風而開襟。平原遠而極目兮，蔽荆山之高岑，悲舊鄉之雍隔兮，涕横墜而勿禁"；是解憂而轉增悲也。囊括古來衆作，團詞以蔽，不外乎登高望遠，每足使有愁者添愁而無愁者生愁，舉數例概之。曹植《雜詩》："飛觀百餘尺，臨牖御櫺軒，遠望周千里，朝夕見平原；烈士多悲心，小人婾自閑"；顔延之《登巴陵城樓》："悽矣自遠風，傷哉千里目"；沈約《臨高臺》："高臺不可望，望遠使人愁。連山無斷續，河水復悠悠。所思曖何在，洛陽南陌頭；可望不可至，何用解人憂！"；何遜《擬古》："家在青山下，好上青山上；青山不可上，一上一惆悵"；古樂府《西洲曲》："鴻飛滿西洲，望郎上青樓，樓高望不足，盡日闌干頭"；陳子昂《登幽州臺》："前不見古人，後不見來者，念天地之悠悠，獨愴然而涕下"（沈德潛《唐詩別裁集》卷五評："余於登高時，每有今古茫茫之感，古人先已言之"）；王昌齡《閨怨》："閨中少婦不知愁，春日凝妝上翠樓，忽見陌頭楊柳色，悔教夫壻覓封侯"；李白《愁陽春賦》："試登高而望遠，咸痛骨而傷心"；杜甫《涪城縣香積寺官閣》："寺下春江深不流，山腰官閣迥添愁"，又《登樓》："花近高樓傷客心，萬方多難此登臨"；樊宗師《蜀綿州越王樓詩序》："寒寒余始登。……天原開，見荆山；我其黄河瞷然爲曲。直淚雨落，不可掩"；柳宗元《登柳州城樓》："城上高樓接大荒，海天愁思正茫茫"；歐陽詹《早秋登慈恩寺塔》："因高欲有賦，遠望慘生悲"；杜牧《登池州九峯樓》："百感中來不自由，角聲孤起夕陽樓，碧山終日思無盡，芳草何年恨始休"；唐彦謙《春早落英》："樓上有愁春不淺，小桃風雪凭闌干"；曹

松《南海旅次》："憶歸休上越王臺，愁思臨高不易裁"；楊徽之
《寒食寄鄭起侍御》："天寒酒薄難成醉，地迴樓高易斷魂"；范仲
淹《蘇幕遮》："明月樓高休獨倚，酒入愁腸，化作相思淚"；張
先《偷聲木蘭花》："莫更登樓，坐想行思已是愁"；杜安世《鳳
棲梧》："佇立危樓風細細，望極春愁，黯黯生天際"；辛棄疾
《醜奴兒》："少年不識愁滋味，愛上層樓，愛上層樓，爲賦新詞
强説愁"；何夢桂《喜遷鶯》："怕傷心，休上危樓高處。"王禹偁
《點絳唇》、晏幾道《清平樂》、晁元禮《點絳唇》又《綠頭鴨》、
王觀《蘇幕遮》等莫不摹寫樓危閣迴，凝睇含愁，闌干凭暖①，
漸成倚聲熟套。當世意大利詩家（G. Ungaretti）之傳誦短章：
"當風暮樓，供我凭愁"（Balaustrata di brezza/per appoggiar
stasera/la mia malinconia），即或胎息於其本國前修②，却甚肖
吾國舊什中此情景也。十八世紀英國小説有角色諢曰："脱在山
巔宜生愁思，則在山足當發歡情"（But if the top of the hill be
properest to produce melancholy thoughts，I suppose the bottom
is the likeliest to produce merry ones）③；雖爲戲言，亦徵同感。
嘗試論之。客羈臣逐，士耽女懷，孤憤單情，傷高望遠，厥理易
明。若家近"在山下"，少"不識愁味"，而登陟之際，"無愁亦
愁"，憂來無向，悲出無名，則何以哉？雖懷抱猶虛，魂夢無縈，
然遠志遥情已似乳殼中函，孚苞待解，應機根觸，微動幾先，極
目而望不可即，放眼而望未之見，仗境起心，於是惘惘不甘，忽

---

① Cf.D.G. Rossetti："The Blessed Damozel"："Until her bosom must have made/The bar she leaned on warm".

② Cf.A. Vallone，*Aspetti della Poesia italiana contemporanea*，178 ff..

③ Fielding，*Tom Jones*，Bk.VIII，ch.10，"Everyman's"，I，336（Partridge）.

忽若失。李嶠曰："若有求而不致，若有待而不至"，於浪漫主義
之 "企慕"（Sehnsucht），可謂揣稱工切矣。情差思役，寤寐以
求，或懸理想，或構幻想，或結妄想，僉以道阻且長、欲往莫至
爲因緣義諦（la lontananza；à la nostalgie d'un pays se joint la
nostalgie d'un temps；la nostalgie du pays qu'on ignore；distance
lends enchantment；die unendliche Ferne，die Entfernung）①。
哲人曰："日進前而不御，遥聞聲而相思"（《鬼谷子·内揵》、
《鄧析子·無厚》、《抱朴子·廣譬》）；詩人曰："我所思兮在泰
山，欲往從之梁父艱，側身東望涕沾翰；我所思兮在桂林，欲往
從之湘水深，側身南望涕沾衿"（張衡《四愁詩》），"足力盡時山
更好，莫將有限趁無窮"（蘇軾《登玲瓏山》），"渺渺兮余懷望，
美人兮天一方"（句讀從劉將孫《養吾齋集》卷七《沁園春·檃
栝〈赤壁賦〉》自註）；童話曰："物之更好者輒在不可到處，可
覩也，遠不可致也"（There was always a more lovely bunch of
rushes that she couldn't reach. "The prettiest are always fur-
ther!" she said with a sigh）②；齊心如出一口。徵之吾國文字，
遠瞻曰 "望"，希冀、期盼、仰慕並曰 "望"，願不遂、志未足而
怨尤亦曰 "望"；字義之多歧適足示事理之一貫爾。參觀《毛詩》

---

① Leopardi，*Zibaldone*，Mondadori，I，702，1145，II，108；É. et J. de Gon-
court，*Journal*，23，août，1862，éd. définitive，II，44；Baudelaire："L'Invitation au
Voyage"，*Oeuv. comp.*，"la Pléiade"，305；L. Abercrombie，*Romanticism*，32 ff.
(Campbell，Norris)；F. Strich，*Deutsche Klassik und Romantik*，74 ff. (Novalis，
Loeben). Cf. Paul Ernst，*Der Weg zur Form*，48："... alles Ideale gewinnt, wenn es
in eine grössere Ferne gerückt wird".

② Lewis Carroll，*Through the Looking-Glass*，ch. 5，*Complete Works*，Non-
such，205.

卷論《蒹葭》、《全唐文》卷論王勃《滕王閣序》。

　　《宋玉集序》：“女因媒而嫁，不因媒而親也。”按《淮南子·説山訓》：“因媒而嫁，而不因媒而成，因人而交，不因人而親”；張文成《游仙窟》：“新婦曾聞綫因針而達，不因針而縫，女因媒而嫁，不因媒而親。”

　　【增訂四】元稹《桐花》：“非琴獨能爾，事有論因針”，與《游
　　仙窟》蓋用同一俗語。

晁迥《法藏碎金録》卷二：“二姓之親，因媒而成；親成而留媒不遣，媒反爲擾。一真之道，因智而合；道合而留智不遣，智反爲礙”；取舊喻而下轉語，蓋以媒喻代《莊子·外物》篇所謂“忘筌”、“忘蹄”、《金剛經》所謂“如筏喻者”、《大乘本生心地觀經·發菩提心品》第一一所謂“其病既愈，藥隨病除，無病服藥，藥還成病”。

九　全上古三代文卷一四

　　《穀城石人腹銘》："摩兜鞬，摩兜鞬，慎莫言"（《藝文類聚》卷六三引《荆州記》）。按嚴氏輯《先唐文》卷一復自《類聚》録此文，題作《穀城門石人腹銘》，不應複出。段成式《酉陽雜俎》卷一一亦引《荆州記》此銘；袁文《甕牖閒評》卷八引蘇頌《談訓》記此銘故事；《朱子語類》卷一三八記"嘗見徐敦立書［此］三字帖於主位前"；陶九成《輟耕録》卷九引《浮休閒目集》載此銘，卷三〇又引宋濂爲李敦立作《磨兜堅箴》，李常揭此三字於坐隅也（宋文見《宋文憲公全集》卷四七）。清初人數用之入詩，如陳瑚《確菴先生詩鈔》卷五《磨兜堅、哀潘、吳也》："磨兜堅，慎勿言！言之輸國情；挾筆硯，慎勿書！書之殺其身"；顧景星《白茅堂集》卷一一《曹石霞至草堂倚榻相對》第二首："久許磨兜今一放，笑同茶苜口能駢"，又卷一三《聞杜于皇幾以文字得罪》："春臼胸中貯，磨兜座右銘。"一典之頻使，亦可因微知著，尚論其世，想見易代時文網之密也。

　　【增訂三】周亮工《賴古堂集》卷八《陳章侯繪磨兜堅見寄，感其意，賦此答之》有云："顧銘頗覺蠅難茹，屢悔空教駟在唇。"亦清初人使此典以申慎言之戒，特不知如何寫入畫圖，豈即"繪"石人而於腹上書字乎?

"茶苴"見《太平御覽》卷九〇六引《博物志》,作"茶首",雲南郡所出兩頭鹿也;方以智《通雅》卷四六曾考其兩頭在首尾抑在左右,字又作"蔡苴"。

《口誡》:"勿謂何有,積怨致咎"云云(《藝文類聚》卷一七);嚴氏按:"《傅子》擬《金人銘》,作《口銘》,有末二語,疑此《口誡》即《口銘》,未敢定之。"按《傅於·口銘》收入《全晉文》卷四九;《藝文類聚》卷一七《口》門載此文,明標題目,揭示主名:"晉傅玄《口誡》",嚴氏所據,豈別本耶?《太平御覽》卷三六七載《傅子·擬金人銘》,前六句即此篇,嚴氏止謂"有末二語",亦未審。要之此篇不合廁三代"闕名"諸文中,斷然可知。疏謬類是者必多,未遑逐件檢覈也。

一〇　全上古三代文卷一六

　　彭祖《養壽》：“服藥百過，不如獨臥。”按參觀《太平廣記》卷論卷二。顧況《宜城放琴客歌》：“服藥不如獨自眠，從他更嫁一少年！”即用彭祖語。劉克莊《後村大全集》卷一七四：“山谷與坡公云：‘只欠小蠻樊素在，我知造物愛公深’；屏山問李漢老疾云：‘欲袖雲門竹箆子，室中驅出散花人’；愛朋友之言也。白公云：‘病與樂天相伴住，春同樊素一時歸’；放翁云：‘九十老農緣底健，一生強半是單栖’；自愛之言也。”《説郛》卷九羅點《聞見録》記一士夫年老納二寵，友戲以“忠奴”、“孝奴”名之，謂“孝當竭力，忠則盡命”；又卷二七《三朝野史》賈似道請包恢傳授延年益壽方，恢曰：“恢喫五十年獨睡丸。”皆同彭祖之誡。魏應璩《三叟》早云：“住車問三叟：‘何以得此壽？’上叟前致辭：‘內中嫗貌醜’”；言外正是“獨臥”、“單栖”也。劉氏引陸游句出《劍南詩稿》卷七三《次韻李季章參政哭其夫人》之二，“農”當作“翁”，則亦向“朋友”進言。夫朋友作詩悼亡，即使原唱爲文造情，賡和似須借面弔喪，與之委蛇；不然，勿和可耳。陸詩却幾隱斥友妻爲伐性之斧，自幸“單栖”以示伊人之死可爲厥夫代幸；戇不解事，更甚於柳宗元之賀王參元進士失火矣！劉氏稱爲"自愛之言"，非健忘詩題，即曲筆回護也。此等譬慰，一意爲文，出奇負特，渾不顧身受者之或刺眼逆耳。陸氏《詩稿》卷三七《偶讀陳無己〈芍藥〉詩，蓋晚年所作也，爲之絕倒》："少年妄想已痴絕，鏡裏何堪白髮生！縱有傾城何預汝？可憐元未解人情！"末句適可斷章以反唇耳。古樂府有《雉朝飛操》，相傳犢牧子五十未娶，哀憤作歌，後世李白、韓愈、張祜輩擬古而欲爭強出表，無端平添二十歲，不曰"枯楊枯楊爾生稊，我獨七十而孤栖！"，則曰："生身七十年，無一妾與妃！"，或曰："七十老翁長獨眠，衷腸結憤氣呵天！"年愈老而情愈急，張大其詞，以邀憐憫。不省"白髮""妄想"，轉招嘲嗤，此亦"元未解人情"也。陳師道《謝趙生惠芍藥》第二首原句云："一枝賸欲簪雙鬢，未有人間第一人"，未必真道老尚風懷，潘德輿《養一齋詩話》卷八嘗稱爲"眼空一世，無人之見者存"，得之。陸氏"絕倒"，似參死句。竊謂李清照《御街行·詠梅》："一枝折得，人間天上，沒個人堪寄"，即陳詩之意耳。

一一　全秦文卷一

　　李斯《上書諫逐客》。按別見《史記》卷論《李斯列傳》。日本齋藤謙《拙堂文話》卷六稱此篇"以二'今'字、二'必'字、一'夫'字斡旋三段，意不覺重複；後柳子厚論鍾乳、王錫爵論南人不可爲相，蓋模仿之，終不能得其奇也。"殊有入處，勝於劉壎《隱居通議》卷一八論此篇之"五用'今'字貫串，七用'不'字"也。齋藤論文，每中肯綮。李元度《天岳山館文鈔》卷二六《〈古文話〉序》："日本國人所撰《拙堂文話》、《漁村文話》，反流傳於中國"；是同、光古文家已覯其書。隨機標舉，俾談藝者知有鄰壁之明焉。

一二 全漢文卷六

宣帝《復賜書報趙充國》："期月而望者，謂今冬邪？謂何時也？"按卷七元帝《璽書勞馮奉世且讓之》："今乃有畔敵之名，大爲中國羞；以昔不閑習之故邪？以恩厚未洽、信約不明也？"屬詞相同，古書類此甚多。《説文解字》段玉裁註《邪》字云："今人文字，'邪'爲疑詞，'也'爲決詞，古書則多不分別。……又'邪'、'也'二字，古多兩句並用；如《龔遂傳》：'今欲使臣勝之邪？將安之也？'，韓愈文：'其真無馬邪？其真不知馬也？'皆'也'與'邪'同。"《拙堂續文話》卷三論韓愈《雜説》俗刻作"其真不知馬邪"之謬，即援段説，且引《晏子春秋》、《新序》、《漢書·武五子》等傳，以廣其例。然"兩句並用"，雖同爲疑詢，而詞意似有判別。陸繼輅《合肥學舍札記》卷六駁段説，謂"也"乃決詞，"邪"則疑詞，龔遂意在"安之"，韓愈意在"不知馬"，正是一疑而一決。其説進於段矣，而猶未周密。行文"助字"分"疑詞"、"決詞"，當"中律令"，厥旨始著於柳宗元《復杜温夫書》，惜舉例偏遺"也"、"邪"。"邪"句乃明知其不然而故問，"也"句可不知其然而真問，亦可明知其然而反詰。宣帝曰："謂今冬邪？"，知必非"今冬"；龔遂："今欲使臣

勝之耶？”，知己必不能“勝之”。“謂何時也？”，“將安之也？”，
則不知“何時”、未知“安之”之真問，疑慮求解釋也。元帝曰：
“以昔不閑習之故邪？”，明知“不閑習”之非《墨經》上所謂
“大故”；韓愈曰：“其真無馬邪？”，早知如《九辯》所謂“當世
非無騏驥”。“以恩厚未洽、信約不明也？”，“其真不知馬也？”，
則道出真因實況，雖問人而不啻己自答。前一類易了，茲增後一
類兩例。《孟子・告子》：“子能順杞柳之性而以爲桮棬乎？將戕
賊杞柳而後以爲桮棬也？如將戕賊杞柳而以爲桮棬，則亦將戕賊
人以爲仁義與？”趙歧註：“言必殘賊也”；“乎”與“邪”同，
“順杞柳”既不可能，故“乎”句爲知其不然之佯問，“戕賊杞
柳”乃事所必然，“如將”句已明言之，故“也”句爲知其然之
佯問。《詩・小雅・白駒》：“爾公爾侯，逸豫無期”，毛《傳》：
“爾公[邪？] 爾侯邪？何爲逸樂無期以反也？”；上句知其非
“公”非“侯”而假問訊，下句見其“逸樂”而真質詰。“邪”句
佯問，言外自答曰：“非是”（answer in the negative）；“也”句
而佯問，言外自答曰：“正是”（answer in the affirmative）。是
以“邪”先“也”後，兩句連續，前句爲已決之虛問，後句或爲
有疑之實問，或爲決之甚而問之更虛者。稱“邪”爲賓或襯而
“也”爲主或正，似更切當。

一三　全漢文卷一五

賈誼《鵩鳥賦》。按《文選》録之入《鳥獸》門，何焯評："此特借鵩鳥以造端，非從而賦之也。……宜與《幽通》、《思玄》同編"；是也。《晉書・庾敳傳》："乃著《意賦》以豁情，衍賈誼之《鵩鳥》也"；其賦亦申"榮辱同貫"、"存亡均齊"之旨，初未"借"鳥獸"以造端"，蓋識賈賦謀篇所在，亦徵蕭選之皮相題目矣。

《鵩鳥賦》："發書占之兮，讖言其度，曰：'野鳥入室兮，主人將去。'"按嵇康《明膽論》："忌鵩作賦，暗所惑也"，只可指此占而言，若全賦主意，不得讖爲"暗所惑"。嵇評殊病割裂，似摘苦蒂而不究瓜甘；苟以矛攻盾，則嵇《卜疑》言"超然自失，冀聞之於數術"，亦爲"暗所惑也"。賈以占引進鵩鳥之對，正猶嵇以卜引進向太史之問，乃文章之架式波瀾；遽執著謂爲昏怯之供狀，固又黽斯踢者之結習耳。"讖言"可考俗忌，如《晉書・藝術傳》有大鹿向武昌西城門，戴洋曰："野獸向城，主人將去"，又《石季龍載記》上有白雁百餘集於馬道南，太史令趙攬曰："白雁集殿庭，宮室將空"；

【增訂三】《晉書・李歆載記》氾稱上疏："諺曰：'野獸入家，主人將去'；今狐上南門，亦災之大也。"

【增訂四】《宋書·五行志》三："晉成帝咸康八年七月白鷺集殿屋。……劉向曰：'野鳥入處，宮室將空。'"

《舊唐書·高駢傳》雉雊於揚州廨舍，占者云："野鳥入室，軍府將空"；以至《醒世姻緣傳》第六四回白姑子曰："鴟鷹入人房，流水抬靈牀，不出三十日，就去見閻王"；皆與此"讖"如依樣畫葫蘆也。

《鵩鳥賦》："憂喜聚門兮，吉凶同域"云云。按下文舉夫差、句踐、李斯、傅説四人爲否泰倚伏之例；班固《幽通賦》仿此，以"變化故而相詭兮"爲冒，引起諸例；張衡《思玄賦》稍變其格，先舉例而後括之曰"夫吉凶之相承兮"；揚雄《太玄賦》發端亦如賈此賦之敷陳《鶡冠子》語，似不怵他人之我先者。元稹《苦樂相倚曲》謂人事吉凶、人情歡戚，其相鄰比，"近於掌上之十指"，即賈生之意。人事姑置之，已別見《老子》卷論第五八章。人情樂極生悲，自屬尋常①，悲極生樂，斯境罕證。悲哀充盡而漸殺，苦痛積久而相習，或刻意繕性，觀空作達，排遣譬解，冀能身如木槁、心似石頑。忘悲減痛則有之②，生歡變喜猶

---

①　Cf. Shakespeare, *Antony and Cleopatra*, I. ii. 128-30: "The present plea-sure, /By revolution low'ring, does become/The opposite of itself"; Sterne, *Letters*, ed. L. P. Curtis, 163, to Garrick: "I laugh till I cry, and in the same tender moments cry till I laugh."

②　Cf. Webster, *The White Devil*, III. iii, *Plays*, "Everyman's", p. 45: "We endure the strokes like anvils or hard steel, /Till pain itself makes us no pain at all"; La Rochefoucauld, *Maximes Posthumes*, 532, *Oeuvres*, "Les Grands Écrivains de la France", I, 230: "L'extrême ennui sert à nous désennuyer"; Coleridge, *Notebooks*, ed. Kathleen Coburn, II, § 2046: "My Heart. ... stagnates upon you, wishless from excess of wishing"; Silvio Pellico, *I miei Prigioni*, cap. 16, Hoepli, 31: "Nè somma pace, nè somma inquietudine possono durare quaggiù... A lunga smania successe stanehezza ed apatia"; Leopardi, *Zibaldone*, Mondadori, I, 254: "L'uom si disan-noia per lo stesso sentimento vivo della noia universale e necessaria"; Francis Thomp-son (*Life*, by E. Meynell, 78): "Pain, its own narcotic, throbs to painlessness".

未許在①。轉樂成悲，古來慣道。如《莊子‧知北遊》："山林與，皐壤與，使我欣欣然而樂與；樂未畢也，哀又繼之"；漢武帝《秋風歌》："歡樂極兮哀情多，少壯幾時奈老何！"；《淮南子‧原道訓》："建鐘鼓，列管弦，席旃茵，傅旄象，耳聽朝歌北鄙靡靡之樂，目齊靡曼之色，陳酒行觴，夜以繼日；强弩弋高鳥，走犬逐狡兔。此其爲樂也，炎炎赫赫，怵然若有所誘慕。解車休馬，罷酒徹樂，而心忽然若有所喪，悵然若有所亡也。……樂作而喜，曲終而悲，悲喜轉而相生"；張衡《西京賦》："於是衆變極，心醒醉，盤樂極，悵懷萃"②；《抱朴子》內篇《暢玄》："然樂極則哀集，至盈必有虧，故曲終則歎發，宴罷則心悲也。實理勢之攸召，猶影響之相歸也"；

【增訂四】《樂府詩集》卷三六魏文帝《善哉行》："樂極哀情來，寥亮摧心肝。"

王羲之《蘭亭集序》："所以遊目騁懷，足以極視聽之娛，信可樂也！……及其所至既倦，情隨事遷，感慨係之矣！向之所欣，俯仰之間，已爲陳迹"；陶潛《閑情賦》："願在木而爲桐，作膝上之鳴琴，悲樂極兮哀來，終推我而輟音"；王勃《秋日登洪府滕王閣餞別序》："天高地迥，覺宇宙之無窮，興盡悲來，識盈虛之有數"；杜甫《觀打魚歌》："魴魚肥美知第一，既飽歡娛亦蕭

---

① Cf. Vigny, *Journal d'un Poète*, *Oeuv. comp.*, "la Pléiade", II, 918; "Un plaisir extrême fait mal; jamais un mal extrême ne fait plaisir" (cf. pp. 1025, 1265 etc.).

② Cf. Leopardi: "La Sera del Dì di Festa", *Opere*, Ricciardi, I, 60: "Eccò è fuggito/Il dì festivo, ed al festivo il giorno/Volgar succede, e se ne porta il tempo" ecc..

瑟"，又《觀公孫大娘弟子舞劍器歌》："玳筵急管曲復終，樂極
哀來月東出"；韓愈《岳陽樓別竇司直》："歡窮悲心生，婉變不
能忘"；李商隱《錦瑟》：　"此情可待成追憶，只是當時已惘
然"①；

【增訂四】參觀《談藝錄》（補訂本）第三一則"李義山"條補
訂說《錦瑟》之"只是當時已惘然"。馬令《南唐書·女憲傳》
載李後主《昭惠周后誄》有云："年去年來，殊歡逸賞。不足
光陰，先懷悵怏。如何倏然，已爲疇曩"；歐陽修《浪淘沙》
詞云："今年花勝去年紅，可惜明年花更好，知與誰同!"同心
之言，可相參印。"先懷悵怏"，"今年"已"惜明年"均即
"當時已惘然"也。

杜牧《池州送孟遲先輩》："喜極至無言，笑餘翻不悅。"《禮記》
一書反復申明，如《檀弓》下"人喜則斯陶"一節、《樂記》"樂
極則憂"一節、《曲禮》"樂不可極"一節、《孔子閒居》"樂之所
生，哀亦至焉"一節；《兒女英雄傳》第一八回發揮趙州和尚語
"大事已完，如喪考妣"一節，亦其旨。《全上古三代文》卷二武
王《觴銘》："樂極則悲，沈湎致非，社稷爲危"，乃言酗酒喪邦，
文云"樂"、"悲"，事指興亡，着眼在人事反覆，不在心境遞番
也。悲極則樂，理若宜然（參觀《左傳》卷論宣公十二年），而
文獻尠徵；至於失心變態，好別趣偏，事乖常經，詞章不著。

---

① 　Cf. Keats："Ode to Melancholy"："Ay, in the very temple of delight／Veil'd
Melancholy has her sovran shrine"；A. Schnitzler, *Anatol*, Episode iii："Während ich
den warmen Hauch ihres［Biancas］Mundes auf meiner Hand fühlte，erlebte ich das
Ganze schon in der Erinnerung. Es war eigentlich vorüber"（*Österreichisches Theater
des 20. Jahrhunderts*，hrsg. J. Schondorff，64）。

"人不堪憂，回不改樂"；曰"不改"，則固不以人所憂者爲其憂，原自樂也。"長歌當哭"；曰"當"，則固如鳥將死之鳴哀，柳宗元《答賀者》所謂"長歌之哀，過於慟哭"①，非轉而爲樂也。杜甫《聞官軍收河南河北》雖先曰"初聞涕淚滿衣裳"，後曰"漫卷詩書喜欲狂"，實同《喜達行在所》之"喜心翻倒極，嗚咽淚沾巾"，"初聞"之"涕淚"即"喜心翻倒"之"嗚咽"，故"喜欲狂"乃喜斷而復續，非本悲而轉新喜也。《明詩綜》卷五七《靜志居詩話》記吾鄉華聞修稱賞袁宏道《偶見白髮》小詩："鏡中見白髮，欲哭反成笑；自喜笑中意，一笑還一跳"；"笑中意"殆即白居易《覽鏡喜老》詩所言"而我獨微笑，此意何人知"云云。誠可謂破涕爲笑矣，與戚戚之極、變爲浩浩，則尚未容並日而談焉。

　　《鵩鳥賦》"禍兮"二句原出《老子》第五八章，《文選》此賦李善註不引《道德經》本文而祇引《鶡冠子》及《老子註》；

---

① Cf. Shakespeare, *Titus Andronicus*, III. i. 265 ff., Titus: "Ha, ha, ha!" Marcus: "Why dost thou laugh? It fits not with this hour." Titus: "Why, I have not another tear to shed." Petrarca, *Le Rime*, cxi, *Rime*, *Trionfi e Poesie latine*, Ricciardi, 141: "Però s' alcuna volta io rido o canto, /facciol perch' i' non ò se quest'una/ via di celare il mio angoscioso pianto". Descartes, *Les Passions de l'Âme*, II, § 125, *Oeuvres et Lettres*, "la Pléiade", 752: "On trouve par expérience, que lorsqu'on est extraordinairement joyeux, jamais le sujet de cette joye ne fait qu'on esclate de rire; et mesme on ne peut si aysément y être invité par quelque autre cause, que lorsqu'on est triste". Beaumarchais, *Le Barbier de Séville*, I. ii, *Théâtre*, "Classiques Garnier," 43-4: "Je me presse de rire, de peur d'être obligé d'en pleurer." Byron, *Don Juan*, IV. 4. Variorum ed., II, 346: "If I laugh at any mortal thing, /'Tis that I may not weep" (cf. IV, 105 quoting *Clarissa Harlowe*, Letter 85). Flaubert, à Louise Colet, *Correspondance*, Conard, II, 472: "Voir les choses en farce est le seul moyen de ne pas les voir en noir. Rions pour ne pas pleurer".

賈賦誠多用《鶡冠子》語，《鶡冠子》之真贗，李氏亦不必究，然似無須衹揀肉邊之菜、添錦上之花也。《幽通賦》："北叟頗識其倚伏"，李註亦引《鶡冠子》，一若迴避"玄元聖祖五千言"者，殊不可解。"其生兮若浮，其死兮若休"，出《莊子·刻意》篇，白居易詩屢用其語，如《永崇里觀居》："何必待衰老，然後悟浮休"，又《重修香山寺畢》："先宜知止足，次要悟浮休。"晁說之《嵩山文集》卷一八《跋趙芸叟諫議字題》、趙與時《賓退錄》卷五皆以張舜民自號"浮休子"，疑其襲唐張鷟之號，似忘却莊書、賈文。舜民之號或本居易來，渠作詩所師法也（見方回《瀛奎律髓》卷二七舜民《次韻賦楊花》批語）。文天祥《文山全集》卷一四《胡笳曲》自序亦署"浮休道人"。

　　《惜誓》："使麒麟可得羈而係兮，又何以異乎犬羊！"按卷一六《弔屈原文》亦曰："使騏驥可得係而羈兮，豈云異夫犬羊！"《梁書·處士傳》阮孝緒曰："非志驕富貴，但性畏廟堂，若使麞麀可馽，何以異夫驥騄！"；本賈生語而變鄙夷之詞爲分剖之詞，"驥騄"即"騏驥"。李白《鳴皋歌送岑徵君》："若使巢由桎梏於軒冕兮，亦奚異於虁龍蟨蟇於風塵！"；亦仿賈語而直道裏詮，不復表喻，且增易地而處、失所惟均一層意思，兩面俱到。王琦註《李太白集》，偶欲推究修詞胎息，眇中肯綮，此處即所未省；又如《大鵬賦》："繽紛乎八荒之間，掩映乎四海之半"，王祇註"四海"、"八荒"出賈誼《過秦論》，渾不察句法師左思《吳都賦》之"歘砉乎數州之間，灌注乎天下之半"也。

一四　全漢文卷一五

　　賈誼《上疏陳政事》：“故太子乃生而見正事、聞正言、行正道”一節。按《朱子語類》卷一一六評此節云：“‘太子少長知妃色則入於學’，這下面承接，便用解説此義，忽然掉了。却説上學去云：‘學者、所學之官也’，又説‘帝入東學上親而貴仁’一段了，却方説上太子事云：‘及太子既冠成人，免於保傅之嚴’云云。都不成文義，更無段落。他只是乘才快，胡亂寫去，這般文字，也不可學”；卷百三五復評云：“不知怎地，賈誼文章大抵恁地無頭腦。”“乘才亂寫”即《儒林外史》第一五回馬二先生評匡超人文章所謂：“才氣是有，只是理法欠些。”實中文病，先秦兩漢之文每笱卯懈而脈絡亂，不能緊接逼進（esprit de suite）；以之説理論事，便欠嚴密明快。墨翟、荀卿、韓非、王充庶免乎此。

一五　全漢文卷一六

　　賈誼《過秦論》。按項安世《項氏家説》卷八："賈誼之《過秦》、陸機之《辯亡》，皆賦體也。"洵識曲聽真之言也。《文心雕龍・論説》早云："詳觀論體，條流多品：陳政則與議、説合契，釋經則與傳、註參體，辨史則與贊、評齊行，詮文則與敍、引共紀。……八名區分，一揆宗'論'。"苟以項氏之説增益之，當復曰："敷陳則與詞、賦通家"，且易"八名"爲"十名"。東方朔《非有先生論》、王褒《四子講德論》之類，亦若是班。蓋文章之體可辨別而不堪執着，章學誠《文史通義・詩教》下駁《文選》分體，知者較多，不勞舉似。《南齊書・張融傳》載融《問律自序》云："夫文豈有常體，但以有體爲常，政當使常有其體"；"豈有常體"與"常有其體"相反相順，無適無莫，前語謂"無定體"，"常"如"典常"、"綱常"之"常"，後語謂"有慣體"，"常"如"尋常"、"平常"之"常"。王若虛《滹南遺老集》卷三七《文辨》："或問：'文章有體乎？'曰：'無。'又問：'無體乎？'曰：'有。''然則果何如？'曰：'定體則無，大體則有'"；

不當爲張融語作註①。《全梁文》卷六〇劉孝綽《昭明太子集序》：
“孟堅之頌，尚有似贊之譏；士衡之碑，猶聞類賦之貶”；黃庭堅
《豫章黃先生文集》卷二六《書王元之〈竹樓記〉後》：“荆公評
文章，常先體制而後文之工拙，蓋嘗觀蘇子瞻《醉白堂記》，戲
曰：‘文詞雖極工，然不是《醉白堂記》，乃是《韓白優劣論》
耳’”（《苕溪漁隱叢話》前集卷三五引《西清詩話》略同）；陳師
道《後山集》卷二三《詩話》：“退之作記，記其事爾；今之記，
乃論也。少游謂《醉翁亭記》亦用賦體”，又：“范文正爲《岳陽樓
記》，用對語說時景，世以爲奇。尹師魯讀之曰：‘傳奇體爾’”；朱
弁《曲洧舊聞》卷一：“《醉翁亭記》初成，天下傳誦。……宋子
京得其本，讀之數過曰：‘只目爲《醉翁亭賦》，有何不可！’”；
孫鑛《孫月峰先生全集》卷九《與余君房論文書》之一一：“《醉
翁亭記》、《赤壁賦》自是千古絶作，即廢記、賦法何傷？且體從
何起？長卿《子虛》，已乖屈、宋；蘇、李五言，寧規四《詩》？
《屈原傳》不類序乎？《貨殖傳》不類志乎？《揚子雲贊》非傳乎？
《昔昔鹽》非排律乎？……故能廢前法者乃爲雄”；

【增訂四】《藝苑巵言》卷二：“《卜居》、《漁父》便是《赤壁》
諸公作俑。作法於涼，令人永慨。”孫月峰似未聞弇州此論者。

*張宗橚《詞林紀事》卷一一引毛子晉曰：“宋人以稼軒爲‘詞
論’”；周君振甫出示近世山右不知姓名人《古文家別集類案》甲
集《敍錄》下：“陳後山譏人作記乃是作論，余謂惟書亦然”，又

①　Cf. M. Fubini, *Critica e Poesia*, 143 ff. (“Genesi e storia dei genere letterari”); R. Wellek and A. Warren, *Theory of Literature*, “Peregrine Books”, 226 (the literary kind as an institution).

丁集《敍録》下："鑿空起議以爲文，晚近名家所不肯造次者也，必傅依於書、傳而發；故論辨日少，書後、題、讀之文日多，蓋易其題以爲論辨。"張融、王若虛揭綱，此數節示目，足見名家名篇，往往破體，而文體亦因以恢弘焉[1]。李商隱《韓碑》："文成破體書在紙"，釋道源註："'破'當時爲文之'體'，或謂'破書體'，必謬"；是也。此"紙"乃"鋪丹墀"呈御覽者，書跡必端謹，斷不"破體"作行草。文"破當時之體"，故曰："句奇語重喻者少"；韓碑拽倒而代以段文昌《平淮西碑》，取青配白，儷花鬭葉，是"當時之體"矣。商隱《樊南甲集序》自言少"以古文出諸公間"，後居鄆守幕府，"敕定奏記，始通今體"，又言"仲弟聖僕特善古文，……以今體規我而未爲能休"，"破體"即破"今體"，猶苑咸《酬王維》曰："爲文已變當時體。"《歷代名畫記》卷一〇《張諲》條引李頎詩："小王破體閑文策"，明指"文"而不指"書"，"閑"謂精擅；《全唐詩》輯此詩，未註來歷，又訛"文"爲"支"，遂難索解。韓偓《無題》："書密偷看數，情通破體新，明言終未實，暗囑始應真"，亦指文詞而不指書字，謂私情密約，出以隱語暗示，迥異尋常言説之具首尾，"新"者，別創之意。歐陽修《五代史·唐臣傳》一六莊宗美任圜曰："儒士亦破體邪？仁者之勇，何其壯也！"，則"破體"復

---

[1] Cf. Grillparzer, *Aphorismen*, *Gesammelte Werke*, hrsg. E. Rollett u. A. Sauer, II, 140："Schlendrian und Pedantismus in der Kunst urteilen immer gern nach Gattung; diese billigen, diese verwerfen sie; der offene Kunstsinn aber kennt keine Gattungen, sondern nur Individuen"; Croce, *Estetica*, 10ª ed., 42-3："Ogni vera opera d'arte ha violato un genere stabilito, venendo cosi a scompigliare le idee dei critici, i quali sono stati costretti ad allargare il genere" ecc..

可以施於人。以爲"破體"必是行草書，見之未廣也。《樊南甲集序》語頗供隅反。藝事之體隨時代而異（Epochestil），顧同時風氣所扇、一人手筆所出，復因題因類而異（Gattungstil），詩、文、書、畫莫不然。"古文"之別於"今體"，是時異其體也；而"敕定奏記"須用"今體"，又類異其體矣。魏文帝《典論·論文》曰："文非一體，鮮能備善"，又曰："蓋奏議宜雅，書論宜理，銘誄尚實，詩賦欲麗，此四科不同，……唯通才能備其體"；以"科"之"不同"而"文非一體"，正言類異其體耳。按名歸類，而覈實變常，如賈生作論而似賦、稼軒作詞而似論，劉勰所謂"參體"、唐人所謂"破體"也。

《過秦論》："秦孝公據殽函之固"云云。按嚴氏按語誤，《文選》僅錄此篇，未采其他兩篇，三篇中確推此篇爲尤。《史記·陸賈列傳》漢高帝曰："試爲我著秦所以亡失天下"；"過秦"、"劇秦"遂爲西漢政論中老生常談。嚴氏所錄，即有賈山《至言》、鼂錯《賢良文學對策》、嚴安《上書言世務》、吾丘壽王《驃騎論功論》、劉向《諫營昌陵疏》等，不一而足。賈生《過秦》三論外，尚復《上疏陳政事》，戒秦之失。漢之於秦，所謂"殷鑑不遠，在夏后氏之世"也。

《過秦論》："有席卷天下、包舉宇内、囊括四海之意，并吞八荒之心。"按晉後人當曰："有席卷天下、包舉宇内之意，囊括四海、并吞八荒之心"，倘"四海"、"八荒"詞不儷妃，則句法無妨長短錯落，今乃讀之祇覺橫梗板障，拆散語言眷屬，對偶偏枯杭陧。"席卷天下"、"包舉宇内"、"囊括四海"、"并吞八荒"四者一意，任舉其二，似已暢足，今乃堆疊成句，詞肥義瘠，無異《楊公筆錄》所嘲詩句"一個孤僧獨自行"、《廣笑府》卷一所嘲

詩句"關門閉戶掩柴扉"、或《兩般秋雨盦隨筆》卷三所嘲"墨
派"八股"天地乃宇宙之乾坤，吾心實中懷之在抱"①；即對偶
整齊，仍病合掌。在詞賦中鋪比如斯，亦屬藻思窘儉所出下策。
此論自是佳文，小眚不掩大好，談者固毋庸代爲飾非文過也。

《過秦論》："比權量力，則不可同年而語矣。"按以時間擬程
度，不識是賈誼創喻否，前此似未見。《漢書‧蒯、伍、江、息
夫傳》息夫躬疏："臣與祿異議，未可同日語也"，又《晉書‧曹
志傳》奏："豈與召公之歌《棠棣》、周詩之詠《鳲鴝》，同日論
哉？"，則減"年"爲"日"。《後漢書‧朱穆傳‧崇厚論》："豈得
同年而語、並日而談哉？"，則兼"年"與"日"。《皇朝文鑑》卷
六崔伯易《感山賦》："而仁愛之澤獨未及於禽獸草木，曷可同世
而語哉？"，則增"年"爲"世"。潘岳《西征賦》："雖改日而易
歲，無等級以寄言"，又《後漢書‧隗囂、公孫述傳‧論》："與
夫泥首銜玉者，異日談也"，則變"不同"、"豈得同"爲"改"、
"易"、"異"。卻無用"月"者。西語類此之詞則祇道"日"，並
不及"年"也②。

【增訂四】《戰國策‧趙策》二蘇秦説趙王，有曰："夫破人之
　　與破於人也，臣人之與臣於人也，豈可同日而言之哉！"邵醇
　　臻美君函示此則。蓋《過秦論》變"同日"爲"同年"，而
　　《崇厚論》又疊舉"同年"與"並日"耳。李商隱《爲滎陽公

---

①　Cf. Quintilian，VIII. iii. 53，*op. cit.*，III. 241（macrologia）.

②　E. g. Lockhart，*Life of Scott*，ch. 6，"Everyman's"，213："There is no com-
parison whatever—we〔Burns and Scott himself〕ought not to be named in the same
day"；Borrow，*Lavengro*，ch. 6，"Everyman's"，44："Not that I would mention fig-
ures in the same day with Lilly's Grammar".

賀幽州張相公表》：“昔漢時驍將，多以後期；周室虎臣，唯稱薄伐。比於今日，詎可同年！”以“今日”儷“同年”，對仗精當，“而言之”三字可言外得之矣。又商隱《上李太尉狀》：“將以擬人，固不同日”，而《上河中鄭尚書狀》：“欲以擬人，實在異日”，“異日”即“不同日”，復與故爲新也。

《過秦論》：“及至始皇，……吞二周而亡諸侯。”按吳枋《宜齋野乘》：“秦昭襄王五十一年滅西周，其後七年，莊襄王滅東周。……則‘吞二周’乃始皇之曾祖與父，非始皇也”；《文選》李善註此句引《史記》“始皇滅二周”，未核。“一夫作難而七廟隳，身死人手，爲天下笑者，何也？仁義不施，而攻守之勢異也！”按俞玉《書齋夜話》卷四：“蓋用《文子》云：‘所以亡社稷，身死人手，爲天下笑者，未嘗非欲也’”；《文子》語見《上禮》篇，李善註此句僅引《春秋考異郵》，當補。《過秦論》下篇復曰：“夫兼并者高詐力，安定者貴順權，此言取與守不同術也”，亦即《史記·陸賈傳》賈答漢高：“居馬上得之，寧可以馬上治之乎？”攻守異勢、取治殊道，先秦諸子早言之，如《管子·山至數》：“聖人理之以徐疾，守之以決塞，奪之以輕重，行之以仁義”；《老子》第五七章：“以正治國，以奇用兵”；《論語·衛靈公》：“智及之，仁不能守之，雖得之，必失之。”賈以“仁義不施”過秦，又卷一五《上疏陳政事》：“秦世之所以亟絶者，其轍迹可見也。……秦王置天下於法令刑罰，……今或言禮誼之不如法令，教化之不如刑罰，人主胡不引殷、周、秦事以觀之也？”均其遺教。此論以“據殽函之固，擁雍州之地”開篇，以“仁義不施”煞尾，而《史記·漢興以來諸侯王表》全文皆言疆域，結句云：“形勢雖强，要之以仁義爲本”，謀篇頗似；命意

均如《吳起列傳》所謂"在德不在險"，亦即《荀子・議兵》篇
所謂"豈無固塞險阻也哉？其所以統之者非其道故也。"《朱子語
類》卷一二二誚馬遷云："他上文本意主張形勢，而其末卻如此
説者，蓋他也知仁義是個好底物事，不得不説，且説教好看"；
又大類葉適之薄賈誼，《習學記言序目》卷一九："賈生論秦，專
指險塞設攻守，殊不然。周在岐、邠，何嘗用險？……賈生本用
縱橫之學，而並緣以仁義，固未能得其統也"（參觀卷二一、二
二）。朱評頗中遷作文之隱，葉貶亦殊得誼爲學之真。誼雖倡
"仁義"、"禮誼"，初無意於爲儒之"醇乎醇"者。《漢書・元帝
紀》記宣帝多用文法吏，不欲任儒生，曰："漢家自有制度，本
以霸王道雜之，奈何純任德教！"；崔寔《政論》申言"不宜純法
八世，故宜參以霸政"；誼探囊出智，亦勿外乎是。葉氏《序目》
卷一〇深慨"以禮樂詩書爲藩飾詐力之具"，至云："譬之詐力如
魚肉，既成羹胾，小小錯綜以禮義，猶鹽梅醯醬調和之。吁！可
畏哉！"似不知"逆取順守"之旨正爾如此（參觀《史記》卷論
《儒林列傳》）；葉氏契友陳亮常標"義利雙行，王霸並用"，八字
可以隱括焉。"禮樂詩書"之於"詐力"，如"鹽梅醯醬"之於
"魚肉"，亦猶盧梭謂政令兵刑乃鐵鏈，而文藝學術則如花圈，足
以蓋飾銀鐺（Les sciences，les lettres et les arts...étendent les
guirlandes de fleurs sur les chaînes de fer dont ils sont
chargés）[1]。兩喻可連類也。

---

[1]　Rousseau，*Discours sur les Sciences et les Arts*，in *Oeuvres Complètes*，Ar-
mand-Aubrée，I，7. Cf. T. Moore："The Wreath and the Chain"，*Poetical Works*，
Oxford，81："The Chain would make the Wreath so strong，/The Wreath would
make the Chain so soft!"

　　此論題爲《過秦》，北宋王令《廣陵先生集》卷十五《過唐論》即本之命題。全文敍秦興之勃而亡之忽，鋪陳唱歎，末句方著題如應劭註云：“言秦之過也。”李耆卿《文章精義》：“文字有終篇不見主意，結句見主意者，賈生《過秦論》：‘仁義不施而攻守之勢異也’、韓退之《守戒》：‘在得人’之類，是也。”《文心雕龍·鎔裁》：“歸餘於終，則撮詞以舉要”，此之謂歟。汪士鐸《乙丙日記》卷二：“《過秦論》歸於‘仁義不施’，此官話不着痛癢也”；言其理路，非言其詞致也。詩詞謀篇，亦有斯構。李商隱《淚》、馮浩《玉溪生詩詳註》卷三引錢龍惕曰：“陸游效之，作《聞猿》詩。”蓋李詩至結句：“朝來灞水橋邊問，未抵青袍送玉珂”，陸詩至結句：“故應未抵聞猿恨，況是巫山廟裏時”，均始點題，特李仍含蓄，陸則豁露矣。李他作若《牡丹》，亦至末句“欲書花葉寄朝雲”，方道出詠花，第一至六句莫非儷屬人事典故，有如袁宏道自跋《風林纖月落》五律四首所謂：“若李《錦瑟》輩，直謎而已！”紀昀《點論李義山詩集》卷上《少年》批：“末句‘不識寒郊自轉蓬’是一篇詩眼，通首以此句轉關，格本太白‘越王句踐破吳歸’詩。”行布亦類，蓋篇末指名賦詠之事物（name the object）或申明賦詠之旨趣（point the moral），同爲點題也。王安石《夢張劍州》：“萬里憐君蜀道歸，相逢似喜語還悲。江淮別業依前處，日月新阡卜幾時？自說曲阿留未穩，即尋溢水去猶疑。茫然却是陳橋夢，昨日春風馬上思”；李壁《王荊文公詩箋註》卷三二：“詩前六句皆敍夢事，第七句始言是夢，第八句又言思，蓋因思而得之也。其結體之精如此！”蔣捷《燕歸梁·詠風蓮》第一句即言是夢，而點破仍在篇末：“我夢唐宮春曳裾時。翠雲隊仗絳霞衣，慢騰騰，手雙垂。忽然急鼓催將起，似綵鳳，亂驚飛。夢回不見萬瓊妃，見荷花，被風吹。"何紹基《東洲草堂詩鈔》卷一〇《飛雲巖》七古洋洋百數十言，描摹雲無定姿，瞬息變幻，亂曰："奇語看詩讀記人，我所道雲都是石。"與賈、韓之文，李、陸之詩，皆如水落而石始出、圖窮而匕方見也。

　　賈捐之《棄珠崖議》："寇賊並起，軍旅數發，父戰死於前，子鬪傷於後，女子乘亭鄣，孤兒號于道，老母寡婦，飲泣巷哭，遙設虛祭，想魂乎萬里之外。"按淮南王安《諫伐閩越上書》言其王擊南海王事，有曰："親老涕泣，孤子啼號，破家散業，迎屍千里之外，裹骸骨而歸"；可相參印，家人自往收屍，一籌差勝於"遙設虛祭"者。《全後漢文》卷五章帝《還北單于南部生口詔》："境埆之人，屢嬰塗炭，父戰於前，子死於後，弱女乘於亭鄣，孤兒號於道路，老母寡妻，設虛祭，飲泣淚，想望歸魂於沙漠之表，豈不哀哉！"；全用捐之之語，而末句增"望歸"二字，情詞益悽警。楊慎《太史升菴全集》（從子有仁編本）卷五八謂陳陶《隴西行》本李華《古戰場文》，華文又本捐之此節。抑猶有進者。漢之一詔一議一諫，皆言居者知行者之已死，而唐之一文（"其存其歿，將信將疑"）一詩（"可憐無定河邊骨，猶是深閨夢裏人"），皆言居者不省行者之死生，即張籍《沒蕃故人》所詠："欲祭疑君在，天涯哭此時。"知征人已死，家人之心亦死；想征人或尚生，則家人望絕還生，腸迴未斷，痴心起滅，妄念顛倒。李白名篇《北風行》似欲兼茲兩境，而失於承轉，前後遂相矛盾："幽州思婦十二月，停歌罷笑雙蛾摧，倚門望行人，念君長城苦寒良可哀。別時提劍救邊去，遺此虎文金鞞靫；中有一雙白羽箭，蜘蛛結網生塵埃。箭空在，人今戰死不復回。不忍見此物，焚之已成灰。”夫倚望而哀念苦寒，是信其尚生而可還也；
方望之念之，眼穿腸結，消息未有來人，魂魄不曾入夢，無端忽
知其死不復回，心上溫存之“君”遽變而爲外物泛稱之“人”，
并手澤所存而摧燒不惜。何過接之突兀乎？非補筆不能彌縫，非
曲解末由回護。歷來口沫手胝，渾然無覺其語脈不貫、理路不通
者，余則竊附於不賢識小而已。杜甫《垂老別》：“孰知是死別，
且復傷其寒”；言哀寒與死不復回，同於白也，十字之中，意蘊
而暢，詞省而達，理順而無板障。甫《春日憶李白》結句：“何
時一樽酒，重與細論文！”；或以爲微詞諷白之粗疏，誠屬附會，
然若白此篇之“詩律”欠“細”，正未容諱飾。抒情之詩雖異於
說理之文，顧亦須如杜牧所謂“稍加以理”，有倫有序；正似華
屋精廬匪止蓋頭聊蔽風雨，而亦必能風雨不動，安如山岳，居者
不興茅飛牀濕之懼。小杜論小李之語，又不啻爲大李之詩發耳
（參觀《楚辭》卷論《離騷》“眾女嫉余之蛾眉兮”節）[1]。法國
有寫拿破侖戰役一小說，摹述李華、陳陶所賦詠情況，最爲細
貼[2]，林紓曾迻譯其書。《全唐文》卷一三七房玄齡《諫伐高麗

---

[1]　Coleridge, *The Table-Talk and Omniana*, ed. T. Ashe, May 9, 1830, George Bell, 72: "Poetry is something more than good sense, but it must be good sense, at all events; just as a palace is more than a house, but it must be a house, at least". Cf. Fr. Schlegel, *Literary Notebooks*, ed. H. Eichner, no. 994, p. 108: "Im Poëmen soll nur das Poetische construirt sein, nicht das Logische. Giebts denn wohl in diesem Sinne rein poetische Werke, Poesie ohne alle Logik?"

[2]　Erckmann-Chatrian, *Histoire d'un Conscrit de 1813*: "... et les pauvres vieux espéraient toujours, pensant: 'Peut-être que notre garçon est prisonnier... Quand la paix sera faite, il reviendra... Combien sont revenus qu'on croyait morts!'" etc. (*Contes et Romans nationaux et populaires*, éd. J.-J. Pauvert, IV, 4).

表》："無故驅之於行陣之間，委之於鋒刃之下，令其老父、孤兒、寡妻、慈母登轊車而掩泣，抱枯骨以摧心"；蘇軾《東坡續集》卷一一《代張方平諫用兵書》："且夫戰勝之後，陛下可得而知者，凱旋奏捷、拜表稱賀，赫然耳目之觀耳。至於遠方之民，肝腦塗於白刃，筋骨絶於餽餉，流離破産、鬻賣男女、薰眼折臂自經之狀，陛下必不得而見也；慈父、孝子、孤臣、寡婦之哭聲，陛下必不得而聞也。"皆捐之此《議》之遺響餘流。古希臘詩人亦云："未親經者，聞戰而喜；曾身歷者，聞戰而戚"①。蘇軾明言"戰勝"，更進一解，即威靈頓（Wellington）所謂："戰敗最慘，而戰勝僅次之"（Next dreadful thing to a battle lost is a battle won）②。

---

① 　Pindar，"Loeb"，577，"Fragments"；"To the inexperienced war is pleasant，but he that hath had experience of it，in his heart sorely feareth its approach."

② 　Thomas Moore，*Journal*，ed. P. Quennell，123（Oct. 30，1825），188（June 6，1829），230（April 7，1837）.

一六　全漢文卷一八

　　鼂錯《上書言兵事》。按“兵不完利，與空手同”一節，仿《管子·參患篇》：“兵不完利，與操者同實”一節；《呂氏春秋·簡選》：“今有利劍於此，以刺則不中，以擊則不及，與惡劍無擇；……簡選精良，兵械銛利，發之則不時，縱之則不當，與惡卒無擇”，機調相類。“夫卑身以事强，小國之形也”一節，仿《管子·霸言篇》：“折節事强以避罪，小國之形也”一節；“形”、勢也，即《國策》、《史記》“亡形”、“反形”之“形”，見《史記》卷論《魏豹、彭越列傳》。漢初人甚重《管子》，觀賈誼、鼂錯諸文所沾丐者，可知也。

　　《言守邊備塞務農力本當世急務二事》論秦之“讁戍”曰：“先發吏有讁及贅婿、賈人。”按“贅婿”見《史記·滑稽列傳》：“淳于髡者，齊之贅婿也”；《索隱》：“女之夫也，比於子，如人疣贅，是餘剩之物也”，即申《漢書·賈誼傳》“子壯則出贅”句又《嚴助傳》“賣爵贅子”句顏師古註。蓋比之枝指盲腸，近世語所謂“多餘之人”（superfluous man）。錢大昕《潛研堂文集》卷一五《答問》九考“贅”乃“以物質錢”之意，賣身不贖而配主家者謂之“贅婿”，是也。然《史》、《漢》舊註雖未得其字之訓，而頗得其事之情；錢説足明本義（Begriff），卻未盡涵義（Nebensinn，

Stimmungsgehalt)①。質子爲婿，不名“質婿”而曰“贅婿”，自亦示贅疣之意，“贅”之爲言“綴”也，雖附屬而仍見外之物也。毛奇齡《西河合集・五言三韻律・戲贈贅婿歸里》：“婦已工槃帨，人如解贅疣”，謔語而亦的解。黃震《黃氏日鈔》卷五八論《三略》、《六韜》云：“‘贅婿、人虜欲掩罪揚名者，聚爲一卒。’此條列於‘貧賤快志’之下，‘胥靡免罪’之上，古之賤贅婿如此！”；高士奇《天禄識餘》卷一云：“貢禹論贖罪之弊云：‘孝文時，貴廉潔，賤貪污，賈人、贅婿及吏坐贓皆禁錮不得爲吏。’夫贅婿爲貧不得已耳，何至遂與賈人、贓吏同？漢人之輕贅婿如此，傷哉貧也！”舊日入贅之婿多爲其妻兄弟所憎侮，即無兄弟而“坐産招夫”以爲“補代”者，妻黨皆鄙薄之。余童時尚見聞此等風俗也。

　　《説文帝令民入粟受爵》：“民貧則姦邪生。……飢寒至身，不顧廉恥。”按即《管子・牧民》：“倉廩實則知禮節，衣食足則知榮辱”，卷一六賈誼《説積貯》引以開宗明義而《史記》亦采入《管、晏列傳》者，《全後漢文》卷四六崔寔《政論》又引之。《論語・子路》：“曰：‘既庶矣，又何加焉？’曰：‘富之。’曰：‘既富矣，又何加焉？’曰：‘教之’”；皇侃義疏引范甯曰：“衣食足，當訓義方也”，正此旨。所謂：“飢腸鳴如雷，則良心之呼聲弱如絲”（La voix de la conscience et de l'honneur est bien faible, lorsque les boyaux crient)②；亦所謂：“人而能日日啜有

<hr>

　　①　K. O. Erdmann, *Die Bedeutung des Wortes*, 3. Aufl., 103 ff.; cf. Voltaire, *Dictionnaire Philosophique*, art. "Langues" *Oeuvres complètes*, éd. L. Moland, XIX, 557 (Des divers termes qui donnent des idées toutes différentes de la même chose).

　　②　Diderot, *Le Neveu de Rameau*, éd. critique par J. Fabre, 38; cf. 49: "[Leurs] bassesses ne peuvent s'excuser par le borborigme d'un estomac qui souffre."

羹、食有蔬與肉，則奉法守禮不待學而自能”（Es ist keine Kunst，ein ehrlicher Mann zu sein，wenn man täglich Suppe，Gemüse und Fleisch zu essen hat）①；或所謂：“若吾歲入五千金，吾亦克爲貞淑之婦”（I think I could be a good woman if I had five thousand a year）②。柏拉圖《理想國》中一人（Phocylides）早曰：“先謀生而後修身”（Get a livelihood，and then practise virtue）③。黽、賈有見於國病民瘝，藥言對治，迫切目下，初非間居高座，論道講德。故所樹義，尚墮一邊。人之作惡犯罪，固常出困乏所逼迫，復每由泰甚而恣肆。是以富貴能移，飽暖思淫；色荒禽荒，玩人玩物，皆非高資大力莫辦。至於競權爭利，不惜越貨殘民；嗜利之心隨聚斂而繼長，攬權之欲與威勢而俱增，其“不顧廉恥”，視“飢寒無告”之窮氓，蓋倍蓰抑且千百焉。若夫自稱待致千金而後改行折節，想其始爲不善，必非迫於飢寒，則至果擁千金，恐亦仍如月攘一雞之更待來年耳。

　　“今法律賤商人，商人已富貴矣；尊農夫，農夫已貧賤矣。”按即《戰國策·秦策》四頓弱曰：“有其實而無名者，商人是也；……無其實而有其名者，農夫是也。”

---

① G. Büchner，*Sämtliche Werke und Briefe*，hrsg. F. Bergemann，607；cf. B. Brecht：“Denn wovon lebt der Mensch”：“Erst kommt das Fressen，dann Kommt die Moral”，*Gedichte*，Aufbau，II. 231.

② Thackeray，*Vanity Fair*，ch. 41. Cf. Kingsley，*Yeast*，ch. 16：“On two thousand a year，a man can afford to be honest”；Fitzgerald，*Letters to Fanny Kemble*，ed. W. A. Wright，124：“For she ［Portia］ had more than £500 a year，which Becky thinks enough to be virtuous on，and had not been tried”.

③ *Republic*，407 a；cf. Horace，*Epist.*，I. i. 53：“virtus post nummos.”

一七　全漢文卷一九

鄒陽《酒賦》："清者爲酒，濁者爲醴；清者聖明，濁者頑駷."按"醴"字當作《楚辭·漁父》"餔醅餟醨"之"醨"。《説郛》卷五七唐皇甫嵩《醉鄉日月》："凡酒，以色清味重而甜者爲聖，色濁如金而味醇且苦者爲賢，色黑而酸醨者爲愚"，可以參證。宋王楙《野客叢書》卷一五、俞德鄰《佩韋齋輯聞》卷一皆言魏徐邈及皇甫嵩之説，本鄒《賦》來。"醴"乃甜酒，《全晉文》卷八五張載《酃酒賦》所謂"造甘醴以頤神"；古人品酒多尚甜者，《巴子歌》："香醪甜如蜜，峽魚美可鱠"，參觀《野客叢書》卷三《唐時酒味》則。然《全梁文》卷六二朱异《田飲引》："豈味薄於東魯，鄙蜜甜於南湘"，則又如白居易《久不見韓侍郎戲題四韻》之言"户大嫌甜酒"矣。

《上書吳王》："飾固陋之心，則何王之門，不可曳長裾乎？"按句樣也，如蕭穎士《贈韋司業書》："挺而走險，何公之門，不可曳長裾乎？"，李白《上安州裴長史書》："黄鵠舉矣！何王公大人之門，不可以彈長劍乎？"《史記·季布列傳》，朱家曰："且以季布之賢，而漢求之急如此，此不北走胡，即南走越耳！"，意同亦成句樣，如《三國志·魏書·武帝紀》怒魏种曰："种不南走越、北走胡，不置汝也！"

《獄中上書自明》。按參觀《史記》卷論《魯仲連、鄒陽列傳》又《司馬相如列傳》。"願大王察玉人、李斯之意，而後楚王、胡亥之聽"，《漢書》顏師古註："以謬聽爲'後'，'後'猶下也"；《文選》李善註："以其計謬，故令後之。"顏、李所訓，皆不貼切。此篇下文又云："今人主誠能用齊、秦之明，後宋、魯之聽。""後"乃婉詞，質言之則"莫作"、"毋爲"耳。《戰國策·秦策》一秦王曰："今先生不遠千里而庭教之，願以異日"，即實不"願"從"教"而託言遼緩以俟後日，故蘇秦直道其隱衷曰："臣固疑大王不能用也。"《魏策》三宋人之母曰："子之於學也，將有所不行乎？願子之且以名母爲後也！"；"後"與"不行"正爾同義。《淮南子·説山訓》："謂學不暇者，雖暇亦不能學矣！"直指心源之論。今人推托拒絕之套語，每曰："往後再説罷"、"過些時再瞧罷"、"還排不到日程上來"，均"後"與"異日"之旨。英諺謂"明日遥無日"（Tomorrow come never），西班牙以"明日"（mañana）爲否、却之詞（negation），猶"後"之涵"毋"、"不"。烟霞散人《斬鬼傳》第四回急賴鬼掛牌曰："明日准降！""明日准還！"衆人與仔細鬼皆曰："這個'明日'是個活的'明日'，不是死'明日'，就如夜明珠一般，千年萬載常明"；鍾馗亦曰："看來這廝的'明日'是個無底子的。"諧語亦足示言"後"每即言"否"也。

"故女無美惡，入宮見妒；士無賢不肖，入朝見嫉。"按析理頗細。蓋謂女之遭妒，緣其能親君而承寵，非緣其美，士之被嫉，緣其能面君而受知，非緣其賢；美未保獲寵，而賢亦未必見知也。黄道周《黄忠端公全集》卷一《性無嫉妒論》："嫉妒生於利慾，而不生於賢美。小人嫉利而非嫉賢，悍婦妒欲而非妒美。
君子之禍，緣名位而非才能，小人之性，有怨爭而無嫉妒”；即
鄒語“無美、惡、賢、不肖”之申義。白居易《上陽宮人》：“未
容君王得見面，已被楊妃遙側目”；陸次雲《澄江集・七絕・宮
詞》：“外庭新進美人來，奉詔承恩貯玉臺；聞道天顏無喜色，六
宮笑靨一時開”；前一首即入宮見妒，後一首即妒寵而非妒美耳。
王建《宮詞》：“聞道美人新入內，宮中未識大家愁”，陸詩本之
而下一轉。意大利古小説中亦嘗歎宮與朝爲嫉妒滋生之地，驕、
貪諸病皆有對治之法，唯嫉妒無藥可醫(Or dammi un invidioso;
che medicina troverai che possa sì pestifero umor purgare?)①。

---

①　M. Bandello, *Le Novelle*，I. ii，Laterza，I，39–40.

一八　全漢文卷二○

　　枚乘《上書諫吳王》："夫銖銖而稱之，至石必差；寸寸而度之，至丈必過。石稱丈量，徑而寡失。"按《文選》李善註謂本《文子》，是也。《淮南子·泰族訓》亦用此數語，復增"簡絲數米，煩而不察"二句，以與"石稱丈量"二句相對相成，詞意圓足。枚乘語乍視若誨人勿煩瑣苛細，而宜執簡居要，即如《文子》所謂："事煩難治，法苛難行，多求難贍。"歷來引用，亦作斯解。然乘雖襲《文子》語，而命意似不相蒙，觀上下文可知也。乘此數句上承："福生有基，禍生有胎。……泰山之霤穿石，單極之紞斷幹，……漸靡使之然也"，下啓："夫十圍之木始生而蘗，足可搔而絕，手可擢而抓；據其未生，先其未形也。磨礱砥礪，不見其損，有時而盡；種樹畜養，不見其益，有時而大。"蓋杜漸防微，知幾慎始，猶《金人銘》曰："勿謂何傷，其禍將長；勿謂何害，其禍將大"或《三國志·蜀書·先主傳》裴松之註引《遺詔》敕後主曰："勉之，勉之！勿以惡小而爲之，勿以善小而不爲。""銖稱"、"寸度"云云介乎其間，則非謂不必苛察薄物細故，而正謂不可忽視薄物細故；"石"出"銖"累，"丈"由"寸"續，如《荀子·勸學》謂"跬步積以至千里，小流積以

成江海", 亦養癰滋蔓之戒。然語意終覺乖張, 與上下文不順不
貫, 雖前後兩節夾持推挽, 仍崛強不肯和同從衆。蓋文富而律不
嚴, 鋪比而未熨貼, 於詞徒生枝節, 於理全無倫次。恐未可援
"石稱丈量"之喻, 爲之解嘲。《淮南子·說山訓》: "視方寸於
牛, 不知其大於羊, 總視其體, 乃知其大相去之遠"; 竊謂單視
"銖稱"、"寸度"一節, 不知其與上下文刺謬, 總視三節, 乃知
其與他兩節背道相去之遠矣。"漸靡使然", 參觀《老子》卷論第
二章、《列子》卷論《天瑞》篇, 即量增減能使質變化之理[1],
心行常經第一條所謂積合此因能生他果者[2], 亦復相通。《文子》
本意, 可通諸談藝, 舉隅也可。詩品文心, 銖稱寸量而見小忘
大, 其事甚多。皇甫湜《題浯溪石》論元結 "可惋只在碎", 不
如韓愈之 "全而神"; 魏泰《臨漢隱居詩話》譏黃庭堅 "方其拾
璣羽, 往往失鵬鯨"; 李東陽《懷麓堂詩話》恨李賀 "有山節藻
梲而無梁棟"; 楊慎《升菴全集》卷五七嘲劉辰翁 "如開剪裁羅
緞鋪客人, 元不曾到蘇、杭、南京機坊"; 皆斯意也。約翰生嘗
謂觀詩文有恃顯微鏡者(read with the microscope of criticism),
精細而不視結構行布之全, 有藉望遠鏡者(furnished with a tele-
scope), 目窮千里而失之眉睫之前[3]。諾伐利斯評萊辛曰: "目光

---

[1]　Cf. Hegel, *Phänomenologie des Geistes*, Berlin: Akademie Verlag, 15 (ein
qualitativer Sprung); *Wissenschaft der Logik*, Reclams "Universal-Bibliothek", I,
490(der Sprung aus quantitativer Veränderung in qualitative).

[2]　W. Wundt, *Grundzügen der physiologische Psychologie*, 6. Aufl., III, 755
(das Prinzip der schöpferischen Resultanten).

[3]　J. E. Brown, ed., *The Critical Opinions of Samuel Johnson*, 55 (*Rambler*,
no. 176), cf. 476. Cf. Pope, *The Dunciad*, IV. 233 ff., *Poems*, Twickenham Ed.,
V, 365 (the critic eye).

過於鋭利，遂無見於篇終之接混茫、物間之互掩映"（Lessing sah zu scharf und verlor darüber das Gefühl des undeutlichen Ganzen, die magische Anschaung der Gegenstände, zusammen, in mannigfacher Erleuchtung und Verdunklung）[1]；又即禪宗話頭所云："祇爲分明極，翻令所得遲"（《五燈會元》卷二〇教忠彌光又開善道謙章次；句出裴説《鷺鷥》詩，"祇"字作"却"）。當世治文學老宿，或謂力求以放大鏡與縮小鏡並用平施，庶能真知灼見（Die paritätische Verbindung von Mikroskopie und Makroskopie bildet das Ideal der wissenschaftlichen Arbeit）[2]；或言詩文如景物然，談藝有乘飛機下眺者（the air-borne critic），有踏實地逼視者（the critic on foot），而歎兩事之難兼[3]。"銖銖而稱，寸寸而度"，即持顯微鏡而槃姍勃窣，步步爲行、察察爲明是已。魏際瑞《魏伯子文集》卷二《示子》："凡事不得大意，如隨燈行路，只步尺寸之光，所過阡陌坊衢，瞢然不識，雖身歷之，如未到也"，亦喻此。

《七發》。按參觀《楚辭》卷論《大招》。章學誠《文史通義》内篇一《詩教》下痛詆昭明《文選》體例之謬，有曰："《七林》之文皆設問也；今以枚生發問有七，而遂標爲《七》，則《九歌》、《九章》、《九辯》亦可標爲《九》乎?"其言是也，然歸咎昭明則過矣。昭明承前人舊稱耳，名之不正，非自彼始。《隋書·經籍志》四有謝靈運所集《〈七〉集》一〇卷、又卞景所集

---

[1]　Novalis, *Fragmente*, hrsg. E. Kamnitzer, § 2021, S. 650-1.

[2]　E. R. Curtius, *Europäische Literatur und lateinisches Mittelalter*, 2. Aufl., 8 (Hugo Schuchhardt).

[3]　G. Tillotson, *Criticism and the Ninteenth Century*, 15-6.

《〈七〉林》一三卷，書亡今不可稽，然顧名思義，足見昭明乃從衆而非杜撰；《隋書·許善心傳》記其"仿阮孝緒《七錄》，更製《七林》"，則明言是"秘藏圖籍"之"部錄"，非《七》體文之總集也。《全晉文》卷四六傅玄《七謨·序》始歷數諸作，不足二十家；平步青《霞外攟屑》卷七謂自枚乘創體，唐前作《七》者可考見四十家，唐後不勝舉。竊謂尚有名不標《七》，如華鎮《雲溪居士集》卷一《感春賦》、夏完淳《夏考功集》卷二《燕問》、汪士鐸《梅村先生集》卷一《瀛洲賦》等，而實屬《七》林者，更難燭照數計。

【增訂三】唐順之《荆川文集》卷一七《雁訓》亦《七》體而名不標《七》者。

【增訂四】有《七》體而所賦多於七事者。張九鉞《陶園文集》卷一《燕山八景賦》謀篇全師《七發》，始曰"羈然客卿居於長安之里，……乃叢百憂，逍遥主人聞而造焉，因說之曰"云云，結曰："語未竟，客卿撫髀大歡，蹶然而起。"敷陳之景物凡八，故標名不得用"七"，而結體固應屬"《七》林"耳。

洪邁《容齋隨筆》卷四謂繼枚乘而作此體諸篇"規仿太切，了無新意，柳子厚《晉問》用其體，而超然獨立機杼"；《晉問》於《七》，洵所謂"文成破體"，洪氏倘及見其家亮吉《卷施閣文》乙集卷二之《七招》，當許其擬議變化，一篇跳出耳。

《七發》："今太子之病，可無藥石針刺灸療而已，可以要言妙道說而去也。"按《全唐文》卷三一八李華《言醫》略仿《七發》，有云："臣不發藥，請以詞痊"，又卷三一五李華《送張十五往吳中序》亦云："風病目疾，家貧不能具藥，爰以言自醫"，即枚文"要言妙道説去"之意。陳琳檄愈頭風，杜甫詩驅瘧鬼，亦"詞痊"而"無藥石針刺"也。

《七發》："南望荆山，北望汝海，左江右湖，其樂無有。"按今口語曰："没有那末樣的快樂"，"有"字用法正同，釋書句法亦曰："其樂得未曾有"；外書則常曰"其樂無倫（藝、比、涯、極）"。訓詁家或且多事，以"有"通"又"復通"右"耶?《戰國策》中游説，如《秦策》一蘇秦説秦惠王曰："大王之國，西有巴蜀漢中之利，北有胡貉代馬之用，南有巫山黔中之限，東有崤函之固"，《楚策》一説楚惠王、《趙策》二説趙王、《齊策》一説齊宣王等仿是，猶地理圖也。詞賦中寫四至，則意在作風景畫耳。卷二一司馬相如《子虚賦》："其東則有蕙圃衡蘭云云，其南則有平原廣澤云云，其西則有湧泉清池云云，其北則有陰林巨樹云云"，且南尚有"其高燥則生云云，其埤濕則生云云"，西尚有"外發云云，内隱云云，其中則有云云"，北尚有"其上則有云云，其下則有云云"，敷陳侈於《七發》，與《全上古三代文》卷一〇《招魂》、《大招》之以"無東"、"無西"、"無南"、"無北"爲間架者，手眼無異。後漢以還，張衡《西京賦》、馮衍《顯志賦》、劉劭《趙都賦》、左思《蜀都賦》之屬，相沿成習。他體亦復踵事，如張衡《四愁詩》、鮑照《登大雷岸與妹書》、王巾《頭陀寺碑文》、蘇軾《李氏園》及《登常山絶頂廣麗亭》，而鮑照《書》尤振絶，一掃平鋪板列之陋。吳質《在元城與魏太子牋》因地及史，環顧四方，緬懷百世，能破窠臼；習鑿齒《與桓秘書書》師法之。蘇軾《超然臺記》中"南望馬耳常山"一節、又《赤壁賦》中"西望夏口、東望武昌"一節，皆膾炙人口，實即吳、習兩《書》機杼也。

《七發》："且夫出輿入輦，命曰蹷痿之機；洞房清宮，命曰寒熱之媒；蛾眉皓齒，命曰伐性之斧；甘脆肥濃，命曰腐腸之藥。"按《文選》李善註引《呂氏春秋》爲來歷，是也；《本生》篇舉"三患"，枚文增"寒熱之媒"而成四。竊謂《呂氏春秋》仿管子之命名，取莊子之用意，兼二者之長，遂後來居上。《管子・七臣七主》："臺榭相望者，亡國之廡也；馳車充國者，追寇之馬也；羽劍珠飾者，斬生之斧也；文采纂組者，燔功之窰也"；《莊子・達生》："夫畏塗者，十殺一人，則父子兄弟相戒也，必盛卒徒而後敢出焉，不亦知乎！人之所取畏者，衽席之上，飲食之間，而不知爲之戒者，過也！"祖構紛紜，如《全漢文》卷四二嚴遵《座右銘》："口舌者，禍福之門，滅身之斧。……嗜慾者，潰腹之矛。……讒佞者，刎頸之兵。……淫戲者，殫家之塹"；《韓詩外傳》卷九："微倖者，伐性之斧也；嗜欲者，逐禍之馬也"；劉晝《劉子・防慾》分五關，略同《莊子・天地》之言"失性有五"，而以"身"之觸代"心"之思："目愛綵色，命曰伐性之斧；耳樂淫聲，命曰攻心之鼓；口貪滋味，命曰腐腸之藥；鼻悅芳馨，命曰燻喉之烟；身安輦駟，命曰召蹷之機"；范成大《石湖詩集》卷三四《問天醫賦》："陰惑陽而化蜮，風落山而成蠱，若是者得於晦淫，命曰伐性之斧。……孤憤爲丹心之灰，隱憂爲青鬢之雪，若是者得於情鍾，命曰蠹心之孽。……深居奧處，溫燠窈窕，重帷複幄，風日不到，……玉體軟脆，動輒感冒，若是者得於貴遊，命曰煬和之竈。"嵇康《養生論》："而世人不察，唯五穀是見[貪?]，聲色是耽，……滋味煎其府藏，醴醪煮其腸胃，香芳腐其骨髓，喜怒悖其正氣"云云，指歸一揆，特未

巧立名目，且偏重服食耳。呂、枚、劉三篇均限於口體之娛
適，嗜欲而外無傍及，近取諸起居食色，以見厚生亦即傷生，
提撕親切。諄諄所戒之害，正《荀子·禮論》津津以道之
"養"："故禮者，養也：芻豢稻粱，五味調香，所以養口也；
椒蘭芬苾，所以養鼻也；雕琢刻鏤、黼黻文章，所以養目也；
鐘鼓管磬、琴瑟竽笙，所以養耳也；疏房、檖貌、越席、牀
笫、几筵，所以養體也。"蓋禍福倚伏，成虧輾轉；"養"尊處
優而以爲合"禮"之宜，則將居之不疑，漸滋侈泰，悅生乃至
於無生可悅，縱欲乃至於欲縱不能。《本生》謂"物者所以養
性，而惑者以性養物"，如"修兵而反以自攻"焉。巴爾札克
小說有《珠皮記》者，非渠上乘文字也，顧發明"願欲耗生"
(*Vouloir* nous brûle)之旨，頗可參印。片皮上有"梵書"（按實
爲阿拉伯文）數行，譯云："得我者可隨心所欲，如願以償，然
必以生命抵折之。汝逞一欲、遂一願，則我體隨以縮，而汝壽亦
隨以減"(Désire /et tes désirs /seront accomplis. /Mais règle/
tes souhaits sur ta vie. /Elle est là. À chaque /vouloir je
décroîtrai /comme tes jours)[1]；書收場時，皮主已病，見皮將不
存，急及其未盡，向蕩婦求歡，身死婦懷，皮亦消失。《呂氏春
秋·貴生》記子華子論謂"六欲莫得其宜，皆獲其所惡者"，是
爲"迫生"，"迫生不如死"；欲不得宜，則無生之樂，欲可得逞，
又以生爲抵，斯所以必得中行而與之。呂書《本生》曰："有不
肯貴富者矣，由重生故也"，《貴生》曰："非惡富貴也，由重生
惡之也"，皆《左傳》閔公元年所謂"宴安酖毒"之旨爾。"伐性

---

① *La Peau de Chagrin*，*Oeuv. comp.*，Conard，XXII，36，38。

之斧"自呂書以來多指女色，後世詞章或易"斧"以"劍"，如孟郊《偶作》："利劍不可近，美人不可親，利劍近傷手，美人近傷身"；何光遠《鑑戒録》卷五載鄭雲叟詩："翠娥紅粉嬋娟劍，殺盡世人人不知"（《全唐詩》亦作杜光庭《題霍山秦尊師》）；呂巖《警世》："二八佳人體似酥，腰間仗劍斬凡夫。"偶覩十七世紀法國名劇中人（Clistorel）嘲老翁（Géronte）謀娶風騷少女曰："此乃操刀割己之頸，斷送自家性命"（Tout vieillard qui prend fille alerte et trop fringante,／De son propre couteau sur ses jours il attente!／Virgo libidinosa senem jugulat）[1]；猶夫斧伐劍斬也。伏爾泰嘗謂苟不當過甚，無藥非虎狼，無食非酖毒，烹調名手正亦下毒凶手（un bon cuisinier est, à coup sûr, un empoisonneur à la longue, si vous n'êtes pas tempérant）[2]；又如"腐腸之藥"矣。

《七發》："雜裾垂髾，目挑心與。"按即司馬相如《子虛賦》："色授魂與，心愉於側"，裴駰《史記集解》引張揖註："彼色來授，我魂往與接也。"意亦尋常，理即《樂記》："感於物而動"，事即《花草粹編》卷四無名氏《喜團圓》："眼是心媒，心爲情本，内外鈎連。"然相如用字，殊耐尋味，足徵其於身心感受，不以爲我遭物遇物，而以爲物"來"動我挑我；"授"恰是西人所謂感覺"與件"（datum）之的譯。

【增訂三】《詩·匏有苦葉》毛《傳》："衛夫人有淫佚之志，授人以色，假人以辭"；"授"字襯"假"字而給與之意益明。

---

[1]　J.-F. Regnard, *Le Légataire universel*, II. xi, Larousse, 48.

[2]　Voltaire, *Dictionnaire philosophique*, art. "Empoisonnements", *Oeuv. compl.*, ed. L. Moland, XVIII, 533.

《大學》："致知在格物，物格而後知至"，鄭玄註："格、來也，物猶事也"；宋、明、清學者於"格"之訓"來"，聚訟閧然，似未旁參廣究。古人蓋以身心爲主，以事物爲客，如用兵之客攻而主守，故色"來"而後"魂與"，物"來"而後"知至"。《文子·道原》："物至而應，知之動也"；《樂記》："物至知知"，鄭註："至、來也，知知、每物來則又有知也"；《孟子·告子》："耳目之官不思，物交物，則引之而已矣"，趙歧註："利慾之事來交引其精神"，事"來"而神爲所"引"以往也（參觀沈括《長興集》卷三二《孟子解》："耳目能受而不能擇，擇之者心也"）；《荀子·解蔽》："小物引之，……其心內傾"又："物至而應"；《全三國文》卷一九陳王植《金瓠哀詞》："予之首女，雖未能言，固以授色知心矣"，亦不言己察視嬰兒之容色，而言嬰兒以其容色"來授"於己。《文心雕龍·物色》："情往似贈"，亦可參印。一代於心性之結習成見，風氣扇被，當時義理之書熟而相忘、忽而不著者，往往流露於文詞語言，相如之賦可以通鄭玄、趙歧之註焉。《世說新語·文學》謝安問殷浩："眼往屬萬形，萬形來入眼不？"；《全唐文》卷五九九劉禹錫《楚望賦》："萬象起滅，森來覘予"，又卷六○六《管城新驛記》："四時萬象，來覘於我"，又《洗心亭記》："槃高孕虛，萬景坌來"，言"形來"也；《洗心亭記》："遠邇細大，雜然陳乎前，引人目去"，言"眼往"也。《楞嚴經》卷三佛問阿難："鐘鼓音聲前後相續，於意云何？此等爲是聲來耳邊？耳往聲處？"；《五燈會元》卷一○清涼文益章次："師指竹問僧：'還見麼？'曰：'見。'師曰：'竹來眼裏？眼到竹邊？'"；古希臘哲人辯視覺，斯多噶派主眼放光往物所（radiorum ex oculos in ea quae videri queunt emissionem），伊壁鳩魯派則主物送象來眼中（afluere semper ex omnibus corporibus simulacra quaedam corporum ipsorum eaque sese in oculos inferre）①；更徵以“來”論感動，固舊日諍端之遍於中外者也。

　　《七發》：“紛屯澹淡。”按下文又曰：“湍流遡波，又澹淡之”，李善註前句：“憒眊煩悶之貌也”，註後句：“搖蕩之貌也”，似强生分別，均可作搖蕩不安解。“浩浩澄澄，如素車白馬帷蓋之張。”按周祈《名義考》卷四《胥濤》：“‘素車白馬’亦猶李白所謂‘連山噴雪’耳”，是也。西語亦逕呼浪濤爲“白馬”（White horses，cavallone），或呼爲“白犬”（die weissen Hunde）、“白羊”（moutons，Schäflein）②。擬象不遠。

　　淮南小山《招隱士》。按朱熹《文公文集》卷一《招隱操》有《序》云：“淮南小山作《招隱》，極道山中窮苦之狀，以風切遁世之士，使無遐心，其旨深矣。其後左太沖、陸士衡相繼有作，雖極清麗，顧乃自爲隱遁之辭，遂與本題不合。故王康琚作詩以反之，雖正左、陸之誤，而所述乃老氏之言，又非小山本意也。”亦得體要，小有未安。左思《招隱詩》第一首起曰：“杖

---

　　①　Aulus Gellius，*Noctes Atticae*，V.xvi，“Loeb”，I，428，430. Cf. Vico，*Scienza nuova*，§ 706，*Opere*，Ricciardi，692：“Dissero ‘*cernere oculis*’…Cosi dagli occhi，per le pupille，escano bastoni di luce，che vanno a toccare le cose…；dissero ‘*usurpare occulis*’…puasi che，con la vista，S’impossessassero delle cose vedute”；E. Cassirer，*Philosophie der symbolischen Formen*，I，127：“So scheint genetisch und sachlich in der Tat ein stetiger Uebergang vom ‘Greifen’ zum ‘Begreifen’ zu führen”；Proust，*Du Côté de chez Swann*，I.ii，*A la Recherche du Temps perdu*，“la Pléiade”，I，141：“…ce regard…à la fenêtre duquel se penchent tous les sens，anxieux et pétrifiés，le regard qui voudrait toucher，capturer，emmener le corps qu’il regarde et l’âme avec lui.”

　　②　E.g.Ariosto，*Orlando Furioso*，XLI.ix：“Surgono altiere e minacciose l’onde，/ mugliando sopra il mar val il gregge bianco”；Arnold：“The Forsaken Merman”：“Now the wild white horses play，/ Champ and chafe and toss in the spray.”

策招隱士，荒塗橫古今”，結曰：“躊躇足力煩，聊欲投吾簪”，
是始欲招其出山，終反欲棄官從之；朱氏所謂“自爲隱遁之辭”
也。第二首則託爲隱士語氣，有曰：“結綬生纏牽，彈冠去埃塵，
惠連非吾屈，首陽非吾仁；相與觀所尚，逍遙撰良辰”；明言待
賈俟時，非枯槁於巖穴者，苟相薦引，不恥小官——絕非遁世
之詞，而如應小山之《招》矣。《晉書·潘尼傳·安身論》譏
“知進忘退”、“傾側勢利”之士，有曰：“朝有彈冠之朋，野有結
綬之友，黨羽熾於前，榮名扇其後”；與左詩用典正同。《南史》
卷三〇《何尚之傳》尚之“致仕於方山，著《退居賦》以明所
守”，而“不能固志”，於是袁淑“乃錄古來隱士有迹無名者，爲
《真隱傳》以嗤焉”；孔稚珪《北山移文》之“鳴騶入谷，鶴書赴
隴，焚芰製而裂荷衣”，韓愈《送董邵南序》之“明天子在上，
可以出而仕”，即左詩、袁傳所言情事也。誹毀隱士，莫古於
《荀子·非十二子》篇：“古之所謂處士者，德盛者也，能靜者
也。……今之所謂處士者，無能而云能者也，無知而云知者也，
利心不足而佯無欲者也，行僞險穢而強高言謹愨者也，以不俗爲
俗、離縱而跂訾者也。”夫退居不固，既致“終南仕宦捷徑”之
嘲；而服官自效，常被“處士純盜虛聲”之目。“當時諸葛成何
事？只合終身作臥龍”，於孔明尚有後言（薛能《游嘉州後溪》）；
“不把一言裨萬乘，祇叉雙手揖三公”，於种放更來面譖（釋文瑩
《湘山野錄》卷上記楊億詩）。爲政者亦識隱士妝點山林，其作用
每勝於趨蹌廊廟。《晉書·庾峻傳》因風俗奔競，遂上疏：“故有
朝廷之士，又有山林之士。朝廷之士，佐主成化。……山林之
士，……清劭足以抑貪汙，退讓足以息鄙事，故在朝之士聞其風
而悅之。……節雖離世，而德合於主，行雖辭朝，而功同於政。”

若左思詩第一首及陸機《招隱詩》，猶“在朝之士聞風而悅”也；《藝文類聚》卷三七沈約《爲武帝與謝朓敕》：“山林之志，上所宜弘，激貪厲薄，義等爲政”，又猶“抑貪息鄙，功同於政”也。逋客外臣，是亦佐治成化，七人四皓，足矯六蝎五蠹，《後漢書》以還，國史專設《逸民》、《隱逸》諸傳，意悉在茲。蓋當其不仕，有仕之用矣。然亦有深惡隱士，不特如荀子之斥其無能飾僞，且痛詬其野性遐心、罔上無君者。《韓非子·姦劫弑臣》詆夷、齊之隱首陽曰：“不可以罰禁也，不可以賞使也，此之謂無益之臣也”，又《外儲說》右上記太公望“首誅”東海上“居士”，以其“不得以賞罰勸禁”，“行極賢而不用於君。陸賈《新語·慎微》論“登高山，食木實”之士，“當世不蒙其功，後代不見其才，君傾而不扶，國危而不持，……懷道而避世，則不忠也。”《全三國文》卷三八糜元《譏許由》：“潛居默靜，隱於箕山，身在布衣而輕天下，世人歸其高行，學者以爲美談。……即當撲煩理亂，跨騰風雲，光顯時主，救濟生民。何得偃蹇，藏影蔽身？……居君之地，避君之庭，立身若此，非子之貞。欲言子智，則不仕聖君；欲言子高，則鳥獸同羣。無功可紀，無事可論。”《南齊書·袁彖傳》檀超欲立《處士傳》，彖曰：“夫事關業用，方得列其名行，今栖遁之士，排斥皇王，陵轢將相，此偏介之行，不可長風易俗。故遷書未傳，班史莫編。”《全唐文》卷七五三杜牧《送薛處士序》：“‘處士’之名，自負也，謗國也。”《舊五代史·李敬義傳》柳璨奏：“乃有卧邀軒冕，視王爵如土梗者。司空圖、李敬義三度除官，養望不至，咸宜屏黜，以勸事君者”。楊萬里《誠齋集》卷八《讀〈嚴子陵傳〉》：“客星何補漢中興？空有清風冷似冰。早遣阿瞞移漢鼎，人間何處有嚴陵！”《元

詩選》戊集貢師泰《釣臺》第一首：“百戰關河血未乾，漢家宗
社要重安；當時盡着羊裘去，誰向雲臺畫裏看？”（第二首則易貶
爲褒：“青山如馬復如龍，滄海東來第幾重？不是狂奴輕萬乘，
世間誰不受牢籠！”）。《紀錄彙編》卷一八七《留青日札》引明太
祖《嚴光論》：“古今以爲奇哉，在朕則不然。……假使赤眉、王
郎、劉盆子等混淆未定之時，則光釣於何處？……今之所以獲釣
者，君恩也。……朕觀當時之罪人，大者莫過嚴光、周黨之徒，
不正忘恩，終無補報，可不恨歟！”——明遺民王夫之《搔首問》
謂“昭代無隱逸”，亦因“且有寰中士夫不爲君用、充軍之例”，
即明祖科效法嚴光者之罰耳。是以本庾峻、梁武帝之旨，則林逋
得傲諸葛亮、謝安：“鄙夫則不然，胸腹空洞。……衡門情味，
則倒睨二君而有得色”（《林和靖詩集》卷四《深居雜興·序》）；
而據麋元、明太祖之説，則吳偉業徒羨周黨、楊維楨：“不召豈
能逃聖代？無官敢即傲高眠！”（《梅村詩集》卷一二《將至京師
寄當事諸老》）。此古來論隱士之大較也。若夫強飾蠅營，高言龍
臥，靡好爵而充肥遯，如王康琚《反招隱》：“小隱隱陵藪，大隱
隱朝市”，禦人口給，不患無詞。《晉書·鄧粲傳》粲以“高士”
應召，友譏其“改節”，粲答：“朝亦可隱，市亦可隱，隱初在
我，不在於物”；《南齊書·王秀之傳》父瓚之“歷官至五兵尚
書，未嘗詣一朝貴”，江湛謂何偃曰：“王瓚之今便是朝隱”；《全
唐文》卷三二五王維《與魏居士書》勸其出仕而斥隱遁如許由、
陶潛之流“皆障於事而未明心，非爲達道”；張伯端《悟真篇》
卷下《西江月》之二：“志士若能修煉，何妨在市居朝”；皆王闓
運《湘綺樓箋啓》卷三《致趙直牧》所謂：“大隱在官廳，其實
爲混飯耳。”王通《中説》有《周公》、《禮樂》兩篇更巧立“天

隱”、“地隱”、“人隱”、“名隱”等名目，要亦無非心境兩泯，權
實雙行，以便取熊而不舍魚，東食而復西宿。或本道家，或出釋
氏，而文中子其人又自命儒宗，以河汾上繼洙泗者。蓋曲學阿
世，正復所以利己；三教猶《六經》然，莫不“爲我註腳”，適
堪資己藉口。朱熹僅知王康琚詩乃“老氏之言”，識尚局而未
通也。

一九　全漢文卷二二

司馬相如諸賦見於卷二一者，別詳《史記》卷論《司馬相如列傳》。

《美人賦》。按《西京雜記》卷二："長卿悅文君之色，遂以發痼疾，乃作《美人賦》以自刺，而終不能改。"此作語意與所記不合，自是宋玉《登徒子好色賦》之遺耳。李頎《送康洽入京進樂府歌》："識子十年何不遇！只愛歡遊兩京路。朝吟左氏《嬌女篇》，夜誦相如《美人賦》"；以相如此賦承"歡遊兩京"是也，左思《嬌女詩》乃咏稚女嬌憨，李詩連類儷詞，遂一若亦爲長安狹邪之什！此復如高適《送渾將軍出塞》之艱於屬對而英雄欺人也，參觀《史記》卷論《衛將軍、驃騎列傳》。

《美人賦》："王曰：'子不好色，何若孔墨乎？'相如曰：'古之避色，孔墨之徒；聞齊餽女而遯逝，望朝歌而迴車。譬猶防火水中，避溺山隅。此乃未見其可欲，何以明不好色乎？'"按《全三國文》卷一六陳王植《與吳季重書》："墨翟不好伎，何爲過朝歌而迴車乎？"；更進一解，謂墨子自知好色，求己心不亂，故不敢見可欲耳。倫理學言苦行或出於心實愛好而克抑，或出於心本憎惡而棄擲，前者爲禁欲之真，後者祇得禁欲之貌（die echte Askese und die Scheinaskese des Ressentiments)①；可以鈎玄明義。《聊齋志異》會校會註會評本卷六《小謝》但明倫評："於搖搖若不自持之時而即肅然端念，方可謂之真操守、真理學；彼閉户枯寂自守，不見可欲可樂之事，遂竊以節操自矜，恐未必如此容易"；即相如之意，"肅然端念"猶此賦下文之"臣乃脈定於内，心正於懷"。食之與色，比物此志，如舒夢蘭《遊山日記》卷二七月丁酉："余嘗謂鎮國公永珊曰：'公已絶葷久矣，亦尚思肉味否？'公正色答曰：'凡事之所貴，必貴其難；苟不知肉味之美，而絶不茹葷，亦奚足尚？'"法國文家屢申斯旨。或曰："苟未見甚可欲，未識甚可欲，而遽自詡閑情忍性，若而人者，正未許在"（On ne peut se vanter de mépriser et combattre la volupté，si on ne la voit，si on l'ignore，et ses grâces，et ses forces et sa beauté，plus attrayante)②；或曰："何爲有德? 於娛情快欲之尤物，能戒而絶之，是爲有德。孰爲娛情快欲之尤物? 解人者其唯個中畢經遍歷者乎! 苟非親嘗，則無真鑑，律身克己，徒託空言。夫事之可貴，緣其難能；不見可欲，不知何戀，止未動之心，割無根之愛，捨非有之物，亦奚足尚？"（En quoi consiste la vertu? Dans la privation absolue des choses qui flattent le plus les sens. Qui peut savoir quelle est la chose qui les flatte la plus? Celui-là seul qui a joui de toutes. Si la jouissance du plaisir peut seul apprendre à le connaître，celui qui ne l'a point éprouvé ne le connaît pas. Que

---

① M. Scheler，*Der Formalismus der Ethik und die materiale Wertethik*，4. Aufl.，hrsg. Maria Scheler，246.

② Montaigne，*Essais*，III. 2，"Bib. de la Pléiade"，785.

peut-il donc sacrifier? Rien, une chimère; car quel autre nom donner à des désirs qui ne portent que sur une chose qu'on ignore? Et si la difficulté du sacrifice en fait seule tout le prix, quel mérite peut avoir celui qui ne sacrifie qu'une idée?)[①]；或又記與清修教士晤言，讚其願力堅卓，能勿與俗人同嗜好，遺塵濁世路而入清淨道場，士答："我儕自問皆屖懦無勇之徒耳！不敢上陣廝殺，祇辦閉關退保，聊固吾圉而已"（Nous sommes des poltrons；nous sommes retirés dans une forteresse，parce que nous ne nous sentions pas le courage de nous battre en plaine)[②]。

【增訂四】約翰生博士遊法國，訪一尼庵(the English Austin nuns at Notre Dame de Sion)，謂庵主曰："大德居此，非皈依道德，乃畏避罪惡耳"（Madam，you are here，not for love of virtue，but for fear of vice. —W.J.Bate，*Samuel Johnson*，1978，p.518)。原引斯達爾夫人與清修教士問答語，正爾同揆。

蓋道院修士亦猶"孔孟之徒"，不過《老子》三章所謂"不見可欲，使心不亂"；相如輩則以爲親接可欲而自持不亂，方許語於有德。一如望風而逃，一如交綏而勝。然兩者以遏嗜欲、擯悦樂爲德，固無乎不同也。常諺有曰："爲善最樂"（語始見《後漢書·東平王蒼傳》載明帝詔），顧古來修身所主張，實謂人樂爲者多非善事，而事之善者每即人所惡爲[③]，故人之所應爲當爲輒

---

① Crébillon le fils, *Le Sopha*, Flammarion, 138-9.

② Mme de Staël, *Mémoires*（*Dix Années d'Exil*），Charpentier. 324.

③ Cf. Diderot, *Le Neven de Rameau*, ed. J. Fabre, 44; "On loue la vertu; mais on la hait...c'est qu'ils se sont imposés une tâche qui ne leur est pas naturelle."

反於其欲爲願爲，甚且非其所能爲可爲。孔子論"血氣"所當
"戒"，荀子論"情性"不可"順"，即言約身勝慾，以禮義齊嗜
好。亞理士多德《倫理學》尤誨人百凡行事當嚴防樂在其中，悅
心快意之事如美女之爲禍水，足以傾城傾國（Now in everything
the pleasant or pleasure is most to be guarded against... We
ought，then，to feel towards pleasure as the elders of the people
felt towards Helen，and in all circumstances repeat their say-
ing）[1]；大類《管子·中匡》："古之隳國家、隕社稷者，非故且
爲之也，必少有樂也，不知其陷於惡也。"塔索詩中向往於聖世
福地（bella età dell'oro），直是欲界仙都，人人任真適願，了無
檢束，唯遵大自然所頒金科玉律一條："情性所樂，禮法必許"
（Ma legge aurea e felice /che Natura scolpì：S'ei piace，ei
lice）[2]；又類《列子·楊朱》假託管子答晏子問："肆之而已，
勿壅勿閼。恣體之所欲安，恣意之所欲行。"真管子可與假管子
敵家對壘。席勒詩寫哲學家之鬼七八輩在幽冥會講，亞理士多德
爲都講，笛卡爾、康德咸與會，弟子（Lehrling）問曰："小子樂
爲朋友效力，然心既樂爲，則事必不善、行必不德。竊以爲憂，
將奈之何？"（Gern dien'ich den Freunden，doch thu'ich cs leiden
mit Neigung，/Und so wurmt es mich oft，dass ich nicht tu-

---

①　*Nicomachean Ethics*，Bk. II，ch. 9，*Basic Works of Aristotle*，Random
House，963；cf.Cicero，*De Senectute*，XIII.44："Divine Plato escam malorum appe-
liat voluptatem，quod ea videlicet homines capiantur，ut pisces hamo".

②　Tasso，*Aminta*，I.ii，"Coro," *Poesie*，Riccardo Ricciardi，633（cf. *Gerus-
alemme Liberata*，XV.62- 3，p.382）. Cf. *Inferno*，V.56："Che［Semiramis］libito
fe' licito in sua legge."

gendhaft bin）。大師曰："道無他，刻意憎鄙汝之朋友而已矣！憎之鄙之，則雖服事之而乃心不樂。于是乎惡爲而仍勉爲，違心克欲，由義盡分莫大焉"（Da ist kein andrer Rath，du musst suchen sie zu verachten，/Und mit Abscheu als dann thun，was die Pflicht dir gebeut）①。真談言微中矣！人常謂基督教大盛之世，以賞心適體爲厲禁而自苦爲極則（that men should not please themselves but deny themselves everything they take delight in）②；相傳中世紀有數修士，一日偕行，經樹下，聞鶯啼圓潤清和，聽而樂之，徘徊不忍去，一士最敏，忽悟曰："此鶯莫非魔鬼幻形乎！"（dass diese Nachtigall wohl ein Teufel sein könne），蓋一切可躭愛之事物，當時胥視爲魔鬼惑誘之具也（die Zeit die alles，was süss und lieblich war，als Teufelei ver-schrie）③。世、出世間法如五十步之與百步，均主窒欲持心，宗教特加厲滋章耳。是以司馬相如作賦，雖薄"孔墨之徒"，却仍以拒色不亂爲究竟歸宿，則不免復落孔墨殼中矣。

《長門賦》："雷殷殷而響起兮，聲象君之車音。"按傅玄《雜言》詩："雷隱隱，感妾心，傾耳清聽非車音"，可資比勘。皆謂雷轉車聲，而馬賦曰"象"，寫乍聞時心情，倖望頓生，傅詩曰"非"，寫細聆後心情，倖望復滅。同工異曲。唐和凝《江城子》："輕撥朱弦，恐亂馬嘶聲。……今夜約，太遲生！"；久待無聊，

---

① Schiller："Die Philosophen，" *Werke*，hrsg. L. Bellermann，I，198.

② John Selden，*Table-Talk*，ed. S. W. Singer and rev. W. S，W. Anson，120；cf. Spinoza，*Ethica*，IV，Appendix，§ 31.

③ Heine，*Zur Geschichte der Religion und Philosophie in Deuts-chland*，I，*Sämtliche Werke*，A. Weichert，VIII，15-6.

理箏自遣，而手揮五絃，耳聆來騎，一心二用，情景已化單爲複。尹鶚更舊曲翻新，其《菩薩蠻》云："少年狂蕩慣，花曲長牽絆，去便不歸來，空教駿馬回！"；馬之與車，物異功同，謂即非雷而真爲車，車而真來歸，終亦空車而無人焉者，又進一解。關漢卿《玉鏡臺》第三折："你攢着眉熬夜闌，側着耳聽馬嘶，……香爐金爐人未歸"，關捩尚欠此轉。唐無名氏《醉公子》，韓駒嘗歎爲"八句五轉"者（《歷代詩餘》卷一一二引《懷古錄》，參觀《太史升菴全集》卷五），起云："門外猧兒吠，知是蕭郎至"，結云："醉則從他醉，還勝獨睡時"，與尹鶚詞皆以下轉語取勝。尹詞言坐騎歸矣，不料人仍未歸；此詞言人雖歸乎，亦猶未歸，然而慰情聊勝於真不歸。方回《桐江集》卷一《〈名僧詩話〉序》謂禪宗下轉語，即"善爲詩者"之"翻案法"，尤侗《艮齋雜説》卷六亦謂禪偈用詩文之"翻一層法"（梁章鉅《浪跡叢談》卷一〇全襲尤説），竊意傅玄詩之於司馬相如賦，尹鶚詞之於傅玄詩，以及無名氏此篇，皆下轉語、翻成案之佳例也。

　　楊貴《報祁侯繒它書》："夫厚葬誠無益於死者，而俗人競以相高，靡財單幣，腐之地下。或乃今日入而明日發，此真與暴骸於中野何異？"按《野客叢書》卷二五論漢"喪葬過制"，舉此書與《鹽鐵》、《潛夫》兩論及貢禹《奏事》參驗，惜未引崔寔《政論》言"送終之家亦大無法度"一節（《全後漢文》卷四六）。寔文且曰："念親將終，無以奉遣，乃約其供養，豫修亡歿之備"；爲厚送死而薄養生，他文所未道，用心又別于歐陽修《瀧岡阡表》所謂"養之薄"而"祭豐"也。論厚葬之失者，以《呂氏春秋·節喪》、《安死》兩篇最爲明暢，繼之如《漢書·楚元王傳》劉向《諫營昌陵疏》、王充《論衡·薄葬》、《三國志·魏書·文

帝紀·終制》、《晉書·皇甫謐傳·篤終》均未能後來居上，詞致
每相形見絀；《南齊書·高逸傳》記沈驎士"以楊王孫、皇甫謐
深達生死"，乃"自作《終制》"，其文失傳，不知作底言語。若
楊王孫此書，乃《後漢書·趙咨傳》遺《勑子胤》之類耳。"與
暴骸於中野何異？"言甚坦率，《呂氏春秋》則筆舌雋永。《安死》
曰："今有人於此，爲石銘置之壟上，曰：'此其中之物，具珠
玉、玩好、財物寶器甚多，不可不揚，揚之必大富，世世乘車食
肉。'人必相與笑之，以爲大惑。世之厚葬也，有似於此。自古
及今，未有不亡之國也，無不亡之國者，是無不揚之墓也。"魏
文帝《終制》："自古及今，未有不亡之國，亦無不掘之墓"，盡
取呂語；皇甫謐《篤終》："夫葬者藏也，欲人之不得見也。而大
爲棺椁，備贈厚物，無異於埋金路隅而書表於上也"，點竄呂語，
"埋金書表"又大似俗譌"此地無銀三十兩"之草創矣。《水經
注》卷二九《湍水》引《荆州記》載魏張詹墓有碑，背刊云：
"白楸之棺，易朽之裳，銅鐵不入，丹器不藏；嗟夸後人，幸勿
我傷！"；故他墳夷毀，而此墓得保，至元嘉六年，方被發掘，
"初開，金銀銅錫之器、朱漆雕刻之飾爛然，有二朱漆棺，棺前
垂竹簾，隱以金釘。……虛設'白楸'之言，空負黃金之實！"
則書表"此處無銀"，亦或取信一時，而小黠終無補於大痴也。
魏文《終制》："漢文帝之不發，霸陵無求也；光武之掘，原陵封
樹也。霸陵之完，功在釋之；原陵之掘，罪在明帝"；《三國志·
魏書·明帝紀》裴註引《魏略》記郝昭戒子："吾爲將，知將不
可爲也；吾數發冢，取其木以爲攻戰具，又知厚葬無益於死者
也"；《陳書·世祖本紀》天嘉六年八月詔："零落山邱，變移陵
谷，或皆剪伐，莫不侵殘，玉杯得於民間，漆簡傳於世載。"蓋

玉魚昨封於壙中，金盌早出於市上，故厚葬誨盜，傳不絕誠。然告誡之數，適見盜發之頻；事常、斯言之亦常，重言不已、即空言無效耳。以"仲父"呂不韋之極言，而《諫營昌陵疏》謂秦始皇盛葬無前，墓"離牧豎之禍"，其中"珍寶不可勝原"；以漢文帝之示儉，而《終制》與張載《七哀》詩歎漢氏諸陵遭掘，"玉柙金鏤"，是處都有，江淹《銅劍讚》論葬事亦云："前漢奢於後漢，魏時富於晉世。"父祖之誨諄諄，而子孫之聽藐藐；《新五代史·雜傳》第二八論溫韜"劫陵賊"所謂："嗚呼！厚葬之弊，自秦漢以來，率多聰明英偉之主，雖有高談善說之士，極陳其禍福，有不能開其惑者矣！"《晉書·索綝傳》記愍帝時，盜發漢霸、杜二陵，"多獲珍寶"，帝問："漢陵中物何乃多耶？"綝對："漢天子即位一年而爲陵，天下貢賦三分之一……充山陵。漢武帝饗年久長，比崩而茂陵不復容物，……赤眉取陵中物，不能減半，于今猶有朽帛委積，珠玉未盡。此二陵是儉者耳。"是霸陵終未得"完"，且非如張釋之所諫"中無可欲"者。白居易《新樂府·草茫茫》："驪山脚下秦皇墓，……一朝盜掘墳陵破。……奢者狼藉儉者安，一凶一吉在眼前；憑君回首向南望，漢文葬在霸陵原"；鮑溶《經秦皇墓》、《倚瑟行》等亦發揮此意。詩家興到落筆，似僅讀《三國志·魏文紀》，不讀《晉書·索綝傳》，故中唐人而爲漢文、宣二陵未發前之魏、晉人語也。《全後漢文》卷二九宋元《上言》："臣聞秦昭王與呂不韋好書，皆以書葬。……冢皆黃腸題湊，處地高燥未壞。臣願發昭王、不韋冢，視未燒詩書"；不韋深知珠寶殉葬之招揚，初不料發冢亦以詩書也。邵溫《聞見後錄》卷二二："張侍中耆遺言厚葬，晏丞相殊遺言薄葬；二公俱葬陽翟，元祐中同爲盜所發。侍中壙中金玉犀珠充塞，盜不近其棺，所得已不勝負，皆列拜而去。丞相壙中但瓦器數十，盜怒不酬其勞，斲棺取金帶，亦木也，遂以斧碎其骨。厚葬免禍，薄葬致禍，楊王孫之術疏矣！"夫枯骨何知，無所謂"禍"福，然此事與發呂不韋冢事均出意計之外，却復在情理之中，世故難於一概，有如是者。

二○　全漢文卷二三

　　董仲舒《士不遇賦》："孰若返身於素業兮，莫隨世而輪轉。"按 "輪轉" 喻圓滑，即《楚辭·卜居》："將突梯滑稽，如脂如韋，以絜楹乎？"王逸註："轉隨俗也，柔弱曲也，潤滑澤也。"以圓轉形容天運、道心之周流靈活，如《易·繫辭》上："蓍之德，圓而神"，或《文子·自然》："天道默默，輪轉無端。……惟道無勝，輪轉無窮"，是爲贊詞；以之品目處世爲人之變幻便佞，如董賦此句，是爲貶詞。《鬼谷子·本經陰符七篇》論 "轉圓" 曰："或轉而吉，或轉而凶"；圓之事或 "吉" 或 "凶"，"圓" 之詞亦有美有刺，不可以不圓覽者也①。喻天擬道，略見《老子》卷論第四○章。《關尹子·一宇》設譬最巧："以盆爲沼，以石爲島，魚環游之，不知幾千萬里不窮乎！夫何故？水無源無歸。聖人之道，本無首，末無尾，所以應物不窮。"黃庭堅攝取入詩，魚藻遂成詞藻。周敦頤《太極圖》迻以圓圈中空爲 "無極

---

　　① Cf. Herman Meyer，*Der Sonderling in der deutschen Dichtung*，Carl Hanser，131："Das Symbol des Kreises, im klassischen Weltbilde das Bild höchster Harmonie, bedeutet dem Romantiker nur Negatives, nämlich die Gefangenschaft im Irdischen."

而太極”之象，理學家如莊泉者，賦詩幾每一首有“乾坤”，每三首有“太極”；《定山先生集》卷二《題畫》：“太極吾焉妙，圈來亦偶誇”，卷四《遊茆山》：“山教太極圈中闊，天放先生帽頂高”，又《孤鶴翁過訪》：“老懷太極一圈子”，卷五《雪中和趙地官》：“許誰太極圈中妙，不向梅花雪裏求”等，皆藉圓爲抒懷寫景之資。《五燈會元》卷一僧璨《信心銘》：“至道無難，唯嫌揀擇。……圓同太虛，無欠無餘”；司空圖《詩品·流動》：“若納水縮，若轉丸珠”；張英《聰訓齋語》卷上：“天體至圓，萬物做到極精妙者，無有不圓。聖人之至德、古今之至文、法帖，以至一藝一術，必極圓而後登峰造極。”然立身則又尚方，《荀子·禮論》：“法禮足禮，謂之有方之士”，郝懿行註謂“有稜角”；《文子·微明》及《淮南子·主術》並言：“智欲圓而行欲方”，“方者、直立而不撓，素白而不汙。”茲略陳以圓譏彈人品者。

巧宦曲學，媚世苟合；事不究是非，從之若流，言無論當否，應之如響；阿旨取容，希風承竅，此董仲舒賦所斥“隨世而輪轉”也。以轉爲用，必以圓爲體，惟圓斯轉矣。應劭《風俗通》：“延熹中，中常侍單超、左悺、徐璜、具瑗、唐衡在帝左右，縱其巧慝。時人爲之語曰：‘左迴天，徐轉日，具獨坐，唐應聲’；言其信用甚於轉圓也”（《全後漢文》卷三七）。則自轉乃所以轉人，猶輪轉之使車行，故權變可以致權勢焉。桓寬《鹽鐵論·論儒》：“孔子能方不能圓，故飢於黎丘”；王充《論衡·狀留篇》歎：“且圓物投之於地，東西南北，無之不可。……方物集地，一投而止。……賢儒、世之方物也”；熊遠《因災異上疏》論選官用人“公正道虧”，有曰：“遂使世人削方爲圓，撓直爲曲”（《全晉文》卷一二六）。至唐元結而大放厥詞，《自箴》、《汸

泉銘》、《淔泉銘》、《惡圓》、《惡曲》(《全唐文》卷三八二、三八
三) 重宣斯意:"君欲求權，須曲須圓""天不圓也!"歷來傳誦。
清人欲射西來新學之潮，尚衍元氏陳言之緒，如孫星衍《平津館
文稿》卷下《釋方》:"夫方而模稜，君子惡之，故聖人有'觚不
觚'之歎。……自地圓之説行，則重圓而毀方;自歲差之説行，
指分秒以求天地之差忒，則小過足以累賢才。吾懼世道人心之去
古日遠也!"其實惡圓乃唐人諷世慣語，特不若元結之强聒耳。
如柳宗元《乞巧文》:"付以姿媚，易臣頑顔，鑿臣方心，規以大
圓";孟郊《上達奚舍人》:"萬俗皆走圓，一身獨學方";白居易
《詠拙》:"從兹知性拙，不解轉如輪"，又《胡旋女》:"左旋右轉
不知疲，千匝萬周無已時，人間物類無可比，奔車輪緩旋風遲。
……天寶季年時欲變，臣妾人人學圓轉;中有太真外禄山，二人
最道能胡旋。……禄山胡旋迷君眼，兵過黃河疑未反;貴妃胡旋
惑君心，死棄馬嵬念更深。從兹地軸天維轉，五十年來制不禁";
元稹《胡旋女》:"旋得明王不覺迷，妖胡奄到長生殿。……萬過
其誰辨終始? 四座安能分背面? 才人觀者相爲言:'承奉君恩在
圓變!'是非好惡隨君口，南北東西逐君眄;柔軟依身看佩帶，
徘徊繞指同環釧。……君言似曲屈爲鈎，君言好直舒爲箭;巧隨
清影觸處行，妙學春鶯百般囀";劉師服、軒轅彌明《石鼎聯
句》:"大若烈士膽，圓如戰馬纓。……晼晼無刀跡，團團類天
成。……磨礲去圭角，浸潤著光明。願君勿嘲誚，此物方施行";
陸龜蒙《奉酬襲美〈苦雨〉見寄》:"不然受性圓如規，千姿萬態
分毫釐。唾壺虎子盡能執，舐痔折枝無所辭。有頭强方心强直，
撑拄頰風不自力。"元、陸兩詩，尤筆墨酣飽。

　　【增訂三】《潛夫論·交際》:"嗚呼! 凡今之人，言方行圓，口

正心邪"，以"圓"與"邪"互文。陶宗儀《南村輟耕録》卷
一〇載元潘純作《輥卦》，"譏世之仕宦人以突梯滑稽而得顯
爵"，實即言官場要務唯在圓滑。有曰："輥亨，可小事，亦可
大事。……終日輥輥，厲無咎。……模稜吉，……以隨時也。
……神輥，……老於事也。""輥"即"滾"，唐宋人例用此字。
如《五燈會元》卷七雪峯義存章次："陞座，衆集定，師輥出
木球"，又卷九芭蕉圓章次："三千大千世界被老僧都合成一
塊，輥向須彌頂上"，又卷一六劉經臣《明道喻儒篇》："輥球
舞笏"；李後主《夢江南》："滿城飛絮輥輕塵，愁殺看花人"；
《全金元詞》二六〇頁王喆《青蓮池上客・上元看輥燈毬》：
"順風歸去，輥入蓬萊觀"；陸游《劍南詩鈔》卷六四《夢中
作》："春風又作無情計，滿路楊花輥雪球"；張鎡《南湖集》
卷三《蚊》："雪片有聲飄作陣，楊花無樹輥成球"；許棐《梅
屋詩稿・宮詞》："臥聽羊車輥夜雷，知從誰處飲酣回。"王惲
《秋澗大全集》卷三三《輥馬圖》："四輥塵沙更適宜"，蓋畫滾
塵馬者。朱彝尊《曝書亭集》卷二五歲除對雪詞牌亦尚作《輥
繡球》。"神輥"也者，圓體滾用，通神入化，隨時而轉，無往
不宜。"輥輥（滾滾）終日"，斯可以爲袞袞諸公矣。

唐人論立身行己，於圓亦有別擇而不抹摋者，如柳宗元惡丸之圓
而取輪之圓，《車説贈楊誨之》云："中不方則不能以載，外不圓
則窒拒而滯。……匪箱不居，匪輪不塗"；又《與楊誨之疏解車
義第二書》云："吾子之方其中也，其乏者，獨外之圓耳。固若
輪焉，非特於可進也，銳而不滯，亦將於可退也，安而不挫。欲
如循環之無窮，不欲如轉丸之走下也"；即以車擬象文子、淮南
之"智圓行方"。程本《子華子・虎會問》："夫子軫方而轂圓，

將無乎而不可"，又參柳此文。因"圓"得安，賴"轉"以亨，柳文與元、陸詩，喻柄異而喻邊同。然"轉"亦可示流離浪蕩、迷方失所，是因"圓"而不得"安"，又即《鬼谷子》所謂"或因轉而凶"。如《焦氏易林·泰》之《蹇》："居如轉丸，危不得安"；《太平廣記》卷二〇二引《玉堂閒話》載《〈長恨歌〉傳》作者陳鴻子琇與僧詩："行若獨輪車，常畏大道覆；止若圓底器，常恐他物觸。行止既如此，安得不離俗！"曹植《雜詩》之二："轉蓬離本根，飄颻隨長風，……類此游客子，捐軀遠從戎"；《西廂記》第一本第一折張生自歎"書劍飄零"，亦曰："脚跟無線如蓬轉"；而《淮南子·説山訓》："見飛蓬轉而知爲車"，《後漢書·輿服志》上："上古聖人見飛蓬始知爲輪"，則蓬、輪連類。惡圓與元、陸同，所以惡圓則迥異，一憎其巧能游移，一恨其苦無根基，蓋喻柄同而喻邊異者。清季小説巧立名色，命詭隨容説之徒爲"琉璃蛋"、"油浸枇杷核"，指歸乃柳州所斥"轉丸"而非《易林》所憫"轉丸"也。着眼在轉，初不必拘圓體爲渾爲匾。是以外無圓狀而内蓄圓機者，同爲見異即遷、得風便轉之象，如西方風信雞(weathercock)，猶吾國古之"相風烏"。清修之士自責坐馳，道心不定，物欲忽移，即喻如風信雞(Voilà la girouette où tournent nos désirs)[1]。風針與車輪形雖異而轉尚同；若風帆之與風針，不特形體迥殊，抑且一轉一不轉，然因風易向，無乎不同。脚跟不定、主張不固、迎合趨附之流遂被"順風扯篷"之目，西詩亦諷："萬事率飾僞，一生事諂悦，八風順張帆"

---

① Auvray: "La Promenade de l'Âme dévote," J. Rousset, *Authologie de la Poésie baroque française*，I, 44；cf. Levasseur (160)，Mme Guyon (161, 269).

(Allen heucheln, stets behagen, /Allem Winde Segel geben)[1]。

【增訂三】張文虎《覆瓿集·俗語集對》："油炒枇杷核；風吹楊柳頭。""炒"與"浸"字面水火，而語意水乳。下句與風帆、風針同揆，即今語所謂"風派"也。《莊子·天運》老子教孔子曰："吾子亦放風而動"，《釋文》："放、依也。依無爲之風而動也。"斷章取義，"風派"亦莊老之教外別傳歟。

【增訂四】《全唐詩外編》一六頁劉知幾《詠史》："汎汎水中萍，離離嶺畔草。逐浪高復下，從風起還倒。人生不若茲，處世安可保。"劉言"草"之"從風"，即孟子所謂"草上之風必偃"，與"風帆"、"風針"、"風吹楊柳頭"，均喻"風派"。"油炒枇杷核"喻爲人油滑，亦"處世"、"保生"之訣也。

十八世紀英國一貴族教子，略謂：須舉止都雅，談吐溫文(graces)，隱匿衷情(dissimulation)，容悦取下，天生稜角，必在交際中礱除之，毋若金剛鑽之未琢磨者(Such an amicable collision rubs off and smoothes those rough corners which nature has given to the smoothest of us；the best of us have more of rough than polished diamond)[2]；即誨兒磨菱成茭，以得通行世路，正軒轅彌明所謂"磨礱去圭角，此物方施行"。西方古稱人之有定力而不退轉者爲"方人"(a square man)[3]，後來稱骨鯁多觸忤之人爲"稜角漢"(ein eckiger Mensch)，當世俚談亦呼古板不

---

① Fr. von Logau："Heutige Weltkunst", *Sinngedichte：eine Auswahl*, hrsg. U. Berger, 80.

② Chesterfield, *Letters*, ed. B. Dobrée, IV, 1056, 1059.

③ Herrick, *Poetical Works*, ed. L. C. Martin, 37, "A Country Life"(A Wise man ev'ry way lies square), 505, note (Aristotle, Puttenham).

合時宜爲"方"（square），皆類吾國唐、宋之言"方頭"，如陸龜蒙《奉酬襲美〈苦雨〉見寄》："有頭强方心强直"，又《全唐詩》輯陸氏斷句："頭方不會王門事，塵土空緇白苧衣"；羅隱《塪子》："未能慚面黑，只是恨頭方"；朱熹《朱文公集》卷二《與宰執箚子》："意廣才疎，頭方命薄"；《侯鯖録》卷八："今人謂拙直者名'方頭'"；《輟耕録》卷一七："'方頭'乃不通時宜之意"（張相《詩詞曲語辭匯釋》卷六《方頭不律（力）》條僅引元曲，亦未知宋、明人已先有釋詁）。

【增訂三】陳元靚《事林廣記》戊集二《圓社撮場》："凡來踢圓者，必不是方頭。"蓋謂蹴踘乃"一等富室郎君、風流子弟與閒人所習"（《夢粱録》卷一九《社會》），未許迂拘措大輩問津。此亦宋俗語"方頭"之例；"方"與"圓"、足"踢"與"頭"均映射成趣。

【增訂四】《東坡志林》卷四《孔子誅少正卯》："此叟蓋自知其頭方命薄，必不久在相位。"原引朱熹《與宰執箚子》中語本此。《全唐文》卷五三三李觀《上杭州房使君書》："胆薄不敢以干大人，頭方不足以扇知己。"孟郊《灞上輕薄行》："自歎方拙身，忽隨輕薄倫。""方"字可以原引《侯鯖録》所謂"拙直者名'方頭'"詮之。

然巧於自全，應變隨機，無往不泰者，亦被"方人"之目，如方物之轉側反覆，終能安穩（Diodati of Padre Paolo, *huomo cubiculare*, on what side soever he fell stood still）①；即王充所謂"一

---

① Sir Henry Wotton, *Table Talk*, §119, L. P. Smith, *The Life and Letters of Sir Henry Wotton*, II, 498.

投而止”，充以爲美者，此則以爲刺，猶今嘲“不倒翁”，喻邊同而喻柄異矣。西方古籍又謂天帝狀如圓球（like unto the globe of a round sphere）①，哲人（sapiens）法天，亦能自主而無待，庶幾完全、光潤而復渾圓（in se ipso totus，teres atque rotundus）；故或惡謔曰：“斯多噶派大師號‘圓人’，殆上無首、下無具之肉團歟？”（Stoicus? Quomodo potest “rotundus” esse，ut ait Varro，“sine capite，sine praeputio?”）②。則指萬物備身，滿足無缺，若“太極”及“聖人智圓”，非言一團和氣、以順爲正，若輪及丸之可轉也。

意馬心猿，情常躁競；波萍風草，行不貞固；故人之品操，輪轉貽譏。人事靡恒，人生多故，反掌榮辱，轉燭盛衰，亦復齊心同慨。太公《犬韜》已曰：“利害相臻，猶循環之無端”（《全上古三代文》卷六）。賈誼《鵬鳥賦》言吉凶蟬續，曰：“斡流而遷兮，或推而還”；司馬遷《士不遇賦》言禍福倚伏，曰：“逆順還周，乍沒乍起”；皆已擬圓轉，特未道車輪。《大智度論·我聞一時釋論》第二：“如《時經》中偈説：‘時來衆生熟，時去則催促；時能覺悟人，是故時爲因。世界如車輪，時變如輪轉，人亦如車輪，或上而或下。’”人之運命，如人之品操然，可取象於車輪，均無常也。白居易《放言》之二：“禍福回還車轉轂，榮枯反覆手藏鈎”；劉商《銅雀妓》：“盛色如轉圓，夕陽落深谷”；劉駕《上馬歎》：“布衣豈常賤，世事車輪轉”；夏竦《江州琵琶

---

① *De Melisso*，quoted in V. Pareto，*A Treatise on General Sociology*，tr. A. Bongiorno and A. Livingstone，§ 474，Dover ed.，I，288.

② Horace，*Sat*．，II. vii. 83-6；Seneca，*Apocolocyntosis*，8，“Loeb”，384.

亭》："年光過眼如車轂，職事羈人似馬銜；若遇琵琶應大笑，何
須涕淚滿青衫"（《文莊集》卷三六）；黃景仁《春城》："更欲起
相告，事運多相因，啼笑互乘伏，迎送如輪巡"（《兩當軒集》卷
五）。劉駕語類東方朔《與公孫弘借車書》："木槿夕死朝榮，士
亦不長貧也"（《全漢文》卷二五）；知命運之無常而反以自壯者，
惟其無常，則不至長貧終賤，而或有發跡變泰之一日也。運命轉
輪，與時消息，是以《大智度論》引偈曰"時爲因"、夏竦詩曰
"年光車轂"。莎士比亞詩言時光（Time）百爲，運命輪轉亦屬所
司（And turn the giddy round of fortune's /wheel）①；西洋舊日
每雕繪男或女神以象光陰，立運命輪後，攤臂左右持其桄②。古
希臘小詩詠人事（the circumstances of life）云："輪轉不息，輪邊
各處乍視在上，忽焉在下"（The wheel goes round, and of the
rim now one /And now another part is at the top）③；此象歷世
承用。相傳古羅馬人於輪邊三處分別標示未來、現在、過去，
曰："我將得勢"，"我正得勢"，"我曾得勢"（Regnabo, Regno,
Regnavi），周轉往還，以見升沉俄頃。十四世紀意大利掌故名編
記一權貴置酒高會，有客不速闖席，手執半尺許長釘（un grande
aguto spannale），主人驚問，來者曰："君權勢如日方中，盛極
則必衰，吾持此相贈，供君釘止命運之輪，俾不復轉動，庶幾長
居高而不下降"（tu se'nel colmo della rota e non ti puoi muove-

---

① *The Rape of Lucrece*, 952.

② E. g. "La Ruota della Fortuna", in Sacchetti, *Opere*, Rizzoli, 1121. Cf.
Samuel C. Chew, *The Virtues Reconciled*, 9.

③ Plutarch："A Letter of Condolence to Apollonius," §5, *Moralia*, "Loeb",
II, 117-9.

re，che tu non scenda e capolevi. Per questa cagione io t'ho reca-
to quello aguto，acciò che tu conficchi la rota)①。十六世紀英國
名劇中一霸王大言曰："吾桎梏命運之神，手奪其輪而自轉之，
天日墮塌，吾終不敗"（I hold the Fates bound fast in iron
chains，/And with my hand turn Fortune's wheel about；/And
sooner shall the sun fall from his sphere /Than Tamburlaine be
slain or overcome)②。均謂使"正得勢"能成"永得勢"也。運
命與時機之神一足踏輪（È perch' io tengo un piè sopra una ro-
ta)，一手持球（e ne la destra una volubil palla)③，胥示其如走
盤之珠。歌德更進一解，以爲歡樂流轉不居如圓球（Man pflegt
das Glück wegen seiner grossen Beweglichkeit kugelrund zu nen-
nen)，而悲戚逗留勿動如多角物（vergleichen wir das Unglück
mit einen Tausendeck)④；閱歷愈深矣。

　　人情向背無常，世事榮枯不定，故以圓轉目之。雖然，肝
膽可以成胡越也。生涯落套刻板，沿而不革，因而長循，亦被圓
轉之目。蓋圓轉之族非一；走坂之丸、亂轍之輪，軼出遠逝，未
盡其趣。體動而處未移，重複自落蹊徑，固又圓轉之事也。守故

---

　　①　Sacchetti，*Il Trecentonovelle*，no.193，*Opere*，Rizzoli，656. Cf. *Don Quijote*，
II.19，"Clásicos Castellanos"，VI，17："tiene echado un clavo à la rodaja de la fortuna."

　　②　Marlowe，*Tamburlaine*，Pt.I.I.ii，cf.V.i，Anippe："Your love hath Fortune so
at his command，/That she shall stay，and turn her wheel no more."

　　③　Macchiavelli："Dell' Occasione，" *Opere*，Ricciardi，1073；Marino，*L'Ado-
ne*，I.69，*Marino e i Marinisti*，Ricciardi，47. Cf. Dio Chrysostom，*Discourses*，LXI-
II.6，"Loeb"，V，41（Fortune on a razor's edge，on a sphere).

　　④　Goethe："Preface to J. Ch. Mämpel's *Das jungen's Feldjägers Kriegscam-
erad*," G. F. Senior and C. V. Bock，ed.，*Goethe the Critic*，59-60. Cf. Heine，*Ro-
mancero*，II，"Das Glück ist eine leichte Dirne."

蹈常，依樣照例，陳陳相襲，沉沉欲死，心生厭怠，擺脫無從。
圓之可惡，本緣善於變易，此則反惡其不可變易焉。如寒山詩：
"人生在塵蒙，恰似盆中蟲，終日行繞繞，不離其盆中"；蘇軾
《送芝上人游廬山》："團團如磨牛，步步踏陳迹"，又《伯父送先
人下第歸蜀、因以爲韻》："應笑謀生拙，團團似磨驢"（參觀
《二蟲詩》："君不見水馬兒，步步逆流水，大江東流日千里，此
蟲趯趯長在此"，樓鑰《攻媿集》卷一《攻媿齋》："勉前類水馬，
立處祇如舊"）；

【增訂四】《藝文類聚》卷九四引宋袁淑《俳諧·驢山公九錫》：
"嘉麥既熟，寔須精䴴，負磨迴衡，迅若轉電。"可補坡詩"磨
驢"句諸家註。十九世紀初法國一文家持小邦使節赴俄國，久
羈聖彼得堡不得歸，與人書曰："吾每早醒來，一日復始，猶
轉磨之驢，團團不離舊規，步步皆踏陳迹"（...et puis je
m'éveille，je veux dire de grand matin，et je recommence，
tournant toujours dans ce cercle，et mettant le pied à la
même place，comme un âne qui tourne la meule d'un bat-
toir. —Joseph de Maistre，in Sainte-Beuve，*Causeries du
lundi*，Vol，IV，p.209）。

黃庭堅《僧景宗相訪寄法王航禪師》："一絲不掛魚脫淵，萬古同
歸蟻旋磨"，《演雅》："氣陵千里蠅附驥，枉過一生蟻旋磨"，又
《羅漢南公升堂頌》："黑蟻旋磨千里錯"（參觀陳與義《簡齋詩
集》卷九《述懷呈十七家叔》："浮生萬事蟻旋磨，冷官十年魚上
竿"）。庭堅用前引《關尹子》盆魚環游語，尤足示點化脫換之
法。關尹子頌"聖人之道"，庭堅移施人事，等盆魚於磨牛、磨
蟻，變贊詞爲憾詞，如《欸乃歌》之二："從師學道魚千里，蓋

世成功黍一炊”，又《去賢齋》：“爭名朝市魚千里，竊道詩書豹
一斑。”皆謂奔波競攘而實則未進分寸，原地不離，故我依然；
猶功蓋一世，夢祇剎那，學富五車，見僅管孔，均爲唐捐而已。
基督教《聖經》亦以驢轉磨石（molam asinarium）喻人生[1]；生
活乏變化有若磨坊馬之團團旋轉（like a mill-horse in the same
round）已成西方恒言[2]。一奉使駐節外國者云：“朝臣有升降，
我儕祇旋轉耳，猶磨坊輪然，忙煞不移故處”（Court motions
are up and down, ours circular... ours like millwheels, busy
without changing）[3]。一詩家致友書云：“君見我一日作麽生，
便悉我終年亦爾。日日周而復始，團轉如牽磨之瞎馬；顧馬自以
爲逐步漸進，而我則眸子瞭然，知前程莫非陳跡，自省行二十四
步後，依然在原處耳”（When you have seen one of my days,
you have seen a whole year of my life; they go round and round
like the blind horse in the mill, only he has the satisfaction of
fancying he makes a progress, and gets some ground; my eyes
are open enough to see the same dull prospect, and to know that
having made four-and-twenty steps more I shall be just where I
was）[4]。又一文家云：“有似磨坊驢馬，盲目環行，研碎無用之
歲月爲粉屑”（Si rode e s'aggira continuamente entro un anello
cieco, come la bestia alla màcina, e ha l'impressione di tritarvi i

---

[1] Vulgate: Mat., 18.6.

[2] *Oxford Dictionary of English Proverbs*, 265 (Middleton, Shadwell).

[3] Sir Henry Wotton, *Table Talk*, §12, *op. cit.*, II, 491.

[4] Thomas Gray, *Correspondence*, ed. P. Toynbee and L. Whibley, I, 34 (to R. West).

suoi inutili giorni)①。然苟有他象足示窠臼難拔之意，初不粘着
於牽磨團轉，如諧詩云：“身不由己，動必循規，祇許作有軌電
車，欲求爲公共汽車而不可得”（An engine that moves / in pre-
destinate grooves，/ I'm not even a bus, I'm a tram)②。猶之船
帆亦可象脂韋將順，無須拘泥於車輪也。

　　參稽諸喻，所謂“安詩”當學“博依”耳。取譬有行媒之
稱（參觀《史記》卷論《樗里子、甘茂列傳》），雜物成文，撮合
語言眷屬。釋書常言：“不即不離”，“非一非異”（僧肇《寶藏
論・離微體淨品》第二、唐譯《華嚴經・十通品》第二八、《陀
羅尼經・授記分》第二又《夢行分》第三、《圓覺經》卷上等），
竊謂可以通於比喻之理。吾鄉鄒祇謨警句：“落花飛絮兩無情，
仗千尺游絲作合”（《麗農詞》卷上《鵲橋仙第一體》，《歷代詩
餘》卷二九、王昶《明詞綜》卷五以爲董斯張詞），又竊欲借以
明比喻之法。《昭代叢書》中有馬榮祖《文頌》，其一五《取譬》
曰：“如形與影，合不待媒”，實未覩窈眇也。

---

①　E. Rivalta，*Mal del Paese*，D. Provenzal，*Dizionario delle Immagini*，528.

②　*Oxford Dictionary of Quotations*，237（M. E. Hare）.

二一　全漢文卷二四

　　董仲舒《山川頌》。按"惟山之意"句，孫詒讓《札迻》卷二謂"意"字"疑當爲'惪'[德]，形近而誤"，是也。《頌》言仁人君子"取辟"於山川，以成其德，《韓詩外傳》卷三又《説苑·雜言》篇一節相類。皆祖《荀子·宥坐》篇記孔子觀東流之水而稱水有九德云云，《大戴禮·勸學》、《孔子家語·三恕》等亦輾轉傳述。道家每言"道法自然"，此則儒家之"德法自然"也。德之數或八或九，名目揣稱各有出入，不必覼較。《老子》卷論第一七章已言人事之"法"物理，實名學所謂"比論"（analogy），非思辯所尚。即如董賦頌水德有曰："循微就下，不遺小間，既似察者"，而《荀子》則謂："流也埤下，裾拘必循其理，似義"，《韓詩外傳》又謂："動而之下，似有禮者。"夫水之就下，一而已，而"取辟"之美德，三人言殊。董之"察"、明辨微也，荀之"義"、謹守分也，韓之"禮"、卑自牧也；三者可以相通而各有所主，莫衷一是。《老子》第七八章："天下柔弱莫過於水，而攻堅强者莫之能勝"；《文子·道原》："夫水所以能成其德者，以其綽約滑潤也"；《左傳》昭公二十年子産囑子大叔："夫火烈，民望而畏之，故鮮死；水懦，民狎而翫之，則多死

焉”；則水之卑弱適成其所以爲“禍水”爾！“德”云乎哉！蓋取
譬設喻，寓言十九，乃善説之修詞，非真知之析理。《雲仙雜記》
卷二：“淵明嘗聞田水聲，倚杖久聽，歎曰：‘秫稻已秀，翠色染
人，時剖胸襟，一洗荆棘，此水過吾師丈人矣！’”師儒觀水明
道，實無異乎詩人聽水觸興。《晉書・張天錫傳》：“數宴園池，
政事頗廢，臣或極諫，答曰：‘吾非好行，行有得也。觀朝榮則
敬朝秀之士，玩芝蘭則愛德行之臣，覿松竹則思貞操之賢，臨清
流則貴廉潔之行，覽蔓草則賤貪穢之吏，逢飆風則惡凶狡之徒。
若引而申之，觸類而長之，庶無遺漏矣！’”文過之遁詞，全同勸
善之法語，皆“德法自然”也。抑古人言“德”，有二義焉①。
一指行爲之美善者（Tugend），如《論語・里仁》：“德不孤”，皇
侃《義疏》引殷仲堪曰：“推誠相與，以善接物”；其要在乎修身
繕性，如《述而》：“德之不修也，……是吾憂也！”故行前或三
思，爲後或三省，可以“種德”、“進德”、“積德”、“失德”，皆
爲人説法也。一指性能之固特者（Eigenschaft），如《禮記・緇
衣》：“子曰：‘小人溺於水。……夫水近於人而溺人，德易狎而
難親也，易以溺人’”；即文子、子産之意，“德”正指水性，鄭
玄註誤。作此或作彼，是爲能；作之，長作之，不見異而思遷，
不力罷而生怠，是爲性；性者，自然而非自由，行素而非專己。
《老子》第五一章：“道生之，德畜之。……夫莫之命而長自然”，
王弼註：“道者、物之所由，德者、物之所得也”；《莊子・庚桑
楚》：“性之動，謂之爲，動以不得已之謂德”，故同篇曰：“雞之

---

　　① 　Cf. A. Lalande, *Vocabulaire technique et critique de la Philosophie*, 9e /
éd., pp. 1200-1, art. "Vertu."

與雞，其德非不同也"，《徐無鬼》論狗之下者曰："執飽而止，此狸之德也"；劉歆《七略》述鄒衍論五行之"終始五德"（《全漢文》卷四一），"德"乃金、水、木、火、土五物之生剋性能；郭象註《論語·爲政》，屢言"得性"爲"德"，見皇侃《疏》。不得已，不自主，非出意願，非由抉擇；故興利生害而未可論恩怨功罪，無爲善之樂，亦無作惡之疚。此就物而言也。據後義，則山、水之"德"何止八、九；依前義，則山、水并一"德"而無之。嫁名而形容盛德焉，説縛律之所必爲，一若見義而能勇爲（to make a virtue of necessity），何啻因偪爲恭、以閹稱貞哉！

就文論文，仲舒此《頌》謀篇又有疵病。前半贊山，結處稱君子"儼然獨處，唯山之德"，緊接"《詩》云：'節彼南山，惟石巖巖；赫赫師尹，民具爾瞻'，此之謂也。"後半贊水，起曰："水則源泉混混沄沄，晝夜不竭，既似力者"，繼以"既似持平者"、"既似察者"、"既似知者"、"既似知命者"、"既似善化者"、"既似勇者"、"既似武者"，然後終之曰："咸得之而生，失之而死，既似有德者。孔子在川上曰：'逝者如斯夫，不舍晝夜！'此之謂也。"引《詩》四句，與君子儼然之意相映發；引《論語》兩句，與得之爲德之意了不關屬，脱筍失卯。明是刻意經營，力求兩半格局平衡，俾乍視前後結處，《論語》若與《詩經》對稱；實則不顧義理，拉扯充數。嘗見元曲《西廂記》、《㑳梅香》中紅娘、樊素輩偶引《論語》，不特酸腐可厭，更屬支離可哂；不謂明道鴻儒，才竭技窮，出下策而呈窘態，無異空花炫眼、叕人巡城。倘以起處"混混沄沄，晝夜不竭，既似力者"三句移至篇末，承以"孔子在川上"云云，文病或稍校；然川上歎逝與"混混晝夜"固可沆瀣，而與"力"依然河漢。崔瑗《河間相張平子碑》：“敏而好學，如川之逝，不舍晝夜”；流水之不舍與好學之不倦融合無間，董相形而見屬詞粗疏矣。水常喻心，別見《楚辭》卷論《九章》；亦常喻時，則昉於《論語》此章，猶古希臘哲人言“重涉已異舊水，亦喪故我；我是昔人而非昔人，水是此河而非此河”（You could not step into the same rivers, for other waters are ever flowing on to you; Into the same rivers we step and do not step; we are and are not)①。孔融《論盛孝章書》著語不忘“吾祖”，其起句“歲月不居，時節如流”正堪爲川上之歎作註；“不居”乃“逝者”之的詁，“如流”即“如斯”之明文。詞章如陸機《歎逝賦》：“川閱水而成川，水滔滔而日度，世閱人而成世，人冉冉而行暮”；李白《古風》：“前水復後水，古今相續流；新人非舊人，年年橋上遊”（參觀《青瑣高議》卷七《孫氏記》引“古人”詩：“長江後浪催前浪，浮世新人換舊人”），又同題：“逝川與流光，飄忽不相待”；杜甫《三川觀水漲》：“勢閱人代速”；殷堯藩《江行》：“年光流不盡，東去水聲長”；韓淙《暮春滻水送別》：“行人莫聽宮前水，流盡年光是此聲”；李端《憶故山贈司空曙》：“年如流水日長催”；張蠙《再游西山贈許尊師》：“昔時霜鬢今如漆，疑是年光卻倒流”；蘇軾《念奴嬌》：“大江東去，浪淘盡千古風流人物”；陳恭尹《獨漉堂全集》卷二《懷古・咸陽》：“渭水東流不待人。”莫非涵流光於流波，溶逝景於逝水。與古爲新，如戴表元《剡源文集》卷三〇《江村逢九日》：“身猶是雁飛難泊，時不如潮去復回”，難

---

① Heraclitus, *Fragments*, 41, 84, *Hippocrates and Heraclitus*, "Loeb", IV, 483, 495.

能尠見。郭則澐《洞霄小志》卷五："景月汀夢入貴家園林，疊
石爲山，下臨一池，惜無水。嗟歎間，有人出語曰：'君不知前
人詞乎：好是泉聲有時住，不教流盡年光！'"；斷句殊耐諷詠，
微嫌"教"字用力，竊欲以"然"字易之。西方詩文中亦成套
語，哲人或吹求指摘，以爲此喻易生理障①。詞人復翻案謂年光
不逝，人自邁往耳（Las! le temps non，mais nous nous en allons；
Die Zeit geht nicht，sie stehet still，/Wir ziehen durch sie
hin）②，又類《赤壁賦》之言"逝者如斯而未嘗往"矣。

【增訂三】劉禹錫《樂天見示〈傷微之、敦詩、晦叔〉三君
子》："芳林新葉催陳葉，流水前波讓後波"；李羣玉《長沙開
元昔與故長林許侍御題松竹聯句》："逝川前後水，浮世短長
生。"法國古詩言時光之消逝不停，亦每喻爲"前波避後浪，
後浪擠前波"（Le Moyne："Un flot gronde en fuyant l'autre
qui le pousse"；Bussières："Ton flot qui chasse l'autre et
ton onde fuyante" —J. Rousset，op. cit. 142）。然浪淘波
瀉，尚可於逝者如斯而外，別有會心。雪萊名篇侈陳天地萬物
莫不親暱歡會，有云："曷觀乎高嶺吻天、波浪互相抱持，
……汝若不與我吻抱，此等物象豈非虛設？"（See the
mountains kiss high heaven，/And the waves clasp one an-
other；/.../What are all these kissings worth，/If thou
kiss not me? —Shelley："Love's Philosophy"）着眼不在波浪

---

① Cf. J. A. Gunn，*The Problem of Time*，133 f.（H. Lotze，F. H. Bradley）.

② Ronsard，*Continuation des "Amours"*，XXXV；G. Keller："Die Zeit geht
nicht"（*Sämtl. Werk.*，Aufbau，I，264；II，163–4）.

之追逐而在波浪之接合，取譬之物同而立喻之邊異矣。瑞士大小説家（Jeremias Gotthelf）則謂波浪接合，貌似相愛，實乃相賊；嘗歎世人勢利之交，瞬息間友親倐成仇寇，猶海濤盤渦中前波後浪，滾滾比連，方若偎依舞蹈，而即已排擠吞併（Das geht gerade so wie in wogenden See，in wirbelnden Flusse；da tanzen die Wellen auch miteinander，als obs lauter Herrlichkeit wäre，und ist es ausgetanzt，so verschlingt eine die andere—quoted in W. Muschg，*Tragische Literaturges-chichte*，3. Aufl.，146）。語危心苦，與雪萊取譬之邊同而立喻之柄異，亦自貼切事理也。

二二　全漢文卷二五

　　東方朔《上書自薦》。按《漢書》本傳謂當時"四方之士上書自衒鬻者以千數"，而朔"文辭不遜，高自稱譽，上偉之"。朔此篇干進而似勿屑乞憐，大言不慚；後世游士自衒自媒，或遙師，或暗合，遂成上書中一體。唐文如員半千《陳情表》、李白《與韓荆州書》、《上安州裴長史書》、韓熙載《上睿皇帝行止狀》（《全唐文》卷一六五、三四八、八七七）等皆所謂"高自稱譽"者，朔《書》之遺意也。王泠然《與御史高昌宇書》、《論薦書》（《唐摭言》卷二、卷六，《全唐文》卷二九四）忽侈言以動，忽危語以嚇，忽卑詞以請，矜誇哀歎，嬉笑怒罵，作寒士狂奴種種相，文字尤有別致；袁參《上中書姚令公元崇書》（《全唐文》卷三九六）、宋鄭樵《與景韋兄投宇文樞密書》又《與景韋兄投江給事書》（《夾漈遺稿》卷三），誇口而兼搖尾之態，足相頡頏。具見《全唐文》卷論蕭穎士《贈韋司業書》。

　　《非有先生論》："談何容易！"；按別見《易林》卷論《解》。《七諫》："往者不可及矣，來者不可待"；按別見《楚辭》卷論《遠遊》。

二三　全漢文卷二六

司馬談《論六家要指》；按別見《史記》卷論《太史公自序》。

司馬遷《報任少卿書》。按已見《史記》卷論《蘇秦列傳》及本卷論《登徒子好色賦》者，不復贅。此書情文相生，兼紆徐卓犖之妙，後人口沫手胝，遂多仿搆。李陵《重報蘇武書》，劉知幾《史通·雜說》下以來論定爲贗託者，實效法遷此篇而作。楊惲《報孫會宗書》亦師其意，惲於遷爲外孫，如何無忌之似舅矣。瀉瓶有受，傳燈不絕。南北朝江淹《報袁叔明書》、王僧孺《與何炯書》、魏長賢《復親故書》皆擬議之篇，而波瀾未壯，頗似駱駝無角，奮迅兩耳。明人爲古文，尸祝《史記》，并及是《書》；所見如康海《與彭濟物書》、王廷陳《答余懋昭書》又《答舒國裳書》、王九思《與劉德夫書》、唐寅《與文徵明書》，利鈍不齊，學步則一，《答余懋昭》、《與文徵明》兩首較工。唐仲冕輯本《六如居士全集》卷五有《與文徵明書》二篇，仿馬遷者，乃其前篇；後篇抒寫胸臆，無依傍摹仿之跡，又似居上也。

"乃如左丘無目，孫子斷足，終不可用，退而論書策以舒

其憤思，垂空文以自見。僕竊不遜”云云。按上文列舉“發
憤”著書，已云：“左丘失明，厥有《國語》，孫子臏腳，《兵
法》修列”；此處不復道屈原、韓非等而重言左氏、孫子者，
二子如己之官體廢殘，氣類之感更深也。“發憤”、“舒憤”之
旨，《孟子》早暢言之。《盡心》上：“人之有德慧術知者，恒
存乎疢疾；獨孤臣孽子，其操心也危，其慮患也深，故達”；
《告子》：“動心忍性，曾益其所不能。……困於心，衡於慮，
而後作；……然後知生於憂患”，趙歧註：“而後作爲奇計異
策、憤激之説也。……故知能生於憂患。”《荀子·宥坐》亦記
孔子困阨於陳、蔡，子路有惑，孔子舉齊桓、晉文、越句踐皆
緣窮約而“生霸心”，終之曰：“故居不隱者思不遠，身不佚者
志不廣，女庸安知吾不得之桑落之下？”，楊倞註：“隱、窮約
也，佚、奔竄也。”荀之“廣”、“遠”即孟之“達”、“作”也。
孟、荀泛論德慧心志，馬遷始以此專論文詞之才，遂成慣論。
撰述每出於佗傺困窮，抒情言志尤甚，漢以來之所共談。如桓
譚《新論·求輔》：“賈誼不左遷失志，則文彩不發；……揚雄
不貧，則不能作《玄》《言》”；趙歧《〈孟子〉章句·題辭》：
“余困吝之中，精神遐漂，靡所濟集，聊欲係志於翰墨，得以
亂思遺老也”；鍾嶸《詩品》上《漢都尉李陵》：“生命不諧，
聲頹身喪，使陵不遭辛苦，其文亦何至此！”韓愈、白居易反
復道是。韓《送孟東野序》：“物不得其平則鳴”云云；《柳子
厚墓志銘》：“然子厚斥不久，窮不極，其文學詞章必不能自
力”；《貞曜先生墓志銘》：“維卒不施，以昌其詩”；《上兵部李侍
郎書》：“性本好文學，因困厄悲愁，無所告語，遂得……奮發乎
文章”；《荆潭唱和詩序》：“夫和平之音淡薄，而愁思之聲要眇，

歡愉之詞難工，而窮苦之言易好。"白《讀李、杜詩集因題卷後》："不得高官職，仍逢苦亂離；暮年逋客恨，浮世謫仙悲。……天意君須會，人間要好詩"；《序洛詩‧序》："予歷覽古今歌詩，……多因讒冤譴逐，征戍行旅、凍餒病老、存歿別離，……世所謂：'文士多數奇，詩人尤命薄'，於斯見矣"；《與元九書》："何有志於詩者，不利若此之甚耶?"孟郊《招文士飲》："詩人命屬花"；徐凝《和夜題玉泉寺》："風清月冷水邊宿，詩好官高能幾人!"；宋祁《景文集》卷九六《淮海叢編集序》："詩爲天地縕，……然造物者吝之。其取之無限，則輒窮躓其命而佛戾所爲。余略記其近者"；歐陽修《梅聖俞詩集序》："蓋愈窮則愈工，然則非詩之窮人，殆窮者而後工也"；王安石《哭梅聖俞》："詩人況又多窮愁，李杜亦不爲公侯；公窺窮阨以身投，坎坷坐老誰當尤!"；晁補之《雞肋集》卷三〇《海陵集序》："文學不足以發身，詩又文學之餘事，爲之而工，不足以取世資，故世稱少達而多窮"；張耒《張右史文集》卷五一《送秦觀從蘇杭州爲學序》："世之文章，多出於窮人；故後之爲文者，喜爲窮人之詞。秦子無憂而爲憂者之詞，殆出此耶?"；賀鑄《慶湖遺老集》卷一《留別僧訥》："詩解窮人未必工"，又卷九《題詩卷後》："端慚少作老更拙，不廢汝詩吾固窮"；朱熹《朱文公集》卷五六《答徐載叔》："放翁之詩，讀之爽然，近代唯見此人爲有詩人風致。……恐只是不合做此好詩，罰令不得做好官也!"莫不濫觴於馬遷"《詩》三百篇大抵發憤所作"一語。轗軻可激思力，牢騷必吐胸臆；窮士強顏自慰，進而謂己之不遇正緣多才，語好詞工乃愁基窮本，文章覷天巧而抉人情，足以致天仇而招人禍，如孫樵《孫可之集》卷二《與賈希逸書》、陸龜蒙《甫里文集》卷一八《書

〈李賀小傳〉後》、周必大《平園續稿》卷三七《題羅燁詩稿後》均痛乎言之。《北齊書·儒林傳》記劉晝"撰《高才不遇傳》三篇"，想亦不外此旨，借他人酒杯以自澆塊壘。融滙兩意而粲臚諸例者，莫如王世貞《弇州四部稿》卷一五一之《文章九命》。徐㶿《徐氏筆精》卷三至云："今之爲官者皆諱言詩，蓋言詩每不利於官也。不惟今時爲然，即唐以詩取士，詩高者官多不達；錢起有言：'微官是何物？許可廢言詩！'其意遠矣！"雖偶有力辨其非，如楊萬里《誠齋集》卷八一《雪巢小集後序》、侯方域《壯悔堂遺稿·宋牧仲詩序》、袁枚《小倉山房文集》卷一〇《味和堂詩序》、錢大昕《潛研堂文集》卷二六《李南陔詩序》、黃景仁《兩當軒集·附錄》卷一翁方綱《悔存詩鈔序》等皆駁才斯窮、窮斯工之説；周必大《省齋文稿》卷一六《宋景文公墨跡》、《平園續稿》卷一一《跋陸務觀送其子龍赴吉州司理詩》亦因宋、陸而更端易説，謂工拙"難以窮達論"，"詩能窮人之説，一洗萬古而空之"。然猶一齊之傅，無以易衆楚之咻也。

【增訂三】唐裴庭裕《東觀奏記》卷下記温、李事，云："商隱竟不升於王庭，而庭筠亦栖栖不涉第。豈以文學爲極致，已[不]靳於此，遂於祿位有所愛耶？不可得而問矣。"亦即"詩能窮人"之説。

【增訂四】白居易《答劉和州禹錫》："不教才展休明代，爲爵詩争造化功"，亦謂詩能窮人也。歐陽修序梅堯臣詩之意，堯臣早知之而亦自言之。《宛陵集》卷七《依韻和永叔、子履冬夕小齋聯句見寄》："必餓嘗見憂，此病各又果"，自註："永叔嘗見嘲，謂自古詩人率多寒餓顛困。……今二君又爲此態，而反有飯顆之誚，何耶？"；又卷四一《依韻王介甫兄弟舟次蕪江懷寄吴正仲》：“少陵失意詩偏老，子厚因遷謫更雄。”蘇軾《答陳師中書》亦云：“詩能窮人，於軾特甚。”陳師道則持兩端。《后山詩註》卷三《次韻蘇公涉潁》：“須公曉二子，人自窮非詩”，天社註謂“兩歐陽不肯作詩，故欲以此曉之”；《后山集》卷三《賀文潛》：“富貴風聲真兩得，窮人從此不因詩”，又《嘲無咎、文潛》：“詩亦於人不相累，黄金九鐶腰十圍。窮人乃工君未可，早據要路安肩輿”；此二首爲天社所未註，與前一首皆主詩不窮人也。《后山詩註》卷五《次韻别張芸叟》：“孰知詩力解窮人！”；未註詩中《后山集》卷三《贈知命》：“君家魯直不解事，愛作文章可人意。一人可以窮一家，怪君又以才爲累。請將飲酒换吟詩，酒不窮人能引睡”；又卷一一《王平甫文集後序》：“聖俞以詩名家，仕不前人，年不後人，可謂窮矣！同時有王平甫，其窮愈甚，其得愈約。蓋天之命物，用而不全，實者不華，淵者不陸。蓋天下之美，則於貴富不得兼而有也，詩之窮人，又可信矣。而人聞其聲，家有其書，旁行於一時，而下達於千載，則詩能達人矣，未見其窮也。”斯又實謂詩能窮人，“能達人”也者，强顔飾説，“千秋萬歲名”固不如“生前一杯酒”也。原引周必大《平園續稿》卷一一《跋陸務觀送其子龍赴吉州司理詩》稱陸游“得李、杜之文章，居嚴、徐之侍從，子孫衆多如王、謝，壽考康寧如喬松。‘詩能窮人’之謗，一洗萬古而空之！”而陸游《渭南文集》卷一五爲必大所作《周益公文集序》却云：“則异之才，亦必雄渾卓犖，窮幽極微。又异以遠遊窮處，排擯斥疏，使之磨礱鬴齬，瀕於寒餓，以大發其藏”；又同卷《澹齋居士詩序》云：“國朝林逋、魏野以布

衣死，梅堯臣、石延年棄不用，蘇舜欽、黃庭堅以廢黜死，近
時江西名家者例以黨籍禁錮乃有才名。蓋詩之興本如是。"二
人之言，若相鑿枘，蓋周身爲達官，而陸仕宦不得意，故作慰
藉語，謂詩未渠窮人；陸嗟卑歎老，每有"棄不用"之恨，故
曰詩必窮而後工。察其所由，言各有當也。尤袤《梁谿遺稿》
卷二《雪巢小集序》："其貧益甚，其節益固，而其詩益工。嗚
呼！士患無才，而有才者困窮類若此，豈發造化之秘，天殆惡此
耶？抑嘗謂富與貴，人之所可得，而才者、天之所甚靳。……然
則才者、固致窮之具，人亦何用有此，而天亦何用靳此，未易
以理曉也。"亦承孫樵、陸龜蒙、歐陽修舊説，而轉折稍作波
瀾，終歸於才命相妨、詩爲窮人具而已。西洋古語亦以作詩與
行丐爲孿生兄弟云（Poetry and Beggary are *gemelli*，twin-
born brats，inseparable companions. —Burton，*Anatomy
of Melancholy*，Pt. I，Sect. III，Mem. III，Subs.，xv，*op.
cit.*，Vol. I，p. 350）。持詩能達人之説者，尚見有葛勝仲
《丹陽集》卷八《陳去非詩序》、胡次焱《梅巖文集》卷三
《贈從弟東宇東行序》、《湖海文傳》卷三一趙佑《舊雨草
堂詩序》，而張表臣《珊瑚鈎詩話》卷三詞尤振振。兩造
如小兒之辯日而已。原引翁方綱《黃仲則悔存詩鈔序》見
《復初齋文集》卷四，卷三《花王閣賸稿序》亦"竊非歐
陽子詩能窮人"之説。

西方十六世紀學者（Pierio Valeriano）撰《文人厄遇録》（De
Infelicitate Litteratorum），託爲主客問對，具陳古來才士遭貧、
病、夭折、刑戮種種災毒；叔本華且願有人撰《悲劇觀之文學
史》（wohl aber wünschte ich，dass ein Mal Einer eine tragische

Literaturgeschichte versuchte)[1]。心析學談造藝之幻想云：人而如願隨心，則不復構樓閣於空中、過屠門而大嚼，其有雲夢海思者，必僕本恨人也（Happy people never make phantasies, only unsatisfied ones）[2]，可相參印。

　　馬遷欲雪下蠶室之大詬，遂成藏名山之巨著，然耿耿不忘"重爲天下觀笑"，故《書》中反復言之。明人輕薄，道馬遷時，好及此事。如姚旅《露書》卷六："屈原宜放，馬遷宜腐；《傳》曰：'吉人之詞寡，躁人之詞多'，觀其《經》，觀其《書》，不亦然乎！"，謂《離騷經》與《太史公書》也。曾異撰《紡授堂二集》卷三《放歌爲林守一丁丑初度》："何人不視，不如左瞽；何男不陽，不如遷腐。"清初計東《計甫草詩集》卷一《廣陵五日燕集作》第一三首至云："予本熱中人，十年遭棄置。譬之太史公，一朝割其勢；豈不愛婦人，事已無可覬！"明季僞造褚遂良撰書《故漢太史司馬公侍妾隨清娛墓志銘》（《全唐文》卷一四九），當時錢希言《戲瑕》卷三早云："近新安丁雲鵬得此碑，……甚可疑"；後來平步青《霞外攟屑》卷五嗤其贗古之手甚拙，竟省"太史公"官銜爲"太史"。竊謂不足深究，聊供詞章點綴可也（參觀錢謙益《牧齋初學集》卷一七《次韻茅四孝若七夕納姬》之二、杭大宗《道古堂詩集》卷二二《觀查明府開所藏宋搨褚河

---

　　① 　J. Burckhardt, *Die Kultur der Renaissance in Italien*, "Grosse Illustrierte Phaidon-Ausgabe", 156-7; W. Muschg, *Tragische Literaturgeschichte*, 3. Auf., 13. Cf. I. Disraeli, *Curiosities of Literature*, I, 27 ff. ("The Persecuted Learned," "Poverty of the Learned," "Imprisonment of the Learned").

　　② 　Freud: "Art as Wish-fulfilment", Melvin Rader, ed. *A Modern Book of Esthetics*, 3rd ed., 131.

南書〈漢太史司馬公侍妾隨清娛墓志銘〉》七古)。其託爲鬼魂示夢("若有若無,猶夢猶醒,見一女子,高髻盛妝"),明是儇子搗鬼,以向痴人説夢。揣作僞者用意,不過欲示馬遷原有室家之好,稍爲湔此《書》所歎"刑餘無所比數"之辱耳。《明文授讀》卷五二蔣冕《太學生丘君行狀》引丘敦作《發冢論》曰:"人之男者,腐之則奚,馬之牡者,腐之則良;人腐則鬚脱,雞腐則尾長";蓋謂宫刑變化氣質,使人懦巽。徵之遷《史》,豈其然乎?十八世紀一德國文家曰:"修剪樹枝足使果實茂佳,斯法亦或可施於人身。善歌者童而白身,即其事焉;特不識詩人畫師亦肯捨身一嘗試否"(Vielleicht kömmt es noch dahin, dass man die Menschen verstümmelt, so wie die Bäume, um desto bessere Früchte des Geistes zu tragen. Das Kastrierten zum Singen gehört schon hier. Die Frage ist, ob sich nicht Maler und Poeten ebenso schneiden liessen)①。然才士輩持論適反②,評史尤甚。或譏史家之貌爲不偏不倚、無適無莫者,曰:"豈史學有後宫永巷,非得閹宦監守不可乎?"(Oder sollte als Wächter des grossen geschichtlichen Welt-Harems ein Geschlècht von Eunuchen nötig sein?)③;

---

① G. -C. Lichtenberg, *Aphorismen*, hrsg. A. Leitzmann, IV, 111.

② E.g. J.-G. Hamann: "Meine grobe Einbildungskraft ist niemals instande gewesen, sich einen schöpferischen Geist ohne *genitalia* vorzustellen" (*Neue Hamanniana*, hrsg. H. Weber, 126); Schiller: "Mannerwürde": "Aus eben diesem Schöpferfluss / Woraus wir Menschen werden, /Quilt Götterkraft und Genius, /Was mächtig ist auf Erden" (*Werke*, hrsg. L. Bellermann, I. 48); Eric Gill: "We know what Renoir said, naming the tool with which he painted his pictures. Let his confession suffice for me. Lettering, masonry—these are not trades for eunuchs" (*Autobiography*, 122).

③ Nietzsche, *Vom Nutzen und Nachteil des Historie*, V, *Werke*, hrsg. K. Schlechta, I, 239.

或曰：“善善惡惡，史家職志攸在，勿容規避，苟模稜騎牆，是爲論學論政中之閹宦；夫史豈閹宦所能撰哉！”（Per isfuggire all'ineluttabile necessità del prendere partito，lo storico dovrebbe diventare un eunuco，politico o scientifico；e scrivere storie non è mestiere da eunuchi）①。使得聞馬遷之事，必又有説耳。

　　“不韋遷蜀，世傳《呂覽》；韓非囚秦，《説難》、《孤憤》。”按《史通・雜説》上早指摘呂不韋例不當（參觀《史記》卷論《蘇秦列傳》），張文虎《舒藝室隨筆》卷四亦云：“按《列傳》，《呂覽》之作在不韋相秦時，《説難》、《孤憤》亦韓非未入秦時所作；此乃自相背違。”抑有進者。呂傳記“不韋乃使其客人人著所聞，集論……號曰《呂氏春秋》”，是掠人之美也。馬遷連類儷事，遽以己匠心獨運之一家言，比於呂假手集思之百衲本，此尤“背違”之大者，亦不善自爲地矣。桓譚《新論・本造》：“秦呂不韋請迎高妙，作《呂氏春秋》，漢之淮南王聘天下辯通，以著篇章”，又《求輔》：“淮南不貴盛富饒，則不能廣聘駿士，使著文作書。”蓋“垂文自見”則有之，而人既未窮，文非己出，二家一揆。《法言・淵騫》以不韋盜國，稱爲“穿窬之雄”，不韋實又盜著作名也。馬遷援以張目，未之思耳。梁元帝《金樓子・立言篇》上：“予之術業，豈賓客之能窺？斯蓋以筳撞鐘、以蠡測海也！余嘗切齒淮南、不韋之書，謂爲賓遊所製；每至著述之間，不令賓客窺之也。”則以己度他，謂富貴人亦能撰述，呂、劉書非假手而橫被誣妄。洪亮吉《更生齋詩存》卷八《讀史》：“著書空費萬黃金，剿竊根源尚可尋；《呂覽》、《淮南》盡如此，

---

　　① Croce，*Estetica*，10ᵃ ed.，148.

兩家賓客太欺心！"；《北江詩話》卷二："《史記》呂不韋使客八人作《呂覽》，漢淮南王客亦八人，《漢書》所云'八公'者是。今考兩家賓客類皆割裂諸子、摭撦紀傳成書。秦以前古書亡佚既多，無從對勘，即以今世所傳《文子》校之，遭其割截倒亂。故余《詠史》云云。足見賓客之不足恃，古今一轍。唐章懷太子註《後漢書》、魏王泰著《括地志》亦然。"賓客代作而"欺心"如此，復堪"切齒"矣。洪氏之言，當隱爲畢沅而發，以"使客人人"爲"八人"，微誤。《鄴侯家傳》記唐德宗欲與李泌合註《論語》，謂泌云："向前帝王好用臣下著述爲御製，朕意不如此。……今欲同商量撰註，朕義長則註稱'御製'，卿義長則稱'臣曰'"；歐陽修《歸田錄》卷一記宋真宗一夜召見楊億，出文稿數篋示之云："卿識朕書跡乎？皆朕自起草，未嘗命臣下代作也"，億惶恐，知必爲人所譖（參觀釋文瑩《湘山野錄》卷上）。

【增訂三】田況《儒林公議》卷上記楊億獲罪於宋真宗事，言："時陳彭年方親幸，潤色帝製。有讒億云：'竊議聖文非親製。'"則真宗雖"親製"，初未嘗懷盈自足，亦命臣下"潤色"，特惡"潤色"之臣揚其事於外耳。後來沈德潛之獲譴於清高宗，或謂亦類此云。蓋非僅文詞爲然；武功善政，美必歸君，固臣下寅恭事上之道也。

聖佩韋嘗言："人讀帝王所作詩，偶遭佳處，輒不禁心語口曰：'倘有入幕之賓代操觚耶？'"（Ce qui arrive lorsque, lisant des vers de roi et de prince et les trouvant agréables, on se dit involontairement："Mais n'y a-t-il point là un secrétaire-poète caché derrière?"）[1]。梁

---

①   Sainte-Beuve："François Ier Poète", *Portraits littéraires*，III, 71.

元切齒，唐德明心，宋真示跡，有以也夫！梁元帝自負“術業”超倫，正如《隋書·五行志》上記“煬帝自負才學，每驕天下之士，嘗謂侍臣曰：‘……設令朕與士夫高選，亦當爲天子矣！’”夫貴人“言金”，賤士“文糞”，王充之所深慨（《論衡·自紀》篇），況益以天子之尊而稍有“才學”、“術業”乎？《荀子·堯問》記“魏武侯謀事而當，羣臣莫能逮，退朝而有喜色……楚莊王謀事而當，羣臣莫逮，退朝而有憂色”；竊謂以羣臣莫逮爲己憂，羣臣尚且莫或敢逮，何況喜而驕乎！鮑照爲文“多鄙言累句”，王僧虔“常用拙筆書”，即“羣臣莫逮”之例矣。

二四　全漢文卷三一

　　杜欽《説王鳳》："男子五十，好色未衰；婦人四十，容貌改前。以改前之容，侍於未衰之年，而不以禮爲制，則其原不可救。"按參觀《史記》卷論《吕不韋列傳》。杜氏語本《韓非子·備内》篇："丈夫年五十而好色未解也，婦人年三十而美色衰矣；以衰美之婦人事好色之丈夫，則身見疏賤。"後來如唐陳羽《古意》："妾貌漸衰郎漸薄，時時强笑意索寞。……妾年四十絲滿頭，郎年五十封公侯。……歸來略略不相顧，却令侍婢生光輝"；宋梅堯臣《宛陵先生集》卷三九《無悔》："婦人未四十，容貌已改前；男年踰五十，嗜慾固自偏"；舊説相沿，亦緣切中浮世薄俗也。《儒林外史》第三四回季葦蕭語杜少卿："與三十多歲老嫂子看花飲酒，也覺掃興"，正是一例。《周禮·媒氏》、《禮記·曲禮》及《内則》皆言古制男子三十而娶，女子二十而嫁；知齊年則難偕老，遂定夫妻有十歲之差，而未察其差之隨年漸減，結褵十、廿載後，仍如韓非、杜欽所慮耳。宋方夔《富山遺稿》卷一《詩人詠鴟夷、西子之事多矣。按越敗於魯哀公元年，想鴟夷五餌之策，必其時也；至哀公二十二年，越滅吳，西子復歸，計其年亦已老矣。豈鴟夷如洛陽賈人，不能忘情於舊約耶?》："去時苧蘿山，送我搏黍叫；歸時苧蘿山，迎我桃花笑。一別二十年，過眼如風燎。人生重後會，世事中前料。未驚馬齒長，猶喜雞皮少。功名志已酬，富貴頭終掉。傍君鷗夷檗，舞我烏栖調。撫景惜餘年，烟波老漁釣。"讀書頗得閒，即以女齒長而男猶情深爲怪也。王闓運《湘綺樓日記》民國四年九月二十五日："看唐詩'蛾眉鶴髮'云云，不覺有感。女寵而論年，是不知寵嬖者也。唐玄之於楊妃，庶幾非好少者，武氏之控鶴，亦庶幾自忘其年者。余有句云：'安得長見垂髫，如君百歲不桃'；登徒子其異於宋玉乎！……長爪生云：'天若有情天亦老'，彼不知情老不相干也"；雖言外爲己之溺於周嫗解嘲，而別多情於好色，異乎韓、杜之祗知色衰愛弛矣。古希臘悲劇家歐里庇得斯（Euripides）云："男女同年，不宜婚偶，以男血氣之剛較女容貌之美爲經久"（It is highly wrong to join together two young persons of the same age；for the strength of man lasts far longer，while the beauty of the female body passes away more rapidly）[1]；亞理士多德欲制律："女十八而嫁，男三十七而娶，則將來可以同時衰老"（Woman should marry when they are about eighteen years of age，and men at seven and thirty；then they are in the prime of life，and the decline in the powers of both will coincide）[2]；亞理奧士圖（Ariosto）教友人擇配詩謂娶婦當少於夫十至十二歲，因女子盛時易過（De dieci anni o di dodici, se fai／per mio con-

---

[1]　Fr.24，quoted in Hans Licht, *Sexual Life in Ancient Greece*，tr. J. H. Freese，35.

[2]　*Politics*，VII.16，*op. cit.*，1302.

siglio, fia di te minore; /.../ perché passando, il megliore /tempo e i begli anni in lor prima che in noi)①；

【增訂四】康德亦云，世情歷練之婦輒戒女毋嫁少年抑且齊年之夫，因光陰催老，女先於男也(Daher wird jede erfahrene Ehefrau die Heirat mit einen jungen Manne, auch nur von gleichen Alter, widerraten; denn im Fortgange der Jahre ältert doch der weibliche Teil früher als der männliche. — Kant, *Anthropolgie*, § 103, *Werke*, ed. E. Cassirer, Vol. VIII, p. 202)。

巴爾札克謂夫與妻衰老之期相差十五年(Physiquement, un homme est plus longtemps homme que la femme n'est femme. Relativement au mariage, la différence de durée qui existe entre la vie amoureuse de l'homme et celle de la femme est donc quinze ans)②；英國一小詩人亦云："妻年當爲夫年之半，復益以七歲；如男二十，則女宜十七，男三十六則女宜二十五。故女年五十七者，必求百歲老翁爲嘉耦"(A wife should be half the age of her husband with sevens years added. Thus, if the gentleman is twenty, his wife should be seventeen. If he is thirty-six, she should be twenty-five; and so on. No lady of the ripe age of fifty-seven has a right to the luxury of a spouse who is less than a century)③。用意均不異《周官》、《禮記》。韓非以婦年三十爲

---

① *Satira*, V, 187-192, *Opere minori*, Ricciardi, 555.

② *Physiologie du Mariage*, Aphorismes 14, *op. cit.*, XXXII, 44.

③ Frederick Locker, *Patchwork*, 88.

衰，杜欽等寬限至於四十；西方舊日有謂是三十五歲，幾若折衷
焉，如意大利古劇云："汝乃墟墓中物；女年過三十五，應去世
而入幽冥濯垢獄中耳"（Voi siete cosa da cemiterio，perché una
femina che passa trentacinque anni，deve andar in pace，*ideste*
in purgatorio ad pregar Dio per i vivi）①。此類見解實緣男貴而女
賤耳，倘女尊而男卑，又當別論。王闓運不道及"武氏控鶴"
乎？阿武婆暮年弊相，而彼蓮花六郎輩必不謂其"美色衰"、"容
貌改前"也。司當達《愛情論》記一貴婦曰："在平民眼中，公
爵夫人年貌無逾三十者"（Une duchesse n'a jamais que trente
ans pour un bourgeois），復記一小家碧玉自言苟男乃大公或親
王，則己必覺其風貌可人意（Une jolie femme de la Haye ne pou-
vait se résoudre à ne pas trouver charmant un homme qui était duc
ou prince）②；十七世紀有意大利人使英，得見查理二世，載記
曰："英王后顴頰以下極狹，歸宿而爲尖頦，口闊大，牙齒可憎
畏；姿容甚美，因世上未聞王后而貌醜者也。英王若祇是未顯達
之紳士，則儀表殊陋，然既貴爲國君，遂儼然可稱美丈夫矣"
（Il viso dal mezzo in giù è assai stretto，onde il ne rimane
aguzzo，la bocca è grande e i denti spaventali. La regina è bella
perchè non s'è mai sentito in questo mondo che una regina sia

---

① Bruno，*Candalaio*，IV. viii（Bonifaccio），*op. cit.*，120. Cf. A. H. Bullen，
ed.，*Speculum Amantis*，102，*Melpomene*："At twenty-five in women's eyes/Beauty
does fade，at thirty dies."

② Stendhal，*De l'Amour*，I，i，"Le Divan"，I，29. Cf. Baudelaire："Spleen"，
Oeuv. comp.，"Bib. de la Pléiade"，146："Je suis comme le roi d'un pays pluvieux，
/.../Et les dames d'atour，pour qui tout prince est beau".

brutta. Il re d'Inghilterra se fusse un privato cavaliere sarebbe brutto, ma perchè gli è re arriva passar per uom ben fatto)[1]。蓋物論無準,色之盛衰,固由於年之盛衰,亦或由於勢有盛衰也。《戰國策·齊策》一鄒忌謂:"妾之美我者,畏我也,客之美我者,欲有求於我也",可相發明。

---

[1]　Lorenzo Megalotti,*Relazioni d'Ihghilterra 1668 e 1688*,a cura di Anna Maria Crinò,39,40,41,173,174.

二五　全漢文卷三七

劉向《杖銘》。按《全後漢文》卷四五崔瑗《杖銘》同。"都蔗雖甘，殆不可杖；佞人悦己，亦不可相"；曹植《矯志詩》："都蔗雖甘，杖之必折；巧言雖美，用之必滅"；取譬本此。唐柳宗元《鞭賈》譏"梔其貌，蠟其言"，明劉基《賣柑者言》譏"金玉其外，敗絮其中"，皆斯意。英一文人隨筆有云："不見黄芽菜幹乎？高挺、潤澤，又具節目，儼然橡木杖也，而稍一倚杖，登時摧折。人苟作自傳追溯平生，則可以'菜幹杖'寓意作標題者，必有數章焉"（"Cabbage-sticks". A fair metaphorical title for at least some chapters in any rational being's autobiography. So tall! so polished! so finely knotted! so suggestive of a real oak-plant! and so certain to crack at the first serious strain!)[1]。尤與都蔗杖巧合。吾鄉俗語謂人之不足倚恃者，亦曰"燈草拐杖"。

劉向《別録》："師之、尚之、父之，故曰：'師尚父'"（《全漢文》卷三八）。按别見《毛詩》卷論《大明》。

---

[1]　G. Saintsbury，*A Scrap Book*，202-3.

　　王褒《洞簫賦》："故知音者樂而悲之，不知音者怪而偉之。"按奏樂以生悲爲善音，聽樂以能悲爲知音，漢魏六朝，風尚如斯，觀王賦此數語可見也。楊慎《升菴全集》（從子有仁編）卷四四《古樂今樂》條引《淮南子》及阮籍《樂論》，謂"周子論今樂'導欲增悲'本此"；盧文弨《龍城札記》卷二言古人"音樂喜悲"，歷引《韓非子·十過》篇、《史記·刺客列傳》、《論衡·書虛》《感虛》《自紀》三篇、阮籍《樂論》、陸機《文賦》、《古詩十九首》、王粲《公讌詩》、潘岳《金谷集詩》爲證。盧氏所舉，已得要略，然未密緻，如《論衡·超奇》篇："飾面者皆欲爲好，而運目者希，文音者皆欲爲悲，而驚耳者寡"，即交臂失之。重宣斯義，爲補數事。《禮記·樂記》："絲聲哀"，《正義》："'哀'，怨也，謂聲音之體婉妙，故哀怨矣"；《文子·自然》、《淮南子·齊俗訓》論鼓瑟皆曰："徒絃則不能悲"；《鬼谷子·本經陰符七篇》："故音不和則不悲"；張衡《南都賦》："彈琴摵簫，流風徘徊，清角發徵，聽者增哀。⋯⋯彈箏吹笙，更爲新聲，寡婦悲吟，鶤雞哀鳴，坐者悽欷，蕩魂傷精"；蔡邕《琴賦》："哀聲既發，秘弄乃開。⋯⋯一彈三欷，悽有餘哀。⋯⋯哀人塞耳以惆悵，轅馬踟足以悲鳴”；繁欽《與魏文帝牋》：“車子年始十四，能喉囀引聲，與箎同音。……潛氣內轉，哀音外激。……悽入肝脾，哀感頑艷。……同坐仰歎，觀者俯聽，莫不泫泣隕涕，悲懷慷慨”；嵇康《琴賦》：“八音之器，歌舞之象，歷世才士，並爲之賦頌。……稱其材幹，則以危苦爲上；賦其聲音，則以悲哀爲主；美其感化，則以垂涕爲貴。”《隋書》三節，尤耐思索：《音樂志》上陳後主“造《黃鸝留》及《玉樹後庭花》、《金釵兩臂垂》等曲，……綺艷相高，極於輕薄，男女唱和，其音甚哀”；《志》中北齊後主“別採，新聲，爲《無愁曲》，音韻窈宨，極於哀思。……曲終樂闋，莫不隕涕”；《志》下隋煬帝令樂正造新聲，“掩抑摧藏，哀音斷絶，帝悦之無已”。夫佻艷之曲，名曰《無愁》而功在有淚，是以傷心爲樂趣(dolendi voluptas)也。至若《漢書·景十三王傳》中山王勝曰：“今臣心結日久，每聞幼眇之聲，不知涕泣之橫集”；《説苑·書説》又《新論·琴道》記雍門周先侈陳“足下有所常悲”以動孟嘗君，然後鼓琴使之“欷歔”；則均阮籍《樂論》所謂“原有憂”者，未堪爲例。劉晝《劉子·辨樂》篇又本乎阮《論》，亦無取焉。鬼谷子、王充、鄭玄遂以“悲”、“哀”等物色之目(descriptive)與“好”、“和”、“妙”等月旦之稱(evaluative)互文通訓(synonymity)，魏晉六朝翻譯足資佐證。《長阿含經》之七《弊宿經》：“時有一人，善能吹貝，執貝三吹。……村人往問：‘此是何聲？哀和清澈，乃如是耶？’”；《賢愚經·檀膩𩭝品》第四六：“即見一雉，住在樹上，遙問之曰：‘……我在餘樹，鳴聲不快，若在此樹，鳴聲哀好。何緣乃爾？’”；《太子須大拏經》：“諸雜果樹，自然茂盛，百鳥嚶嚶，相和悲鳴”；他如《世紀經·四天王品》第

七又《忉利天品》第八、《增益阿含經》第一九之四等亦言鳥
"相和悲鳴"、"相和哀鳴"。實皆指《左傳》襄公十八年師曠所聞
"鳥烏之聲樂"及《詩·伐木》所賦"嚶其鳴矣，求其友聲"。曰
"悲"曰"哀"，非謂如怨如慕如泣如訴，衹謂聲"和"音"好"，
猶阮《論》所引："善哉鳥鳴! 使絲聲如是，豈不樂哉!"胡僧輩
未嫻漢語，不知通訓者未必可疊用，團詞而成硬語，然其下字生
澀，適流露時尚耳。莎士比亞劇中女角言聞佳樂輒心傷(I am
never merry when I hear sweet music)；自作情詩，亦有何故聞
樂而憂之問(Music to hear, why hear'st thou music sadlly?)①。
雪萊謂最諧美之音樂必有憂鬱與偕(the melancholy which is in-
separable from the sweetest melody)②。列奧巴迪筆記考論初民
與文明人聞樂之別，略謂文明人聆而悲涕，初民則聆而喜呼踊躍
(In somma, generalmente parlando, oggidl, fra le nazioni civili,
l'effetto della musica è il pianto, o tende al pianto. ... Ora, tutto
al contrario di quello che avviene constantemente tra noi, sappi-
amo che i selvaggi, i barbari, i popoli non avvezzi alla musi-
ca..., in udirne qualche saggio, prorompono in *éclats* di giubi-
lo, in salti in grida di gioia)③。吾國古人言音樂以悲哀爲主，殆
非先進之野人歟! 抑使人危涕墜心，匪止好音悅耳也，佳景悅
目，亦復有之。杜甫《閬水歌》："嘉陵江色何所似，石黛碧玉相
因依。……閬中勝事可腸斷，閬州城南天下稀!"；仇兆鰲《杜集

---

① *The Merchant of Venice*, V. i. 68 (Jessica)；*Sonnets*, viii.
② *Defense of Poetry*, ed. A. S. Cook, 35.
③ Leopardi, *Zibaldone*, Mondadori, II, 380.

詳註》引《杜臆》云："贊云'可腸斷'，猶贊韋曲之花，而曰'惱殺人'也。"仇引《陪鄭駙馬韋曲》之"韋曲花無賴，家家惱殺人"，似隔一塵，當曰："猶《滕王亭子》第一首之'清江錦石傷心麗'也"，李白《菩薩蠻》亦云："寒山一帶傷心碧。"觀心體物，頗信而有徵。心理學即謂人感受美物，輒覺胸隱然痛，心怦然躍，背如冷水澆，眶有熱淚滋等種種反應（A glow, a pang in the breast, a fulness of breathing, a flutter of the heart, a shiver down the back, a moistening of the eyes, a stirring in the hypogastrum and a thousand unnamable symptoms besides, may be felt the moment beauty excites us）①。文家自道賞會，不謀而合。或云："讀詩至美妙處，真淚方流"（The true tears are those which are called forth by the *beauty* of poetry）②；或云："至美無類，皆能使敏感者下淚"（Beauty of whatever kind, in its supreme development, invariably excites the sensitive soul to tears）③；或云："能使體中寒慄、眼中淚迸之詩，乃吾心所好"（I like the poetry that sends a sort of cold thrill through one—not an unpleasant one—and brings tears into one's eyes）④，或讀詩觀劇，嚍淚（with tears in his eyes）而歎曰："文詞之美使人心痛"（The excruciating beauty of the language! The beauty

---

① W. James, *Principles of Psychology*, II, 469–470.

② Chateaubriand, quoted in I. Babbitt, *Masters of Modern French Criticism*, 66.

③ Poe："The Philosophy of Composition", *Poems and Miscellanies*, Oxford, 195；cf. 177, "The Poetic Principle"（this certain taint of sadness connected with true beauty）.

④ J. R. Lowell, *Letters*, ed. C. E. Norton, I, 18.

of it brings tears to one's eyes)[1]；或謂欲別詩之佳惡，祇須讀時體察己身，苟肌膚起粟（a bristling of the skin）、喉中哽咽（a constriction of the throat）、眼裹出水（a precipitation of water to the eyes）、背脊冷澆（a shiver down the spine），即是佳什[2]。故知隕涕爲貴，不獨聆音。吾國古人賞詩，如徐渭《青藤書屋文集》卷一七《答許北口》："能如冷水澆背，陡然一驚，便是興觀羣怨之品；如其不然，便不是矣"；似勿須急淚一把也。西方疇昔評驚劇本作者，以能使觀衆下淚多寡爲量才之尺，海涅嗤曰："果爾，洋葱亦具此才能，可共享文名"（Man preist den dramatischen Dichter, der es versteht, Tränen zu entlocken. Dies Talent hat auch die kümmerlichste Zwiebel, mit dieser teilt er seinem Ruhm)[3]。徵文考獻，宛若一切造藝皆須如洋葱之刺激淚腺，而百凡審美又得如絳珠草之償還淚債，難乎其爲"儲三副淚"之湯卿謀矣（見湯傳楹《湘中草》卷六《閒餘筆話》）。

王褒《僮約》。按晉石崇仿作《奴券》（《全晉文》卷三三），而殘缺不全；宋黃庭堅仿作《跛奚移文》（《豫章黃先生集》卷二一），琢詞警鍊，頗逾石《券》；清鄒祇謨本其意而變其體爲倚聲《六州歌頭‧戲作簡〈僮約〉效稼軒體》（《麗農詞》卷下），亦能隱栝裁剪。王行事不足訓，《顏氏家訓‧文章》篇論"文人多陷

---

① E. Charteris, *Life and Letters of Sir Edmund Gosse*, 130, 503.

② A. E. Housman："Name and Nature of Poetry", *Selected Prose*, ed. J. Carter, 193. Cf. Robert Graves, *The White Goddess*, Creative Age Press, 7："A. E. Housman's test of a true poem was simple and practical"; cf. 10-1.

③ Heine："Gedanken und Einfälle", *Gesammelte Werke*, hrsg. G. Karpeles, VIII, 289.

輕薄”，即及“王褒過章《僮約》”；石亦輕薄爲文，黄較長者。然三文臚陳漢、晉、宋時資生瑣屑，欲考索齊民要術者，斯焉取斯。姚旅《露書》卷五謂王文“乃規世之作，世人求多，何以異是？”；李詳《媿生叢録》卷二則甚稱僮便了之“忠”，而斥王褒之“玷品喪節”，“以異方男子，止人寡婦之舍”，其事“有關名教”。李所謂“名教”，即如《意林》卷五引《鄒子》云：“寡門不入宿，臨甑不取塵，避嫌也。”姚傍通能参活句，竊有取焉。

二七　全漢文卷五一

揚雄《蜀都賦》。按《北齊書·司馬子如傳》記其兄子膺之曾註此《賦》，"每云：'我欲與揚子雲周旋'"，其註無傳；《賦》未入《文選》，遂又勿得《選》學家爲之披郤導窾，《古文苑》章樵註聊勝於無而已。雄諸賦鉤章棘句，即有詳註，尚多難字僻事，讀之不過，思之不適，況無註乎？"乃使有伊之徒，調乎五味，甘甜之和"一節仿枚乘《七發》"犓牛之腴，安胡之飯，伊尹煎熬，易牙調和"一節，而踵事增華；枚文僅言獸魚充庖，揚文"五肉七菜"兼有飛禽。《七林》例有侈陳華筵盛饌一段文字，《全晉文》卷一三八弘君舉《食檄》通篇説食，實皆《呂氏春秋·本味》之嗣音。然所列品目，太半某未達而不敢嘗；其可曉者如"蒸魚雞豚，色如琋瑂，骨解肉離"，細思之亦違《本味》所謂"久而不弊、熟而不爛"之戒，已失飪乏味矣。袁枚《小倉山房文集》卷二八《隨園食單序》："《説郛》所載飲食之書二十餘種，眉公、笠翁亦有陳言。曾親試之，皆闕於鼻而蜇於口"；博明《西齋偶得》卷上："由今溯古，惟飲食、音樂二者，越數百年則全不可知。《周禮》、《齊民要術》、唐人食譜，全不知何味；《東京夢華録》所記汴城、杭城食料，大半不識其名。又見名人刻書内，有蒙古、女真、畏吾兒、回回食物單，思之亦不能入口"；魏源《古微堂詩集》卷七《觀往吟》之三："君不見河有鯉兮江有鱘，南北古今何嗜歧！今人若請古人客，下箸何異驚螃蜞；風流兩晉牛心炙，若登今筵等鼠臘。"竊謂"牛心炙"猶間可，即以《夢華録》所記名肴爲例可乎？《東角樓街》節有"羊頭肚肺、赤白腰子、妳房"，周密《後武林舊事》卷三載宋高宗幸張俊第，供進御筵，"脯臘一行"有"妳房"，又"下酒"有"妳房簽"；古羅馬亦尚此，十七世紀英國名劇中一富翁自誇飲食豪奢，金盤玉器，羅列異味，中有"懷孕肥母豬之乳房"（the swelling unctuous paps / Of a fat pregnant sow, newly cut off）①。

【增訂四】普羅泰克《養生論》舉貪口腹者所啖珍異之物，首列牝豕乳房(some rare and expensive thing, as, e.g., sow's udder, Italian mushrooms, samian cake, or snow in Egypt.—Plutarch："Advice about Keeping Well", §6, *Moralia*, Loeb, II, p.231)。

是豕羊妳房乃中西古人以爲玉食者，余嘗以告友，友曰："止止勿道！不待口嘗，耳聞已作惡欲哇矣！"意大利一哲人亦謂中世紀或十六、七世紀廚譜中肴饌，覩名目即已畏卻，脱依法烹食，伊於胡底，知者唯天乎！(la cucina medievale o anche cinquecentesca e secentesca, che quasi spaventano solo a leggerne le ricette nei trattati, e che Dio solo sa quel che accaderebbe se fossero

---

①　Ben Jonson, *The Alchemist*, II. i (Sir Epicure Mammon). Cf. Gray, *Correspondence*. ed. P. Toynbee and L. Whibley, I, 159："We had the dugs of a pregnant sow..."

"rivissute")①揚賦"甘甜之和"，可參觀《全三國文》卷六魏文帝《詔羣臣》："新城孟太守道：蜀豬独雞鵞味皆淡，故蜀人作食，喜着飴蜜，以助味也。"頗微蜀庖在漢不同今時之尚辛辣。袁文《甕牖閒評》卷六載蘇軾兩帖皆自言"嗜甘"好食蜜（參觀卷五説蘇詩："想見冰盤中，石蜜與糖霜"）；陸游《老學菴筆記》卷七記僧仲殊肴饌中皆有蜜，諸客不能下筯，惟蘇軾嗜蜜，得與共食。軾之"嗜甘"，豈一人之偏好耶？抑蜀庖入宋仍尚"甘甜之和"，故軾習於鄉味而不改也？元趙汸《東山先生存稿》卷三《〈潛溪後集〉序》記虞集嘗以浙庖、蜀庖喻文，稱蜀庖爲"粗塊大臠，濃醯厚醬"；則似已變"味淡"之古風，漸類今日之蜀庖。張岱《瑯嬛文集》卷一《〈老饕集〉序》："今之大官法膳，純用糖霜，亂其正味"；是明之御庖又同漢之蜀庖。吳烹亦好"甘甜之和"，吳慈鶴《鳳巢山樵求是二録》卷二《金衢花豬，鹽漬其蹄，吳庖和蜜煮之》七古所詠，即其一例。吾邑尤甚，憶兒時筵席盛饌有"蜜汁火腿"、"冰糖肘子"，今已渾忘作何味，去鄉四十餘年，并久不聞此名色矣。王羲之《十七帖·蜀都帖》："揚雄《蜀都》、左太沖《三都》殊爲不備悉，彼故多奇"；左之《蜀都》於風土方物，涉筆甚廣，而不若揚賦之親切，即如左賦僅道蒟醬、桄榔麫等食料，未及庖廚也。揚賦稱"自造奇錦，發文揚采"，左賦亦稱"貝錦斐成"，而魏文帝詔復云："前後每得蜀錦，殊不相似。……是爲下工之物，皆有虛名"；豈魏文所得蜀錦亦如其所嘗荔枝歟？

揚雄《甘泉賦》。按多長句，於漢賦爲創格。如"蚩尤之倫

---

① Croce, *La Poesia*, 5ª ed., 80.

帶干將而秉玉戚兮"至"於是乘輿乃登夫鳳皇兮而翳華芝"一節，"封巒石關施靡乎延屬，於是大廈雲譎波詭摧唯而成觀"，"若登高眇遠、亡國肅乎臨淵"，"蓋天子穆然珍臺間館琁題玉英蜵蜎蠖濩之中，惟夫所以澄心清魂、儲精垂恩、感動天地、逆釐三神者"。

揚雄《河東賦》："簸丘跳巒，涌渭躍涇，……爪華蹈衰。"按卷五三《劇秦美新》亦云："遂欲流唐漂虞，滌殷蕩周。"鑄詞奇崛，遂成模式，時地人物，無施不可。如班固《典引》："乃先孕虞育夏，甄殷陶周"；張衡《西京賦》："抱杜含鄠，欲豐吐鎬，……據渭踞涇"；黃香《九宮賦》："蹠崑崙而蹈碣石，跪岻柱而跨大行，肘熊耳而據桐柏，介嶓冢而持外方，浣彭蠡而洗北海，淬五湖而漱華池。……碎太山而刺嵩高，吸江河而嚗九江"；阮籍《大人先生論》："故提齊而蹴楚，挈趙而蹈秦"；楊泉《五湖賦》："頭首無錫，足蹠松江，負烏程於背上，懷大吳以當胸"；《世說·品藻》："或問林公曰：'司州何如二謝？'林公曰：'故當攀安提萬。'"即趙至《與嵇茂齊書》名句："蹶崑崙使西倒，蹋太山令東覆"，亦是一家語言眷屬也。唐人仿製頻仍，如《全唐文》卷二九五韓休《許國文憲公蘇頲文集序》："豈惟排終拉賈，駕王超陳而已"；卷二九六呂問《駕幸天安宮賦》："拉五帝而軼三王"；卷三四七李白《明堂賦》："吸嵩噴伊，倚日薄月"；卷三五九杜甫《朝獻太清宮賦》："況是蹴魏踏晉、批周抉隋之後"，又《有事於南郊賦》："戰岐慄華，擺渭掉涇"，又《封西嶽賦》："岐梁閃倐，涇渭反覆。……腳渭戟涇，提挈邱陵，與南山同旋"；卷六四〇李翱《祭韓侍郎文》："包劉越嬴，並武同殷。"徐彥伯文有"澀體"之目，《全唐文》卷二六七載其《南郊賦》，正是摹追揚雄諸賦，"莫不挈鴈提羔"，句樣準此，即《全唐文》卷七三〇樊宗師《絳守園池記》之"提鵬挈鷺"所自出，趙仁舉等三家樊文註未及也。別詳《全唐文》卷論王隱客《議沙門不應拜俗狀》。

揚雄《羽獵賦》："出入日月，天與地沓。"按魏武帝《碣石觀海》："日月之行，若出其中"，以揚之形容林囿者，移施於滄海，似更合宜。故寫湖海景象，每不出此窠臼，如《全晉文》卷五七袁宏《東征賦》："即雲似嶺，望水若天，日月出乎波中，雲霓生於浪間"；王世貞《望太湖》："青天不道向外生，白日如從此間没。"又《羽獵賦》："徽車輕武，鴻絧緁獵，殷殷軫軫，被陵緣坂，窮夐極遠者，相與列乎高原之上。羽騎營營，昈分殊事，繽紛往來，輜轕不絕，若光若滅者，布乎青林之下。"按對偶甚長，幾似八股文中兩比。左思《吳都賦》加厲焉："袒裼徒搏、拔距投石之部，猿臂駢脅，狂趭獷猠，鷹瞵鶚視，趫騠跋獶，若離若合者，相與騰躍乎莽眢之野。干鹵殳鋌，暘夷勃盧之旅，長殳短兵，直髮馳騁，儇佻坌沓，銜枚無聲，悠悠旆旌者，相與聊浪乎昧莫之坰。中夏比焉，畢世而罕見，丹青圖其珍瑋，貴其寶利也。舜禹游焉，没齒而忘歸，精靈留其山阿，翫其奇麗也。"不獨詞賦，文亦有之。如仲長統《昌言》下："和神氣，懲思慮，避風濕，節飲食，適嗜欲，此壽考之方也；不幸而有疾，則鍼石湯藥之所去也。肅禮容，居中正，康道德，履仁義，敬天地，恪宗廟，此吉祥之術也；不幸而有災，則克己責躬之所復也"；《顏氏家訓·兄弟》篇："人或交天下之士，皆有歡愛，而失敬於兄者，何其能多而不能少也！人或將數萬之師，得其死力，而失恩於弟者，何其能疏而不能親也！"；《隋書·孝義傳》：

“若乃縮銀黃，列鐘鼎，立於朝廷之間，非一族也；其出忠入孝、輕生蹈節者，則蓋寡焉。積龜貝，實倉廩，居於閭巷之內，非一家也；其悅禮敦詩、守死善道者，則又鮮焉。”純乎八股機調，唐人駢體中甚多，詳見《全唐文》卷論李百藥《封建論》。梁章鉅《制義叢話》初不解此，汪琬《松烟小録》卷二衹覷柳宗元《國子祭酒兼安南都護御史張公墓誌銘》中長聯“竟逾百字……殆類後世制藝中二比”，亦似少見多怪。

揚雄《長楊賦》："碎轒輼，破穹廬，腦沙幕，髓余吾。"按此亦後世句樣，王楙《野客叢書》卷二六已引王僧孺、任孝恭等文示例。

揚雄《太玄賦》。按僅在篇末曰："我異於此，執太玄兮"，全文皆明潛身遠禍之意，未嘗"賦"其所謂"太玄"也？然則"太玄"可"賦"乎？曰：奚爲不可！《太玄經》第九篇《太玄攡》即不協韻之《太玄賦》也；詞條豐蔚，機調流利，遠邁此篇，"攡"亦鋪張敷陳之意耳。"雷隱隱而輒息兮，火猶熾而速滅，自夫物有盛衰兮，況人事之所極。奚貪婪於富貴兮，迄喪躬而危族。"按卷五三《解嘲》："客徒欲朱丹吾轂，不知一跌將赤吾之族也！……炎炎者滅，隆隆者絕；觀雷觀火，爲盈爲實。天收其聲，地藏其熱，高明之家，鬼瞰其室"；意同而文勝。姚範《援鶉堂筆記》卷二五引何焯記李光地說《解嘲》云："此解《豐》卦之義，勝於傳、註多矣。'炎炎'、火也，'隆隆'、雷也。《豐》卦雷在上，則是'天收其聲'；火在下，則是'地藏其熱'；'豐其屋，蔀其家，窺其屋，闃其無人'，即所謂'高明之家，鬼瞰其室'。揚子雲變《易》辭象以成文。"讀書甚得間。"赤族"

之解，學人聚訟。《漢書》顏師古註：“見誅殺者必流血，故云‘赤族’。”王念孫《讀書雜志·漢書》一三：“宋祁曰：‘竇革云：古人謂空盡無物曰赤，如赤地千里、赤貧；赤族言盡殺無遺，顏註謬。’按顏説是也，正指血色。‘赤地’謂徒有地在，‘赤貧’謂徒有家在，‘赤族’則非徒有族之謂矣。所謂似是而非者也。”徐𤊹《筆精》卷六隱同竇、宋而斥顏“大誤”，舉例有“今人言不着衣曰‘赤條條’。”盍各聊陳，未敢遽從王説。《晉書·文苑傳》載王沉《釋時論》，乃《解嘲》之類，有曰：“丹轂滅族”，正用揚雄語，而以“赤”作“滅”解，蓋非昉於竇、宋，抑且遠在顏前。夫事物一也，而從言之異路，詞氣遂判。如《左傳》僖公二十六年齊侯狀魯國困窮曰：“野無青草”，即“赤地”也，其詞負，謂并無草；又曰：“室如懸罄”，即“赤貧”也，其詞正，謂空有室。“赤”者、靡孑遺、不愁遺也，着眼在“空盡”、“滅”，非在“徒有”、“僅存”。故“赤地”、地而寸草不留也，“赤貧”、人而一錢不名也；脱如“徒有”之解，“國破山河在”可爲“赤地”、而“有家歸未得”亦可爲“赤貧”矣！得乎？“赤族”者，族而一口不遺，如覆巢無完卵耳，何“似是而非”之有？“赤”猶今言“精光”、“乾淨”，後世口語沿用。如《全唐詩·諧謔》門李榮《詠興善寺佛殿災》：“如來燒赤盡，惟有一羣僧”；上句用“赤”，即謂“無遺”，既不可作“徒有”解，又豈可釋爲灰爐中僅存火色哉！下句則明謂“徒有”也。《五燈會元》卷四招賢章次：“夏天赤骨力，冬寒須得被”；上句即謂一絲不掛，小變其文，亦當曰：“光脊梁”、“精皮膚”、“赤身裸體”，以夏之不須衣反襯冬之須被，一正一負。苟曰：“徒有身在”，語氣乖忤而意義走失矣。洪邁《夷堅丁志》卷一一《田道人》：“又念身赤立於此，縱得其基，雖草廬豈易能辦?」；元好問《遊黃華山》：「是時氣節已三月，山木赤立無春容」；皆非謂人或木徒能立身，而謂人無資、木無葉也。

【增訂三】胡仔《苕溪漁隱叢話》前集卷四一引《潘子真詩話》載應璩《三叟詩》第二首有云：「平生髮完全，變化似浮屠；醉酒巾幘落，禿頂赤如壺。」此首不類三國時人語，疑出僞託，然「赤」字正是空無、精光之義。末句即黃庭堅《漁家傲》自註戲作詩所謂「大葫蘆」，亦即今俗語所嘲「禿瓢兒」也。

顏註《漢書》每取「今言」，如《袁盎傳》：「不以親爲解」，《註》：「『解』者，若今言『分疏』」；《外戚傳》：「子夫上車，主拊其背曰：『行矣！強飯勉之!』」，《註》：「『行矣』猶今言『好去』」；《宣元六王傳》：「我危得之」，《註》：「猶今之言『險不得之』也。」顏説「赤」字，却置「今言」不顧，殆以「赤」訓爲色則可與「朱丹」雙關歟？夫雙關亦多方矣。異文同意，祇其粗者。異文異意而同音雙關，庶進一階。如《全唐文》卷四五六獨孤授《涇渭合流賦》：「涇如經也，自北而南流；渭若緯焉，從西而東注」；卷七七二李商隱《爲滎陽公賀幽州破奚寇表》：「錄圖洪範，玉檢金泥」，借「錄」、「洪」爲「綠」、「紅」，以對「玉」、「金」。更上一層則同文異意；兩意亦推亦就，相牴牾而復勾結(semantic collision-collusion)，愈饒韻趣。舉雅俗各一例明之。《尚書·湯誓》：「朕不食言」，孔《傳》：「食盡其言，僞不實」，《正義》引《爾雅·釋詁》：「食、僞也」及《左傳》哀公二十五年，公曰：「是食言多矣，能無肥乎!」，《正義》申説曰：「言而不行，如食之消盡」；《爾雅·釋詁》：「載、謨、食、詐，僞也」，郭璞註引《湯誓》：「朕不食言。」哀公以「食」之詐僞意屬

“言”，而以“食”之啖噉意屬“肥”，使之一身兩任，左右逢源，《正義》頗識斯意。郝懿行《曬書堂文集》卷三《經冶堂解義序》謹遵《爾雅》，謂“‘不食言’之‘食’，應訓‘偽’，‘不可食已’之‘食’，應訓‘爲’，若以‘食’爲‘飲食’之‘食’，抑又非矣”；然則何以解“食言”而能“肥”之“食”乎？俞正燮《癸巳存稿》卷一於《爾雅》之詁外，復舉《公羊傳》僖公十年“荀息不食其言”，註：“食、受之而消亡之”，又《漢書·匈奴傳》“約分明而不食言”，註：“如食而盡皆消蝕”，乃曰：“‘食言’以語久，又生傍義，《左傳》哀公云云，則就飲食言之。”援據雖賅，而不省“受而消亡”、“如食消蝕”，即明“就飲食言之”，覿與“肥”相屬，遽謂“又生旁義”，如以肝膽爲胡越矣！邱吉爾（W. Churchill）嘗自言：“吾食言多矣，未嘗有不消化之病”（Eating words has never given me indigestion），頗資參印。《兩般秋雨盦隨筆》卷四載燈謎以《玉簪記》三句爲面：“千不是，萬不是，總是小生不是!”，射《孟子》四字爲底：“平旦之氣”。“平明”之“平”雙關“平息”之“平”，“旦暮”之“旦”雙關“生、丑、淨、旦”之“旦”，“一氣轉鴻鈞”、“浩然之氣”之“氣”雙關“三氣周瑜”、“氣惱”之“氣”；兩意交輝互映，遂見巧思。修詞琢句，於字義上下其手，俾單文而同時複訓，雅俗莊諧，莫不有之（參觀《史記》卷論《樗里子、甘茂列傳》又《老子》卷論七二章）。“赤”兼淨盡與殷紅兩義，以前義施本句之“族”，以後義應前句之“朱丹”，猶夫絳樹雙聲、黃華兩牘，較之徒以血色雙關，似更進也。又按顏註所謂“今言”，乃唐時習用，非必入唐始用，其言或往古已有。《北齊書·祖珽傳》即曰“珽自分疏”。杜甫《送張十二參軍赴蜀州》：“好去張公子，通家別恨添"，白居易《送春歸》："好去今年江上春，明年未死還相見"，又如杜甫《送蔡希魯因寄高三十五》："因君問消息，好在阮元瑜"，《敦煌掇瑣》之四二《辭娘讚》屢曰："好住娘!"，皆顏註"今言"之佐證也。然《翻譯名義集・十種通號》第一："'修伽陀'：秦言'好去'，《大論》云：'此云善逝也'"，"今言"又正沿古言耳。《漢書・西南夷、兩粤、朝鮮傳》莊參曰："以好往，數人足；以武往，二千人亡足以爲也"，則"好往"乃謂不去尋釁動武，"好"如"來意不善"之"善"，或"好分手、好見面"之"好"，非"行矣好去"之"好"也。

【增訂三】《左傳》昭公元年子晳過子南，欲奪其妻，子南擊之以戈，"子晳傷而歸，告大夫曰：'我好見之，不知其有異志也，故傷。'""好見"之"好"即《漢書》"以好往"之"好"，亦今語"好來好去"之"好"也。

《南齊書・豫章文獻王傳》記沈攸之責西溪蠻王田頭"賧千萬，田擬輸五百萬，發氣死"；《南史》卷五四《元帝諸子傳》方等子莊"入齊朝，許以興復，竟不果而齊亡，莊在鄴，飲氣而死"；《全唐文》卷六六八白居易《論承璀職名狀》："王承宗聞之，必增其氣"；義皆同申時行《召對錄》記萬曆十八年正月朔神宗怒雒於仁上疏曰："氣他不過，肝火復發"，或《水滸》第四五回潘巧雲謂楊雄："我説與你，你不要氣苦"，或《三國演義》第五七回龐統謂諸葛亮："汝氣死周郎，却又來弔喪。"蓋今言"氣"字此意亦承六朝以來之舊耳。

揚雄《解嘲》："故爲可爲於可爲之時，則從；爲不可爲於不可爲之時，則凶。"按仿《荀子・議兵篇》："計勝欲則從，欲勝計則凶。"王若虛《濾南遺老集》卷三四斥二句爲"不成義理"，當芟削爲"爲於可爲之時，則從，爲於不可爲之時，則凶"；是也。劉知幾《史通·直書》篇用此語，早芟削如王所改矣。原句痴肥臃腫，詞浮於意；"不成義理"，則尚有説，事有"可爲"，而爲之不得其時者，如芻豢悦口，可食之物也，而食之非時不中，則成疾患；故上句尚差有"義理"。事有"不可爲"，則已概示其乖違時宜，乃復曰"爲不可爲於不可爲之時"，何異八股文墨卷濫調之"久已夫！千百年來已非一日矣！庶矣哉！億兆民中已非一人矣！"然而"不可爲"之事有時亦復適用得當，如毒物不可食，而醫家治病，或又"以毒攻毒"。苟曰："故爲不可爲於可爲之時則從，爲可爲於不可爲之時則凶"，庶乎其可。漢人詞賦中鋪比對仗而"不成義理"者，别自不乏。如班固《東都賦》稱宫室云："奢不可踰，儉不能侈"，《文選》李善註："奢儉合禮"；然上句若謂"奢已窮極而加無可加"，下句若謂"儉已太過雖加而無濟於事"，兩端相反，施於一處，洵"不成義理"。苟依善註，應曰："奢不可損，儉不須增"，庶幾如宋玉之言"增一分則太長，減一分則太短"；張衡《西京賦》："奢未及侈，儉而不陋"，則詞意圓妥矣。李白《明堂賦》仿作："壯不及奢，麗不及素"，上句可通，下句亦"不成義理"。蓋"不及"可作"不如"解，則"麗"與"素"乃品質之殊（difference in kind），謂明堂營構質樸，正以不雕無華爲尚而無取於富麗，顧上句已明稱其"壯"，則"麗"自在意中；"不及"又祇可作"不至"解，"麗"與"素"乃一品中程度之差（difference in degree），顧增飾"素"庶可臻"麗"，未聞增飾"麗"俾至於"素"也。思殫意孤，而必語偶句儷，於是捶隻爲雙。《文心雕龍·麗辭》譏賦詩"對句之駢枝"；《史通》内篇《敍事》譏載筆"以兩當一"；陳際泰

《已吾集》卷八《陳氏三世傳略》譏八股文"若每股合掌，則四股可矣，將併其一股而亡之"；魏禧《魏叔子文集》卷三《制科策》上譏八股文"一説而畢，必强爲一説以對之，又必摹其出比，句述字妃"；如五十步、百步之走以至於三舍之退爾。駢文修詞，常有兩疵，猶《圓覺經》所戒"事理二障"。句出須雙，意窘難偶，陳義析事，似夔一足，似翁折臂；勉支撑而使平衡，避偏枯而成合掌，如前摘《過秦論》發端是也。腹笥每窮，屬對無典，欲避孤立，遂成合掌，如《雕龍》舉劉琨"宣尼"、"孔丘"一聯，其弊顯見；老手大膽，英雄欺人，杜撰故實，活剥成語，以充數飾貌，顧雖免合掌，仍屬偏枯，其弊較隱。庾信《三月三日華林園馬射賦》："至樂則賢乎秋水，歡笑則勝上春臺"；夫"熙熙如登春臺"，自出《老子》，若《至樂》與《秋水》均《莊子》篇名，何彼"賢乎"此之有？《小園賦》："龜言此地之寒，鶴訝今年之雪"；上句羌無故實，憑空硬湊以成對仗；《哀江南賦》："王子洛濱之歲，蘭成射策之年"，至自呼小名，充當古典，俾妃王子晉，大類去辛而就蓼、避坑而墮穽矣。兩疵者，求句之並與詞之儷而致病生屬（parallelysis）也。西方曩日論文云："意初無對而强以詞對者，譬如築垣，此邊闢窗，彼邊亦必虛設假窗，俾能對稱"（Ceux qui font des antithèses en forçant les mots sont comme ceux qui font des fausses fenêtres pour la symétrie）[1]，亦同病之藥言也。

---

[1] Pascal, *Pensées*, I. 27, ed. V. Giraud, 58. Cf. R. Whately: "The false handles and keyholes with which furniture is decorated, that serve no other purpose than to correspond to the real ones," quoted in De Quincey: "Rhetoric", *Collected Writings*, ed. D. Masson, X, 128.

揚雄《逐貧賦》。按子雲諸賦，吾必以斯爲巨擘焉。創題造境，意不猶人，《解嘲》雖佳，謀篇尚步東方朔後塵，無此詼詭。後世祖構稠疊，強顔自慰，借端罵世，韓愈《送窮》、柳宗元《乞巧》、孫樵《逐痁鬼》出乎其類。揚逐之而不去：“貧遂不去，與我游息”；韓送其行，而臨去却挽留之，遂進一解：“上手稱謝，燒船與車，延之上座”，段成式《留窮辭》、唐庚《留窮》詩是其遺意；

【增訂四】唐庚詩題全文爲《兒曹送窮，以詩留之》，見《眉山先生文集》卷三四。

蔣士銓《忠雅堂詩集》卷二五《題周青在〈迎窮圖〉》：“開門拱揖罄折施，五君主我更勿疑”，不拒其來而反邀請降臨，更上一關。呂南公《灌園集》卷三《窮鬼》：“窮鬼斷去志，送之豈無文？譬如衢路埃，屢掃已復新”；則非到處相隨、驅之不去，乃徧處皆是、驅而不盡，又出新意矣。宗懍《荆楚歲時記》：“正月晦日”、“送窮鬼”，韓愈亦呼“窮鬼”；後世則稱“窮神”，如《夷堅志·補》卷一五《窮神》，且不復爲五鬼，而爲一婦。董逌《廣川畫跋》卷三《送窮圖》言唐末陳惟岳手筆，“其畫窮女，形露洮涘，作跉跰態，束芻人立，……開門送之；又爲富女，作婪媄像，裁襯爲衣，鏤木爲質，……主人當户，反道卻行”；元好問《遺山詩集》卷一二《送窮》：“不如留取窮新婦，貴女何曾喚得來！”；彭兆蓀《小謨觴館詩集》卷一《樓煩風土詞》第二首：“剪紙劈紙仿嬋娟，略比奴星送路邊；富媳娶歸窮媳去，大家如願過新年”，自註：“正月五日剪紙爲婦人，棄路衢，曰：‘送窮’，行者拾歸供奉，曰：‘娶富媳婦歸’”，則此所送之窮即彼所迎之富，一物也，遭棄曰“窮”，被拾曰“富”，見仁見智，呼馬

呼牛，可以參正名齊物焉。錢大昕《十駕齋養新錄》卷一六據魏
了翁《遂甯北郭迎富》詩、俞樾《茶香室三鈔》卷一據《廣川畫
跋》謂送窮必兼迎富，皆未引北宋初趙湘《南陽集》卷六《迎富
文》："淳化四年，送窮之明日，眾人復迎富。"元、彭二家詩亦
足佐證。窮與富均現女人身，又酷肖《大般涅槃經·聖行品》第
七之二所狀"功德大天"與"黑闇"姊妹也（參觀《老子》卷論
第五八章）。寒山詩云："一人好頭肚，六藝盡皆通。南見驅歸
北，西風趁向東；長漂如泛萍，不息似飛蓬。問是何等色，姓
'貧'名曰'窮'。"揚之"貧"、韓之"窮"均害人之物，寒山之
"貧窮"則受害之人；《送窮圖》中窮神襤褸伶俜，狀正似窮人貧
子。主客名相如而貌復相如，猶西方畫"死神"，即作白骨髑髏，
能致人死者亦現死骸相耳。

　　"舍汝遠竄，崑崙之顛；爾復我隨，翰飛戾天。舍爾登山，
巖穴栖藏；爾復我隨，陟彼高岡。舍爾入海，汎彼柏舟；爾復我
隨，載沉載浮。我行爾動，我靜爾休；豈無他人，從我何求？"
筆致流利而意態安詳，其寫貧之於人，如影隨形，似疽附骨，罔
遠勿屆，無孔不入。曹植《釋愁文》導源於此，而未極唐李廷璧
所謂"著骨粘心"之況。他如庾信《愁賦》："閉戶欲推愁，愁終
不肯去；深藏欲避愁，愁已知人處"；以至徐俯《卜算子》："門
外重重疊疊山，遮不斷，愁來路"（參觀辛棄疾《鶴鳴亭獨飲》：
"小亭獨酌興悠哉，忽有清愁到酒杯；四面青山圍欲合，不知愁
自那邊來！"）；辛棄疾《鷓鴣天》："欲上高樓本避愁，愁還隨我
上高樓"；元好問《玉闌干》："雨聲偏與睡相宜；惱懊離愁尋殢
酒，已被愁知"；龔自珍《定盦集·古今體詩》卷上《賦憂患》：
"故物人寰少，猶蒙憂患俱。春深恒作伴，宵夢亦先驅；不逐年

華改，難同逝水徂。多情誰似汝，未忍託禳巫"；與古爲新，以揚雄言"貧"者移施於愁。洪咨夔《平齋文集》卷六《午困》："故人書斷故山離，義重惟窮到處隨"；言"義重"、猶龔詩言"多情"；參觀《易林》卷論《謙》之《大畜》、《楚辭》卷論《〈離騷章句〉序》。又按吾國詩文言"貧"與"愁"之不可逃，釋書言死亦然。如《增壹阿含經》卷二三之四載四梵志，皆得五通，自知將死，即各隱匿，"使伺命不知來處"，一飛空中，一潛海底，一藏須彌山腹内，一"入地至金剛際"，而均不"得免死"；《出曜經》卷一《無常品》第一之二、《永樂大典》卷四九○《終》字引《大藏一覽》又卷一○三一○《死》字引《法句譬喻經》），亦即此段因緣，惟易"入地至金剛際"爲"隱大市之中衆人猥鬧"，自忖"無常殺鬼趣得一人，何必取吾"，以徼幸於萬一。

【增訂四】所引見《出曜經》卷一《無常品》第一之二，全文爲："吾當隱大市之中，衆人猥鬧，各不相識。無常殺鬼趣得一人，何必取吾。非空，非海中，非入山石間，無有地方，所脫止不受死。"

人海藏身，寄意更妙；然《後漢書·李業傳》劉咸不云乎："譬猶轂弩射市，薄命者先死"，則固莫逃於"伺命"，陸機《遂志賦》所謂"此同川而偏溺"也。

揚雄《答劉歆書》。按自言摘次《方言》事。戴震《方言疏證》謂此書可疑，孫詒讓《札迻》卷二欲改"二十七歲"爲"一十七歲"以彌縫之。汪學昌《青學齋集》卷一二《揚子雲〈方言〉真僞辨》謂《方言》決非雄作，此《書》亦非真。卷五四揚雄《州箴》中有僞託者，宋吳曾《能改齋漫録》卷八、葉大慶

《考古質疑》卷一已言之，清人著述如蔣超伯《榕堂續録》卷二、陸以湉《冷廬雜識》卷四亦小有考訂。光聰諧《有不爲齋隨筆》甲論雄《官箴》體裁，要言中肯："雄所擬《虞箴》，見《左傳》，周辛甲命各官各以所職箴王。繼雄而作，崔胡諸家尚不失官箴王缺之義。傅咸《御史中丞箴》始變其義，用以自箴。後來人主爲之，遂以箴官，非官箴矣。"竊謂可以管窺人主尊嚴之與世俱增也。葉適《習學記言序目》卷一一論《左傳》記晏子與齊侯問答事，有云："春秋以前，據君位利勢者與戰國秦漢以後不同；差不甚遠，無隆尊絶卑之異。""官箴"而變爲"箴官"，正緣此耳。

二九　全漢文卷五六

賈讓《奏治河三策》:"夫土之有川,猶人之有口,治土而防其川,猶止兒啼而塞其口。"按《國語‧周語》上召公諫厲王"弭謗"曰:"防民之口,甚於防川",此反其喻而愈親切。《淮南子‧氾論訓》:"故目中有疵,不害於視,不可灼也;喉中有病,無害於息,不可鑿也",近取諸身,命意正同;《説林訓》:"譬猶削足而適履,殺頭而便冠也",亦可連類,前喻尤成慣語。釋典以自斷頭喻無無、空空,如《圓覺經》云:"照與照者,同時寂滅。譬如有人自斷其首,首已斷故,無能斷者;則以礙心,自滅諸礙,礙已斷滅,無滅礙者。"迭更司小説中則有"殺頭以治斜眼"之喻(Now we look compact and comfortable, as the father said, when he cut his little boy's head off, to cure him o'squintin')[1],與賈讓、淮南印可。童話中"灰姑娘"(Aschenbuttel)長姊斫趾(Hau die Zehe ab!),次姊劌踵(Hau ein Stück von Ferse ab!),俾足可納入小妹金履中,二女血隨步涌[2],真所謂

---

[1]　*Pickwick Papers*, ch. 28 (Sam Weller).

[2]　Brüder Grimm, *Die Kinder-und Hausmärchen*, Berlin: Die Kinderbuchverlag, 114-5.

"削足適履"者。

伶玄《飛燕外傳》。按此傳贋作，已有定論。章法筆致酷肖唐人傳奇。《史記‧滑稽列傳》褚少孫補西門豹事一節、《漢書‧景十三王傳》廣川王去事一節又《外戚傳》下解光上奏、《孔叢子‧獨治篇》陽由事一節、《晉書‧愍懷太子傳》遺妃書，皆敍事記言，娓娓栩栩，導夫唐傳奇先路，然尚時復舉止生澀、筆舌蹇滯。此傳熨貼安便，遂與《會真記》、《霍小玉傳》、《李娃傳》方駕；託名班固撰之《漢武內傳》，浮文鋪比，不足比數也。《序》記樊通德語："夫淫於色，非慧男子不至也。慧則通，通則流，流而不得其防，則百物變態，爲溝爲壑，無所不往焉。"已開《紅樓夢》第二回賈雨村論寶玉："天地間殘忍乖僻之氣與聰俊靈秀之氣相值，生於公侯富貴之家，則爲情痴、情種"；又第五回警幻仙子語寶玉："好色即淫，知情更淫。……我所愛汝者，乃天下古今第一淫人也！"舊日小說、院本僉寫"才子佳人"，而罕及"英雄美人"。《紅樓夢》第五四回史太君曰："這些書就是一套子，左不過是佳人才子，最沒趣兒！……比如一個男人家，滿腹的文章，去做賊"；《儒林外史》第二八回季葦蕭在揚州入贅尤家，大廳貼朱箋對聯："清風明月常如此；才子佳人信有之"，復向鮑廷璽自解曰："我們風流人物，只要才子佳人會合，一房兩房，何足爲奇！"，"才子"者，"滿腹文章"之"風流人物"，一身兼備"乖僻之氣"與"靈秀之氣"，即通德所謂"淫於色"之"慧男子"爾。明義開宗，其通德歟。玄此《傳》北宋始多徵引；章章在人耳目者，如司馬光《通鑑‧漢紀》卷三二采"禍水滅火"，蘇軾《九日舟中望見有美堂魯少卿飲，詩以戲之》、《次韻王鞏》之六、《朝雲詩》屢道"擁髻伴玄"。釋惠洪《石門文字禪》卷二七《跋達道所蓄伶子于文》，似剙人道，有曰："通德論'慧男子'，殆天下名言。子于有此婢，如維摩詰之有天女也！"衲子而賞會在是，"浪子和尚"之號不虛也（見《能改齋漫録》卷一〇記王安石女語，參觀《苕溪漁隱叢話》前集卷五六、《瀛奎律髓》卷一六）。錢謙益《有學集》卷二〇《李緇仲詩序》亦極稱通德語，以爲深契佛説，且申之曰："'流'而後返，入道也不遠矣"；蓋即《華嚴經》"先以欲鈎牽，後令成佛智"之旨（參觀《宗鏡録》卷一一、二一、二四），更類《紅樓夢》第一回所謂"自色悟空"矣。李易安《打馬圖經》："慧即通，通即無所不達"，亦隱本通德語。

三〇　全漢文卷六三

匈奴冒頓《遺高后謾書》：“陛下獨立，孤僨獨居。兩主不樂，無以自虞。願以所有，易其所無。”按《漢書·匈奴傳》上顏師古註：“僨、仆也，言不能自立也”，全失其意。當從顧炎武《日知録》卷二七：“‘僨’如《左傳》‘張脈僨興’之‘僨’，《倉公傳》所謂‘病得之欲男子而不能得也。’”顧氏不欲明言，故借《倉公傳》語示意，謂冒頓自稱“孤僨”，乃“欲女子而不能得”，“有鰥夫見寡婦而欲娶之”耳。“所無”、“所有”亦穢媟語，指牝牡。況周頤《蕙風簃二筆》卷一舉《戰國策》二宣太后謂尚子語、《後漢書·襄楷傳》章懷註引《太平經典·帝王篇》言廣嗣之術及《唐書·朱敬則傳》上書諫武后内寵，爲褻語入正史三例。可以此《謾書》及《金史·后妃傳》海陵怒詰莎里古真語補之。

三一　全後漢文卷一

光武帝《原丁邯詔》："漢中太守妻乃繫南鄭獄，誰當搔其背垢者。"按卷二《賜侯將軍詔》："卿歸田里，曷不令妻子從？將軍老矣，夜卧誰爲搔背癢也！"黄庭堅《薄薄酒》："醜婦自能搔背癢"，當是用光武《賜侯詔》，《山谷外集》史容註引《神仙傳》麻姑指爪事，未切；閻若璩《潛邱劄記》卷六《聞某官京師納妾之作》："老背誰當復與搔，垢汙生癢夜中號。也知不及閻夫子，炳燭攤書筋骨牢"，自註首句用光武《原丁詔》。衰老須人，叢脞匪一，光武拈苛癢抑搔以概諸餘，事甚家常，而語不故常。《春秋》僖公三十三年"隕霜不殺草"，定公元年"隕霜殺菽"，《穀梁傳》謂有"舉重"、"舉輕"之辨，草"輕"而菽"重"，舉"不殺草"則霜不殺菽可知，舉"殺菽"則霜亦殺草可知；《韓非子·內儲説》上魯哀公問《春秋》記"霣霜不殺菽"，仲尼曰："此言可以殺而不殺也"，便遜《穀梁》之有稗詞學。《春秋》之"書法"，實即文章之修詞。《白虎通·封公侯》："'司空'主土，不言'土'言'空'者，空尚主之，何况於實？以微見著"；釋名固爲穿鑿，而科以修詞，則正是《穀梁》所謂"舉"耳。光武"舉輕"，"舉重"則若李密《陳情事表》："劉夙嬰疾病，常在牀蓐，臣侍湯藥，未曾廢離。”均言老病者必貼身有人料理，“舉”
背癢之搔而湯藥之侍可知，“舉”侍湯藥而搔背癢亦不言可喻矣。
《公羊》、《穀梁》兩傳闡明《春秋》美刺“微詞”，實吾國修詞學
最古之發凡起例；“内詞”、“未畢詞”、“諱詞”之類皆文家筆法，
剖析精細處駸駸入於風格學(stylistics)（如《公羊傳》宣公八年
説“‘乃’難乎‘而’”，參觀《穀梁傳》宣公八年又定公十五年
説“足乎日”與“不足乎日”之詞），至以“何言乎……”、“何
以不言……”謀篇立局，又宋、明史論及八股文之“代”所沿丐
也。聊作懸談，以歆好事。光武獨舉搔背，殊非漫與。即在少
年，筋力調利，背癢自搔，每鞭之長不及馬腹；倩人代勞，復不
易忖度他心，億難恰中。故《神仙傳》載蔡經覰麻姑“鳥爪”而
思“爬背當佳”，蓋鳥爪鋭長，背癢時可自搔而無不及之憾爾。
明之道學家至取搔癢以喻“致知”，如耿定向《耿天臺先生全書》
卷八《雜俎》：“杭城元宵，市有燈謎，曰：‘左邊左邊，右邊右
邊；上些上些，下些下些，不是不是，正是正是；重些重些，輕
些輕些！’蓋搔癢隱語也。陽明謂弟子曰：‘狀吾致知之旨，莫精
切若此！’”又：“人有癢，令其子索之，三索而三勿中，其妻五
索而五勿中。其人怒，乃自引手，一搔而癢絶。”癢而在背，“引
手”或尚難及。是以“爪杖”、“阿那律”等物，應需而製，以代
麻姑指爪。長柄曲項，枝叉其端，尤便於自執搔背；古號“如
意”，後稱“不求人”，俗呼“癢癢撓”。然王十朋《梅溪先生後
集》卷一八《不求人・一名“如意”》：“牙爲指爪木爲身，撓癢
工夫似有神；老病不能親把握，不求人又却求人！”；蓋尚未能全
求諸己。西諺：“汝搔吾背，則吾將搔汝背”（Scratch my back
and I'll scratch yours），取此事以喻禮尚往來或交相爲用，亦微

背之難自搔而須人搔矣。參觀《易林》卷論《蹇》之《革》。

　　【增訂四】梁同書《頻羅菴遺集》卷七有《不求人銘》四篇。

三二　全後漢文卷五

章帝《賜東平王蒼及瑯玡王京書》："今送光烈皇后假紒帛巾各一枚及衣一篋遺王，可時奉瞻視，以慰凱風寒泉之思。"按《全晉文》卷一一二陶潛《晉故征西大將軍長史孟府君傳》："淵明先親，君之第四女也；凱風寒泉之思，實鍾厥心"；又《陶靖節集》卷三《庚子歲五月從都還阻風於規林》："凱風負我心，戢枻守窮湖"，陶澍註引章帝此書、《孟府君傳》及《衡方碑》："感背人之凱風，悼蓼莪之勤劬"（按當作"悼蓼儀之劬勞"），謂《凱風》古義初無母不安於室之意。漢、晉人用"凱風"，渾無諱忌；然陶潛《阻風》詩之"凱風"祇指風耳，正如其《和郭主簿》："凱風因時來，回飆吹我襟"，陶澍知《凱風》古義不惡，而未知此處"凱風"與《凱風》之詩無涉，不必附會深文也。李慈銘《越縵堂日記》光緒三年十一月二十六日以汪中《上朱侍郎書》謂欲於母墓立石，上鑴《汪氏母勞苦之碑》，斥其失言："《凱風》之詩，既非佳事，即云斷章，將置其父於何地？"則似未見陶澍斯註矣。

三三　全後漢文卷一三

桓譚《桓子新論·言體》第四："王翁之殘死人，觀人五藏，無損於生人，生人惡之者，以殘酷示之也。"按即指《漢書·王莽傳》中記翟義黨王孫慶捕得，莽"使太醫尚方與巧屠共刳剥之，量度五藏，以竹筳導其脈，知所終始，言可以治病"。莽既爲人唾罵，刳尸亦成口實。世事如車輪轉，清末西學東來，醫理有解剖之科，於是抱殘守缺之士，欲"不使外國之學勝中國，不使後人之學勝古人"（紀昀《紀文達公遺集》卷一二《與余存吾太史書》論戴震"通人之蔽"語），時復稱道莽之此舉，"殘酷"下策一變而爲格致先鞭焉。如王闓運《湘綺樓日記》同治八年正月十八日引《漢書》而論之曰："此英吉利剖視人之法"；張蔭桓《三洲日記》光緒十五年八月九日曰："近日中國多信西醫，記新莽時云云，此則西醫之權輿。"甚矣物論之更盛迭貴而難久齊也！《周官》、《墨經》之爲當時顯學，正爾同然。名家專著如孫詒讓《周禮政要》之類，世所熟知，聊拈謏説，以當野獲。志剛《初使泰西紀要》卷一論火車云："煉硃成汞，煉汞還硃，本中國古法；西人得之，以爲化學權輿。孔子云：'引而申之，觸類而長之，天下之能事畢矣'；通閱西法，不出此言。"王廷《弢園文録・外編》卷一《原學》言西方格致得自"中原"，舉風琴、火輪、礮、鐘爲證。曾紀澤《使西日記》光緒五年二月二十三日云："松生言，西人政教多與《周禮》相合，意者老子爲周柱下史，其後西到流沙，而有周之典章法度隨簡册而俱西，但苦無確證耳。其説甚新而可喜。"張蔭桓《三洲日記》在歐、美見後膛礮則曰："泰西奇製悉緣中土而出"；見賽會，則上溯隋煬帝端門前大陳奇倡怪伎，曰："風氣達海外"；觀"樂器如弓形"，則曰："疑仿吾華之瑟爲之"；觀豢象能"踏琴"跳舞，則曰："唐宮舞象之戲，不知何時流於海外"（光緒十二年六月二十三日、七月十七日、十三年二月二十四日、五月八日）。俞樾爲孫詒讓《墨子閒詁》作《序》云："近世西學中，光學、重學，或言皆出於《墨子》；然則其備梯、備突、備穴諸法，或即泰西機器之權輿乎？"；其《茶香室續鈔》卷一云："《抱朴子・黄白》篇謂'雲、雨、霜、雪以藥爲之，與真無異。'今西人能以藥作雪供飲饌，余嘗食之，其色紅，或言和以西瓜汁"，即一飲一食之微，亦怵他人之我先如此。竊謂苟冰淇凌而不可口，俞氏必不爲之探源《抱朴子》也。夫所惡於"西法"、"西人政教"者，意在攘夷也；既以其爲本出於我，則用夏變夷，原是吾家舊物，不當復惡之矣，而或猶憎棄之自若焉。蓋引進"西學"而恐邦人之多怪不納也，援外以入於中，一若禮失求野、豚放歸笠者。衛護國故而恐邦人之見異或遷也，亦援外以入於中，一若反求諸己而不必乞鄰者。彼迎此拒，心異而貌同耳。

【增訂四】阮元《揅經室三集》卷五《自鳴鐘説》謂古之"輥彈"即自鳴鐘之制，"宋以前有之，失其傳耳。非西洋所能創也"。俞樾《曲園雜纂》卷二五復道冰淇淋，因曰："西法之出於中法，此其一端也。"張德彝《四述奇》（刊行於光緒九年）光緒二年十月二十六日、十一月十九日詳言西方格物諸學皆拾中國古籍之墜緒而引申之。錢德培《歐游隨筆》光緒七年四月（無日）又十一月初八日、八年二月初四日日記；薛福成《出使英、法、意、比四國日記》光緒十六年正月十六日又十月二十五日、二十六日、二十七日日記；黃遵憲《日本雜事詩》第五四首自註；王之春《使俄草》光緒二十一年正月初五日又三月初八日日記；均牽合附會，足張張氏之軍。譚嗣同至謂"西人格致之學實皆中國所固有"，"維新變法者亦復古耳"（《石菊影廬筆識・思篇》三、《上歐陽瓣薑師書》二）。王韜《瀛壖雜志》："嘗見《南史》祖沖之造'千里船'，不因風水，施機自運。此其巧妙，與西國輪船無異，但純用機械，不藉煤火，制度稍殊耳。其以'千里'命名，迅捷可知。又楊么之樓船，激水駛輪，其速莫比，此亦西國輪船之濫觴。由是觀之，可知器物之精，中國已先西人而爲之。惟異巧絕能，世不經見，人死即復失傳；世之人又不肯悉心講求，畏難自域，俾器與人同亡，殊可惜已！"雖亦不出阮、俞輩之見，而詞氣較和平矣。

《見徵》第五："人皆謂[東方]朔大智，後賢莫之及。譚曰：鄙人有以狐爲狸，以瑟爲箜篌，此非徒不知狐與瑟，又不知狸與箜篌，乃非但言朔，亦不知後賢也。"按《淮南子・繆稱訓》："今謂狐'狸'，則必不知狐，又不知狸"；譚語仿此。《全三國文》卷五〇嵇康《難張遼叔〈宅無吉凶攝生論〉》："因謂相宅與卜不異，此猶見琴而謂之箜篌，非但不知琴也"；《全晉文》卷一一七《抱朴子佚文》："董仲舒學見深而天才鈍，以蜥蜴爲神龍者，非但不識神龍，亦不識蜥蜴"；皆有所承。陸游《劍南詩

稿》卷二九《讀史》："南言蓴菜似羊酪，北說荔枝如石榴。自古
論人多類此，簡編千載判悠悠!"亦其意。嚴有翼《藝苑雌黄》
有一則極口稱荔枝之美，非蒲桃可比，"彼《廣志》謂'子如石
榴'，其謬愈甚"，又一則考陸機答王武子謂"千里蓴羹"足
"敵"羊酪之語（分别見《漁隱叢話》後集卷七、卷八引）；疑陸
游俯拾成一聯耳。

三四　全後漢文卷一四

　　《桓子新論·譴非》第六："鄙人有得脡醬而美之；及飯，惡與人共食，即小唾其中。共者怒，因涕其醬，遂棄而俱不得食焉。"按墨憨齋重定本《灑雪堂》傳奇第十三折行酒令五言四句，分詠"譴趣、不譴趣、不譴趣、譴趣"，句各一事而貫串成章，有云："餓來肉堆盤［譴趣］，忽向盤中唾［不譴趣］；他每都不吃［不譴趣］，飽了我一個［譴趣］!"觀《新論》則此謔由來舊矣。

　　"夫言語小故，陷致人於族滅，事誠可悼痛焉!……《易》言：'大人虎變，君子豹變'，即以是論論人主，寧可謂曰'何爲比我禽獸'乎？如稱君之'聖明與堯舜同'，或［何?］可怒□［曰?］'何爲比我於死人'乎？世主既不通，而輔佐執事復隨而聽之、順成之，不亦重爲矇矇乎!"按必有爲而發，不圖東漢之初，文網語穽深密乃爾。桓《論》既語而不詳，荀《紀》、范《書》又闕焉難徵；雖然，欲觀前古之跡，則於其粲然者，近古是也，節取荀卿之旨可乎？《宋書·明帝紀》："多忌諱，言語文書有'禍'、'敗'、'凶'、'喪'及疑似之言應迴避者，數百十品，有犯必加罪戮"，以"騧"字類"禍"，改爲

"馬"邊著"爪"（《魏書·島夷劉裕傳》），佛書中"涅槃"、"滅度"等語，亦遭厲禁（《高僧傳》卷七《僧瑾傳》）。《魏書·苻生傳》："既眇其目，所諱者：'不足'、'不具'、'少'、'無'、'缺'、'傷'、'殘'、'毁'、'偏'、'隻'之言，皆不得道；左右忤旨而死者，不可勝紀。"岳珂《桯史》卷一二記金熙宗亶以龍見厭禳肆赦，"召當制學士張鈞視草，其中有'顧兹寡昧'及'眇余小子'之言，譯者不曉其退託謙沖之義，乃曰：'漢兒强知識，託文字以詈我主上耳！'亶驚問故，譯釋其義曰：'寡者孤獨無親，昧者不曉人事，眇爲瞎眼，小子爲小孩兒。'亶大怒，亟召鈞至，詰其説，未及對，以手劍劐其口，棘而醢之，竟不知譯之爲愚爲奸也。"《紀録彙編》卷二三李賢《古穰雜録》（"高廟亦難受諫"條）、卷一二九黄溥《閒中今古録》（"洪武甲子開科取士"條）、卷一三〇徐禎卿《剪勝紀聞》（"太祖多疑每慮人侮己"條）、馮景《解春集文鈔》卷一《贈汪給事序》又徐燉《筆精》卷六、周壽昌《思益堂日札》卷五《語忌》、陳田《明詩紀事》甲籤卷六陶凱條等書載明祖多猜，臣工表奏頌聖，每犯觸忌諱："一人有道，萬壽無疆"則疑隱寓"强盜"，"體乾法坤"則疑隱寓"髮髡"，"作則"嫌於"作賊"，"生"、"扉"諧音"僧"、"匪"，"殊"拆字"歹""朱"，皆科以大逆謗訕，當時有"撰表墓志"之謡。談遷《北游録·紀聞》卷下《誥勅》條云："或用'麒麟閣'，滿人不懌曰：'禽獸比我耶？'"（參觀文廷式《純常子枝語》卷三五引乾隆四十四年八月上諭）。合之桓《論》所舉"虎豹"、"堯舜"之例，亦見有開必先，後未居上也。恃强挾貴，而苛察雄猜，懔然嚴周身之防，瞭焉極十目之視，蓋衆所畏之人，其所畏亦必衆（Multos timere debet quem multi timent)耳①。"眇余小子"作"瞎眼咱小孩兒"，亦猶"昆命元龜"作"明明説向大烏龜"（俞正燮《癸巳存稿》卷一二《詩文用字》）；一通漢爲蕃，一通古爲今，皆翻譯也（參觀龔自珍《定盦文續集》卷四《高郵王文簡公墓表銘》、陳澧《東塾讀書記》卷一一、黄遵憲《人境廬詩草》卷一《雜感》），皆直譯也，又皆以曲解爲直譯也。

《啓瘤》第七："畫水鏤冰，與時消釋。"按《意林》、《太平御覽》僅摘此八字，不知所指；桓寬《鹽鐵論·殊路》篇云："内無其質，而外學其文，雖有賢師良友，若畫脂鏤冰，費日損功"，可借詞申意。施工造藝，必相質因材，不然事無成就；蓋成矣而毁即隨之，浪抛心力。黄庭堅《送王郎》："炒沙作糜終不飽，鏤冰文章費工巧"，本斯語也。釋經亦屢取畫水爲喻，如《大般涅槃經·壽命品》第一之一："是身無常，念念不住，猶如電光、暴水、幻炎，亦如畫水，隨畫隨合"，又《梵行品》第八之二："譬如畫石，其文常存，畫水速滅，勢不久住。"元稹《憶遠曲》："水中書字無字痕"，白居易《新昌新居》："浮榮水畫字"；皆使佛典而非淵源《新論》，觀其詞旨可知也。《雜阿含經》卷一五之三七七云："畫師、畫師弟子集種種彩色，欲妝畫虚空，寧能畫不?"，寒山詩所謂"饒邈（按當作'貌'字）虚空寫塵跡"；喻不能作辦之事，較《易林·涣》之《噬嗑》："抱空握虚"，更爲新警。陸游《劍南詩稿》卷五〇《題蕭彦毓詩卷後》："法不孤生自古同，痴人乃欲鏤虚空!"，乃撝二桓之"鏤"字，

---

① 　Publius Syrus，§ 379, *Minor Latin Poets*，"Loeb"，64. Cf. Demetrius, *On Style*，V.294，"Loeb"，479.

以與此譬撮合。釋書舍“妝畫虛空”外，尚有《雜阿含經》卷四
一之一一三六佛告諸比丘：“今此手寧著空、縛空、染空不?”，
《五燈會元》卷三西堂慧藏章次馬祖問：“汝還解捉得虛空麼?”，
又卷四荼荑山和尚章次擎起一橛竹問：“還有人虛空裏釘得橛
麼?”，“畫”、“縛”、“捉”、“釘”（動詞、去聲《徑》韻）諸字皆
協律可用，陸游捨而用“鏤”，意中當有“鏤冰文章”在。古希
臘、羅馬詞章喻事物之無常易壞，每曰“水中書字”(Etwas “ins
Wasser schreiben” als Bild für Unbeständigkeit und Vergän-
glichkeit)①。拉丁詩人歎女郎與所歡山盟海誓，轉背即忘，其脫
空經與搗鬼詞宜書於風起之虛空、波流之急水(sed mulier cupido
quod dicit amanti/in vento et rapida scribere oportet aqua)；後
世歎單情不雙者云：“吾如耕耘波面，築室沙上，書字風中”
(solco onde, e'n rena fondo e scrivo in vento)；慨人生危淺者
云：“有若書塵上、畫水中”(Who then to frail mortality shall
trust, /But lines in water or but writes in dust)；或歷舉世事之浪
拋心力而終無成濟者，盛水以篩(Mit dem Siebe Wasser laden)，
書字於風頭波面(In den Wind und Wasser schreiben)亦與焉②。
濟慈心傷命薄，自撰墓銘曰： “下有長眠人，姓名書水上”
(Here lies one whose name was writ in water)，含思悽婉，流播
人口。抑有進者，“鏤冰”、“鏤脂”與“畫水”，尚有幾微之辨。

① E. R. Curtius, *Europäische Literatur und lateinisches Mittelalter*, 2. Auf., 308.

② Catullus, lxx; Petrarca, *Rime*, ccxii, *Rime*, *Trionfie Poesie latine*, Ricciardi, 283; Bacon: "The World", Aubrey, *Brief Lives*, Ann Arbor Paperbacks, 10; Logau: "Vergebene Arbeit", *Sinngedichte*, *eine Auswahl*, Rütten & Loening, 63.

畫水不及具形，跡已隨滅；鏤冰刻脂，可以成器構象，特材質脆弱，施工遂易，經久勿堪。造藝者期於傳世不朽，寧慘淡艱辛，“妙識所難”（《文心雕龍‧明詩》），勉爲而力排其難(l'ostacolo trionfato)[①]；故每取喻雕金斲石，材質堅，功夫費，制作庶幾閱世長存[②]。若夫逃難就易，取巧趨時，則名與身滅，如鏤冰刻脂而已。哈代序友詩，記其言曰：“古語將失傳，用之作詩，人且視同春雪上書姓名耳”（To write in what some may deem a fast outwearing speech，may seem as idle as writing one's own name in the snow of a spring day）[③]；或評文曰：“此等語句直如書於牛油上者”（Much as we love our Barrie，we have to admit that words like these are writ in butter）[④]。豈非“鏤冰刻脂，與時消釋”之旨哉？餘見《全後周文》論庾信《謝趙賚白羅袍袴啓》。

　　“吳之蜿水若魚鱉，蜀之便山若禽獸。”按《全三國文》卷二五鍾會《蒭蕘論》亦有此兩句，“禽”作“鳥”；卷三〇應璩《與計子俊書》：“而劉備不下山，孫權不出水。”徐夢莘《三朝北盟會編‧靖康中帙》卷三：“李鄴歸自賊壘，盛談賊强我弱，以濟和議，謂賊：‘人如虎，馬如龍，上山如猿，入水如獺，其勢如泰山，中國如累卵。’時人號爲‘六如給事’”；“上山”、“入水”

---

　　① 　Croce，*Frammenti di Etica*，77．Cf. Boswell，*The Ominous Years*，ed. C. Ryskamp and F. A. Pottle，276（March 19，1776，Johnson）；Coleridge，*Notebooks*，ed. Kathleen Coburn，I，§ 34，note（Young，Wordsworth，Mme de Staël）．

　　② 　Gautier：“L'Art”：“Sculpte，lime，ciselle/Que ton rêve flottant/Se scelle/Dans le bloc résistant，”*Emaux et Camées*，Charpentier，226．

　　③ 　William Barnes，*Select Poems*，ed. Thomas Hardy，p. viii．

　　④ 　David Scott，*Men of Letters*，71．

二句如謂金人兼吳、蜀之長耳。又按《新唐書·郭弘霸傳》自陳往討徐敬業：“臣誓抽其筋，食其肉，飲其血，絕其髓”，時人號爲“四其御史”，可與“六如給事”作偶。

《袪蔽》第八：“精神居形體，猶火之然燭矣”云云。按《全齊文》卷一五陸澄《法論目録序》：“置難形神，援譬薪火，庾闡發其議，謝瞻廣其意；然桓譚未及聞經，先著此言，有足奇者”；當即指《新論》此節。謝瞻“廣意”，《全宋文》卷三三不可見；庾闡“發議”，《全晉文》卷三八亦無堪徵，《弔賈生文》：“夫心非死灰，智必有形，形託神司，故能全生。奈何蘭膏，揚芳漢庭，摧景飇風，獨喪厥明！”，稍觸邊際，難資依據。《全晉文》卷一六一釋慧遠《沙門不敬王者論》之五《形盡神不滅》始云：“火木之喻，原自聖典。……火之傳於薪，猶神之傳於形”；《全宋文》卷二〇宗炳《又答何衡陽書》、卷二三何承天《答宗居士書》一、卷二五鄭鮮之《神不滅論》皆沿用其喻；《全北齊文》卷五杜弼《與邢邵議生滅論》：“邢云：‘神之在人，猶光之在燭，燭盡則光窮，人死則神滅。’弼曰：‘舊學前儒，每有斯語，羣疑衆惑，由此而起’”，似亦指桓譚言。夫“薪盡火傳”之譬，早發於《莊子·養生主》，乃言生時之消息相續，非言死後之昭靈不昧；桓氏取譬，乃破道家之長生；慧遠以下，乃明釋典之轉生。一喻三施，貌同心異。陸氏求“援譬”之“先著”，既不當限於桓譚，而求“援譬”之用意，又不當附於桓譚，蓋兩失之。神魂之於形體猶光焰之於燈燭，亦西方詩文中常喻也[1]。通觀《新

----

[1]　D. Provenzal, *Dizionario delle Immagini*, 318 (F. Praga), 640(D’Annunzio), N. Kazantzakis, *The Odyssey: A Modern Sequel*, XXIII. 1305-8, tr. K. Friar, p.743.

論》，桓氏識超行輩者有二：一、不信讖緯，二、不信神仙。前事尚可別徵之《後漢書·桓馮列傳》；《新論》僅存《啓寤》第七："讖出《河圖》、《洛書》，但有兆朕而不可知，後人妄復加增依託，稱是孔丘，誤之甚也！"，不如《傳》載《疏》及對光武語之峻決。後事端賴此節及《辯惑》第一三諸節，皆力言學仙之愚妄；足證魏文帝《典論》所云："君山以無仙道，好奇者爲之"（《全三國文》卷八）。不然，覘其《仙賦》，趶不疑魏文之誣而以爲桓亦如劉向父子之"通而蔽"矣。竊意《新論》苟全，當與《論衡》伯仲。傅玄《傅子》譏其"繁而無要，詞雜而旨詭"（《全晉文》卷四九），自應持之有故；然據殘存章節，吾尚未甘傭耳賃目，遽信斯評。嚴氏網羅散失，佳處時遭，彌使吾嚮往於其全體，有染指而未果腹之憾。嚴氏方自詡："精華略具，則雖謂此書未嘗佚失可也。"吾得隴望蜀，當爲所嗤耳。

三五　全後漢文卷一五

　　《桓子新論·辨惑》第一三：“道人作金銀云：‘鈂字、金與公，鈂則金之公；而銀者、金之昆弟也。’”按五金結爲親情，別見《易林》卷論《乾》之《未濟》。此道人乃據字體之偏旁立論。望文而臆生義，又取義而臆變文，盡廢六書之“形聲”、“指事”、“象形”而專用“會意”，於是鑿空之曲解與破體之“俗字”相輔相生，因讖緯而大行。“金公”、“金昆”正復當時風氣之一例耳。此類會意“俗字”，《魏書·江式傳》上《表》、《顏氏家訓·雜藝》篇皆嘗舉似，宋祁《筆記》卷上搜剔古籍更廣，採及《新論》此節，董彥遠《除正字謝啓》復能兼漁獵之博與組繪之工（董斯張《吹景集》卷一三有與閔元衢同註此啓及洪邁《周茂振入館謝啓》），而以俞正燮《癸巳類稿》卷七《緯字》、《癸巳存稿》卷三《難字》兩篇蔚爲鉅觀。俞文於先唐不無遺珠，於宋結網尤疎。如引“中心爲‘忠’”，而未及《春秋繁露·天地無二》：“止於一者謂之‘忠’，二‘忠’謂之‘患’”；引“大一爲天”，而未及王安石《字說》：“一而大者‘天’也，二而小者‘示’也”（《鶡冠子·天則》“天若離一”句陸佃註又楊時《龜山先生集》卷七《王氏〈字說〉辨》引）；引“‘心’字左點木，右點金，上點蹺尖爲火，下曲鈎翹起爲水"，而未及張有論篆書"心"字爲倒"火"（何薳《春渚紀聞》卷五）。至引"自大爲'臭'"，解字足以諷世，今語之"臭美"、"臭架子"可相發明，清季破額山人《夜航船》卷六記肇絮樓十才子第三人誤讀"夜郎自大"爲"夜郎臭"，正與暗合，則俞氏不及知矣。嘗試論之，此風之盛亦如説經之有漢、宋兩大宗。在漢以讖緯爲淵藪，而亦不限於"緯字"；在宋則頒於朝者有王安石之解字，獲於野者有謝石之"相字"。王學不數世而斬，焰熠灰死，而謝術薪火承傳七八百年，癡人仰以識趨避，黠者挾以覓衣食。漢世依附讖緯以言休咎之舞文，入宋而自立門户，與龜策、星命、風水分庭並峙，幾若妖妄術數之四岳焉。《顏氏家訓‧書説》一條舉《左傳》"止戈"等四例，又一條舉緯字等"數術謬語"以及《拭卜破字經》，"破字"即拆字也。周亮工《字觸》爲測字掌故之林，弁首方文《序》云："六書之學莫妙於會意，……已開後人離合相字之門矣。……'觸'者隨意所觸，引而申之，不必其字本義也"；卷三云："拆字之學不始於謝石，《元命苞》之'土力於一'爲'地'、'兩人交一'爲'水'、'八推十'爲'木'云云，《説題辭》之'日生爲星'云云，……皆盲史氏'止戈''皿蟲'二義，逗此一派耳。"合顏氏之所分，復以漢"緯字"與宋"相字"溝通。後來俞正燮《緯字論》亦謂是"後世測字會意之始"。王安石解字，純主會意，宋人有公議定評（李燾《説文解字五音韻譜》自《序》、楊延齡《楊公筆録》、樓鑰《攻媿集》卷六七《與楊敬仲論〈詩解〉書》、朱熹《語類》卷八六及卷一四○又《文公文集》卷七○《讀兩陳諫議遺墨》、項安世《項氏家説》卷五、葉大慶《考古質疑》卷三等，參觀戴震《東原集》卷三《答江慎修先生

論小學書》、錢大昕《潛研堂集》卷三三《答孫淵如書》等）。謝
采伯《密齋筆記》卷一記"新刊荆公《字說》二十四卷，無序
跋，雷抗爲之註"，陸游《老學菴筆記》卷二載有《〈字說〉解》、
《〈字說〉音訓》、《〈字說〉備檢》等五六種；諸書無存焉者。余
從宋人著述中得覩《字說》零星引文六十許條，洵皆不離會意者
是。文天祥《文山全集》卷一《贈拆字嗅衣相士》之一："'水'、
'火'坎離紫陽怪，'滑'、'波'皮骨東坡駭。解州得'解'解中
膠，費家卦舖同一解。'唫'字從'金'詩反窮，'貝'何爲
'分''田'何'同'？'黃絹幼婦'我自樂，'竹犬'多事鴉鶴翁！"；
正等拆字於王安石解字，"'滑'爲'水'之'骨'"、"'竹'鞭
'犬'爲'笑'"皆蘇軾輩仿《字說》中"'波'爲'水'之'皮'"、
"'竹'鞭'馬'爲'篤'"以供笑謔者。《四庫全書總目》卷一一一
引景齊《神機相字法·自序》："偶信步山石，忽見一異人，箕踞
於盤石，詢余曰：'子非景齊乎？'僕驚其預知姓名，疑是神人。
異人曰：'此乃《東華洞文》。上卷《奇篇》，嘗付安石，今日以
中卷授於子。'密窺乃陰陽秘記、釋字神機之書"；是宋之相字者
早知操術與王安石說字連類，已攀援之爲同師兄弟矣。《字觸·
凡例》僅曰："他若安石之陳編、則天之創體，如斯等類，不可
勝收"；《尺牘新鈔》三集卷三徐芳《與櫟園》謂謝石之學"未必
不出於"王氏《字說》；惜皆未覩景齊此序。沈括《夢溪筆談》
卷一七謂"古文'己'字從'一'、從'亡'，此乃通貫天、地、
人，與'王'字義同"，卷一四記"王聖美治字義，以爲凡字其
類在左，其義在右，如'戔'、小也，水之小者曰'淺'，金之小
者曰'錢'，貝之小者曰'賤'"云云。清之治小學者亦誦說聖美
（參觀陳澧《東塾讀書記》卷一一、劉師培《左盦集》卷四《字

義起於字音説》)。實則祇是王安石説字之推波引緒，宋人僞撰《子華子》中多論"古之制字"，全本安石手眼，其《晏子問黨》篇説"紬"、"軸"、"油"、"抽"等字之從"由"，不啻若出自聖美之口。安石大弟子陸佃《陶山集》卷一《呈王聖美》："少談奇字客長安，妙斸無人得郢堊"，又卷三《王聖美學士挽歌詞》："聞説異書奇字在，不妨分付與諸郎"，想見其"治字義"之相説以解也。沈括所稱"王"字義，見《春秋繁露·王道通》；江休復《嘉祐雜志》："董仲舒云：'以仁治人，以義治我'；原父云："仁從人，義從我，豈造文之義耶？'"，董語見《繁露·仁義法》。謝肇淛《五雜組》卷一三論王安石解字云："若以荆公爲非，則許氏《説文》固已先之矣"；李枝青《西雲札記》卷二云："《説文·劦》部'協'從'心'，曰：'同心之和'；'惚'從'思'，曰：'同思之和'；'協'從'十'，曰：'衆之同和也'。按此不過古、籀異文耳！夫'衆之同和'也，有不'同心'，'心'之'同和'也，有不'同思'者乎？此説太鑿，遂爲王氏《字説》濫觴。"明識通論。漢人以會意解字之濫，蓋不止讖緯，且已開王聖美"類左義右"之説矣。後人用此法而因"鑿"見巧者，如孔齊《至正直記》卷四："先人嘗戲言'田'字云，昔爲'富'字尾，今爲'累'字頭"(參觀徐渭《文長逸稿》卷二《"田"字謎》、敖英《綠雪亭雜言》、褚人穫《堅瓠十集》卷二《田説》)；褚人穫《堅瓠八集》卷三金昌《足説》："'脚'者、'却'而勿前也，'跟'者、'艮'而勿動也，'趾'者、'止'而勿行也，'腿'者、'退'而勿進也"；譚嗣同《仁學》卷上："于文從'古'，皆非佳義。從'草'則'苦'，從'木'則'枯'，從'辛'則'辜'，從'人'則'估'。"皆王學之遺意，亦即緯字之流風也。

三六　全後漢文卷一七

　　馬援《擊尋陽山賊上書》：“除其竹木，譬如嬰兒頭多蟣蝨，而剃之蕩蕩然，蟣蝨無所復依。”按《東觀漢紀》卷一二載此文，且曰：“上大悦，因出小黃門，頭有蝨者，皆剃之。”《全漢文》卷三八劉向《別録》早云：“人民蚤蝨衆多，則地癢也，鑿山鑽石，則地痛也。”張衡《東京賦》云：“其遇民也，若薙氏之芟草，既蘊崇之，又行火焉”；即賈誼《上疏陳政事》言胡亥“視殺人若艾草菅然”，而增華焉，則遇民猶除賊矣！《太平御覽》卷九七六引《晉書》逸文童謠：“剪韭剪韭斷楊柳”，謂“賊如韭柳，尋得復生”，取喻可以連類，而進一解謂剪斷不盡，吹潤又生。“地痛”之説，《太平經》卷四五論“傷地”一大節發揮最詳。

　　《誡兄子嚴、敦書》。按此書教子弟勉爲“謹敕之士”，毋如“輕薄子”之“論議人長短”；朱穆《崇厚論》已稱説之，王昶《家誡》復師仿之，歷世傳誦其“刻鵠”、“畫虎”兩語。然《三國志·魏書·王昶傳》裴松之註早以矛攻盾：“援之此《誡》，可謂切至之言、不刊之訓也。凡道人過失，蓋謂居室之愆，人未之知，則由己而發者；若乃行事得失已暴於世，因其善惡，即以爲誠，方之於彼，則有愈焉。然援《誡》稱龍伯高之美，言杜季良之惡，致使事徹時主，季良以敗，言之傷人，孰大於此？與其所《誡》，自相違伐。……文舒復擬則文淵，顯言人之失。……於夫鄙懷，深所不取。善乎東方之誡子也，以首陽爲拙、柳下爲工，寄旨古人，無傷當時，方之馬、王，不亦遠哉！"朱熹《朱文公集》卷六四《答易簡》附來書："馬援以譏議誡諸子，而不免於譏議"，正同松之之所指責，而答云："馬援之言，自可爲法。……削去此段，後生又如何得聞此一段説話而以爲戒乎？"；顧卷六三《答孫敬甫》："信筆不覺縷縷，切勿輕以示人，又如馬伏波之譏杜季良也！"，則又不以援此舉爲"可法"矣。馮景《解春集文鈔》卷七《書馬援〈誡兄子書〉後》："其言可謂深切著明矣！吾謂義在不言人過，則不必更譏杜季良；不譏季良，則季良之仇人何由藉口而訟於帝？……且方誡其並喜譏議，而乃復以季良輕薄爲口實，是亦好議論人長短而輕加是非者矣。夫既曰：'寧死不願聞子孫有此行'，而己則肆談之，烏在'口不言人過'乎？"；實不過《三國志》裴註之箋疏耳。劉大櫆《海峯文集》卷一《難言》二："徒以虎大，畫之難成而已，遂不當效之耶？吾未見刻鵠之小而遂成也。……爲之而無成，鵠與虎俱不成也；爲之而有類，狗與鶩皆所類也"；駁援語頗有名理，近韓非、柳宗元筆意。

三七　全後漢文卷一八

　　馬融《長笛賦》。按擬狀繁音殊調，蔚爲大觀，此賦殆最早
矣。"爾乃聽聲類形，狀似流水，又象飛鴻"。機杼發於《左傳》
襄公二十九年季札聞樂，"爲之歌《大雅》，曰：'廣哉熙熙乎！
曲而有直體'"，杜預註："論其聲"；又《樂記》："止如槁木，纍
纍乎端若貫珠"云云，均是"聽聲類形"。五蘊異趣而可同調，
分牀而亦通夢，此官所接，若與他官共，故"聲"能具"形"，
十七世紀英國詩人戲喻以數共一夫婦者也[1]。"奄忽滅没，曄然
復揚"。即白居易《琵琶行》之"疑絕不通聲暫歇"而"鐵騎突
出刀槍鳴"，參觀《老子》卷論第四一章。"聿皇求索，乍近乍
遠，臨危自放，若頹復反"。即蘇軾《赤壁賦》言洞簫聲之"如
怨如慕"，亦濟慈名篇（The Eve of St Agnes）所謂音樂如訴有慕
不遂、欲求難即之恨（The music, yearning like a god in pain）。

---

　　[1]　John Cleveland："The Hecatomb to his Mistress"："As the philosophers to
every sense/Marry its object, yet with some dispense, /And grant them a polygamy
with all, /And these their common sensibles they call：/ . . . /The same beam heats and
lights; to see her well/Is both to hear and feel, to taste and smell" etc.（G. Saints-
bury, *Caroline Poets*, II, 23）.

蓋聆樂時常覺忽忽若失，如《世説・任誕》記桓子野"每聞清歌，輒唤'奈何！'"。康德言接觸美好事物，輒惆悵類羈旅之思家鄉(Kant croit que le beau nous fait sentir le mal du pays)[①]，竊以爲聲音之道尤甚焉。

【增訂四】當代一法國文家問一大音樂師曰："君於音樂所常感受者爲何事？"對曰："鄉思。歐洲音樂鉅作莫非憶戀失去之樂園而歌也"（André Malraux："What does music most constantly convey to you?" Yehudi Menuhim："Nostalgia. The great music of Europe is the song of Paradise Lost."——Harry Levin, *The Myth of the Golden Age in the Renaissance*, 1969，p.186）。可闡康德之語。

"故聆曲引者，觀法於節奏，察度於句投，以知禮制之不可踰越焉"。張雲璈《選學膠言》卷九引梁同書謂《法華經》作"句逗"，《唐摭言》作"句度"，即今言"板眼"是也。"節奏"、"音節"，早成慣語，口滑耳熟，都忘本旨。《左傳》昭公元年醫和曰："先王之樂，所以節百事也"；《漢書・元帝紀》："自度曲，被歌聲，分刌節度，窮極幼眇"，韋昭註："刌、切也，謂能分切句絶，爲之節制也。"均以音樂之"節"爲"節制"之意，正如馬融之言"法"、"度"、"禮制不可踰越"。西方學士有云，今人言"節奏"，意主流動，而古希臘人言"節奏"，意主約束，一行而一止，貌同心異（The modern idea of rhythm is something which flows. Rhythm is that which imposes bonds on movement

---

① Mme de Staël, *De l'Allemagne*, nouvelle éd. par Jean de Ponge et Simone Balayé, IV, 222.

and confines the flux of things. The original conception which lies beneath the Greek discovery of rhythm in music and dancing, is not *flow*, but *pause*, the steady limitation of movement）；故古希臘詩人（Aeschylus）名劇中角色（Prometheus）自言銀鐺囚繫曰："吾拘束於韻節之中"(I am bound here in this rhythm)[1]。亦猶吾國古説矣。

《圍棋賦》。按班固《奕旨》平典如道德論，應瑒《奕勢》堆垛如點鬼簿；馬融此首，較能狀物。"厭於食兮，壞決垣牆"；"當食不食兮，反受其殃"；"損棋委食兮，遺三將七"；"食"即今語之"吃子"。《淮南子·泰族訓》説"得於此而亡於彼"曰："故行棋者或食兩而路窮，或予踦而取勝"，蓋西漢已如是道。《南史》卷八〇《賊臣傳》蕭賁"與湘東王雙陸，食子未下"，更明曰"吃子"也。"棋"疑"棋"之譌。

《樗蒲賦》："精誠一叫，十盧九雉。"按即後世所謂"呼盧喝雉"、"呼么喝六"，岳珂《桯史》卷二載李公麟畫《賢已圖》中景象也。"五木"而言"十"與"九"，似不可通；宋本《藝文類聚》作"入盧"，則"九"疑"凡"之訛，"凡雉入盧"，以押韻故，句遂倒裝，謂雉都成盧，獲全采耳。顧即以"十"、"九"爲汪中《説三、九》所謂"不可執"之"虛數"，亦頗無妨，求之今日常談，會心不遠。合兩虛數以示"多"、"都"之意者，慣式有三。一、兩數相等，如常言"百戰百勝"，詞旨了然，《北夢瑣言》卷一七李克用曰："劉鄩一步一計"，是其類。二、後數減於前數，如常言"十拿九穩"，語氣仍正而不負，誇"九"之多，

---

① 　W. Jaeger, *Paideia*, tr. G. Highet, I, 125-6.

非惜"十"之欠一；《焦氏易林·履》之《履》："十鳥俱飛，羿得九雌"，《魏書·序紀》孝武皇帝"南移，山谷高深，九難八阻"，江淹《泣賦》："魂十逝而九傷"又《雜三言》："山十影兮九形"，《皇朝類苑》卷六〇引楊億《談苑》載黨進斥優人曰："汝對我說韓信，見韓即當說我，此三面兩頭之人！"（《說郛》卷五李義山《雜纂·愚昧》："三頭兩面趨奉人"），是其類。三、後數增於前數，如常言"一猜兩着"，《參同契》上篇："千舉必萬敗，欲黠反成癡"，《易林·蒙》之《復》："獐鹿雉兔，羣聚東囿，盧黃白脊，俱往趨逐，九齚十得，君子有喜"，《睽》之《隨》："五心六意，歧道多怪"，《艮》之《頤》："八面九口，長舌爲斧"，《蹇》之《損》："脫兔無蹄，三步五罷"，《西青散記》卷一："心神悽隕，記三訛五"，是其類。《易林·賁》之《乾》又曰："八口九頭，長舌破家"，夫既主"長舌"，則着眼亦在"口"，而"九頭八口"，指歸正同《艮》之《頤》："八面九口"，復同《事林廣記》前集卷七《溫公家儀》："凡女僕兩面二舌"，猶《睽》之《隨》；"五心六意"，指歸無異關漢卿《救風塵》第一齣："爭奈是匪妓，都三心二意"，復無異《論衡·調時》："天地之神，……非有二心兩意，前後相反也。""劉鄩一步一計"，而《通鑑·唐紀》八〇天復三年胡三省註作："劉鄩用兵，十步九計。"史悼《痛餘録》載"退婚券"程式："一離二休，十離九休"；元闕名《劉弘嫁女》頭折王氏以"寸男尺女皆無"，勸夫納妾，夫曰："你待賠千言萬語，託十親九故，娶三妻兩婦，待望一男半女"；後數於前數或增或減，詞旨無殊。蓋得意可以忘言，不計兩數之等（＝）或差（＋／－）也。"九雉十盧"倒裝而爲"十盧九雉"，如曰"盡雉全盧"，若是班乎？"十"有全義，《說文》：“十、數之具也”；“九”有盡義，《易緯乾鑿度》、《列子·天瑞》：“九者，氣變之究也。”

《樗蒲賦》：“先名所射，應聲紛潰。”按取羽獵爲喻，即司馬相如《上林賦》：“擇肉後發，先中命處”，《文選》李善註引《廣雅》：“命、名也。”“先中”、在射中之先，“命處”與“擇肉”殊文同義，蓋謂指名禽獸體上某一處，然後發矢，中的不爽。《水滸》第三三回花榮曰：“看我先射大門上左邊門神的骨朵頭”，然後搭箭拽弓，“喝聲道‘着！’”；第三五回花榮對晁蓋曰：“小弟這枝箭，還要射雁行內第三隻雁的頭上”；堪示“命處”、“擇肉”之例。馬賦以博戲投擲時之呼喝，比於射禽時之“命處”、“道‘着！’”。《賢已圖》所畫盆中一齒猶旋轉，投者俯盆疾呼“六！”，是馬賦所謂“先名”、“應聲”也。

三八　全後漢文卷一九

第五倫《上疏論竇憲》：“三輔論議者至云：‘以貴戚廢錮，當復以貴戚浣濯之，猶解酲當以酒也。’”按《世説·任誕》劉孝標註引《語林》、又《晉書·劉伶傳》記伶“飲酒一斛，至酲後復飲五斗”，其婦責之，伶呪曰：“一飲一斛，五斗解酲”；後世傳爲酒人口實。初意醉酒而復飲酒以醒酒，或由劉伶貪杯，藉口自文，觀此疏乃知其用古法。西俗亦常以酒解酒惡，廋詞曰：“爲狗所嚙，即取此狗之毛燒灰療創”（The hair of the dog that bit you）。人世事理之成反生剋，常有若“三輔論議者”所云，如《逸周書·周祝解》：“故木之伐也，而木爲斧”，《吕氏春秋·論威》：“今以木擊木則拌，以水投水則散，以冰投冰則沉，以塗投塗則陷。”連類同型之句，如《商君書》之“以法去法”、《關尹子》之“以言食言”，已詳《老子》卷論第五六章、《周易》卷論《乾》。《三國志·魏書·明帝紀》裴註引《魏略》記孟達降魏，文帝甚寵狎之，委以西南之任，羣臣或諫，答曰：“吾保其無他，亦譬以蒿箭射蒿中耳”；周密《雲烟過眼録》卷一記鮮于樞語：“骨咄犀、乃蛇角也，其性至毒，而能解毒，蓋以毒攻毒也，故又曰蠱毒犀”；羅泌《路史》

卷五《因提紀》下："劫癘攻積，巴菽殂葛，猶不得而後之，以毒攻毒，有至仁焉"；李開先《中麓閒居集》卷三《江南倭夷作亂、殺傷山東民兵》："人言捉象還須象，療瘴檳榔出瘴鄉"，自註："象風而逸，象奴急縱他象捉之，舍象更無術也。"禪語尤多其例，如《五燈會元》卷一波旬爲四祖所困，求救梵王，王説偈："若因地倒，還因地起，離地求起，終無其理"，又卷九芭蕉繼徹章次："泥裏倒，泥裏起"，又卷一五雲門文偃章次、卷一九楊歧方會章次："河裏失錢河裏搲"；《宗鏡錄》卷二一論"染愛法門"："以欲止欲，如以楔出楔，將聲止聲"；惠洪《林間錄》卷下載法眼問："虎項金鈴，是誰解得？"泰欽對："繫者解得。"朱載堉《諸真玄奧集成》卷三薛式《還丹復命篇·西江月》之六："竹破須還竹補，人衰須假鉛全"，明周憲王《神仙會》第三折："你想却竹子兒還來補竹籂，這是俺煉丹人一家不外"，方士牽強之喻也；而鄭燮《板橋詩鈔·題畫籬竹》："一片綠陰如洗，護竹何勞荆杞？仍將竹作籬笆，求人不如求己！"又才士儁爽之句矣。亦猶《周書》、《呂覽》之"木伐（擊）木"，言同類相克制之便宜，明理而已，無當風雅；而曹植七步之章曰："其在釜下燃，豆在釜中泣，本是同根生，相煎何太急！"，言同類相殘害苦毒，情文斐然，遂可以興、可以怨矣。至於《逸周書·文儆解》："壤非壤不高，水非水不流"；《左傳》昭公二十年晏子："以水濟水"；《莊子·人間世》："以火救火，以水救水"；《呂氏春秋·盡數》："以湯止沸"；《陸象山全集》卷三五《語錄》："泥裏洗土塊"（陳亮《龍川文集》卷二〇《答朱元晦秘書·癸卯通書》："如俗諺所謂'黃泥塘中洗彈子'耳"）；《雜阿含經》卷九之二七二："以

血洗血”（《舊唐書·源休傳》義可汗曰："吾又殺汝，猶以血
洗血，汙益甚爾"）；韓愈《喜侯喜至，贈張籍、張徹》："如以
膏濯衣，每漬垢逾染"；則皆謂徒勞無濟、壞事有餘，與"以
酒解酒"之類，造句雖肖，命意逕庭，斯又"言各有當"，必
"考其辭之終始"者也（參觀《左傳》卷論隱公元年）。古希臘
一詩人言木能生產火，火還斷送木，如子出於母，卻復殺母
(They brought from the forest the mother of a mother, dry and
parched, to be slain by her own children)[1]；又一詩人言即以鷹
羽箭射鷹(Not by others, but by thine own feathers art thou
caught)[2]；達文齊言林樹資斧柄，斧復伐樹(The forests will
bring forth young who will become the cause of their death——the
handle of the hatchet)[3]；蓋兼"木伐木"、"燃萁煮豆"兩意焉。
以毒攻毒之旨始見於《鶡冠子·環流》，舉"積毒成藥，工以爲
醫"，爲"物極則反"之例。古羅馬人言醫療，有"以痛治痛"
之法(Pro medicina est dolor dolorem qui necat；Vulnera dum sa-
nas, dolor est medicina doloris)[4]，略類"以毒攻毒"。西方先哲
教人"以情欲克情欲"（to set affection against affection and to
master one by another；Affectus coeceri nec tolli potest nisi per

---

[1]　Hesiod, *The Marriage of Ceyx*, V, "Loeb", 255.

[2]　Aeschylus, quoted in Athenaeus, *The Deipnosophists*, XI. 494, "Loeb",
IV, 199; cf. Aristophanes, *The Birds*, 807-8, "Loeb", II, 211. Cf. *Moby Dick*,
ch. 55; "But Stubb, he eats the whale by its own light, does he? and that is adding in-
sult to injury, is it? Look at your knife-handle, there"etc..

[3]　Leonardo da Vinci, *Notebooks*, tr. E. MacCurdy, II, 512.

[4]　Publius Syrus, §511, *Minor Latin Poets*, "Loeb", 80; *Dicta Catonis*, IV.
40, *ib.*, 620.

affectum contrarium et fortiorem)①；且喻之爲 "以釘出釘"
(*clavum clavo pellere*，to drive out one passion with another，or
some contrary passion)②，正同 "以楔出楔"。近人威爾士（H.
G. Wells）名其書曰《戰可止戰》（*The War that will end War*），
已掛衆口，亦所謂 "解酲以酒" 也。

【增訂三】《詩·伐柯》："伐柯如之何? 非斧不克"，毛《傳》：
"柯、斧柄也"，鄭《箋》："伐柯之道，唯斧乃能之，此以類求
其類也。"正同《逸周書》及達文齊之語；釋 "伐" 不曰同類
相殘，而曰同類相 "求"，斯又一喻之具兩柄矣。《内經素問》
第七四《至真要大論》："甚者從之，……從者反治"；王冰註：
"夫病之微小者，猶人火也，……可以水滅，故逆其性以折之
攻之。病之大甚者，猶龍火也，得濕而炎，遇水而燔。……識
其性者，反常之理，以火逐之，則燔灼自消，焰火撲滅。"《論
衡·言毒篇》："以類治之也。夫治風用風，治熱用熱，治邊用
蜜丹。"姚秦曇摩耶舍譯《樂瓔珞莊嚴方便經》長者子偈："猶
爲蛇所螫，以毒滅於毒。欲瞋亦復爾，亦以毒除毒，如人爲火
燒，還以火炙除。" "以毒除毒" 即《素問》之 "甚者從
之" 爾。

【增訂四】胡敬《崇雅堂詩鈔》卷八《鞭筍》："剥膚但留尖，

---

① Bacon，*Advancement of Learning*，Bk. II，ed. A. Wright，209，Spinoza，
Ethica，IV，Prop.7，Garnier，II，20. Cf. la Rochefoucauld，*Réflexions et Maximes
morales*，10，*Oeuvres*，"Les Grands Écrivains de la France"，I，34，note（vaincre une
passion par une autre）.

② Burton，*Anatomy of Melancholy*，Part. II，Sect. II，Mem. VI，Subs. II，
George Bell，II，131.

餘作松明架。煮豆然豆其，苦語恰堪借"；自註："燒鞭筍即以老節作柴，其味尤勝。"蒙田謂止淫莫如饜欲，譬之以火熄火（S'ils n'y entroient chastes par consciance, c'estoit moins par satieté. *Nimirum propter continentiam incontinentia necessaria est；incendium ignibus extinguitur* . —Montaigne, *Essais*, III. v, *op. cit.*, p. 825）。諾瓦利斯自記"以病療病"之理尚待探究（Verfolgung der Idee：Krankheit durch Krankheiten zu kurieren. —*Fragmente*, §195, Novalis, *Schriften*, ed. J. Minor, 1923, Vol. II, p. 225）。皆"煮豆然其"、"木伐木"、"楔出楔"之義也。

三九　全後漢文卷二○

　　馮衍《顯志賦》：“日曀曀其將暮兮，獨於邑而煩惑；夫何九
州之博大兮，迷不知路之南北！”按“九州”句采《離騷》之詞，
“迷路”句肖《正月》之旨（詳見《毛詩》卷論《正月》）。杜甫
《哀江頭》：“黃昏胡騎塵滿城，欲往城南望城北”；韓愈《感春》：
“東西南北皆欲往，千江隔兮萬山阻”；均資比勘，而杜詩尤悽
警。蓋馮曠觀山川，目眺心計（Fernbild），雖憤悒而情地寬廓；
杜疾走街巷，身親足踐（Nähebild），事境危迫，衷曲惶亂，有若
張衡《西京賦》所謂“喪精亡魂，失歸忘趨”。胡仔《苕溪漁隱
叢話》前集卷三五以王安石集杜句作“望城北”，因曰：“余聞洪
慶善云，《楚辭》：‘中心瞀亂兮迷惑’，王逸註：‘思念煩惑，忘
南北也’，子美蓋用此語。”陸游《老學菴筆記》卷七：“《哀江
頭》云：‘欲往城南忘城北’，言皇惑不記孰爲南北也。然荆公集
句兩篇皆作‘望城北’，意則一；北人謂‘向’爲‘望’亦皇惑
之意。”王安石主“望城北”，殊具詩眼。《敦煌掇瑣》第二一種
《女人百歲篇》：“八十眼暗耳偏聾，出門喚北却來東”，正杜句之
意。北宋李復《潏水集》卷一一《兵餽行》乃壓卷巨篇，結云：
“悽惻自歎生意促，不見父、夫不得哭，一身去住兩茫然，欲向

南歸却望北"，即用杜句，并拈出"向"以與"望"爲互文，卷
五《又與侯謨秀才》書自言"嘗註"杜詩，則其用字必非率爾。
竊謂"忘城北"不詞費解，"忘南北"意固可通，而無"城南"
與"城北"之對照映帶，詞氣削弱；且"望"者，向之而往也，
言"望城北"，則"忘南北"勿言可喻，言"忘南北"，則猶像躊
躇而尚未迷方信足，漏却塵昏日暮，心亂路失之狀。是故"望城
北"已包"忘南北"之情，而"忘南北"猶未盡"望城北"之
事。《史通·敍事》篇所謂："望表知裏，捫毛辨骨，覩一事於句
中，反三隅於字外"，"望"字有焉。胡仔囿於"無字無來歷"之
迂見，未嘗優求涵泳，況即論字面，馮衍此賦早有"於邑而煩
惑，迷不知南北"，視王逸短瑣註脚，"來歷"豈不更先而亦更大
乎？胡震亨《唐音癸籤》卷二二據《兩京新記》謂曲江在都城東
南，地最高，靈武行在則在長安之北，"欲往城南"即"潛行"
曲江，"望城北"即登高以冀王師之至。洄如所解，此句宜在開
篇處，今以煞尾，則"欲"字既欠通順，更如"黃昏"望遠以
"冀"奇兵夜襲也。苟非"忠"而愚，亦同鴟蝠之能瞑視矣！錢
謙益《讀杜小箋》卷上曰："專爲貴妃而作。……'人生有情'
二句，即所謂'天長地久有時盡，此恨綿綿無絕期'也。……
'黃昏胡騎'二句，興哀無情之地，沉吟感歎。督亂迷惑，雖胡
塵滿地，至不知城之南北，此所謂'有情痴'也。陸放翁但以避
死惶惑爲言，殆亦淺矣。"夫"人生"二句乃謂水長流而花仍發，
以無情故，人非木石，則家國興悲（參觀《毛詩》卷論《萇
楚》）；與"天長"二句之旨，如風馬牛。"雖胡塵滿地"之"雖"
字，上承下轉，皆不了了，意理窒脱梗塞。破國心傷與避死情
急，初無乖倍，自可衷懷交錯。杜寫身陷境中之情，錢以陸機

《弔魏武帝文》中"興哀無情之地"爲解，則杜祇如馮衍賦之茫茫交集，而"淚沾臆"又祇如陳子昂《登幽州臺》之悠悠涕下耳。"我聞室"中人多暇日而生綺愁，宜其不能領略孤危皇遽之況。余嘗謂錢氏説杜，深文而實淺見，附會而乏體會，此一例也。

《顯志賦》："疾兵革之寖滋兮，苦攻伐之萌生。沉孫武於五湖兮"云云。按下有"斬白起"、"流蘇秦"等等，意出《莊子·胠篋》"塞瞽曠之耳"一節。

馮衍《與婦弟任武達書》："房中調戲，布散海外。"按《全梁文》卷六四張纘《妬婦賦》："閨房之所隱私，牀第之所討論，咸一朝之發洩，滿四海之囂喧。"

四〇　全後漢文卷二四

　　班固《西都賦》："神明鬱其特起，遂偃蹇而上躋"云云。按仿揚雄《甘泉賦》"列宿乃施於上榮兮"一節。一意侈言崇峻；渾忘危乎高哉，則陟降維艱，登臨不便，春臺乃成畏途，亦行文之節目疏闊也。《兩京》、《三都》莫不刻劃樓觀飛驚。左思《魏都賦》"周軒中天"一節劉逵或張載註斥王褒、揚、班、張諸賦之失，而美左賦之獨得，曰："此四賢所以説臺榭之體，皆危峴悚懼，雖輕捷與鬼神猶莫得而逮也，非夫王公大人聊以雍容升高、彌望得意之謂也。異乎老子曰'若升春臺'之爲樂焉。故引'習步頓'以實下稱八方之究遠，適可以'圍於'徑'寸'之'眸子'，言其理曠而當情也。"指摘甚當，而抉發文心意匠，於全註殊爲破體。《世説・文學》篇註引《左思別傳》謂《三都賦》註"皆思自爲，欲重其文，故假時人名姓"。此段註文果類作者恐讀者着眼或未分明，而不惜捲簾通一顧也。

　　《東都賦》："樂不極盤，殺不盡物，馬踠餘足，士怒未渫。"按《西都賦》："草木塗地，山淵反覆，蹂躪其十二三，乃拗怒而少息"；少息暫息，再接加厲，揮刃發矢，"風毛雨血"，以至"草木無餘，禽獸殄夷"。此賦寫羽獵，則"不極"、"不盡"，能節能止，亦兩篇襯映也。"馬踠"八字甚警策；《禮記·曲禮》："招搖在上，急繕其怒"，即此"怒"字。顏延之《赭白馬賦》："踠迹廻唐，畜怒未洩"，迺承班句，望而可識。陸希聲《唐太子校書李觀文集序》："每篇得意處，如健馬在御，蹀蹀不能止"（《全唐文》卷八一三）；意同而易賦爲比。

　　【增訂四】《莊子·天道》："似繫馬而止也（郭象註："志在奔馳"），動而持，發也機。"寫"馬踠餘足"、"健馬在御"之情狀，莫古於此，亦莫精於此。

作者形容物色，好寫體似止而勢猶動、動將息而力未殫之境，餘勇可賈，餘音尚裊，與班、顏賦馬，貌異心同。如潘岳《射雉賦》："倒禽紛以迸落，機聲振而未已"；木華《海賦》："輕塵不飛，纖蘿不動，猶尚呀呷，餘波獨湧"，正同唐李季蘭《三峽流泉歌》："廻湍瀨曲勢將盡，時復滴瀝平沙中。"程浩《雷賦》："及夫白日雨歇，長虹霽後，……蓄殘怒之未洩，聞餘音之良久"（《全唐文》卷四四三）；即陳與義《雨晴》："牆頭語鵲衣猶濕，樓外殘雷氣未平"，竊謂"氣"不如"怒"，胡穉註《簡齋集》，未參程賦。司空圖另鑄偉詞，以賦爲比，《絶麟集述》："實病於負氣，亦猶小星將墜，則芒焰驟作，且有聲曳其後，而可駭者撑霆裂月，挾之而共肆其憤，不能自戢耳"，又《〈愍征賦〉後述》："致憤於累千百言，亦猶虎之餌毒，蛟之飲鏃，其作也，雖震邱林、鼓溟漲，不能決其咆怒之氣"（《全唐文》卷八○九）。《二十四詩品》侔色揣稱，却未取象於此；曾紀澤《歸樸齋詩鈔》巳集下《演司空表聖〈詩品〉二十四首》《含蓄》："餘踠未伸閑駿馬，乍明仍滅見真龍"，乃及之矣。

　　《西都賦》："中必疊雙"，按見《史記》卷論《司馬相如列傳》;《幽通賦》:"三樂同於一體分",按見《史記》卷論《黥布列傳》。

四一　全後漢文卷二五

　　班固《與弟超書》："實亦藝由己立，名自人成。"按章學誠《乙卯劄記》稱"此八字千古名言"。然觀《文史通義》內篇三《鍼名》暢論："實至而名歸，自然之理也，非必然之事也"，則章氏亦知"己立"者未必"人成"。且章氏又未嘗不知名之成非盡由於藝之立也。世推章氏史學，余不賢識小，心賞尚別有在。學問文章之起家樹譽，每緣巧取強致，行事與《陰符經》、《鬼谷子》、《計然策》冥契焉。大盜不操戈矛，善賈無假財貨。仲長統《昌言》下："天下學士有三姦焉：實不知，佯不言，一也；竊他人之記，以成己說，二也；受無名者，移知者，三也"（《全後漢文》卷八九）。至章氏而彈究殊相，姦之有"三"，遂自實數可稽進而爲虛數不可執矣。章氏於並時勝流指名而斥者，戴震、袁枚、汪中三人也；《儒林外史》金和《跋》謂匡超人即影射汪中。竊謂《文史通義》中《書朱、陸篇後》、《點陋》、《所見》、《橫通》、《詩話》、《讀〈史通〉》諸篇於學人文士之欺世飾僞、沽名養望、脫空爲幻諸方便解數，條分件繫，燭幽抉隱，不啻鑄鼎以象，燃犀以照。《儒林外史》所寫蘧公孫、匡超人、牛浦郎等伎倆，相形尚是粗作淺嘗。諸篇言外即謂成名非關藝與學，而頗類嚴羽論詩所云“有别才”也。

　　班固《難莊論》。按《全晉文》卷三三裴頠《崇有論》：“惟班固著《難》，未足折其情”，當指此篇。僅存兩節共九句，不成條貫，未窺送難莊生者何事。《全後漢文》卷六二邊韶《老子銘》又稱：“班固以老子……與仲尼道違，述《漢書·古今人表》，檢以法度，抑而下之”，而《文選》班彪《北征賦》李善註引《漢書》言彪“性好莊老”。是班氏彪、固恰肖司馬談、遷，皆父好道而子尊儒矣。然固《漢書·敍傳》自言父彪“唯聖人之道然後盡心”，彪從兄嗣則“雖修儒學，而好老、嚴之術”；《後漢書·班彪傳·論》復目彪爲“通儒”；善註所引，單文孤證，似未足據，王先謙《後漢書集解》卷四〇上《校補》亦云：“未知善所據何《漢書》也。”

四二　全後漢文卷二六

　　班固《竇將軍北征頌》。按篇末“盪殘風”至“四行分任”一節，文字訛脱，不可句讀。汪兆鏞《樵窗雜記》卷三謂朱啓連爲句讀之，以“風”、“陰”、“淋”、“農”、“任”爲韻。亦未詞達理順，姑志其説。

　　班固《典引》。按别見《史記》卷論《孔子世家》。

　　班固《馬仲都哀辭》：“浮橋馬驚，入水溺死；帝顧謂侍御曰：‘班固爲馬上三十步哀辭。’”按其“辭”已佚，不知篇幅短長。即思捷才富，而時促限急，寸心之運，分陰是競，不能多多許也。魏文帝命陳思王七步中作詩，未限句數，故六句可以塞責，倘七步須作十六或二十句，恐難成辦。《魏書·獻文六王傳》下高祖山行賦詩，令人示彭城王勰曰：“吾始作此詩，雖不七步，亦不言遠，汝可作之，比至吾所，令就之也”；時勰“去帝十餘步，遂且行且作”。當亦非鉅篇。唐史青上書自薦云：“子建七步，臣五步之内可塞明詔”，玄宗試之，“應口而出”；今《全唐詩》存其《應詔賦得除夜》五言律八句，而下註“一作王諲詩”。

四三　全後漢文卷二八

　　杜篤《首陽山賦》："忽吾覩兮二老，時采薇以從容。於是
乎乃訊其所求，問其所修。……其二老乃答余曰：'吾殷之遺民
也。……余閉口而不食，並卒命于山傍。'"按觀"卒命"句，則
所覩乃伯夷、叔齊之鬼也。此賦後半已佚，然鬼語存者尚近百
字，《左傳》僖公十年記申生之告，《莊子·至樂》篇託髑髏之
言，遜其詳悉。情事亦堪入《搜神記》、《異苑》等書。張衡《西
京賦》所稱"本自虞初"之秘書九百，既勿流傳；《三國志·魏
書·王、衛、二劉、傅傳》裴註引《魏略》記曹植初晤邯鄲淳，
自炫才學，"誦俳優小説數千言訖"，亦無可徵；託名東方朔、伶
玄、班固者，又皆後出。玩索斯篇，可想象漢人小説之彷彿焉。
《金樓子·興王》所記夷、齊於首陽依麋鹿等事，賦未之及，當
尚無此類傳聞，故説鬼而未志怪耳。

　　朱穆《與劉伯宗絶交書》："足下今爲二千石，我下爲郎，乃
反因計吏以謁相與。足下豈丞尉之徒，我豈足下部民，欲以此謁
爲榮寵乎？咄！劉伯宗！於仁義道何其薄哉！"按《晉書·袁喬
傳》初與褚裒友善，及裒女康獻皇后臨朝，喬與裒書，"論者以
爲得禮"，其書略云"策名人臣，而交媟人父，天性攸尊，亦宜

體國而重矣。故友之好，請於此辭。……平昔之交，與禮數而降；箕踞之歡，隨時事而替。雖欲虛詠濠肆，脱略儀制，其能得乎？願將軍怡情無事，以理勝爲任，親仗賢達，以納善爲大。"朱直率至於怨罵，袁婉轉不忘勸規，皆與故人新貴絕交也，顧有惡聲出否之異，同歸而殊途。朱之怒罵，正以不如袁之有先識而能預辭，猝臨非意，疾言盛氣，遂不自禁耳。《南史》卷一七《向柳傳》與顏竣友善，"及竣貴，柳以素情自許，不推先之"，人誡柳曰："名位不同，禮有異數，卿何得作曩時意耶？"柳曰："我與士遜，心期久矣，豈可一旦以勢利處之？"柳後以事繫獄，"屢密請竣，求相申救"，竣"竟不助之，柳遂伏法"。向柳平時不肯折腰，絕境乃求援手，其粗疏固遠不如袁喬之解事；而顏竣蓄慍已久，不形詞色，俾故人以爲"素情"無殊疇曩，其城府深密，又遠非劉伯宗小丈夫所可比矣。《宋書·王僧達、顏竣等傳·論》欺宋世祖之於"弱歲臨藩"時"賓僚"云："憂歡異日，甘苦變心，主挾今情，臣追昔歡"；後八字肅括精微。朱穆"追昔歡"，乃不圖劉伯宗"挾今情"；袁喬想褚裒"挾今情"，故不欲"追昔歡"；向柳"追昔歡"，渾不悟顏竣陽"追昔歡"而陰"挾今情"。周密《浩然齋雅談》記韓維基語："凡親戚故舊之爲時官者，皆當以時官待之，不當以親戚故舊待之"；西人亦謂："朋友得勢位，則吾失朋友"（A friend in power is a friend lost）[1]；洞明世故，足以箋朱穆之《書》矣。

朱穆《絕交論》："或曰：'子絕存問，不見客，亦不答也，何故？'曰：'古者進退趨業，無私遊之交，相見以公朝，享會以

---

[1]　Henry Adams, *The Education of Henry Adams*, ch. 7 and 16.

禮紀，否則朋徒受習而已。……世之務交遊也久矣，不敦于業，不忌于君，犯禮以追之，背公以從之’”云云。按劉峻《廣〈絕交論〉》自言繼朱而作，有云：“朱益州……比黔首以鷹鸇，媲人靈於豺虎”，朱《論》今無其語，想缺有間矣。見存朱《論》與劉《論》實非筍頭卯眼。蓋“交遊”之事有二，見存朱《論》之“交”，指交際，亦即《潛夫論‧交際》篇所痛言者，劉《論》之“交”，乃於交際外別出交友。交際以禮爲重，而交友以情爲主①。客座賓筵之酬酢，府主幕僚之晉接，自公退食，往來報施，若《孟子‧萬章》論“交際”之取受餽卻，《潛夫論》所道“奉贄”、“嘉會”、“餕御”，皆禮之所尚；而禮者，忠信之薄，緣飾以節文者也。同心合志，求聲投契，以至於略名位而忘形骸，發乎情而永爲好，情則忠信之未嘗薄而不容文勝滅質焉。人事盛衰不居，交態遂親疏失故。係縻勿絕，交友而甘退居交際者有之，如袁喬之於褚裒；綢繆自結，交際而干進充交友者亦有之，劉《論》所斥“利交興”是矣。劉《論》標《廣》，或亦以朱《論》僅及交際而遺交友，故爲之增“廣”乎？劉《論》之“利交五術”，似濫觴於鍾會《芻蕘論》：“凡人之結交，誠宜盛不忘衰。……初隆而後薄，始密而終疏，斯何故也？皆由交情不發於神氣，道數乖而不同，權以一時之術，取倉卒之利。有貪其財而交，有慕其勢而交，有愛其色而交；三者既衰，疏薄由生”（《全三國文》卷二五）。劉《論》激而切至，朱《論》激而偏宕。韓菼《有懷堂文稿》卷七《交際論》所謂：“親戚朋友之誼闋，伐木角弓之禮盡亡，而北門之大夫作矣！”倘不失爲朱《論》之匡

---

①　Cf. La Bruyère, *Les Caractères*, V. "De la société" vs VI "Du coeur".

救歟。《潛夫論・交際》篇寫東漢風習甚翔實，"貧賤之苦酷"一
節："貧賤難得適：好服謂之奢僭，惡衣謂之困厄"云云，道出
貧者作人處世之難；《法苑珠林・貧賤篇》第六四引《燈指經》
稱："諸貧窮者，行來進止，言說俯仰，盡是愆過"，"若著新衣，
復言假借嚴飾；若著弊衣，復言儜劣寒悴"云云，機杼全同，敷
陳更備也。

四四　全後漢文卷二九

馬第伯《封禪儀記》。按此文寂寥千載,南宋洪邁《容齋隨筆》卷一一引自《漢官儀》而極歎其工,始有賞音。明孫鑛《孫月峯先生全集》卷九補訂之,即嚴氏按語所謂"采輯不全"者。陳夢錫《無夢園初集‧馬集》卷四《名世文宗序》至舉此篇爲"文式"。清王太岳《青虛山房集》卷四《書〈高平行紀〉後》:"他日愛嗜柳子厚永州山水諸記,歎其摘抉窈眇,善寫萬物之情狀,以爲紀游之作,極於此矣。已而讀馬第伯《封禪儀記》,幽夐廉削,時若不及柳氏,而寬博雅逸,自然奇妙,柳氏之文蓋猶有不至焉。"數子中王氏最能作"古文",其言尤足重也。

"石壁窅窱,如無道徑;遙望其人,端端如杆升,或以爲小白石,或以爲冰雪,久之,白者移過樹,乃知是人也。"按"端端"句有誤字,《後漢書‧祭祀志》上作"端如行朽兀",亦不可解。臆測"兀"乃"杌"之譌,木無枝爲"杌","杆升"乃"朽杌"之譌,"端端"乃"端立"之譌,因"端"有"立"傍而複書全字(dittography),故當作"端立如朽杌"也。

【增訂四】江淹《遊黃蘖山》:"殘杌千代木",即此"杌"字,可據以訂《後漢書‧祭祀志》所謂"朽兀"之譌。

且既言"行"，何待"移過"而後"知是人"乎？此節擬襲最多，
如南宋周晉仙《方泉先生詩集》卷一《山行行歌》第七首："遠
望山腰多白石，細看知是野人行"；薛熙《明文在》卷六五王禕
《開先寺觀瀑布記》："從樹隙見巖腰采薪人，衣白，大如粟；初
疑此白石耳，有頃漸移動，乃知是人也"；袁中道《珂雪齋詩集》
卷四《感懷》第三三首："如雪如素練，晃耀亂山赭，白者移過
樹，乃知是人也"；清魏源《古微堂詩集》卷五《太室吟》："山
脚仰視峯影小，數點白者出林杪，須臾移過雜樹間，乃知是人非
飛鳥。"別見《太平廣記》卷論卷二五六《平曾》。"前人相牽，
後人見前人履底，前人見後人頂，如畫重累人矣"。按王世貞
《弇州山人四部稿》卷七二《游泰山記》："度石壁峪，爲十八盤，
應劭所謂'人相牽'云云，非此地也耶？""見後人頂"之"見"
字必誤，當是"就"字之類，此時無餘裕心力回顧也；參觀謝翱
《晞髮集》卷九《小爐峰三瀑記》："足相趾而進，不敢視，稍間
斷，前足已遠"，錢謙益《初學集》卷四六《游黃山記》之四：
"甫睨目而踵已失也，甫曳踵而目又失也。"抑兩"見"字皆當讀
"現"，謂"見於"耶？袁中道《珂雪齋詩集》卷七《登泰岱》第
二首："前人踏皂帽，後侶戴青鞋"，本馬《記》而煊染"重累"
甚工；唐時升《三易集》卷一一《游泰山記》："爲十八盤，若階
而升天，時臨絕壁，俯視心動。……前行者當後人之頂上，後行
者在前人之踵下，惴惴不暇四顧"；則公然剿馬《記》矣。"有青
氣上與天屬，遙望不見山嶺，山嶺人在氣中，不知也。"後世寫
景慣用此法，如王維《桃源行》："峽裏安知有人事，世中遙望空
雲山"（二句亦見《寄崇梵僧》，"世"作"郡"），又《山中寄諸
弟妹》："山中多法侶，禪誦自爲羣，城郭遙相望，惟應見白雲"；

岑參《太白胡僧歌》："山中有僧人不知，城裏看山空黛色"；蘇軾《臘日遊孤山》："出山迴望雲木合，但見野鶻盤浮圖"，又《題西林壁》："不識廬山真面目，只緣身在此山中。"

四五　全後漢文卷三二

陳忠《薦周興疏》。按同卷忠《奏選尚書郎》實即此《疏》末節，不應重出。

四六　全後漢文卷三五

應劭《漢官儀》："世祖中興，……邊陲蕭條。……或空置太守令長，招還人民。上笑曰：'今邊無人而設長吏治之，難如《春秋》素王矣!'"按或於"吏"字、"難"字句讀者，非也。"聖而不王"曰"素王"，謂空有其德，而無其位；今適相反，空有其位，而無其事，具臣素食。"素"之爲言空也，而空有位不足比空有德，故曰"難如"。"邊無人"，則可以高拱無爲而臥治焉，何"治之難"之有哉？梁玉繩《瞥記》卷五、曹元忠《箋經室遺集》卷五《素王辨》皆未引此爲例。《北齊書·文宣紀》天保七年十一月併省州縣詔曰："百室之邑，便立州名，三户之民，空張郡目。譬諸木犬，猶彼泥龍，循名督實，事歸烏有"，又曰："牧令守長，虛增其數"；曰"空張"，曰"烏有"，曰"虛增"，皆"素"也，可以移釋此節。

四七　全後漢文卷三六

應劭《風俗通義》。按《太平廣記》卷論及者，不復贅。

"殺君馬者，路傍兒也。"按張率《走馬引》："斂轡且歸去，吾畏路旁兒"；梁簡文帝《愛妾換馬》："真成恨不已，願得路傍兒"；楊慎《太史升菴全集》卷一五《衍古諺》詩："未樹邊隅績，徒爲冶游疲；始信殺君馬，端是路傍兒。"韓菼《有懷堂詩稿》卷四《宿遷道中》第一首："枉殺人才及此老，鈴聲已自笑郎當"，用黄旛綽語，謂己非人才，枉被辟召，第二首："老驥可能仍蹀躞？故人多是路傍兒！"，謂友人非知己者，苦相慫恿；皆善用事。《韓非子·内儲説》上越王式怒鼃節："由此觀之，譽固足以殺人矣！"；焦循《易餘籥録》卷一二："《列子·楊朱篇》引周諺云：'田父可坐殺'，余則云：'學究可譽殺'"；即路傍兒"快之"而致馬力盡以死也。

"汝南陳伯敬行必矩步，坐必儼然，目有所見，不食其肉。"按《孟子·梁惠王》、賈誼《新書·禮篇》、《大戴禮·保傅》皆言于禽獸見其生不食其死，聞其聲不嘗其肉。談者迁之。英小説中一女郎牧豬，晨入牢必起居羣豬，叩問何日願爲俎上肉，歸舍尚淚淋浪，哀其不免供人口腹（Annie asked them how they were

getting on，and when they would like to be eaten. Then she
came back with foolish tears，for thinking of that necessity），女
有兄，英雄人也，感之亦不忍食豕肉；一文家（R. L. Stevenson）
嘗牧豬，自言：“與豕相暱，則食其肉時有啖人肉之感”（Once
form an intimacy with a pig and eating pork partakes of the na-
ture of cannibalism）[①]。頗有儒家風也。

---

① 　R. D. Blackmore，*Lorna Doone*，ch. 7，"Everyman's Lib."，40；Fanny and
R. L. Stevenson，*Our Samoan Adventure*，ed. C. Neider，55.

四八　全後漢文卷三八

應劭《風俗通義》："陳留太守泰山吳文章少孤，遭憂衰之世，與兄伯武相失。別二十年後，相會下邳市中，爭計共鬬。伯武毆文章，文章欲報擊之，心中悽愴，手不能舉，大自怪也。……更相借問，乃親兄也。"按《呂氏春秋·精通》篇記申喜亡母，"聞乞人歌於門下而悲之，動於顏色，……蓋其母也。……兩精相得，豈待言哉！"《淮南子·説山訓》所謂："老母行歌而動申喜，精之至也"，《論衡·感虛篇》亦謂"實"有。骨肉久睽，相見勿識，而怦然憬覺，遂得團聚，小説院本常寫其事，要莫早於呂書，應書次之。西方命曰"血聲"（la voix du sang），古希臘小説即有此情節①。他如《十日談》、《意大利人自述》、《渦堤孩》等均道及祖孫、兄妹、母女之陌路相遭而脈脈感通②。法國古典悲劇尤多用以佈局，如高乃伊（Corneille）有兩劇（*Oedipe*，*Héraclius*）是；偶覿美國一學士著書撮述頗備（Clifton Cherpack，*The Call of Blood in French Classical Tragedy*），而似未辨"血呼"

---

① Héliodore，*Les Éthiopiques*，X. 9（Persina et Chariclée），*Romans Grecs*，"Classiques Garnier"，280.

（le cri du sang）之與"血聲"異意。一指死人屍體之陰籲報復，一指生人心感之隱示親屬，毫釐千里也。

---

② *Decamerone*，II.8（quasi da occulta virtù mossi，avesser sentito costui loro àvolo essere），V.5（da occulta virtù mossa，cominciò a piagnere），Hoepli，139，343；Ippolito Nievo，*Le Confessioni d'un Italiano*，cap. 16（Lo sentiva，lo sentiva，e non osava pensarlo），*Opere*，Riccardo Ricciardi，576-7；Fouqué，*Undine*，kap. 11（Ach Gott，sie ist ein böses Weibsbild geworden；und dennoch fühl' ich's im Herzen，daß sie von mir geboren ist），Nelson，54.

四九　全後漢文卷三八

　　應劭《風俗通義》潁川娣姒爭兒，訟三年不決，丞相黃霸令卒抱兒，叱婦往取，"長婦抱兒甚急，兒大啼叫，弟婦恐相害之，因乃放與，而心甚自悽愴，長婦甚喜，霸曰：'此弟婦子也！'責問大婦乃伏。"按同卷載臨淮兩人爭鞼，"各云：'我鞼！'"，詣府訴訟，丞相薛宣"呼騎吏中斷鞼，各與半，使追聽之"，一人曰："受恩！"，一人稱冤，因詰責前人，具服。二事用意相同。《魏書·李崇傳》苟泰與趙奉伯爭兒，"各言己子"，郡縣不能斷，崇"令二父與兒各在別處禁，經數旬，然後遣人告之曰：'君兒遇患，向已暴死！'"，苟悲不自勝，趙咨嗟而已，崇斷以兒還苟。《新五代史·安重榮傳》："有夫婦訟其子不孝者，重榮拔劍授其父，使自殺之，其父泣曰：'不忍也！'其母從傍詬罵，奪其劍而逐之。問之，乃繼母也。重榮叱其母出，從後射殺之。"與黃、薛判案如出一轍。小說院本亦每渲染此情節。元曲李行道《灰闌記》尤著稱，第四折包拯斷大小婦爭兒，命張千"取石灰來，在階下畫個闌兒，著這孩兒在闌內，著他兩個婦人拽這孩兒出灰闌外"；其不忍"用力硬奪"者，真兒母也。正師黃霸之餘智。《聊齋志異》卷十二《太原獄》姑媳訟姦，孫柳下命各以刀石擊殺姦夫，媳毒打而姑不忍，乃知與此夫通者，姑也。黃霸、安重榮、包拯聽訟，斷兩造中心手狠者爲曲；《聊齋》此則翻舊生新，使曲在心手軟者，所謂反其道以仿其意（Kontraste sind inverse Ähnlichkeit；Le contraire naît du contraire），詳見《太平廣記》卷論卷二五六《平曾》。異域舊聞有酷肖者。《賢愚經·檀膩羈品》第四六："二母人共諍一兒，詣王相言。時王明黠，……語二母言：'今唯一兒，……聽汝二人，各挽一手，誰能得者，即是其兒。'非其母者，於兒無慈，盡力頓牽，不恐傷損；所生母者，於兒慈深，隨從愛護，不忍拽挽。王鑒真僞"；《舊約全書·列王紀》上記二妓爭兒，所羅門王命左右取劍，曰："剖兒爲兩，各得半體"（Fetch me a sword. Divide the living child in two, and give half to the one, and half to the other）；一妓乞勿殺兒，己願捨讓，一妓言殺之爲尚，無復爭端；王遂判是非[1]。人類學家言大洋洲初民風俗，兩男爭娶一女，則左右各執女臂拽向己身，力大者得婦，致女往往節離臼脫（Diefenbach relates concerning the Polynesians that if a girl was courted by two suitors, each of them grasped one arm of the beloved and pulled her toward him; the stronger one got her, but in some cases not before her limbs had been pulled out of joint）[2]。此則因傾心而忍心，由愛生狠，不恤"用力硬奪"、"扭折肐膊"，又閻羅包老所不能計及矣。

---

[1]　I. Kings, 3. 16-18.
[2]　H. T. Finck, *Romantic Love and Personal Beauty*, I, 92.

五〇　全後漢文卷四一

　　應劭《風俗通義》："熹平二年六月，雒陽民訛言：虎賁寺東壁中有黃人，形容鬚眉良是。觀者數萬，省内悉出。劭時爲郎，故往視之。何在其有人也！走漏汙處，膩赭流瀝，壁有他剝數寸曲折耳。"按流俗寡昧，相驚伯有，見屋漏壁痕，詫歎妖異，故此條出《後漢書・五行志》註。然詩人畫士玩視壁痕而發興造藝者有之，或復師弟傳授以爲繪事法門焉。沈括《夢溪筆談》卷一七宋迪謂陳用之曰："汝畫信工，但少天趣。汝先當求一敗牆，張絹素訖，倚之敗牆之上，朝夕觀之。觀之既久，隔素見敗牆之上，高下曲折，皆成山水之象，心存目想。"達文齊亦云，作畫時構思造境，可面對牆痕斑駁或石色錯雜，目注心營，則人物風景彷彿紛呈（Look at walls splashed with a number of stains, or stones of various mixed colours. If you have to invent some scene, you can see there resemblances to a number of various landscapes etc.）[①]。二人之論意匠，巧合遥符，談者嘗捉置一

[①]　Irma A. Richter, *Selections from the Notebooks of Leonard da Vinci*, "The World's Classics", 182.

處，或至疑西説乃東土之別傳云①。夫玩壁上汙跡而想象形似，初不待畫師教誨，應劭此節，早著其例。唐顧況《苔蘚山歌》："野人夜夢江南山，江南山深松桂聞。野人覺後長歎息，帖蘚黏苔作山色。閉門無事任盈虛，終日欹眠觀四如：一如白雲飛出壁，二如飛雨巖前滴，三如騰虎欲咆哮，四如嬾龍遭霹靂；嶮峭嵌空潭洞寒，小兒兩手扶欄干"；亦此事也。周亮工《尺牘新鈔》三選《結鄰集》卷八高阜《與蔚生弟論畫》："予冬日坐明窗，窗格内紙僅三寸許，日光射蛛絲；影飄其上，度可二寸有餘，細塵微封其上。隔窗視之，其窈裊縱送、屈身自如之狀，並塵封若有若無，一一肖似，真畫家所不能措手者。吳道子、李龍眠諸公想從此悟入"；更通之於畫，且似未嘗聞宋迪語者，蓋明末、清初沈括《筆談》固屬僻書也。許承堯《疑盦詩》丙卷《冰畫。北地嚴寒，明窗夜氣，沍作碎冰，曉起視之，天然成畫》："倐忽虛無境，迷離山水情"，十字簡而能達。西方談者取達文齊之言充類一貫，至謂造藝師匠對世間事物，亦如達文齊之面敗壁（D'une façon plus générale，l'artiste est devant l'existence comme Léonard de Vinci devant le mur ruineux）②。復有師其遺意，攝油垢充積之鍋底爲影（Paul Signac avait photographié un fond de casserole tout incrusté de suie），命人心存目想者③；則幾如心理學中測驗法（The Rorschach test）矣。

---

①　R. Petrucci，*La Philosophie de la Nature dans l'Art d'Extrême – Orient*，117；J. Baltrusaïtis，*Le Moyen Âge fantastique*，220。

②　H. Focillon，*Vie des Formes*，Ernest Leroux，75。

③　A. Lalande，*Vocabulaire technique et critique de la Philosophie*，9e éd.，Préface，pp. xviii – xix。

【增訂三】達文齊面壁造境，年輩稍晚之畫師比埃羅·狄·谷西莫（Piero di Cosimo）亦然。《藝人列傳》本傳載病人哇吐牆上，留迹狼藉，渠過而止足，凝視意會，如覩羣馬酣鬭之狀或城市、山林奇詭之景；其觀雲時，擬想復爾（He stopped to examine a wall where sick persons had used to spit，imagining that he saw there combats of horses and the most fantastic cities and extraordinary landscapes ever beheld. He cherished the same fancies of clouds—Giorgio Vasari，*op. cit.*，II，177）。又與宋迪闇合神遇矣。望雲擬境，更與黃公望教人者同。《南村輟耕錄》卷八載其《寫山水訣》有云：“登樓望空闊處氣韻，看雲彩即是山頭景物。李成、郭熙皆用此法，郭熙畫石如雲，古人云‘天開圖畫’者是也。”按黃庭堅《豫章文集》卷一五《王厚頌》第二首：“人得交游是風月，天開圖畫即江山。”然庭堅句言山水乃天然圖畫，公望斷章取義，言雲族有如“天”空上展“開”山水“畫”本，則當引顧愷之《神情詩》“夏雲多奇峰”耳。此訣雖乖庭堅詩旨，而自具心得，堪稱“創造性之誤解”，不妨“杜撰受用”（參觀1660又1701頁）。如《山谷內集》卷六《詠雪奉呈廣平公》：“連空春雪明如洗，忽憶江清水見沙”，任淵註：“沙以喻雪”；《簡齋集》卷一一“天缺西南江面清，纖雲不動小灘橫”；《誠齋集》卷三二《明發栖隱寺》：“銀河到曉爛不收，皎如江練橫天流，中流點綴金沙洲。……天光淡青日光白，道是銀漢也不得；雲師強狠趕不奔，堆作砂洲是碎雲”；皆“看”上空之舞雪停雲，“即是”下地之河沙沙洲渚，則正公望所解之“天開圖畫”矣。看雲彩而擬作山水，構想之通而無礙也；見雲氣而認爲蓬萊（參觀

468 頁），致知之執而有蔽也。“看作”（seeing in）之與“見爲”（seeing as），毫釐千里焉。許承堯《冰畫》詩即《古今談概》卷三四所謂：“冰霜所結，有‘天畫’之稱”；張陰桓《鐵畫樓詩續鈔》卷下《晨窗積凍戲爲短詠》亦已云：“人事研竟輸天工，……畫意直可超南宗。”

【增訂四】畫人“看雲彩是山頭”之事，始載於郭若虛《圖畫見聞志》卷四：“翟院深……少爲本郡伶官。一日有會，院深擊鼓忘其節奏。部長按舉其罪，太守面詰之。院深乃曰：‘院深雖賤品，天與之性，好畫山水。向擊鼓次，偶見雲聳奇峯，堪爲畫範；難明兩視，忽亂五聲。’太守嘉而釋之。”《宣和畫譜》卷一一記院深言，作：“忽見浮雲在空，宛若奇峯、絕壁，真可以爲畫範。”王闢之《澠水燕談録》卷七亦記其事而較略，院深答語作：“適樂作次，有孤雲橫飛，淡佇可愛，意欲圖寫，凝思久之”，則非見“雲聳”如“峯”，而欲逕畫“雲飛”矣。《簡齊集》卷一四《晚步》：“停雲甚可愛，重疊如沙汀”，可與原引卷一一《雨晴》句相參。《中州集》卷一密國公璹《夏晚登樓》：“雲似碧山天似水，霽波平浸兩三峯。”德昆亞《懺悔録》有一節寫仰望晚雲成族，掩蓋不盡之太空出其隙，點點如島嶼之在湖中(The clouds passed slowly through several arrangements, and in the last of these I read the very scene which six months before I had read in a most exquisite poem of Words worth's, ["Ruth"]... It was a Canadian lake, "with all its fairy crowds/Of islands that together lie/As quietly as spots of sky/Among the evening clouds". — *Confessions of an English Opium Eater*, Everyman's Lib., p.95)，會心正復不遠。白居易《江樓晚眺，景物鮮奇，吟翫成篇》："暈散雲收破樓閣，虹殘水照斷橋梁"，又"天開圖畫"之早者。古希臘人論想象，舉人觀天上浮雲輒作半人馬、鹿、羚羊、狼、馬諸獸形爲例，即近世心理學所謂"投射"（projection）爾（But what about the things we see in the sky when the clouds are drifting the centaurs and stag，antelopes and wolves and horses? etc.—Philostratus，*The Life of Apollonius of Tyana*，II. xxii，Loeb，Vol.I，pp.175 ff.；cf. E.H.Gombrich，*Art and Illusion*，5th ed.，1977，pp. 89-91，154-5）。

五一　全後漢文卷四三

傅毅《七激》："驥騄之乘，……前不可先，後不可追，踰埃絶影，倏忽若飛。"按後世頗有祖構，如《全三國文》卷三二劉劭《七華》："後不可及，前不可越。"周君振甫曰："'前'、'後'均指他馬，謂馬在其前者不能仍居先，馬在其後者不能追及之。若指此馬，則上句可通，下句無義理；苟下句别指他馬，則與上句堆牀疊屋。蓋此馬既'不可先'，則必不在'後'，既'不可追'，必長在'前'而不在'後'；若云他馬在'後'，莫能'追'及此馬，則與言此馬在'前'，他馬莫之能'先'，又何異乎?"本卷劉廣世《七興》："駿駔之馬，……飆駭風逝，電發波騰，影不及形，塵不暇興"；末二句即"踰埃絶影"之意而語更醒豁。《全漢文》卷四二王襃《聖主得賢臣頌》："追奔電，逐遺風"，相形見絀；蓋風尚身外之物，而影則附身之物也。《三國志·魏書·武帝紀》裴註引《魏書》："公所乘馬名'絶影'，爲流矢所中"，正本傅文命名。《全晉文》卷八五張協《七命》："天驥之駿逸，……影不及形，塵不暇起"；《唐文拾遺》卷一唐太宗《骨利幹名馬敍》："塵不及起，影不暇生"；皆襲劉廣世語。奇文共賞，賞之不足，斯力仿之，仿之不如，則逕攘取之矣。

五二　全後漢文卷四四

崔駰《七依》寫"美人"云："迴顧百萬，一笑千金。……當此之時，孔子傾於阿谷，柳下忽而更婚，老聃遺其虛靜，揚雄失其太玄。"按參觀論《全漢文》卷二二司馬相如《美人賦》。《全後漢文》卷五二張衡《西京賦》："妖蟲艷夫夏姬，……增嬋娟以此犿。……睩藐流眄，一顧傾城；展季、桑門，誰能不營"；又卷八四邊讓《章華臺賦》："爾乃妍媚遞進，巧弄相加，……雖復柳惠，能不咨嗟"；同崔文之旨。展季即柳下；《文選》李善註："桑門、沙門也。"崔以儒宗道祖配柳下惠，張則以佛子連類，皆謂聖人貞士覷此麗質，亦色授魂與、喪操變行耳。柳下惠之嫗女不亂，漢前久傳習道。《雜阿含經》之一〇九二、《方廣大莊嚴經·降魔品》第二〇、《佛本行集經·魔怖菩薩品》第三一等詳述魔女作六百種"色"、三十二種"媚"以"惑"佛，佛斥爲"尿屎囊袋"；《四十二章經》簡約爲天神獻玉女試佛，佛言："革囊眾穢，爾來何爲？……去！吾不用爾！"[1]。

---

[1]　Cf. Odon de Cluny："stercoris saccum amplecti desideramus！"，quoted in R. de Gourmont, *Le Latin mystique*, 30-2；Burton, *Anatomy of Melancholy*, Pt. III, Sect. III, Mem. V, Subs. III, "Everyman's Lib.", III, 208, 212 (Lucian, Buchanan, Chrysostom et al).

《後漢書·襄楷傳》上書：“天神有遺好女，浮屠曰：‘此但革囊盛血！’遂不盼之。其守一如此！”；正言此事。倘《四十二章經》洵譯於東漢初，則張衡意中或有之。李善註“展季”，引《家語》，而註“桑門”，却未引《四十二章經》或襄楷書，豈於《經》示疑疑之微意，而於襄書以爲在張賦後耶？然班固《兩都賦·序》“朝廷無事”句善註引蔡邕而自解曰：“諸釋義或引後以明前”，則義例又非甚嚴者也。秦觀《河傳》“籬枯壁盡因誰做？若説相思，佛也眉兒聚”（參觀《滿園花》：“近日來非常羅皁醜，佛也須眉皺”）；向滈《青玉案》“多情賦得相思分，便攢斷愁和悶，萬種千般説不盡。喫他圈櫃，被他拖逗，便佛也須教恨”；謂斷愛如佛，亦復情結愁縈，即“桑門”之“縈”耳。晚唐顧甄遠《惆悵詩》之八：“如今兩地心中事，直是瞿曇也不知”；秦、向語氣似之，而用意較進。蓋“不知”尚出旁觀，“須恨”、“眉兒聚”則使塵網外人置身情網中矣。後世小説院本如《宣和遺事》前集寫李師師云：“休道徽宗直恁荒狂，便是釋迦尊佛，也惱教他會下蓮臺”；王實甫《西廂記》第一本第四折寫僧衆“貪看鶯鶯”，太師“凝眺”，班首“痴呆”；《水滸全傳》第四五回寫一堂和尚見楊雄老婆、《金瓶梅》第八回寫衆和尚見武大老婆，“迷了佛性禪心，七顛八倒”；均“桑門不能不縈”之遺意也。抑又有甚焉者，其寫鳩媒之工於誘惑，如《水滸》第二四回稱王婆云：“端的這婆子開言欺陸賈，出口勝隨何。……使阿羅漢抱住比丘尼，……教李天王搜定鬼子母。……教唆得織女害相思，調弄得嫦娥尋配偶”；《警世通言》卷一六、《醒世恒言》卷三、王鑨《秋虎邱》第九折、《野叟曝言》第三四回等形容劉四媽、李四嫂輩之擅

牽馬略同①。前者謂見可欲能使心亂，後者逕謂仙佛雖出世升
天，而耳聞媒妁之言，已欲破戒失守，無俟於目覩。誇而益
甚也。

① Cf. Thomas Shadwell, *The Miser*, Mrs Cheatly: "I bring people together and make work for the parsons and the midwives. If I had liv'd in that time I would have been hang'd if I had not married the Pope to Queen Elizabeth" (*Complete Works*, ed. Montaque Summers, II, 39).

五三　全後漢文卷四六

崔寔《政論》。按漢人言治國不可拘守儒家所謂"王道"，而必用霸術者，以此《論》爲尤切（參觀《史記》卷論《始皇本紀》），《隋書·經籍志》入之法家，是也。葉適《習學記言序目》卷二五斥崔《論》曰："絕無義，漢人以爲能言，莫曉其故。不過病季世寬弛，欲以威刑肅之。"寔初非專主"威刑"者，明言"達權救弊"，欲"嚴刑峻法，破奸宄之膽"，則用心如《左傳》昭公六年子產鑄刑書所謂："吾以救世也。"孔穎達作此傳《正義》，申說"李悝作法，蕭何造律，……秦、漢以來，莫之能革，……古今之政，……觀民設教，遭時制宜"；不圖註疏餖飣中有此崇論閎議，表而出之，亦聊以佐寔張目也。寔比"爲國之道"於衛生，"刑罰"乃攻疾之"藥石"，而"德教"則養身之"粱肉"，粱肉不可治病，猶藥石不可供食，二者相輔。《禮記·坊記》不亦云乎："故君子禮以坊德，刑以坊淫，命以坊欲"，初無偏頗。《後漢書》本傳采寔斯語，葉氏視若無覩。宋儒論古，責備求全，苛刻正自不亞於其所掊擊之法家用法。賈誼倡"道以德教"而排"毆以法令"，葉氏尚譏其緣飾仁義而不知統；寔之直陳"參以霸政"、"檢"以"法術"，爲所鄙棄，更無足怪耳。以重刑深罰爲藥石，與西方文藝復興時政論家所謂“猛藥”①，詞意亦相發明。

【增訂四】唐王志愔爲大理正，見官僚以縱罪爲寬恕，撰《應正論》，即稱引崔寔此作“爲國以嚴致平”之説，且曰：“内律云：‘釋種虧戒律，一誅五百人，如來不赦其罪’；豈謂佛法爲殘刻耶？老子《道德經》云：‘天網恢恢，疎而不漏’，豈謂道教爲凝峻耶？《家語》曰：‘王者之誅有五，而竊盜不與焉’，即‘行僞言辯’之流；《禮記》亦陳‘四殺’，‘破律亂名’之謂；豈是儒家執禁、孔子之深文哉？此三教之用法者……”（《全唐文》卷二八二）。

“是所謂渴馬守水，餓犬護肉，欲其不侵，亦不幾矣。”按卷八八仲長統《昌言》上：“使餓狼守庖廚，飢虎牧牢豚”，又“苟使豺狼牧羊豚，盜跖主征税”，卷八九《昌言》下：“猶豺狼守肉，鬼魅侍疾。”《太平廣記》卷四九三《裴玄智》（出《辨疑志》）載化度寺題壁云：“放羊狼頷下，置骨狗前頭；自非阿羅漢，安能免得偷！”

“諺曰：‘一歲再赦，奴兒喑啞。’”按《困學紀聞》卷一三謂唐太宗之言出於此，閻若璩註謂王符《潛夫論·述赦》亦引諺：“一歲載赦，奴兒噫嗟。”寔此節大意本之《管子·法法》篇：“凡赦者，小利而大害者也”云云，所稱“昔管子有云：‘赦者、奔馬之委轡’”云云，即出其篇。“委轡”之喻，《孔叢子·刑論》

---

① Machiavelli，*Il Principe*，cap. 3，*Opere*，Riccardo Ricciardi，6；cf. Gucci-iardini：“Questo male，che è difficile a sanare，arebbe bisogno di medicine forti，e，per parlare in volgare，di crudeltà.”

申説之："孔子曰：'以禮齊民，譬之於御則轡也；以刑齊民，譬之於御則鞭也。……無轡而用策，則馬失道矣。'［衛將軍］文子曰：'以御言之，右手執轡，左手運策，不亦速乎？若徒轡無策，馬何懼哉？'"西籍載一夫殺人，法王路易十四宥之，是夫怙惡，復殺人十九，終抵罪死；大臣（Duc de Montausier）言於王曰："此囚所殺，祇一命爾；其餘十九命實喪於陛下之手！"① 可以參觀。即所謂"以刑去刑"、"一家哭何如一巷哭"。《藝文類聚》卷五二引《華陽國志》記諸葛亮"惜赦"語，與寔此節，皆管子、商君以來緒論也。

"今典州郡者，自違詔書，縱意出入。每詔書所欲禁絕，雖重懇惻，罵詈極筆，由復廢舍，終無悛意。故里語曰：'州縣符，如霹靂；得詔書，但掛壁。'"按馬周貞觀十一年上疏："供官徭役，道路相繼，……春秋冬夏，略無休時；陛下雖每有恩詔，令其減省，而有司作既不廢，自然須人，徒行文書，役之如故"；白居易《新樂府·杜陵叟》："不知何人奏皇帝，帝心惻隱知人弊，白麻紙上書德音：'京畿盡放今年税。'昨日里胥方到門，手持尺牒牓鄉村。十家租税九家畢，虛受吾君蠲免恩"；蘇軾《東坡集》卷二〇《應詔論四事狀》云："四方皆有'黃紙放而白紙收'之語"；蘇轍《欒城集》卷三六《久旱乞放民間債欠·貼黃》："貪刻之吏，習以成風。上有毫髮之意，則下有邱山之取，上有滂沛之澤，則下有涓滴之施"；皆即崔寔所慨也。歷世相承，慣弊難革，黃白紙語亦屢入南宋人詩中。如范成大《石湖詩集》卷三《後催租行》："自從鄉官新上來，黃紙放盡白紙催"，又卷二七

---

① 　H. Ellis, *The Criminal*, 5th ed., 299.

《四時田園雜興》："黃紙蠲租白紙催，皁衣傍午下鄉來"；《南宋
羣賢小集》第一二册朱繼方《静佳龍尋稿·農桑》："淡黃竹紙説
蠲逋，白紙仍科不稼租。"論史而盡信書者，每據君令官告，不
知紙上空文，常乖實政。《全齊文》卷一九孔稚珪《上新定律註表》
痛陳："則法書徒明於帙裏，寃魂猶結於獄中"；劉知幾《史通·載
文》亦歎："觀其政令，則辛、癸不如，讀其詔誥，則勳、華再
出。……鏤冰爲璧，不可得而用也；畫地爲餅，不可得而食也。"
　　【增訂四】詔令未可盡信，偶閲黃鉞《泛漿録》乾隆五十二年
五月八日日記："金華試院，宋保寧軍治也。廳事後堂五楹，
壁有宋碑一，崇寧四年聖製御書手詔，行書。……略云：'朕
奉先志，述而行之，靡有遺舉。吏怠不虔，因緣爲姦，託法以
便私，倚令以騷衆。令諸司悉力奉行，有懷姦廢法，不如令
者，按罪以聞。仍令御史臺體訪彈奏。'按史，是年以朱勔領
蘇杭應奉局及花石綱，東南之民方撤屋毀牆，疲於供應，而詔
書諄篤，亦似重有恤者，何憒憒也！"斯亦畫地鏤冰、白收黃
放之例矣。
十八世紀英國大史家至言：詔令而虐，必有虐政；詔令而仁，上
未必施行，下未必遵奉，則不保果有仁政(A tyrannical statute
always proves the existence of tyranny; but a laudible edict may
only contain the specious professions or ineffectual wishes of the
prince or his ministers)①。黃紙掛壁，此之謂乎。抑不特君上之

<hr>

　　① Gibbon, *Decline and Fall of the Roman Empire*, ch. 29; cf. L. Brunsch-
vicg, *Le Progrès de la Conscience dans la Philosophie occidentale*, II, 747 (l'écart en-
tre l'institution, telle qu'elle est enregistrée par la lettre du droit, et la vie véritable de
la société).

詔令爲然，臣下章奏，侈陳措施，亦每罔上而欺後世。黃震《黃氏日鈔》卷六七譏范成大"帥沿海"，"姑爲條畫"，未見行事，因歎："嗚呼！自昔士大夫建明多爛然於高文大册之間，而至今小民疾苦終蹙然於窮簷敗壁之下！"則黑字有同白説，猶黃紙之不敵白紙耳。

　　"理世不得真賢，猶治病無真藥，當用人參，反得蘆菔根。"按王符《潛夫論·思賢》："夫治世不得真賢，譬猶治疾不得良醫也。治疾當得真人參，反得支羅服；當得麥門冬，反得蒸穬麥。己而不識真，合而服之，病以侵劇，不自知爲人所欺也"；語意具足。《淮南子·氾論訓》："夫亂人者，芎藭之與藁本也，蛇牀之與蘪蕪也，此皆相似者"；《全後漢文》卷八三孔融《汝潁優劣論》："頗有蕪菁，唐突人參也"；《全三國文》卷八魏文帝《典論·諸物相似亂者》："蛇牀亂蘪蕪，薺苨亂人參"；劉晝《新論·心隱》："愚與直相像，若薺苨之亂人參，蛇牀之似蘪蕪。"柳宗元《辨伏神文》："買諸市，烹而餌之，病加甚，醫求觀其滓，曰：'吁！盡老芋也！'"，尤似王符一節而增波瀾。

五四　全後漢文卷五二

張衡《温泉賦》："遂適驪山，觀温泉，浴神井，風中巒。"按蔣超伯《窺豹集》卷下謂此用《論語·先進》之"浴乎沂，風乎舞雩"，韓愈註《論語》改"浴"爲"沿"，非也。頗得間，可補劉寶楠《論語正義》采撼之所未及。

張衡《西京賦》："爾乃商賈百族，裨販夫婦，鬻良雜苦，蚩眩邊鄙。何必昏於作勞耶？贏優而足恃。"按即《史記·貨殖列傳》："夫用貧求富，農不如工，工不如商，刺繡文不如倚市門"；《漢書·貨殖傳》引其語而稱爲"諺曰"者。後世賦《賈客樂》每用此意，如張籍《賈客樂》："年年逐利西復東，姓名不在縣籍中；農夫稅多長辛苦，棄業長爲販寶翁。"行商處賈雖異，而勝於"作勞"之農夫，則無不同。白居易《鹽商婦》："鹽商婦，多金帛，不事田農與蠶績"，亦歸一揆。

《西京賦》："華嶽峨峨，岡巒參差"云云，又"總會仙倡，戲豹舞羆"云云。按後世搬演戲劇所謂"布景"與"化妝"者，見諸文字始此。

五五　全後漢文卷五三

　　張衡《南都賦》：“客賦醉言歸，主稱露未晞。”按賓主去留，此一情狀也。湯顯祖《玉茗堂集》卷二《秦淮可游賦》：“或有辭而未去，或有去而不辭”，另一情狀也。張謙宜《繝齋詩談》卷七引失名氏詩：“佯謂公勿渡，隱窺王不留”（按倪鴻寶《倪文正公遺稿》卷一《四十初度》之一○：“曲有公無渡，藥難王不留”），又一情狀也。《紅樓夢》第一二回：“鳳姐笑道：‘你該去了。’賈瑞道：‘我再坐一坐兒’”，別是一情狀也。《宋書·隱逸傳》陶潛“便語客：‘我醉欲眠卿可去！’”；頽然自放，夷然勿顧，龔勝之“以手推夏侯常曰：‘去！’”（《漢書·王、貢、兩龔、鮑傳》），相形尚多此一舉手之勞。任真率性，已軼出尋常儀注矣。

五六　全後漢文卷五四

　　張衡《髑髏賦》。按《列子·天瑞篇》列子適衛見百歲髑髏節、《全三國文》卷一八陳王植《髑髏説》、卷四三李康《髑髏賦》、卷五三吕安《髑髏賦》等皆從《莊子·至樂》篇來，明人院本《蝴蝶夢》之《歎骷》亦然。莊子自言以馬箠擊空髑髏而問之，張衡此賦乃云：“髑髏答曰：‘吾宋人也，姓莊名周。’”莊子本借髑髏以説法，張遂逕使莊子自現髑髏身而説法，涉筆成趣。“昔日戲言身後事，今朝都到眼前來”；“後人不暇自哀，使後人而復哀後人也”；行文之狡獪有焉。“死爲休息，生爲役勞，冬水之凝，何如春冰之消？”按命意不外乎《莊子·大宗師》：“知死生存亡之一體，……勞我以生，息我以死”；《刻意》：“死也物化”；《知北遊》：“人之生，氣之聚也，聚則爲生，散則爲死。……已化而生，又化而死。”取譬本乎《淮南子·俶真訓》：“夫水嚮冬則凝而爲冰，冰迎春則泮而爲水，冰水移易於前後，若周員而趨，孰暇知其所苦樂乎？”；《精神訓》：“譬猶陶人之埏埴也，其取之地而已爲盆盎也，與其未離於地也，無以異；其已成器而破碎漫爛，而復歸其故也，與其爲盆盎，亦無以異矣。……牆之立，不若其偃也，又況不爲牆乎？冰之凝，不若其釋也，又況不爲冰乎?"(《説山訓》同)。《論衡・道虚》亦云:"人之生,其猶冰也,水凝而爲冰,氣積而爲人;冰極一冬而釋,人竟百歲而死。"釋書以之爲慣喻,如《首楞嚴經》卷三:"始終相成,生滅相續,生死死生,生生死死,如旋火輪,未有休息。阿難,如水成冰,冰還成水";寒山詩:"欲識生死譬,且將冰水比,水結即成冰,冰消返爲水。"宋儒張載《正蒙・太和》第一:"氣之聚散於太虚,猶冰之凝釋於水";《動物》第五:"海水凝則冰,浮則漚,……推是足以究生死之説";《誠明》第六:"天性在人,猶水性之在冰,凝釋雖異,爲物一也,受光有大小昏明,其照納不二也。"朱熹《朱文公文集》卷四一《答程允夫》附程來書:"張子曰:'天性在人'云云。然極其説,恐未免流於釋氏,兄長以爲如何?"朱答:"程子以爲横渠之言誠有過者,正爲此等發耳。"張載論"氣",喻諸冰水,如《淮南子》、《論衡》及釋書之一死生(the circle of generation);其論"性"而復舉此喻,則《淮南》、《論衡》所未道,而如釋氏之通妄於真、即迷爲覺(the circle of cognition)。蓋釋氏取一事而兩任也。僧肇《寶藏論・廣照空有品》第一:"真冰釋水,妄水結冰";智顗《摩訶止觀》卷一:"無明轉即變爲明,如融冰成水,更非遠物,不餘處來",又卷六:"如爲不識冰人,指水是冰,指冰是水,但有名字,寧復有二物相即耶?";淨覺《楞伽師資記》第三北齊惠可:"冰生於水而冰遏水,冰泮而水通,妄起於真而妄迷真,妄盡而真現";宗密《禪源諸詮集都序》卷上之一:"法本稱理互通,通即互順,凝流皆水";至明袾宏《竹窗隨筆》仍云:"從真起妄,妄外無真,繇水結冰,冰外無水,體一而用常二也。"故程氏之"恐",初非無因,朱在宋儒中於教宗最稱通曉,乃不直舉贓證,而婉言

薄責，豈爲尊者賢者諱耶？張衡賦中冰水之喻，一經拈出，當不
乏好奇之士，舍近求遠，以張之《西京賦》曾及“桑門”，遂渾
忘《淮南》，而謂經來白馬，張氏必如是我聞，得之耳學。釋子
知之，大可攀附；渠輩以《列仙傳》僞序故，於兩漢作者，好引
劉向，鋪張門面（參觀《列子》卷論《仲尼》篇），而於張衡則
失之交臂矣。

五七　全後漢文卷五八

　　王延壽《魯靈光殿賦》：“飛禽走獸，因木生姿”云云。按此節寫殿中陳飾雕鏤之象，所謂“奔虎”、“虯龍”之類，即《淮南子·本經訓》言君主“五遁”之“寢兕伏虎、蟠龍連組”等也；李白《明堂賦》：“猛虎失道，潛虯登梯”，亦仿此。“胡人遙集於上楹，……狀若悲愁於危處，憯嚬蹙而含悴”；即《全晉文》卷四六傅玄《猨猴賦》：“揚眉蹙額，若愁若嗔。……既似老公，又類胡兒”，又卷六〇孫楚《鷹賦》：“狀似愁胡。”杜甫《從人覓小胡孫許寄》所謂“預哂愁胡面”，又《畫鷹》所謂“側目似愁胡”。“圖畫天地，品類羣生”云云。按此節寫牆壁上圖繪之象；觀所描述乃知延壽父逸《楚辭章句》說《天問》爲屈原覩廟壁圖畫而呵問之，蓋相今度古耳。“五龍比翼，人皇九頭”。按《文選》李善註引《春秋命歷序》宋均註：“九頭、九人也。”《太平御覽》卷七八引宋均此註：“九頭、兄弟九人”，又卷三九六引《洞紀》：“古人質，以‘頭’爲數，猶今數鳥獸，以‘頭’計也；若云‘十頭鹿’，非十頭也。”人以“頭”計，近古尚然，而質漓文勝，已成賤稱，如《全三國文》卷六八虞翻《與弟書》：“有數頭男皆如奴僕”，《水經注·沅水》李衡曰：“有木奴千頭。”是則“人皇九頭”猶“夔一足”歟？《韓非子·外儲説》左下魯哀公問："吾聞夔一足，信乎?"孔子答："夔、人也。……非一足也，一而足也";《呂氏春秋‧察傳》、《風俗通‧正失》均載之。竊謂此類言説實出於好古而復不信者之慘淡經營；乃是後人之"文"，初非古人之"質"。蓋信而好古，其事簡，其心直，書則盡信，傳則不察。原始多荒幻之想象，草昧生迷妄之敬忌；疑懼而須解，困窮而有告，或因寄所欲，又聊用自娛，結念構形：天神地祇，怪人妖物，詭狀殊相，無奇不有。伯益《經》傳《山海》，淮南《訓》著《天墜》，梗概猶存，隅舉可反。人皇九頭乃至於天皇氏十三頭，夔一足乃至於燭龍神無足，其小者耳。時世遷移，知慮增進，尚論古先，折衷事理，遂如《論語》所謂怪神不語，《史記》所謂縉紳難言。不肯信而又不忍棄，既奉典爲不刊，却覺言之不經，苟非圓成其誕，必將直斥其誣。於是苦心疏釋，曲意彌縫，牛鬼蛇神，强加以理，化奇異而爲平常，"一而足"、"頭爲數"，即其顯例。飾前載之荒唐，鑿初民之混沌，使譎者正、野者馴，陽尊舊聞，潛易本意，有如偷樑换柱，借體寓魂焉。抑此技不施於非類異種，故"九尾之狐"、"九頭之鴒"，未嘗有以"頭、尾爲數"作解者，亦無援"十手所指、十目所視"以説《大悲呪》之"千手千眼觀世音"者。古希臘學究操術略同，如《神統歌》（*Theogony*）道及"百手人"，説者曰："非其人身生百手也，有地名'百手'，土著遂稱此"[1]；與"九頭"、"一足"之詮，無以異爾。俗傳人神形貌，固有孳生於文字者[2]。

---

[1]　Pareto, *op. cit.*, §§ 661-2, Vol. I, pp. 400-2 (Palaephatus, *De incredibilibus historis*; Heraclitus, *De incredibilibus*).

[2]　Cf. Renan: "Des Services rendus aux Sciences historiques par la Philologie," *Oeuv. comp.*, ed. H. Psichari, VIII, 1229: "La mythologie n'est pas autre chose que le langage; elle en sort, elle n'est que le langage pris d'une façon matérielle".

如：魁星像作鬼形持斗；堯子丹朱像作豬狀而塗丹色；舜弟象像
作垂鼻輪困之獸；西門豹像後翹豹尾；樊須像作多髯人，諧其名
音"繁鬚"；冉耕爲牛王，廟壁畫牛百頭，以其字"伯牛"；伍
員、杜甫合祀，伍爲男，面苗"五髭鬚"，乃字"子胥"之諧音，
杜分身爲"十姨"，乃官"拾遺"之諧音，作姬妾以侍（柳宗元
《道州毀鼻亭神記》、費袞《梁溪漫志》卷一○、《説郛》卷七五
俞琰《席上腐談》、陸容《菽園雜記》卷六、《日知録》卷三二、
《四庫提要》卷五九《聖賢圖贊》、趙翼《甌北詩鈔》七古一《戲
題魁星像》、梁紹壬《兩般秋雨盦隨筆》卷一、沈起鳳《諧鐸》
卷八）。

　　【增訂三】《甕牖閒評》卷三："大孤山、小孤山，今廟中各塑
　　一婦人像，蓋誤'孤'字爲'姑'字耳。"
莫非望文生義，因聲起意，由誤會而成附會；流風未沫，厄言日
出，據"禹"名而斷爲"爬蟲"，緣"墨翟"名而定爲"印度
人"，大似豬塗丹、鬼執斗之心法相傳。鄭樵《通志》卷四六
《謚略·序論》五："'堯'取累土以命名，'舜'取穰華以命名，
'禹'取於獸，'湯'取於水，'桀'以喬木，'紂'以繹絲"；《朱
子語類》卷一八："'堯'爲土，'舜'是花，'禹'者獸跡"；自
是通識，知呼"牛"應"牛"，呼"馬"應"馬"，未宜牽之堂
下，養於廄中。雖然觀近可以度遠，即妄可以揣真；苟欲識原始
想象之構荒唐形象，鑿空坐實，則鬼執斗、禹爲獸之類，猶若得
其彷彿，於覓初民之童心，不無小裨焉。復近取諸身，如痴人之
説夢幻，則思過半矣。延壽《夢賦》不自云乎："悉覩鬼神之變
怪，則蛇頭而四角，魚首而鳥身，三足而六眼，龍形而似人"，
真牛鬼蛇神也！"三足六眼"正堪與"九頭"連類，何必而亦安

能稍加以理哉？參觀《全唐文》卷論陸龜蒙《象耕鳥耘辯》。

王延壽《夢賦》。按亦見《古文苑》卷六，而嚴氏祇輯自《藝文類聚》卷七九，偶忽於參校，其文遂未全備。《古文苑》中此《賦》有云：“於是雞天曙而奮羽，忽嘈然而自鳴，鬼聞之以迸失，心慴怖而皆驚”，《類聚》節去。後世小說中鬼畏雞鳴之說，始著於此。袁枚《新齊諧》卷八《鬼聞雞鳴則縮》於舊解能出新意：“忽雞叫一聲，兩鬼縮短一尺，燈光爲之一亮。雞三四聲、鬼三四縮，愈縮愈短，漸漸紗帽兩翅擦地而没。”《論衡·訂鬼》謂“鬼，陽氣也”，“太陽之氣，盛而無陰”，蓋持無鬼論也。信有鬼者，則謂鬼陰氣畏陽，幽處而夜出，光天化日，無所容身，故雄父叫旦，則怯遁不遑。苟鬼能白晝現形，必此趣中之尤惡而爲厲者，是以宋、明以來稱奸，人點盜爲“白日鬼”，清無名氏至蒐羅鬼典而爲之賦，所謂：“羅刹鬼母懷鬼胎而瘤生，爲鬼方令，青天白日之下，居曖昧之心，行陰險之事”（繆艮《文章游戲》二集卷二《白日鬼賦》）。異域風俗亦言鬼物慴怖雞唱[1]，傳誦名篇中如哈姆雷特父鬼聞雞消縮（But even then the morning cock crew loud，/And at the sound it shrunk in haste away），雷娜拉婿鬼聞雞疾馳（"Rapp! Rapp"! mich dünkt，der Hahn schon ruft)[2]，皆耳熟口滑之例也。

---

[1]　M. Summers，*History of Witchcraft and Demonology*，117–8.

[2]　*Hamlet*，I. ii（Horatio）；G. A. Bürger：“Lenore”．

五八　全後漢文卷六八

　　戴良《失父零丁》。按以"爹"與"禍"、"我"爲韻，蓋不讀"丁加"反；沈濤《交翠軒筆記》卷四引《南史·梁始興王憺傳》及《廣雅》，謂讀"大可"反，是也。實則《梁書·太祖五王傳》"民之爹"句下，史臣已自註"徒可反"矣。此文即後世之尋人招貼（wanted circular），故於乃翁形貌之弊惡，刻劃詳悉，以便如索驥之按圖（identikit），猶可説也。既以"我父軀體與衆異"領起，而以"此其庶形何能備"作結，自成一節。承以"請復重陳其面目"一節，却繼之曰："請復重陳其形骸，……面目芒蒼如死灰，眼眶臼陷如羹杯"；補苴凌亂，失章無序，已欠明了。至"鴟頭鵠頸獷狗喙"，"□似西域□駱駝"，徒相擬於禽獸，了無裨於辨認，施之尊親，誠爲侮嫚。通篇詞氣嘲詠，於老人醜態，言之津津，竊疑俳諧之作，儕輩弄筆相戲；與《初學記》卷一九所載《龐郎》、《醜婦》等賦之"卧如驪牛驟，立如烏牛跱"，"鹿頭獼猴面"，無以異爾。曹植誄操，有"尊靈永蟄"之句，《文心雕龍·指瑕》、《金樓子·立言》下、《顏氏家訓·文章》衆口一詞，譏其"以父方蟲"；苟良覓父而真爲爾許語，并揚之四方五達，必且不齒於時人矣。古書擬喻每疎檢點，可供劉勰"指瑕"之資。《豳風·狼跋》，毛、鄭註謂是美周公，《鹽鐵論·鹽鐵箴石》篇亦説爲"君子之路，行止之道固狹"；後人遂怪："詩人比興以類，奈何以狼比聖人！"（梁玉繩《瞥記》卷一）。《關雎》之"雎鳩"，倘果如《妙法蓮華經文句記》卷二載梁武帝所説即"鷙"或李治《敬齋古今黈·拾遺》卷三、戴震《毛鄭詩考正》所説爲"鷙"鳥，則猛禽象"好逑"之"君子"、"淑女"，亦大似以猛虎象親子之愛矣（參觀《七修類稿》卷一二引解縉詩）。《左傳》宣公四年子公欲弑鄭靈公，子家曰："畜老猶憚殺之，而況君乎？"；成公十七年欒書中行偃執晉厲公，韓厥曰："古人有言曰：'殺老牛，莫之敢尸'，而況君乎？"；愛君而比之牛、畜，後人亦當謂爲失倫。荷馬史詩稱英雄爲驢，遂累談藝者繁詞巧辯，謂近世呼"驢"爲鄙賤之詞(un terme très-bas)而古希臘以爲尊尚之稱(un terme grec très-noble)[1]。梵書有云："養兒如豬"(I bring him up like a hog)，意謂盡心撫字(I bring up the boy with great care)[2]；乍聞斯解而不詫笑者尠矣！基督教《聖經》寫上帝之降，突如來如，無聲無臭，屢曰："有若黑夜之竊賊"(as a thief in the night)[3]；尤匪夷所思。此種皆古人"質勝文"處，而恐不得援以解戴良斯篇也。

---

[1]　Boileau, *Réflexions critiques sur quelques passages du Rhéteur Longin*, ix, *Oeuvres complètes*, ed., A.C. Gidel, III, 378–9, note.

[2]　J. Gonda, *Remarks on Similes in Sanskrit Literature*, 40.

[3]　I. Thessalonians, 5.2；II Peter；3.10；*Revelations*, 3.3. Cf. Matthew, 24.43；Luke, 12.39.

五九　全後漢文卷六九

蔡邕《協和婚賦》。按此賦殘缺。首節行媒舉禮，尚成片段；繼寫新婦艷麗，猶餘十二句；下袛存"長枕橫施，大被竟牀，莞蒻和軟，茵褥調良"，又"粉黛弛落，髮亂釵脫"六句。想全文必自門而堂，自堂而室，自交拜而好合，循序描摹。"長枕"以下，則相當於古希臘以來《婚夜曲》（epithalamium）一體所詠；雖僅賸"粉黛"八字，然襯映上文，望而知爲語意狎褻，《淮南子·説林訓》所謂："視書，上有'酒'者，下必有'肉'，上有'年'者，下必有'月'，以類而取之。"前此篇什見存者，刻劃男女，所未涉筆也；如宋玉《諷賦》袛云："以其翡翠之釵掛臣冠纓"，司馬相如《美人賦》亦袛云："玉釵掛臣冠。"白行簡《天地陰陽交歡大樂賦》："求吉士，問良媒，六禮行止，百兩爰來，青春之夜，紅煒之下"云云，即"協和婚"之義，至"釵墜髻亂"，更與"髮亂釵脫"無異。然則謂蔡氏爲淫媟文字始作俑者，無不可也。"釵脫"景象，尤成後世綺艷詩詞常套，兼以形容睡美人。如劉孝綽《愛姬贈主人》："臥久疑妝脫，鏡中私自看；薄黛銷將盡，凝朱半有殘；垂釵繞落鬢，微汗染輕紈。同羞不相難，對笑更成歡。妾心君自解，掛玉且留冠"；白居易《如夢令》："腸斷腸斷，記取釵橫鬢亂"；李商隱《偶題》："水紋簟上琥珀枕，旁有墮釵雙翠翹"；楊衡《春夢》："落庭日照花如錦，紅妝美人當晝寢，傍人不知夢中事，唯見玉釵時墜枕"；韓偓《五更》："懷裏不知金鈿落，暗中唯覺繡鞾香"，又《三憶》："憶眠時，春夢困騰騰，展轉不能起，玉釵垂枕稜"；韋莊《思帝鄉》："雲髻墜，鳳釵垂，髻墜釵垂，無力枕函欹"；歐陽修《臨江仙》："涼波不動簟紋平，水精雙枕，傍有墮釵橫"；陳克《謁金門》："雲壓枕函釵自落，無端春夢惡。"更僕難數也。

蔡邕《筆賦》："書乾坤之陰陽，讚三皇之洪勳，敍五帝之休德，揚蕩蕩之典文，紀三王之功伐兮，表八百之肆勤，傳《六經》而綴百氏兮，建皇極而序彝倫。"按《野客叢書》卷一六謂韓愈《毛穎傳》："自結繩以及秦，陰陽、卜筮、占相、醫方、族氏、山經地志、九流百家之書，皆所詳悉"，即本此賦及晉成公綏《故筆賦》、郭璞《〈爾雅〉圖讚·筆》（《全晉文》卷五九、一二一）。求形固似，得心未許。其義乃題中應有，作者思路遂同轍跡；意本尋常，韓海雖不遺細流，何必沾丐此三首屠庸文字哉？韓文中尚有"及至浮屠、老子外國之說"一句，陳叔方《潁川語小》卷上以爲"浮屠之書，秦時未至中國"，毛穎既託爲秦始皇時人，不應預悉佛經。夫以疑年考史之法，施于嘲戲文章，膠柱鼓瑟，煮鶴焚琴，貽譏騰笑。古來詞賦，寓言假設，每時代錯亂，小說戲劇更無忌避，詳見《全宋文》卷論謝莊《月賦》。唐緇流文獻鉅著成於韓氏見、聞、傳聞三世之中者，高宗時道世之《法苑珠林》、玄宗時智昇之《開元釋教錄》均張大門面，造作譜牒。《珠林》卷五一《敬塔篇之餘》論"豈非佛經秦前已有也？"，《釋教錄》卷一〇《古經錄》言秦始皇時釋利防等齎經入中國。果須爲韓文解嘲，妄言而姑妄聽也可。

　　蔡邕《琴賦》。按參觀《全漢文》卷論王褒《洞簫賦》。此賦亦殘闕，邕《連珠》：“參絲之絞以絃琴，緩張則撓，急張則絕”（卷七十四），立譬頗佳，賦中見存語無其意。《淮南子·繆稱訓》：“治國譬若張瑟，大絃緪則小絃絕矣。故急轡數策者，非千里之御也”，又《泰族訓》：“故張瑟者，小絃急而大絃緩”；皆不如邕喻之圓該也。《四十二章經》則云：“沙門……欲悔思退，佛呼沙門問之曰：‘汝處家將何修爲？’曰：‘常彈琴。’佛言‘絃緩何如？’曰：‘不鳴矣。’‘絃急何如？’曰：‘聲絕矣。’‘急緩得中何如？’曰：‘諸音普調。’佛告沙門：‘學道亦然’”（亦見《雜阿含經》卷九之二五四，沙門名“尊者二十億耳”；又見《出曜經》卷六、《大唐西域記》卷一○）。蔡琴絃之喻，蓋與張衡冰水之喻，苟爲好事釋子所知，大可捕風捉影也。《禮記·雜記》下早以弓弦之“一弛一張”喻“文武之道”，意即相通。陶弘景《真誥》卷六《甄命授》二襲《四十二章經》，此喻與焉。劉禹錫《調瑟詞》：“調瑟在張弦，弦平音自足，朱弦二十五，缺一不成曲。美人愛高張；瑤軫再三促；上弦雖獨響，下應不相屬。日暮聲未和，寂寥一枯木”；又同《淮南》之旨。荀悅《申鑒·政體》篇：“睹孺子之驅雞也，而見御民之方；孺子驅雞，急則驚，緩則滯”；《後漢書·鮑永傳》：“永以吏人痍傷之後，乃緩其衙轡”，章懷註：“喻法律以控御人也”；《晉書·李雄載記》楊褒曰：“夫統天下之重，如臣乘惡馬而持矛也，急之則慮自傷，緩之則懼其失”；堪相發明。調瑟（tune the harpe）喻治國，亦西方古人常言；或論尼羅（Nero）失政，以絃柱急張、緩張爲譬（to winde the pins too high, to let them downe too low; power pressed too farre，relaxed too much）①，尤類《淮南子》等語意。

①　Bacon，*Essays*，"Of Empire"，"The World's Classics"，78（Apollonius）.

六〇　全後漢文卷七六

蔡邕《郭泰碑》。按《困學紀聞》卷一二："邕文今存九十篇，而銘墓居其半。曰'碑'，曰'銘'，曰'神誥'，曰'哀讚'，其實一也。自言：'爲《郭有道碑》，獨無愧辭'，其他可知矣。其頌胡廣、黄瓊，幾於老、韓同傳。若繼成漢史，豈有南董之筆？"；章學誠《丙辰劄記》："中郎學優而才短；今觀遺集碑版文字，不見所長。撰《後漢書》，未見長於范、陳。"一議其史德，一議其史才；觀蔡遺文，識卑詞蕪，二人之論，尚爲恕也。勞格《讀書雜識》卷二校訂《蔡中郎集》甚詳覈，可補正嚴氏處，兹不復及。

六一　全後漢文卷八二

　　張升《友論》：“噓枯則冬榮，吹生則夏落。”按姜宸英《湛園札記》卷一云：“鄭泰曰：‘孔公緒清談高論，噓枯吹生’，註：‘枯者噓之使生，生者吹之使枯’；《淮南子》：‘嘔之而生，吹之而死。’二字義正相反，今竿牘家動曰：‘吹噓’，《北史・盧思道傳・贊》已誤用矣。”已得涯略，稍爲理董。張升二語即“二字義反”之例；《十六國春秋》卷一一載劉琨《遺石勒書》較《晉書・石勒載記》所錄多四句：“成敗之數，有似呼吸：吹之則寒，噓之則溫”（《全晉文》卷一〇八），正是張升語意。二者皆視姜氏所引《後漢書・鄭泰傳》更明（《後漢書》本張璠《漢紀》，見《三國志・魏書・武帝紀》及《鄭渾傳》裴註引）。《淮南》語出《泰族訓》，《齊俗訓》又曰：“吹嘔呼吸”，義亦相反；《老子》第二九章云：“夫物或行或隨，或噓或吹，或强或羸”，是其朔也。“誤用”不始於《北史》之“剪拂吹噓”。張升語見《文選》劉峻《廣絶交論》“敍溫郁則寒谷成暄，論嚴苦則春叢零葉”二句下李善註引，而《論》末“自昔把臂之英”一節下註又引峻《與諸弟書》：“任既假以吹噓，各登清貫”，已同“竿牘家”之用。蓋《方言》：“吹：扇，助也”，郭璞註：“吹噓，扇拂，相佐助也”；

早作"竿牘家"解會。六朝時二字或反義分指，或同義合指，兩
用並行。《文心雕龍·史傳》："吹霜煦露，寒暑筆端"（參觀《詔
策》："文有春露之滋，詞有秋霜之烈"），此同張升、鄭泰、劉琨
之例。《魏書·郭祚傳》："王上直信李沖吹噓之説耳"；《南齊
書·柳世隆傳》："愛之若子，羽翼吹噓，得升官次"；《梁書·劉
遵傳》昭明太子與劉孝儀書："吾之劣薄，其生也不能揄揚吹噓，
使得騁其才用"；任昉《答劉孝綽》："久敬類誠言，吹噓似嘲
謔"；《顔氏家訓·名實》："甘其餌者遞共吹噓"；此同郭璞、劉
峻之例，已引申爲讚揚之意。唐之詩流"誤用"如楊炯、李頎、
杜甫、元積，不一而足，杜《贈獻納起居田舍人澄》："揚雄更有
《河東賦》，唯待吹噓送上天"，尤成後世文士干乞套語。復擧散
文二例。《全唐文》卷六三四李翱《感知己賦》："許翱以拂拭吹
噓"；卷六七四白居易《與陳給事書》："率不過有望於吹噓拂拭
耳。"然唐人亦有未背本義，違俗希古者，如《全唐文》卷一六
六盧照鄰《雙槿賦》："柔條朽幹，吹噓變其死生"；卷五八五柳
宗元《天對》："噓炎吹冷，交錯而功。"韓愈《苦寒》："炎帝持
祝融，呵噓不相炎"；噓温之異於吹冷尤明。晚近用"吹噓"，爲
"吹牛"所吸引（attraction），不復指"揄揚"他人，而指揚己自
誇，以"吹噓"之"吹"（to blow not and cold），等"吹角"之
"吹"（to blow one's own trumpet）。孚甲新意，姜氏固不及知
矣。"吹噓"一詞二字，或殊途分指，或齊驅同指，略如"契
闊"，具見《毛詩》卷論《擊鼓》。然"契闊"同指，或從"契"
義，或從"闊"義，而"吹噓"同指，歷來祇取"噓"義。蓋兩
文儷而成一詞，有聯合而各不失本者，有吞并而此長彼消者。匹
似"人物"之爲言"人"也，單擧也，而"人地"乃雙擧"人"

與 "地"；"物事" 之爲言 "物" 也，單舉也，而 "事物" 乃雙舉 "事" 與 "物"。合離兼別，其故莫詳，成俗相因，積重難返。正名慎思者嘗斥語言文字鬼黠如蛇（參觀《老子》卷論第一章），詁訓之學唯有與之委蛇耳。

六二　全後漢文卷八三

　　孔融《薦禰衡疏》："昔賈誼求試屬國，詭係單于；終軍欲以長纓，牽致勁越。"按《全三國文》卷一五陳王植《求自試表》："昔賈誼弱冠，求試屬國，請係單于之頸而制其命；終軍以妙年使越，欲得長纓，占其王羈致北闕。"《文選》卷三七兼錄兩篇，李善註後篇曰："賈誼、終軍已見《薦禰衡疏》。"孔、曹並時名勝，用典不嫌相同，後人亦無指目其相襲者，可以隅反也。駢文律詩，隸事屬對，每異撰同揆，而表章書啓、律賦排詩，酬酢供奉，尤易互犯。《南齊書·文學傳·論》曰："或全借古語，用申今情，崎嶇牽引，直爲偶説。"日出事生，供官應制，送迎弔賀，世故無窮，而古典成語之可比擬假借、且復當對以成儷偶者，其數有限，相形不侔。觀概求同，納繁歸簡，俾橐曰有容，葫蘆成樣，得以分門立目，類事纂言。橫流泛濫，坊本爭新，《紺珠》、《合璧》之屬，捷徑便橋，多爲"米湯大全"而設。夫以無窮之人事，比附有限之典故，隸事成聯，衆手往往不謀而合，勢所必至，語未必偷。公器同心，亦如江上清風、山間明月，子我所共適，而非彼此之相侵也。胡仔《苕溪漁隱叢話》前集卷三三引《西清詩話》謂王安石應制作《賞花釣魚》詩："披香殿上留朱輦，太液池邊送玉盆”，都人盛傳“王舍人竊柳詞：‘太液波翻，披香簾捲’”，安石頗銜之；吳曾《能改齋漫録》卷五則謂此對不妨自柳永，唐上官儀《初春詩》已云：“步輦出披香，清歌臨太液。”“都人”之譏誚，吳氏之開脱，皆未探本。上苑禁中之境地類肖，漢宮典實之資驅使匹配者無幾，三家取材，不約自同，名學所謂“頻率”高或“蓋然性”高（high frequency or probability），即其理焉。庾信《哀江南賦》：“嗟有道而無鳳，歎非時而有麟”；《晉書·儒林傳·敍論》：“夫子將聖多能，固天攸縱，歎鳳鳥之不至，傷麟出之非時”；唐玄宗《經鄒魯、祭孔子而歎之》：“歎鳳嗟身否，傷麟怨道窮。”古之歎“道不行”者，必舉孔子爲首，而孔子行事可撮合成佳對者，莫逾歎鳳傷麟；有目之所共賞，故或借題點綴，或本地風光，皆不恤人之言公然對面作賊也。

【增訂四】爲孔子所作詩文，輒取歎鳳與傷麟二事作對，庾信以後，唐玄宗以前，早成公器，不嫌蹈襲。如《全唐文》卷九九高宗皇太子宏《請樹孔子廟碑疏》：“況泣麟曾躅，歌鳳遥芬”；卷一七五崔行功《贈太師魯國孔宣公碑》：“南楚狂狷，舊辨鳳衰；東魯陪臣，奄成麟斃”；卷一九二楊炯《遂州長江縣先聖孔子廟堂碑》：“南游楚國，遂聞衰鳳之歌；西狩魯郊，獨下傷麟之泣”；餘不備舉。唐末羅隱《謁文宣王廟》仍云：“雨淋狀似嗟麟泣，露滴還同歎鳳悲”，所謂題中應有之義也。清初李良年《將至塞上呈汪苕文農部》五言排律有一聯云：“轅下仍歌鳳，臺邊想獲麟”；意欲活用，却如依樣而不畫葫蘆，終難自異。易順鼎《琴志樓編年詩集》卷六《郯城懷古》：“袍沾麟也泣，輿接鳳兮謳”，承“蹟溯素王遊”來，用語助詞稍改換頭面，仍落科臼也。

楊萬里《誠齋集》卷三五《送丘宗卿帥蜀》之二：“酒揮勃律天西椀，鼓卧蓬婆雪外城”；范成大《石湖詩集》卷一八《寄權制帥高子長》：“勃律天西元采玉，蓬婆雪外昨分弓”，高即權蜀帥。同爲官蜀者作詩，蜀之史地既常然，故齊名交好，得句相類，而不嫌並存集中也。王銍《王公四六話》卷下：“鄧温伯知成都謝上表云：‘捫參歷井，敢辭蜀道之難，就日望雲，愈覺長安之遠’；自後凡官兩川者，謝表相承，用此一聯”（《能改齋漫録》卷一四引此聯，作“方知蜀道云云，已覺長安云云”）。不特牋表，詩亦有之。陸游《劍南詩稿》卷五《書懷》：“敢言日與長安遠，惟恨天如蜀道難”；趙翼《甌北詩鈔》七律三《哭璞函之訃》：“空懸望眼長安近，欲返遺骸蜀道難”；張問陶《船山詩草》卷二《乙巳八月出都感事》之二：“亦知蜀道真難上，其奈長安不易居”，又卷一七《二月晦日雨雪同亥白兄侍太夫人飲酒作》：“居貧敢説長安易，兵在遥憐蜀道難”；姚椿《通藝閣詩録》卷八《寄麗生南歸》：“自古長安居不易，於今蜀道上真難。”蓋客子之旅蜀、過蜀與蜀人之寓京、出京，都不放過此聯，真所謂“雖欲不用，山川其舍諸”者。劉因《静修先生文集》卷九《人情》：“共説長安如日近，豈知蜀道比天難”；梁紹壬《兩般秋雨盦詩選・贏寄集・送韓雪琴同年下第南還》之一：“舉頭漫説長安近，插足幾如蜀道難”；一爲兩句皆虚喻，一爲上句實指，而下句虚喻，則非此族類，又當別論矣。

【增訂三】范公偁《過庭録》載范仲淹内姪李毅“嘗代蜀守謝上表，一聯云：‘捫參歷井，都忘蜀道之難；就日望雲，但覺長安之遠。’一時稱賞。”則以此聯爲李毅手筆。汪琬《鈍翁前後類稿》卷二《寄贈吳門故人》："家臨緑水長洲苑，人在青山短簿祠。"尤侗《艮齋雜説》卷五論之曰："人稱佳句。余閲沐景顒《滄海遺珠》有日本使臣天祥《題虎丘》詩云：'樓臺半落長洲苑，簫鼓時來短簿祠'，居然先得之矣！汪豈偷句於倭？或所謂暗合者耶？"實則爲吳人，切吳地作詩，"長洲苑"、"短簿祠"亦猶爲帥蜀者作詩之"勃律天西"、"蓬婆雪外"耳。

【增訂四】以"長安"、"蜀道"兩事相儷，又見二例。《明文海》卷二〇三費寀《賀王陽明平西啓》："況長安之日遠，兼蜀道之時艱。"吳清鵬《笏庵詩》卷二〇《簡菊裳》："手遮紅日長安近，身上青天蜀道難。"原引趙翼《甌北詩鈔》七律三《哭璞函之訃》見《甌北集》卷二一。又按《甌北集》卷一九《即景》之一："才思漸如強弩末，歸心已折大刀頭"；卷四三《閲邸報，殘賊剿除將盡，蕩平有日矣，誌喜》之一："賊勢已成強弩末，軍聲行唱大刀頭。"宋葛勝仲《丹陽集》卷二一《去南陽有日，書懷》："官意真如強弩末，歸心先問大刀頭"；首以二事相儷。元姚燧《牧菴集》卷三四《癸巳九日》："客氣已爲強弩末，宦情空遠大刀頭"；似襲葛聯而竄易數字，修詞便欠圓貼。後來祖構頻仍，趙氏特其中不厭煩者乎。《隨園詩話》卷六摘桐城石曉堂文成警聯："官久真成強弩末，歸遲空望大刀頭"；吳文溥《南野堂詩集》卷六《新年書感》："客況真成強弩末，歸期難説大刀頭"；梁紹壬《兩般秋雨盒詩選·蠟屐集·西湖咏古》："詩思漸如強弩末，歸心空繞大刀頭"；齊彦槐《梅麓詩鈔·出山集》卷下《二月十八日宿焦山鶴壽堂次陶雲汀中丞和借菴七十自述》之五："宦興已成強弩末，歸心長折大刀頭"；符兆綸《卓峯草堂詩鈔》卷一三《路過永豐，謝湖東作畫贈別，感賦》："一代英雄強弩末，幾時歸去大刀頭"，卷一六《弔何芸樵大令》："賊勢已成強弩末，官軍休唱大刀環。"頗徵"弩末"、"刀頭"乃見成好對，同心公器，見獵心喜與偶得巧合者固應不乏，而仿襲前製者自復有之。

《全唐文》卷三七〇王縉《東京大敬愛寺大證禪師碑》："視彼來學，如菴摩勒果；冀其出世，如優曇鉢花。"一花一果，皆釋氏自家物事，撮成好對，幾如俯拾即是，信手能拈。陸游《劍南詩稿》卷五六《六言雜興》云："世界菴摩勒果，聖賢優鉢曇花"；《渭南文集》卷二四《能仁請昕老疏》："現世如菴摩勒果，說法如優鉢曇花"；亦似公器共採，故與王文異口同聲。花名當作"優曇鉢"，如隋譯《佛本行集經》第二三《虬婦欲食獼猴心因緣》所言"優曇婆羅樹"。王文不誤，宋人葛立方《歸愚集·補遺·跋臨右軍書》亦云："逸少墨跡如優曇鉢花。"陸詩作"優鉢曇"者誤，似有意乙置，遷就近體詩平仄；《劍南詩稿》卷一八《東齋偶書》："寒廳靜似阿蘭若，佳客少於優鉢曇"，則更爲押韻所牽制，非誤乙不可。然岑參有《優鉢羅花歌》，序云："參嘗讀佛經，聞有優鉢羅花，目所未見"；蘇軾《贈蒲澗長老》："優鉢曇花豈有花，問師此曲唱誰家"，《宋詩紀事》卷三三載謝逸斷句："閻浮檀水心無染，優鉢曇花體自香"；自唐以來，沿誤已久，積非成是，不自劍南作俑也。

復舉一例，聊作旁參。沈德潛《國朝詩別裁》卷七戴本孝《律陶·田家》："但道桑麻長，而無車馬喧"；卷二七顧易《律陶》："但道桑麻長，而無車馬喧"，沈氏評："與戴無忝集陶相同，神到之候，自然遇之；予向亦集此二語，揭之蓬門，未嘗見二君詩也。"夫範圍不出陶潛詩，體裁不出五言律，此二語之捉置一處，"自然"而幾必然，非"神"思之"到"，正物勢之限爾。情景題目相肖，則詩文之隸事屬對每同，若是班乎。參觀《野客叢書》卷一二組綴韓愈、劉禹錫全句爲一聯，《堯山堂偶雋》卷一論邱遲《謝示青毛龜啟》、卷三論鄭準《乞歸姓表》、卷四論鄧温伯《邢妃麻》、卷六論何㮚《謝召還表》，吳景旭《歷代詩話》卷一九論"歌扇"、"舞衣"之對諸節。談者於此等聯，或斷爲盜襲，或解爲偶合，各中事宜。竊欲明偶然之或亦蓋然，非欲説盜襲爲當然，俾穿窬得文過也。

【增訂四】黄震《東發日鈔》卷六二論東坡《次韻曹輔寄壑源試焙新芽》詩"從來佳茗似佳人"云："此句恰與'若把西湖比西子'是天生之對。"蓋"欲把西湖比西子"，乃東坡《飲湖上初晴後雨》詩句也。黄氏未知陳造《江湖長翁集》卷一六《次韻答高賓王》："行處西湖作西子，從來佳茗是佳人"，早已撮合蘇句。顧圖河《雄雉齋選集》卷六《以餘杭龍井茶餉朱寧遠》："曾聞佳茗似佳人，況乃西湖比西子"；許善長《碧聲吟館談麈》卷一記西湖藕香居茶室懸一聯："欲把西湖比西子，從來佳茗是佳人。"豈非"天生之對"，東坡兩句以來，自諧佳偶，亦猶沈德潛之"律陶"，不得遽目爲彼此蹈襲也。

孔融《與諸卿書》："鄭康成多臆説。……若子所執，以爲郊天鼓必當麒麟之皮也。"按袁枚《續新齊諧》卷五《麒麟喊冤》："……奏曰：'臣麒麟也。……必待聖人出，臣纔下世。不料有妄人鄭某、孔某者，生造《註》、《疏》，説郊天必剝麒麟之皮蒙鼓，方可奏樂'"云云，即孔融之旨而出以嘲戲；孫星衍《平津館文稿》卷二《〈隨園隨筆〉序》考"麟皮"即"牝鹿皮"，姑妄聽之可也。如融此《書》全佚，而祇存其《告高密相立鄭公鄉教》、《繕治鄭公宅教》，則世必以爲融於鄭玄悦服無間；脱此《書》僅存，而兩《教》都佚，則世必以爲融於玄鄙夷不屑。今三篇俱在，官《教》重玄之時望，私《書》薄玄之經學，立言各有所爲。公廷私室，譽毀異宜，蓋亦平常情事。然脱好行小慧，或責孔融兩舌後言，"當面輸心背面笑"；或謂兩《教》一《書》，作有先後，欽敬經久而衰，識見與年俱進，"文章藻鑑隨時去"；甚或疑三篇非出一手，容有贗託誤編，"却笑旁人被眼謾"。鼓怒浪於安瀾，震鳴條於静樹，當不乏喜事者耳。

孔融《難曹公表制酒禁書》："酒之爲德久矣。……故天垂酒星之曜，地列酒泉之郡，人著旨酒之德。"按唐覲《延州筆記》卷三謂李白《月下獨酌》："天若不愛酒，酒星不在天，地若不愛酒，地應無酒泉"，本融語意。此《書》末句："由是觀之，酒何負於治者哉？"，又同《全漢文》卷五二揚雄《酒賦》末句："繇是言之，酒何過乎？"而融正言、雄反言也。又《書》："夏商亦以婦人失天下，今令不斷婚姻"，復彷彿《三國志·蜀書·簡雍傳》禁酒，家有釀具同罰，雍見男女行道，謂先主："彼人欲行淫！……彼有其具，與欲釀者同。"融兩《書》皆詞辯巧利，莊出以諧。《全三國文》卷八魏文帝《典論》有《酒誨》，庶幾庭訓未墜，《論文》評孔融"不能持論，理不勝詞，以至乎雜以嘲戲"，豈亦比乃翁一酒辯難不勝之恥乎？融好持非常可怪之論，見於難曹操禁酒兩書、爲曹丕納袁熙妻《與曹公書》、《全後漢文》卷九四路粹《枉狀奏孔融》、《全三國文》卷二魏武帝《宣示孔融罪狀令》、《全晉文》卷四九傅玄《傅子》諸篇者，頗言之成理，"嘲戲"乃其持論之方，略類《史記·滑稽列傳》所載微詞譎諫耳。融立兩論，最驚世駭俗。一爲《傅子》所述，別詳《左傳》卷論宣公十二年；一則路粹《狀》奏其"跌蕩放言，云：'父之于子，當有何親？論其本意，實爲情欲發耳！子之于母，亦復奚爲？譬如寄物瓶中，出則離矣！'"即魏武《令》所謂："此州人說，平原禰衡受融傳論，以爲父母與人無親，譬如瓴器，寄盛其中。……融違天反道，敗倫亂理！"實則王充《論衡·物勢》篇已萌斯意："夫天地合氣，人偶自生也；猶夫婦合氣，子則自生也。夫婦合氣，非當時欲得生子，情欲動而合，合而生子矣。"融推理至盡而已。《朱子語類》卷一二六："釋氏以生爲寄，故要見得父母未生時面目。黃檗一僧有偈與其母云：'先時寄宿此婆家'；止以父母之身爲寄宿處，其無情義、滅絕天性可知！"蓋不知孔丘家兒早有"寄物"、"寄盛"之喻，較"寄宿"更薄情也。

【增訂三】《古詩十九首》第三首："人生天地間，忽如遠行客"，《文選》李善註："老萊子曰：'人生於天地之間，寄也'"；第四首："人生寄一世，奄忽若飆塵。"此吾國古說，人"寄"於天地、世代，即李白《春夜宴從弟桃花園序》所謂："夫天地者，萬物之逆旅也；光陰者，百代之過客也。"釋氏則言人"以父母之身爲寄宿處"，如朱子所斥黃檗僧之偈，亦彼法古教。西晉譯《法句譬喻經·道行品》第二八記一婆羅門有愛子，七歲夭折。父悲痛欲絕，乃求閻羅王還其兒命，王令往東園中"將去"。至則見兒與諸童劇戲，急前抱持，兒呵之曰："癡騃老公，不達道理，寄住須臾，名爲父子。"父廢然歸，叩佛求教，佛喻之曰："人死神去，便更受形，父母妻子，因緣會居，譬如寄客，起則離散。"蓋"父母身"爲子之"寄宿

處”，實因“形”骸爲“神”魂之寄宿處爾。又按《譬喻經》
此事孳乳增飾而成《夷堅志》支戊卷四《吴雲郎》、又支癸卷
六《尹大將仕》、陸粲《庚巳編》卷二《戴婦見死兒》、《聊齋
志異》卷五《柳氏子》，源流久遠，聊復及之。

古希臘詩人亦謂：“汝曷不思汝父何以得汝乎！汝身不過來自情
欲一餉、不淨一滴耳”（If thou rememberest，O man，how thy
father sowed thee... Thou art sprung from incontinent lust and a
filthy drop）[1]。後世詩文中，習見不鮮，舉數例以概。十七世紀
英國名作：“汝子被訶，倘不服而反唇曰：‘何故生我？我初未乞
求誕生也！’，汝將奚如？”（what if thy son/Prove disobedient，
and，reproved，retort，/“Wherefore didst thou beget me？I
sought it not！”）[2]；又一劇二角色相語，甲云：“若翁生汝，汝
則殺之，足以報施”（Cutting his throat was a very good return
for his begetting you），乙答：“老物初未嘗計及生我，渠祇自求
快意耳”（'Twas for his own sake，he ne'er thought of me in the
business）[3]。《海外軒渠録》言小人國法令謂父母生子女出於情
慾（by the motives of concupiscence），故子女於親不必有恩義
（obligation）[4]。當世波蘭小説中母誠未嫁女毋外遇致有孕，曰
“吾不欲家中忽添嬰兒”（But I don't want a kid here），女怫然
答：“汝之生我，幾曾先事詢我願不乎！”（You didn't ask me if I

---

[1]　Palladas，*Greek Anthology*，X.44，“Loeb”，IV，25.

[2]　*Paradise Lost*，X.760-2.

[3]　Thomas Shadwell，*The Libertine*，*Complete Works*，ed. M.Summers，III，
27（Jacomo and Don John）.

[4]　*Gulliver's Travels*，Pt. I，ch.6，Oxford，67.

wanted to be born）①；一意大利小説中母責女曰："汝對阿父語，不得如此"（Guarda che non dovresti rispondere così a tuo padre），女藐之（alzava le spalle）曰："我初未求出世，汝二人專擅，遽使我生"（Io non avevo chiesto di venire al mondo. Mi ci avete fatta venire）②。吾國舊號"孝治"，故率言如孔融者不多耳。

【增訂三】十八世紀英國才婦（Lady Mary Wortley Montagu）致其女（the Countess of Bute）書曰："汝不必感我誕育爲人，正如我不謝汝惠臨出世。俗見多妄，每以孝思繩子女，吾生平絶口未嘗道之"（You are no more obliged to me for bringing you into the world, than I am to you for coming into it, and I never, never made use of that commonplace（and like most commonplace, false） argument, as exacting any return of affection——Letters. "Everyman's Library", 400）。母氏劬勞，而持此論，尤罕事也。

---

① Marek Hlasco, *The Eighth Day of the Week*, tr. N. Guteman, 13（Agnieszka）.

② A. Moravia, *Nuovi racconti romani*："Lasciami perdere", *Opere complete*, Bompiani, XI, 251-2 （Marcella）.

六三　全後漢文卷八四

　　鄭玄《戒子益恩書》。按《後漢書》本傳載此書，所言與
《全唐文》卷三三〇史承節《鄭康成祠碑》多不合；阮元《揅經
室一集》卷七《金承安重刻唐萬歲通天史承節撰〈後漢大司農鄭
公碑〉跋》、俞正燮《癸巳存稿》卷七皆據《碑》以糾《書》中
訛脱。《書》云："吾家舊貧，不爲父母羣弟所容，去廝役之吏，
游學周、秦之邦"，《碑》無"不"字，一文之差，尤非等閒。
《隋書·儒林傳》劉炫自爲《贊》曰："通人司馬相如、揚子雲、
馬季長、鄭康成等，皆自敍風徽，傳芳來葉"，亦"薄言胸臆"，
有曰："家業貧窶，爲父兄所饒，廁搢紳之末，遂得博覽典誥"，
顯爲仿鄭《書》語，可證"不爲父母"之誤衍"不"字也。
　　邊讓《章華臺賦》："振華袂以逶迤，若游龍之登雲。"按卷四
三傅毅《舞賦》："蜲蛇姌嫋，雲轉飄曶，體如游龍，袖如素蜺"；
《全三國文》卷一三陳王植《洛神賦》："其形也，翩若驚鴻，婉若
游龍"；卷三〇卞蘭《許昌宮賦》："婉轉鼓側，蜲蛇丹庭，或遲或
速，乍止乍旋，似飛鳧之迅疾，若翔龍之游天。"即《淮南子·脩
務訓》："今鼓舞者繞身如環，動容轉曲"；《全後漢文》卷五三張衡
《舞賦》："嫋纖腰而互折，嬛傾倚兮低昂。"皆言體態之嬝娜夭矯，

波折柳彎，而取喻於龍蛇，又與西方談藝冥契。米凱朗傑羅論畫，特標"蛇狀"（la figura serpentina），謂筆法鈎勒，宛延縈紆，最足傳輕盈流動之姿致（to express *furia* and *leggiardria*），如蛇之行地（a crawling snake）、焰之被風（a flickering flame），説者或復取象於舞容及烟縷之裊窕纏綿（the interweaving curves of a dance; coiling and waving smoke）[1]。霍加斯本而發揮，至稱蛇形或波形之曲線（the waving and serpentine line）爲"美麗線"（the line of beauty），能使觀者心目隨而逶迤佚蕩（that leads the eye a wanton kind of chace），且云："余觀跳舞，於此線會心不遠"（Its beguiling movement gave me the same kind of sensation then which I since have felt at seeing a country-dance）[2]。

【增訂三】古希臘文家早謂跳舞者能以身段動作擬象水之流與火之烈（a dancer...could imitate even the liquidity of water and the sharpness of fire in the liveliness of his movements—Lucian: "The Dance", "Loeb", V, 233）。可與霍加斯觀舞語相發明。席勒判別美之陽剛、陰柔，亦以焰形線或蛇形線（die flammigten oder geschlängelten Linien）爲柔妍之屬，宜示流動之曼態（die Schönheit der anscheinenden oder nachgeahmten Bewegungen）[3]。傅、邊、卞輩賦狀舞容，取譬"蜿蛇"、"游龍"，豈非閉門造車於千載以前，而出户合轍於九州之外哉！竊意美人曲線之旨，始

---

[1]　Robert J. Clements, *Michelangelo's Theory of Art*, 175-8.

[2]　Hogarth, *The Analysis of Beauty*, ch.5, ed. J. Burke, 42-3; cf. "Preface", 5-6.

[3]　Schiller: "Ueber Anmut und Würde," *Werke*, hrsg. L. Bellermann, 2. Aufl., VII, 109.

發於《詩‧陳風‧月出》："佼人僚兮，舒窈糾兮"，毛《傳》謂咏美人白皙，"僚、好貌，舒、遲也，窈糾、舒之姿也"；胡承琪《毛詩後箋》卷一二引司馬相如《子虛賦》"青虬蚴蟉於東箱"，又《大人賦》"驂赤螭青虬之蚴蟉蜿蜒"，謂"窈糾"與"蚴蟉"、"蚴蟉"同，行動貌，即《洛神賦》之"婉若游龍"也。

【增訂四】《莊子‧田子方》："從容一若龍，一若虎"；郭註："槃辟其步，逶蛇其迹"；成疏："逶迤若龍，槃辟若虎。"《洛神賦》之"婉若游龍"，可以《莊子》語註之。

正復以曲綫通於龍蛇；蓋舒徐矯捷，均堪喻此，傅毅以之言速，卞蘭以之言緩，要歸乎婀娜宛轉而已。《太平廣記》卷三一一引《蕭曠》託爲洛神語，病曹植賦中此兩句體物殊"疏"。嘗臆測之，植以向來刻劃妙舞者移施於雅步，"婉若游龍"即《月出》之"舒窈糾兮"，無可吹求；而"翩若驚鴻"在舞踊爲輕快者，在步武則佚爲浮佻，有失神女身份，此所以嘖有煩言歟。參觀《太平廣記》卷論卷一八《柳歸舜》。後世寫體態苗條，輒擬諸楊柳，袁宏道《新買得畫舫作居》之六奇句所謂："杜宇一身皆口頰，垂楊遍體是腰肢"；寖假而以"蛇腰"易"柳腰"，《紅樓夢》第四四回王夫人形容晴雯所謂："水蛇腰，削肩膀兒。"十九世紀以來西洋詩文中尤成慣語，如梅里美晤見一貴婦人（La Princesse Joinville），記其狀貌云："腰身佳絕，乃一蛇而服繡衣紈耳"（la taille ravissante, un serpent dans du satin et des dentelles）[1]。波

---

[1]　Paul Léon, *Mérimée et son Temps*, 374. Cf. Hugo, *Toute la Lyre*, III.3: "N'est-ce pas le serpent qui vaguement ondule/Dans la souple beauté des vierges aux seins nus?"; Hermann Bahr, *Das Konzert*: "Eva, neunzehn Jahre; sehr schlank, fantastisch, auf Schlange stilisiert."

德萊亞詠一女行步風姿,直比於蛇之舞擺(A te voir marcher en
cadence,/Belle d'abandon,/On dirait un serpent qui danse/Au
bout d'un bâton)①。則《月出》之"舒窈糾兮"、《洛神賦》之
"婉若游龍",言行步而非言旋舞者,洵得風氣之先,有揣稱之
妙也。

　　《章華臺賦》:"歸乎生風之廣厦兮,脩黃軒之要道,携西子
之弱腕兮,援毛嬙之素肘。"按卷五五張衡《七辯》"西施之徒"
一節:"假明蘭燈,指圖觀列",又《同聲歌》:"衣解巾粉御,列
圖陳枕張,素女爲我師,儀態盈萬方,衆夫所希見,天老教軒
皇";曹植《洛神賦》:"動朱唇以徐言,陳交接之大綱";徐陵
《答周處士書》:"差有弄玉之俱仙,非無孟光之同隱。……優游
俯仰,極素女之經文,升降盈虛,盡軒皇之圖藝。"可參觀。曰
"黃軒"者,《論衡·命義》所謂"素女對黃帝陳五女之法",《抱
朴子》内篇《微旨》所謂"俗人"誤認"黃帝單以此事致長生"
也。《古詩歸》卷四選《同聲歌》,鍾惺評此數句云:"'我師'
妙!妙!前段謙畏極矣!至此不覺自矜自憐,亦是負才色者之
常";蓋渠儂初不曉爲道何事也。笑罵《詩歸》者,却未及之。

　　① Baudelaire:"Le Serpent qui Danse",*Oeuvres complètes*,"la Pléiade",104.
Cf. Moravia:"Scherzi di Ferragosto":"La donna... era flessuosa come un serpente;
camminando dimenava le anche e dondolava di testa"(*Racconti romani*,in *Opere
complete*,Bompiani,VII,5).

六四 全後漢文卷八七

禰衡《鸚鵡賦》。按段成式《酉陽雜俎》卷一二《語資》引魏肇師曰："《鸚鵡賦》禰衡、潘尼二集並載"，嚴氏應引作按語。"心懷歸而勿果，徒怨毒於一隅。……託輕鄙之微命，委陋賤之薄軀。期守死以報德，甘盡辭以效愚。恃隆恩於既往，庶彌久而不渝。"按其鳴也哀，以此爲全篇歸宿，似寓託庇受廛之意。故張雲璈《選學膠言》卷八疑其與衡之傲世慢物不稱，或是他人所作。鄭方坤《蔗尾詩集》卷二《秋夜讀古賦、各題絕句》："賦成鸚鵡忽憂生，語作啾啾燕雀聲。辜負大兒孔文舉，枉將一鶚與題評"；自註："賦中多求哀乞憐語。"孔融《薦禰衡疏》云："鷙鳥累百，不如一鶚"；鄭詩真拈來不費力者。然《全三國文》卷一四陳王植《鸚鵡賦》亦曰："蒙含育之厚德，奉君子之光輝，……常戢心以懷懼，雖處安其若危。永哀鳴以報德，庶終來而不疲"；與衡所作，詞旨相襲。豈此題之套語耶？抑同心之苦語也？

【增訂三】《後村大全集》卷一七五《詩話》論禰衡此賦已云："桎籠檻栖託之悲。……噫！衡自知不免，哀鳴躑躅，求容於〔黃〕祖者如此，亦可憐已！"即鄭方坤所謂"語作啾啾燕雀聲"也。

六五　全後漢文卷八八

　　仲長統《昌言》。按僅存十之一二，筆致駿發騰踔，在桓寬、王符之上。統不信天道、神怪而信神仙長生之術，又桓譚所謂"通蔽"也。然逆志原情，亦復有説。尊天、事鬼、修仙，三者均出於妄想倖心，而難易勞逸不同。統持"嗽舌""行氣"之法，以冀得道不死，此求諸於己、盡其在我也。若所斥"愚惑"之民、"昏亂"之主，則仰仗威靈，冀蒙恩蔭，藉巫祝之佞、祭祀之詔，坐致福祐。相形之下，修仙尚是勤勉人力而非委心天道、依恃神庥。嵇康《養生論》不云乎："有謂神仙可以學得，不死可以力致"；曰"學"曰"力"，異乎僥倖冀得便宜者。《全三國文》卷一八陳王植《辯道論》力闢神仙，而仍有取於術士導引房中之説，以爲可以"療疾"、"終命"，然"非有志至精莫能行"，足相參印。故統雖明有所不察，識有所不週，尚未渠可以其矛攻其盾也。

六六　全後漢文卷八九

　　《昌言》下：“今嫁娶之會，捶杖以督之戲謔，酒醴以趣之情欲；宣淫佚於廣衆之中，顯陰私於族親之間。汙風詭俗，生淫長奸，莫此之甚！”按即《抱朴子》外篇《疾謬》所言：“俗間有戲婦於稠衆之中、親屬之前，問以醜言，責以慢對，或蹙以楚撻，或繫脚倒懸”，而增勸酒“趣情”、“宣淫”之事。楊慎《太史升菴全集》卷四四引《抱朴子》，謂晉世已有“鬧新房”陋俗；俞正燮《癸巳存稿》卷一四、平步青《霞外攟屑》卷三又《樵隱昔寱》卷一四皆據《漢書·地理志》下：“燕地……嫁取之夕，男女無別，反以爲榮”，上溯至於漢代，却未徵援《昌言》此節也。《全後漢文》卷三八《風俗通》：“汝南張妙會杜士，士家娶婦，酒後相戲。張妙縛杜士，捶二十下，又懸足指，士遂至死。”亦在“嫁娶之會”，爲“捶杖”、“倒懸”之舉，但杜士似非即新郎，乃“鬧房”、“戲婦”，橫流波及其身爾。

　　“董賢之于哀帝，無骨肉絲髮之親，又不能傳其氣類，定其繼嗣。”按即《太玄經》卷二《事》之《次四》：“男、女事，不代之字”，范望《解》：“況於字育，故不代也”；《易·屯》之六二：“女子貞不字”，《經義述聞·易》上謂當從虞翻説“字”爲

"姪娠"，正"不代之字"之"字"也。法國古詩人譏其君亨利三世（Votre semence chet en terre qui n'est bonne）①，亦同統意。

"婦人有朝哭良人，暮適他士，涉歷百庭，顏色不愧。"按即《警世通言》卷二莊生詩所謂："夫妻百夜有何恩，見了新人忘舊人"，或《紅樓夢》第一回《好了歌》所謂："君生日日説恩情，君死又隨人去了。"張岱《瑯嬛文集》卷四《家傳·附傳》所記有小説院本勿如者："仲叔姬侍盈前，岱曾勸叔父出之。姬侍曰：'奴何出？作張氏鬼耳！'仲叔喜，亟呼岱聽之。……甲申，岱同蕚弟奔喪，姬侍林立，請曰：'得早適人，相公造福！'岱笑曰：'張氏鬼奚適耶？'姬侍曰：'對老爺言耳！年少不得即鬼，即鬼亦不張氏待矣！'"《警世通言》搧墳劈棺一篇，西方傳譯，仿作紛紜②；古羅馬小説曾寫艷孀變節，以明"婦人心性不可信恃"（animum ne crede puellis）③，談者每與是篇並稱。

【增訂四】猶太俗傳古説，一狐誡豹曰："爲婦者罔其生夫，負其死夫"（Women deceive men in life and betray them in death），因歷舉前事爲鑑。第四事言羅馬一貴人得罪縊死，陳屍懸樹十日，有卒衛視之；適一婦新寡，覘此卒，兩情相悦，卒懈所守，屍遂被盜。婦慰卒曰："無傷也！有先夫遺體在。"婦即破墳，親曳夫屍出，俾卒懸樹，卒曰："犯人禿鬐而汝夫

---

① Ronsard："Throis Sonnets" ii，*Oeuvres complètes*，éd. P. Laumonier，VI，488. Cf. Bentham："unprolific appetite"（C. K. Ogden，*Jeremy Bentham 1832—2032*，p. 103，cf. 98）；C. Hassall，*Edward Marsh*，222（Margot Asquith）；M. Gibbon，*The Masterpiece and the Man*，153（Yeats）.

② Ed. Grisebach，*Die treulose Witwe. Eine chinesische Novelle und ihre Wanderung durch die Weltliteratur*，1877.

③ Petronius，*Satyricon*，cxi-cxii，"Loeb"，228-34.

多髮，兩屍殊不類，奈何!"婦於是捽死夫首而力捋其髮盡（Nathan Ausubel, *A Treasury of Jewish Folklore*, Bantam Abridged Ed., 1980, p.466）。

竊謂童話有九尾雄狐佯死以試牝狐事[1]，正復此意。胥不外乎莎士比亞名劇所嘲："不事二夫誇太早，丈夫完了心變了"（So think thou wilt no second husband wed；/But die thy thoughts when thy first lord is dead）[2]。夫與妻盟不再娶，妻死而夫背信者，見之載筆，如劉敬叔《異苑》卷六袁乞、《太平廣記》卷三二二引《幽明錄》呂順、《夷堅甲志》卷二《張夫人》、《丁志》卷九《太原意娘》、卷一八《袁從政》、《聊齋志異》卷八《鬼妻》之類，偶然寓誡，而寥落未成慣題。是亦"雙重兩性道德"之一例（參觀《周易》卷論《大過》）。白居易《婦人苦》所歎"婦人一喪夫"，如竹之折，而"男兒若喪婦"，則如柳之折，流俗視爲當然。男尊女卑之世，丈夫專口誅筆伐之權，故苛責女而恕論男；發言盈庭，著書滿家，皆一面之詞爾[3]。歸過嫁罪而不引咎分謗，觀乎吾國書字，情事即自曉然。義訓之不美不善者，文多從"女"傍，"奸"、"妬"、"妄"、"妖"之屬，凡一百六十八字（徐珂《康居筆記彙函》之二《呻餘放言》），其理不言可喻。使蒼姞造字，如周姥制禮，當不若是矣！

---

[1]　"Die Hochzeit der Frau Füchsin", erstes Märchen, Brüder Grimm, *Die Kinder-und Hausmärchen*, Berlin：Der Kinderbuchverlag, 138–40.

[2]　*Hamlet*, III.ii.224–5（Player King）.

[3]　Cf.Johnson, *Rambler*, No.18："As the faculty of writing has been chiefly a masculine endowment, the reproach of making the world miserable has been always thrown upon the women."

"北方寒而其人壽，南方暑而其人夭；此寒暑之方，驗於人者也。釣之鼈也，寒而餓之，則引日多，溫而飽之，則引日少；此寒溫餓飽之爲修短，驗於物者也。"按《困學紀聞》卷一〇引此節而論之曰："論養生者，盍於此觀之？韓子蒼《醫説》用此意。"小兒醫尤揭著此意。《全三國文》卷二二王朗《屢失皇子上疏》："且少小常苦被褥太溫，太溫則不能便柔膚弱體，是以難可防護，而易用感慨。若常令少小之緼袍不至于甚厚，則必咸保金石之性，而比壽於南山矣"；李治《敬齋古今黈》卷五："《潛夫論》曰：'小兒多病傷於飽'，然此言但知節食耳，不知衣食之豐，亦受病之源也。俗諺有之：'小兒欲得安，無過飢與寒'；謂飢寒之者，……所以摶節之而已，亦非謂飢之寒之。……近世一醫師謂：'貧兒誤得安樂法'，……則是富兒故求病也。"吾鄉諺亦云："若要小兒安，常帶三分飢與寒"，與范寅《越諺》卷上等所載全同。張習孔《雲谷臥餘》卷四引此"俗語"，却曰："夫饑可也，寒豈不生疾乎？當是'汗'字"；事理、文理，兩皆不通，又其余智自雄、"喜竄點"杜詩之故技也。仲長之旨，已發於《呂氏春秋·重己》："衣不燀熱，燀熱則理塞，……味衆珍則胃充，胃充則中大鞔；……以此長生可得乎？"；又《淮南子·墜形訓》："暑氣多夭，寒氣多壽"，又謂東方之人"早知而不壽"，南方之人"早壯而夭"，北方之人"惷愚而壽"。《全三國文》卷四八嵇康《答向子期〈難養生論〉》："火鼊十八日，寒鼊三十日，餘以不得踰時之命，而將養有過倍之隆。溫肥者早終，涼瘦者遲竭，斷可識矣"；《南史》卷六二《顧協傳》梁武帝曰："北方高涼，四十強壯，南方卑濕，三十已衰。如協[三十五]便爲已老。"孟德斯鳩謂冷地之人强有力(on a donc plus de vigueur dans les climats froids)，熱地之人弱而惰(le corps y sera absolument sans force，la paresse y fera le bonheur)①；休謨謂北人嗜酒，南人好色(people in the northern regions have a greater inclination to strong liquors，and those in the southern to love and women)，俗語頗得其實②。利奧巴迪謂熱地之人視寒地、温地之人年壽較短(La vita degli orientali e di coloro che vivono ne'paesi assai caldi è più breve di quella dei popoli che abitano ne'paesi freddi o temperati)③，則純乎淮南、仲長、嵇生、蕭老公之論矣。

"昔有明師知不死之道者，燕君使人學之，不捷而師死"云云。按即《韓非子·外儲説》左上："客有教燕王不死之道者，王使人學之"云云，亦見《列子·説符》。《孔叢子·陳士義》子順答枚産問"匱於財"，以道士學長生爲喻，略同。

"使居有良田廣宅，背山臨流"一節。按《全宋文》卷三一謝靈運《山居賦》："昔仲長願言，流水高山"，自註："仲長子云：'欲使居有良田廣宅，在高山流水之畔'"云云，詞句小異。此節於仲長文中最爲傳誦，另加題目，自成篇章，所謂《樂志論》也。董其昌《容臺別集》卷三《書品》："仲長統此論，所謂'未聞巢由買山而隱'者。然薪火熾燃，相將入火坑，不必皆貧賤士。蓋盛滿不知足，往往十而九矣"；尤侗《艮齋雜説》卷三："統儼然富貴逸樂之人，非巖居穴處、輕世肆志之所爲。自右軍

---

① Montesquieu，*De l'Esprit des Lois*，Liv. IV，ch. 2 et 10，*Oeuv. comp.*，"Bib. de la Pléiade"，II，474，482.

② Hume："Of National Characters"，*Essays Moral*，*Political*，*and Literary*，ed. T. H. Green and T. H. Grose，I，256.

③ Leopardi，*Zibaldone*，Mondadori，II，893.

書之，傳爲美談，而平泉《知止賦》亦云：'仲既得於清曠'，是爲狂生所欺矣！"均譏統言若退而望甚奢，異於飯蔬飲水枕肱者，殊中肯綮。《全後漢文》卷六七荀爽《貽李膺書》："知以直道不容於時，悅山樂水，家於陽城"；參之仲長欲卜居山涯水畔，頗徵山水方滋，當在漢季。荀以"悅山樂水"，緣"不容於時"；統以"背山臨流"，換"不受時責"。又可窺山水之好，初不盡出於逸興野趣，遠致閒情，而爲不得已之慰藉。達官失意，窮士失職，乃倡幽尋勝賞，聊用亂思遣老，遂開風氣耳。

【增訂三】漢末人謂失志違時，於是"悅山樂水"。此正如有"江山之助"者，豈異人乎？乃放逐憔悴之屈原耳。惲敬《遊羅浮山記》至曰："古之善遊山水者，以左徒爲始"（參觀936頁）。觀乎後世，斯意尤明。勞人謫宦，遠役羈居；披榛履險，藉作清遊，置散投荒，聊尋勝賞。《水經注》常曰："結飛梁於水上，淫朋密友，羈游宦子，莫不尋梁契集，用相娛慰"；"行李所經，鮮不徘徊忘反矣"；"于時行旅過矚，亦有慰於羈望矣"（卷六《晉水》涼堂、卷十一《滱水》南山岫又陽城渚）。即謂流連景物，足慰羈旅之情也。行客逐臣，辛勤侘傺，騁懷游目，陶冶性靈，範水模山，斐然卓爾，幽栖嘉遯之漫士山民瞠乎後矣。鮑照《登大雷岸與妹書》曰："去親爲客，如何如何！向因涉頓，憑觀川陸，邀神清渚，流睇方曛。"杜甫《法鏡寺》："身危適他州，勉强終勞苦。神傷山行深，愁破崖寺古。洄洄山根水，冉冉松上雨。泄雲蒙清晨，初日翳復吐。朱甍半光炯，戶牖粲可數。拄策忘前期，出蘿已亭午。冥冥子規叫，微徑不敢取"；《五盤》："五盤雖云險，山色佳有餘。喜見淳樸俗，坦然心神舒。成都萬事好，豈若歸吾廬！"柳宗元

《始得西山宴遊記》曰："自余爲僇人，居是州，遊於是乎始。"
元稹《以州宅誇於樂天》曰："鏡水稽山滿眼來，謫居猶得住
蓬萊。"蘇軾《與毛令方尉遊西菩提寺》曰："推擠不去已三
年，魚鳥依然笑我頑。人未放歸江北路，天教看盡浙西山"；
又《六月二十日夜渡海》："九死南荒吾不恨，茲游奇絕冠平
生。"陳與義《細雨》曰："避寇煩三老，那知是勝游！"稍摘
名篇，聊資推類。洪亮吉《更生齋文》卷一《天山贊》："世人
不之知，逸客不之訪。……是則天地之奇、山川之秀，寧不待
千百年後懷奇負異之士，或因行役而過，或以遷謫而至者，一
發其奇乎？"言此意尤暢。杜詩曲盡情事，"神傷"乃大綱，
"愁破"是小目，"愁"暫"破"而"神"仍"傷"；行邁未已，
道梗且長，前途即有"不敢取"之"微徑"在。蓋悦山樂水，
亦往往有苦中强樂，樂焉而非全心一意者。概視爲逍遥閒適，
得返自然，則疎鹵之談爾。歐陽修被讒，出知滁州，作《醉翁
亭記》，自稱"醉翁之意在乎山水之間"，人"不知太守之樂其
樂"。夫"醉翁。寄"意"，洵"在乎山水之間"，至若"太守"
之初衷本"意"，豈真"樂"於去國而一麾而守哉？諒不然矣。
【增訂四】陳與義尚有兩詩，反復陳斯意。《遊八關寺後池上》：
"不有今年謫，争成此段奇？"《正月十二日自房州城遇虜，奔
入南山，十五日抵回谷張家》："向來貪讀書，閉户生白髭。豈
知九州内，有山如此奇！自寬實不情，老人亦解頤"；胡穉註
引中齋云："此詩盡艱苦歷落之態，雜悲喜憂畏之懷，玩物適
意語，時見於奔走倉皇中。"蓋奔命逃生之時，亦即"玩物適
意"之會，於此中得稍佳趣也。

後世畫師言："山水有可行者，有可望者，有可游者，有可居者"

（《佩文齋書畫譜》卷一三郭熙《山水訓》）；統之此文，局於"可居"，尚是田園安隱之意多，景物流連之韻少。阮元《石渠隨筆》云："他人畫山水，使真有其地，皆可游玩；倪〔瓚〕則枯樹一二株、矮屋一二楹，寫入紙幅，固極蕭疏淡遠之致，設身入其境，則索然意盡矣。"與統同心，如《全三國文》卷三〇應璩《與程文信書》、《全晉文》卷六一孫綽《遂初賦》等，而《全晉文》卷三三石崇《金谷詩序》最相發明："有別廬去城十里，或高或下，有清泉、茂林、衆果、竹柏、藥草之屬；金田十畝、羊二百口、雞、豬、鵝、鴨之類，莫不畢備，又有水碓、魚池、土窟。其爲娛目歡心之物備矣！"蓋統所願得以樂志者，崇盡有而且溢量焉；雞豬、林泉並在"娛目歡心"之列，惆幅勿爲華詞，蓋與恣情邱壑、結契烟霞，粲而幾殊。持較《全晉文》卷二七王獻之《帖》："鏡湖澄澈，清流瀉注，山川之美，使人應接不暇"；《全宋文》卷二九雷次宗《與子姪書》："爰有山水之好"；卷三三謝靈運《遊名山志》："夫衣食、人生之所資，山水、性分之所適"；猶有及門入室之辨。嘗試論之，詩文之及山水者，始則陳其形勢產品，如《京》、《都》之《賦》，或喻諸心性德行，如《山》、《川》之《頌》，未嘗玩物審美。繼乃山水依傍田園，若蔦蘿之施松柏，其趣明而未融，謝靈運《山居賦》所謂"仲長願言"、"應璩作書"、"銅陵卓氏"、"金谷石子"，皆"徒形域之蓍蔚，惜事異於栖盤"，即指此也。終則附庸蔚成大國，殆在東晉乎。袁崧《宜都記》一節足供標識："常聞峽中水疾，書記及口傳悉以臨懼相戒，曾無稱有山水之美也。及余來踐躋此境，既至欣然，始信耳聞之不如親見矣。其疊崿秀峯，奇構異形，固難以詞敍。林木蕭森，離離蔚蔚，乃在霞氣之表，仰矚俯映，彌習彌佳。流連信宿，不覺忘返，目所履歷，未嘗有也。既自欣得此奇觀，山水有靈，亦當驚知己於千古矣！"（《水經注》卷三四《江水》引）。游目賞心之致，前人抒寫未曾。六法中山水一門於晉、宋間應運突起，正亦斯情之流露，操術異而發興同者。《全宋文》卷一九王微《報何偃書》："又性知畫繪，……故兼山水之愛，一往迹求，皆仿像也"；

> 【增訂四】王微《告弟僧謙靈書》復用"仿像"二字："吾臨靈，取常共飲杯，酌自釀酒，寧有仿像不？冤痛！冤痛！"謂與生時對酌情景寧"肖似不"也。

卷二〇宗炳《畫山水序》："余眷戀廬衡，契闊荆巫，……於是畫象布色，構茲雲嶺。……身所盤桓，目所綢繆，以形寫形，以色寫色也。"目觀之不足，而心之摹之，手之追之，詩文、繪畫，此物此志爾。《文心雕龍·明詩》曰："宋初文詠，體有因革，莊、老告退，而山水方滋"；局隅而未通方，故聊明殊跡之一本焉。葉適《水心集》卷一七《徐道輝墓誌銘》："上下山水，穿幽透深，棄日留夜，拾其勝會，向人鋪説，無異好美色也"；善於形容，足爲袁崧"山水有靈"二句嗣響。人於山水，如"好美色"，山水於人，如"驚知己"；此種境界，晉、宋以前文字中所未有也。

"安神閨房，思老氏之玄虛；呼吸精和，求至人之彷彿。"按歸依道教也。統《述志詩》有曰："叛散《五經》，滅棄風雅"，則擯斥儒書也。得與嵇、阮、王、何輩把臂稱同調矣。

六七　全後漢文卷九〇

　　王粲《登樓賦》："雖信美而非吾土兮，曾何足以少留。"按即六朝樂府《襄陽樂》所謂："人言襄陽樂，樂作非儂處，乘星冒風流，還儂揚州去！""步棲遲以徙倚兮，白日忽其將匿。……獸狂顧以求羣兮，鳥相鳴而舉翼。原野闐其無人兮，征夫行而未息。"按孫樗《餘墨偶談》卷一謂王維《臨高臺送黎拾遺》："日暮飛鳥還，行人去不息"，以十字括此數句。

　　王粲《神女賦》："婉約綺媚，舉動多宜。"按蘇軾《西湖》稱西施"淡妝濃抹總相宜"，王實甫《西廂記》第一本第一折張生稱鶯鶯："我見他宜嗔宜喜春風面"，即"多宜"之謂，厥意首發於茲。《全宋文》卷三一謝靈運《江妃賦》："姿非定容，服無常度，兩宜歡嚬，俱適華素"；於"宜"之纖旨曲致，由渾之畫，視王粲語，如增冰之於積水矣。後世詞人，都爲籠罩。蘇詩、王曲而外，如梁簡文帝《鴛鴦賦》："亦有佳麗自如神，宜羞宜笑復宜嚬"；周邦彥《玉樓春》："淺顰輕笑百般宜"；謝絳《菩薩蠻》："一瞬百般宜，無端笑與啼"；楊无咎《柳梢青》："一自別來，百般宜處，都入思量"，又《生查子》："妖嬈百種宜，總在春風面，含笑又含嚬，莫作丹青現"；尹唯曉《眼兒媚》："一好百般宜"；

【增訂四】周邦彥艷詞《望江南》有句云："人好自宜多"，或苦難解。竊謂參觀尹唯曉《眼兒媚》之"一好百般宜"，則渙然冰釋矣。

周煇《清波雜志》卷九論"士大夫"家"侍巾櫛輩小名"云："'總宜'之名爲佳，特恐無敢承當者。"竊謂《莊子·天運》言西施"病心而矉，其里之醜人見而美之"；王嘉《拾遺記》卷八吳主覷畫工寫潘夫人憂戚瘦減之容悦焉，曰："愁貌尚能惑人，況在歡樂!"；沈約《六憶詩》之二："笑時應無比，嗔時更可憐"；柳永《滿江紅》："惡發姿顏歡喜面，細追想處皆堪惜"；雖皆未道"宜"，而命意正"兩宜歡嚬"、"宜嗔宜喜"耳。莎士比亞名劇中讚皇后之美云："嗔罵、嘻笑、啼泣，各態咸宜，七情能生百媚"（Fie wrangling Queen—/Whom every thing becomes，to chide，to laugh，/To weep；whose every passion fully strives/To make itself，in thee，fair and admired!）①，用"宜"字（becomes）不謀而合。麗人之"矉"、"啼"、"愁貌"亦宜人動人，故婦女飾貌弄姿，遂有如卷四一《風俗通》佚文所記之"愁眉"、"啼妝"、"若齒痛不忻"之"齲齒笑"，或白居易《時世妝》所詠"妝成盡似含悲啼"，效矉學步矣。又按張相《詩詞曲語辭滙釋》卷二釋"惡"爲"甚辭"，是也，然舉柳永二句爲例而解曰："'發'即'發妝'之'發'，'惡發姿顏'即濃妝之意"，則不知妄説。"惡發"、嗔怒也。莊季裕《雞肋編》卷下："錢氏時'握髮殿'，吳人語訛，乃云'惡發'，謂錢王怒即乘此座"；陸游《老學菴筆記》卷八《北方民家吉凶》條："'惡發'猶云'怒'

---

① *Antony and Cleopatra*，I.i.48-51.

也"（參觀卷一《錢大王惡發殿》條）。唐時已有此語，如《敦煌掇瑣》之三《燕子賦》："鷦鷯惡發，把腰即扭"，又變文《難陀出家緣起》："難陀惡發不添，盡打破，……又怕妻怪惡發，便罵世尊"；曾慥《高齋漫録》記章惇落職，怨林希當制措詞太甚，林曰："長官發惡，雜職棒毒"，趙德麟《侯鯖録》卷六載此語，正作："官人怒，雜職安敢輕行杖？"；《五燈會元》語録尤多，如卷一一南院慧顒章次之"好好問你，又惡發作麼？"，卷一二石霜楚圓章次之"有即尼乾歡喜，無則瞿曇惡發"，卷一五智門光祚章次之"嗔他停滯我，惡發走歸家"，嗔怒之意，皆昭然自揭。實則唐、宋詩詞即不乏其例，張氏交臂相失。如羅隱《白角篦》七絶："莫言此個尖頭物，幾度撩人惡髮來"，"髮"諧"發"、"撩鬢"之"撩"諧"撩怒"之"撩"；李建勳《殿妓》五律："起來猶忍惡，剪破繡鴛鴦"；歐陽修《玉樓春》："大家惡發大家休，畢竟到頭誰不是"；徐積《寄范掾》："最好綿衾剩典錢，又恐夜寒妻懊惱；……爲報孟光莫惡發，待將黄卷换青錢"；惠洪《漁父詞》："古寺天寒還惡發，夜將木佛齊燒殺"；陳克《浣溪沙》："問着似羞還似惡，惱來成笑不成歌。"張氏苟留意及之，便省"惡"訓惱怒，非僅"甚辭"。《水滸》第三四回："秦明聽説反了花榮，便怒從心上起，惡向膽邊生"，白話小説套語也；"惡"與"怒"互文一意，猶"心上"與"膽邊"、"起"與"生"耳。

【增訂四】張鷟《朝野僉載》卷六記李凝道"性褊急，……乘驢於街中，有騎馬人韉鼻撥其膝，遂怒大罵，欲毆之。馬走，遂無所及，忍惡不得，遂嚼路傍棘子流血。"《五燈會元》卷一八大潙海評章次："深沙人惡發，崑崙奴生嗔"；同卷張商英章次："首座曰：'恐其惡發，別生事也。'悦曰：'正使煩惱，只退得我院，也別無事。'""惡"與"怒"、"嗔"、"惱"均互文見義。

六八　全後漢文卷九二

陳琳《爲曹洪與魏太子書》。按顯然代筆，而首則申稱："亦欲令陳琳作報，琳頃多事，不能得爲。念欲遠以爲懽，故自竭老夫之思"；結又揚言："故頗奮文辭，異於他日，怪乃輕其家邱，謂爲'倩人'，是何言歟！"欲蓋彌彰，文之俳也。用意如螢焰蜂針，寓於尾句："恐猶未信邱言，必大噱也"；言凡此皆所以資嗢噱。明知人之不己信，而故使人覩己之作張致以求取信，明知人識己語之不誠，而仍陽示以修詞立誠；己雖弄巧而人不爲愚，則適成己之拙而愈形人之智；於是誑非見欺，詐適貢諂，莫逆相視，同聲一笑。告人以不可信之事，而先關其口曰："説來恐君不信"，此復後世小説家伎倆，具見《太平廣記》卷論卷四五九《舒州人》。又按《全三國文》卷二○曹洪《與魏文帝書》，采自《太平御覽》，實即此篇之"漢中地形"至"未足以喻其易"一節；不應複出別見，當於此篇末加按語了之。

陳琳《檄吳將校部曲文》。按趙銘《琴鶴山房遺稿》卷五《書〈文選〉後》略謂："《文選》有贗作三：李陵《答蘇武書》、陳琳《檄吳將校部曲文》、阮瑀《爲曹公作書與孫權》；按之於史並不合。此《檄》年月地理皆多訛繆。以荀彧之名，'告江東諸將部曲’，或死於建安十七年，而《檄》舉羣氏率服、張魯還降、夏侯淵拜征西將軍等，皆二十年、二十一年事”云云。足補《選》學之遺。

六九　全後漢文卷九三

　　阮瑀《止欲賦》：“還伏枕以求寐，庶通夢而交神，神惚怳而難遇，思交錯以繽紛，遂終夜而靡見，東方旭以既晨。”按《關雎》：“寤寐思服，轉輾反側”，此則於不能寐之前，平添欲通夢一層轉折。後世師其意境者不少。《全晉文》卷九一潘岳《寡婦賦》：“庶浸遠而哀降兮，情惻惻而彌甚；願假夢以通靈兮，目炯炯而不寢”；孟浩然《除夜有懷》：“守歲家家應未臥，相思那得夢魂來”；李商隱《過招國李家南園》：“唯有夢中相近分，臥來無睡欲如何”；虞集《悼亡》：“欲覓音容須夢裏，先生無睡已多時”；黃任《香草箋·別後有寄》：“甚欲報君香夢去，奈君多作不眠人。”孟、黃兩詩，從對面落筆，花樣稍翻。詞曲中尤成窠臼。如柳永《傾杯樂》：“夢難極，和夢也多時間隔”；歐陽修《玉樓春》：“故欹單枕夢中尋，夢又不成燈又燼”；晏幾道《阮郎歸》：“夢魂縱有也成虛，那堪和夢無”（毛滂《阮郎歸》嘲王生襲其語）；秦觀《滿園花》：“從今後，休道共我，夢見也不能得勾”；宋徽宗《燕山亭》：“怎不思量，除夢裏有時曾去，無據，和夢也新來不做”；呂渭老《鵲橋仙》：“打窗風雨又何消！夢未就、依前驚破”；陸游《蝶戀花》：“只有夢魂能再遇，堪嗟夢不

由人做"；《醉翁談録》卷一連静女《武陵春》："人道有情還有
夢，無夢豈無情，夜夜思量直到明，有夢怎教成"；《陽春白雪》
後集卷一吕止菴《後庭花》："要見除非夢，夢回總是虚，夢雖
虚，猶有時節相聚，近新來和夢無."利鈍不齊，塗轍則同。西
方情詩每恨以相思而失眠①，却不恨以失眠而失去夢中相會，此
異於吾國篇什者也；顧又每歎夢中相見之促轉增醒後相思之
劇②，則與吾國篇什應和矣。《古詩十九首》："獨宿累長夜，夢
想見容輝。……既來不須臾，又不處重闈"；鮑照《夢歸鄉》：
"寐中長路近，覺後大江違，驚起空歎息，恍惚神魂飛"；王僧孺
《爲人述夢》："如言非倏忽，不意成俄爾"；皆未透澈。宋之問
《别之望後獨宿藍田山莊》："愁至願甘寢，其如鄉夢何?"，思鄉
而愁，入寢所以避愁，然思鄉而夢，得寢反以添愁而即亦減寢；
意醒語婉。他如元稹《夢昔時》："閒窗結幽夢，此夢誰人知! 夜
半初得處，天明臨去時。山川已久隔，雲雨兩無期。何事來相
感，又成新别離!"；歐陽修《述夢賦》："行求兮不可遇，坐思兮
不可處。可見惟夢兮，奈寐少而寤多；或十寐而一見兮，又若有
而若無；乍若去而若來，忽若親而若疏。杳兮倏兮，猶勝於不見
兮，願此夢之須臾。……冀駐君兮可久，怳余夢之先驚"；賀鑄

---

① E.g.Petrarca，*Rime*，L，CLXIV，CCXXIII(il sonno è'n bando, e del ri-
poso è nulla)，*Rime*，*Trionfie Poesie Latine*，Riccardo Ricciardi，70 ff.，230，295.
Cf.H.Weber，*La Création poétique au 16ᵉ Siècle en France*，I，366 ff.："Chez les
pétrarquistes，l'amour entraîne généralement l'absence de sommeil d'où un appel tou-
jours vain à celui-ci"，etc..

② Weber，*op. cit.*，356 ff.："Le thème du songe qui réalisé un moment le
désir amoureux，puis laisse une amère désillusion，était cher aux pétrarquistes
italiens"，etc..

《菩薩蠻》："良宵誰與共，賴有窗間夢；可奈夢回時，一番新別離"；黃廷璹《解連環》："待更闌，試尋夢境；夢回更惡"；陳見復《陳司業詩集》卷三《悼亡》之二："何必他生訂會期，相逢即在夢來時，烏啼月落人何處，又是一番新別離！"；馬樸臣《報循堂詩鈔》卷一《客中書懷》："驚回鄉夢如新別，細讀家書抵暫歸"；項鴻祚《憶雲詞》丙稿《清平樂》："歸夢不如不作，醒來依舊天涯"，又丁稿《菩薩蠻·擬溫庭筠》之一○："夢見更相思，不如無夢時"；則均豁邑矣。夢見不真而又匆促，故快快有虛願未酬之恨；真相見矣，而匆促板障，未得遂心所欲，則復快快起脫空如夢之嗟。吳融《溮東筵上》詩所歎："見了又休還似夢，坐來雖近遠于天"，歐陽修逕攘入己作《瑞鷓鴣》詞者，即本白居易《如夢令》："見了又還休，愁却等閒分散。"是以怨暫見與怨夢見之什，幾若笙磬同音焉。庾信《代人傷往》："無事交渠更相失，不及從來莫作雙"（參觀梁簡文帝《夜望單飛雁》："早知半路應相失，不如從來本獨飛"）；李白《相逢行》："相見不相親，不如不相見"；李商隱《昨日》："未容言語還分散，少得團圓足怨嗟"；韓偓《五更》："光景旋消惆悵在，一生贏得是悽涼"；范成大《鵲橋仙·七夕》："相逢草草，爭如休見，重攪別離情緒；新歡不抵舊愁多，倒添了新愁歸去。"皆謂"相見爭如不見"（司馬光《西江月》），"見了還休、爭如不見"（周邦彥《燭影搖紅》），匹似前所舉例皆謂夢見爭如不夢，夢了終醒、不如不夢。王嘉《拾遺記》卷九石崇愛婢翔風答崇曰："生愛死離，不如無愛"；張祖廉輯龔自珍《定盦遺著·與吳虹生書》之一二："但遇而不合，鏡中徒添數莖華髮，集中徒添數首惆悵詩，供讀者迴腸盪氣。虹生亦無樂乎聞有此遇也"；《紅樓夢》第三一回黛

玉謂:"聚時歡喜,散時豈不冷清? 既生冷清,則生感傷,所以
不如倒是不聚的好";胥其旨矣。

【增訂三】納蘭性德《通志堂集》卷三《送蓀友》:"人生何如
不相識! 君老江南我燕北。何如相逢不相合! 更無別恨橫胸
臆。"龔自珍所致慨者"遇而不合"也;此則"相逢"矣,復
"相合"矣,而人事好乖,銷魂惟"別",仍歸於"迴腸盪氣"
而已。兩歎"何如",猶黛玉之言"不如倒是"也。

阮瑀《文質論》:"麗物若偽,醜器多牢;華璧易碎,金鐵
難陶。"按白居易《簡簡吟》所謂:"大都好物不堅牢,彩雲易
散琉璃脆。"《全北齊文》卷三邢卲《景明寺碑》:"苦器易彫,
危城難久",與此各有所當,"苦"同"楛",脆劣也,本《漢
書·食貨志》:"器苦惡";字義通假詳見王念孫《讀書雜志·
漢書》四《禮樂志》:"夫婦之道苦。"

繁欽《明□賦》:"脣實範綠,眼惟雙穴,雖蜂脣眉鬢,
梓……。"按題與文皆譌脫,而一斑窺豹,當是嘲醜女者。同卷
尚有欽《三胡賦》,描摹胡人狀貌之惡,則欽此篇題倘爲《胡女
賦》耶?"眼惟雙穴"與《三胡賦》之"黃目深睛"、"眼無黑眸"
劇類。"蜂脣"或是"蜂準"之誤,杜甫《黃河》所謂"胡人高
鼻"。目深鼻高乃胡貌特徵,《世說·排調》即記王導笑胡人康僧
淵之"目深而鼻高";

【增訂四】《晉書·石季龍載記》上記孫珍患目疾,求方於崔
約,約戲曰:"溺中則愈。"珍曰:"目何可溺?"約曰:"卿目琬
琬,正可溺中。"珍恨之,以白石宣,"宣諸子中最胡狀,聞之
大怒,誅約父子。"梁簡文帝《謝安吉公主餉胡子一頭啓》亦
有"山高水深,宛在其貌",即用《世說》王導嘲康僧淵語:

"鼻者、面之山，目者、面之淵"云云。

《南部新書》戊卷載唐睿宗咏壁畫胡人頭："喚出眼！何用苦深藏？縮卻鼻！何畏不聞香?"；《雲溪友議》卷中載陸巖贈胡女詩："眼睛深却湘江水，鼻孔高於華岳山"；睿宗下句謂鼻塌亦能聞香，故不須高耳。"範"疑"規"之譌，如《淮南子·説山訓》"畫西施之面、規孟賁之目"之"規"，畫也，"規"誤爲"軌"，三寫而復誤爲"範"；"眉"疑"蝟"之譌，謂鬢毛森刺，猶李頎《古意》之言"鬚如蝟毛磔"。

【增訂四】王維《送高判官從軍赴河西序》亦有"鬚如蝟毛磔"語；顏真卿《郭公廟碑銘》則曰："虬鬚蝟磔。"

宋玉《神女賦》、《登徒子好色賦》刻劃美人麗質妍姿，漢魏祖構，已成常調，《好色賦》傍及醜婦，以資烘托："其妻蓬頭攣耳，齞脣歷齒，旁行踽僂，又疥且痔"；欽此賦殆本其意，進賓爲主，改襯筆爲專寫，遂開《先唐文》卷一劉師真《醜婦賦》等俳文矣。西方詩文亦可連類[1]，取向來揣稱殊色之詞，稍一挪移，毫釐千里，讚歎頓成詼諢。髮黃似金、脣紅同珊瑚、膚白比乳之類，易位他施，至寶丹可使齊於溲勃。如云彼姝"白銀爲髮，黃金作面，乳凝脣而檀琢齒"（chiome d'argento fine，un bel viso d'oro，labbra di latte，denti d'ebano）[2]；或云："烏檀爲齒，白銀作眼"（d'ebeno i denti e gli occhi sian d'argento）[3]；

---

① Cf. R. M. Jodi："Poesia bernesca e Marinismo"，in *La Critica stilistica e il Barocco letterario*：*Atti del Secondo Congresso Internazionale di Studi italiani*，1958，pp. 261 ff. .

② F. Berni："Ritratto"，L. R. Lind，*Lyric Poetry of the Italian Renaissance*，P. 292.

③ Tasso："Sopra la Bellezza"，*Poesie*，Ricciardi，831.

"額如紅寶石，頰如卵白寶石，眼中閃閃作珍珠光，唇如藍寶石，膚燦爛如精金"（Her forehead jacinth lyke，her cheekes of opall hewe，/Her twinkling eyes bedeckt wth perle，her lippes of sapphire blewe. /... /Her skinne like burnisht golde）①；"髮如白蓮花，齒如黃蜜蠟"（Los cabellos，come lirios；mis dientes de topacios）②；"髮似鴉白，眼同瓊赤，齒作金黃"（das Haar ist rabenweiss，die Augen wie Rubin，die Zähne wie Gold）③。莎士比亞、波德萊亞等都嘗賦此④。

【增訂四】《今古奇觀》卷二七《錢秀才錯占鳳凰儔》中嘲顔俊貌醜。《西江月》有云："牙齒真金鍍就。"《堂吉訶德》第二部第十一章堂吉訶德語其侍從曰："汝形容吾意中人姿貌，言其目如珠（tenía los ojos de perlas），使吾惶惑。海魚（besugo）之目如珠，美人之目當如綠寶石（los de Dulcinea deben ser de verdes esmeraldas）。珠宜施於齒，不得以稱目。汝蓋顛倒易位，以目爲齒矣"（tomando los ojos por los dientes. ── Don Quijote，"Clásicos Castellanos"，1951，Vol. V，pp. 201-2）。余所言："取向來揣稱殊色之詞，稍一挪移，讚歎頓

---

① Sidney，*Arcadia*，Bk. I，*Complete Works*，ed. A. Feuillerat，IV，27.

② *Don Quijote*，II. xliv，"Clásicos Castellanos"，VII，144.

③ G. Greflinger："An eine Jungfrau"，M. Wehrli，*Deutsche Barocklyrik*，3. Aufl.，50.

④ Shakespeare，*Sonnets*，CXXX；Sir John Suckling："The Deformed Mistress"，*Poems*，The Haworth Press，81-2；G. A. Stevens："A Pastoral"，V. de Sola Pinto and A. E. Rodway，ed.，*The Common Muse*，233-4；Baudelaire："Cette Bohème-là..."，"A une Mendiante rousse"，"Le Monstre"，"Un Cheval de Race"，*Oeuvres complètes*，"Bib. de la Pléiade"，58-9，155-6，223-4，343-4.

成詼諧",可相印證。

又如靨輔之美,文詠侈稱,莎士比亞狀美少年微笑,雙頰生渦,"乃愛神掘墓穴自葬厥身"(That in each cheek appears a pretty dimple:/Love made those hollows if himself were slain,/He might be buried in a tomb so simple)①;或自言美婦頰渦(su la guancia bella dolcissima pozzetta)即己心之陷穽與窀穸(mio cor/ cadde trafitto e vi restò sepolto)②;復有謂是愛神手指深印、巧笑安身之窟,即哲士覿之亦復心醉神迷(L'empreinte de son doigt forma ce joli trou,/Séjour aimable du sourire,/Dont le sage serait fou)③;德語中頰渦與坟窟同一字根,詩人尤易於雙關見巧(Dort jenes Grübchen wunderlieb/In wunderlieben Wangen,/Das ist die Grube,worein mich trieb/Wahnsinniges Verlangen)④。塞萬提斯寫一少年顛倒於女郎芳名"明珠"(Clara Perlerina)者,眇一目,身彎如弓,臂屈不能伸,闊口薄唇似橫一長線,面麻,其斑斑痘窒——皆愛慕者埋魂瘞魄之坑穴也(que aquellos non son hoyos,sino sepulturas donde se sepultan les almas de sus amantes)⑤,蓋以稱笑渦者移稱天花窒矣。美人"綠

---

①　Shakespeare,*Venus and Adonis*,242-4.

②　L. Casaburi:"Amoroso avvenimento," *Marino e i Marinisti*,Ricciardi,1054;cf.743,M. Giovanetti:"Bella donna ridento fa due pozzette nelle guance".

③　Le Cardinal de Bernis:"Les petits Trous",*Les Petits Poètes du 18ᵉ Siècle*,"La Renaissance du Livre",11. Cf. "Sigilla in mento impressa Amoris digitulo/Vestigio demonstrant mollitudinem," quoted in Gray,*Correspondence*,ed. P. Toynbee and L. Whibley,I,202-3.

④　Heine,*Romanzen*,XV,*Werke und Briefe*,Aufbau,I,57.

⑤　*Don Quijote*,II. xlvii,*op. cit.*,VII,199.

鬢”、“蜂腰”，而繁欽曰“綠脣”、“蜂準”，正此機杼。《韓詩外傳》卷九屠門吐娶齊王女甚醜，“目如擗杏，齒若編貝”，夫《好色賦》言“齒若含貝”，東方朔《上書自薦》言“齒若編貝”，美詞而非醜詞；《太平御覽》卷三八三引《韓詩外傳》作“齒如編蟹”，謂齒刺脣外，槎枒如蟹之受編而螯足撐拏，極嘲弄之致，《西遊記》第三六回所云：“獠牙往外生，就像屬螃蟹的。”“貝”與“蟹”同屬介類，以喻齒牙，則肝膽胡越，亦猶“蝟”喻男鬣乃示壯士，而喻女髮則示醜婦，不容更替者。古英語“gubber-tushed”即謂此類齒形也。

徐幹《七喻》。按別見《太平廣記》卷論卷二三六《隋煬帝》。

繁欽《與魏太子書》。按參觀論《全漢文》卷四二王褒《洞簫賦》。“潛氣內轉，哀音外激”；《全晉文》卷四五傅玄《琵琶賦》：“哀聲內結，沉氣外激”，即仿此而反之。“悽入肝脾，哀感頑艷”；《文選》李善註未釋。下四字久成批尾家當，“哀”、“感”、“頑”、“艷”四文並列爲品藻之詞。況周頤《蕙風詞話》卷五：“或問：‘哀感頑艷，頑字如何詮釋？’曰：‘拙不可及。’”強作解事與夫不求甚解，楚固失之，而齊亦未得矣。兩句相對，“頑、艷”自指人物，非狀聲音；乃謂聽者無論愚智美惡，均爲哀聲所感，猶云雅俗共賞耳。“頑”、心性之愚也，“艷”、體貌之麗也，異類偏舉以示同事差等，蓋修詞“互文相足”之古法。《禮記·坊記》：“君子約言，小人先言”，謂“君子約則小人多，小人先則君子後”；《左傳》宣公十四年申舟曰：“鄭昭宋聾”，謂“‘鄭昭’則宋目不明，‘宋聾’則鄭耳不聞”，各舉一事而對以相反，示小人之喋喋爭言、宋之昏瞶，詳見《周易》卷論《損》。

曰"頑"，則"艷"者之心性不"頑"愚也，曰"艷"，則"頑"者之體貌不"艷"麗也；心體貫通，故亦各舉而對以相反。"妍媸"古衹作"妍蚩"，即以痴愚之"蚩"配姣好之"妍"，猶"頑"之與"艷"矣。《全後漢文》卷八二趙壹《非草書》："若人顏有美惡，豈可學有相若耶？昔西施心癇，捧胸而顰，衆愚效之，衹增其醜"；夫"增醜"，必本已"醜"也，然不曰"衆醜"而曰"衆愚"，亦偏舉爾。陳維崧《湖海樓文集》卷二《杜輟耕哭弟詩草序》："感頑艷，察貞淫"，尚未乖正解。然況氏之説，雖不堪註釋本文，卻拈出"頑"之品目，亦有裨於談藝。《朱子語類》卷六七論《麻衣易》云："李壽翁甚喜之，看杜撰《易》，渠亦自得杜撰受用"；《五燈會元》卷一〇瑞鹿遇安章次記其讀《楞嚴經》破句，"於此有省"，人語之曰："破句了也！"答曰："此是我悟處！"遂"終身不易"（參觀釋惠洪《石門文字禪》卷二五《題清涼註〈參同契〉》）。況氏誤會繁欽語而識別詞中一品，正是"得杜撰受用"，雖"終身不易"可也。

七〇　全三國文卷三

　　魏武帝《下州郡》："昔仲尼之於顏子，每言不能不歎，既情愛發中，又宜率馬以驥。今吾亦冀衆人仰高山、慕景行也。"按欲州郡吏皆取法杜畿也。"率馬以驥"語出《法言·修身》："或曰：'治己以仲尼，仲尼奚寡也？'曰：'率馬以驥，不亦可乎？'"蓋謂騏驥捷足，羣馬競追，喻仲尼以顏回表率三千弟子，俾見賢思齊。此知其一，未知其二，請即指馬可乎？《全後漢文》卷一四桓譚《新論·祛蔽第八》："顏淵所以命短，慕孔子所以殤其年也。……時人雖不別聖，亦復欣慕。如庸馬與良馬，相追銜尾；至暮，共列宿所，良馬鳴食如故，庸馬垂頭不復食，何異顏淵與孔子優劣？"仰不可攀，自反而縮者有之矣。

七一　全三國文卷六

魏文帝《詔羣臣》：“南方有龍眼、荔枝，寧比西國蒲萄、石蜜乎？……今以荔枝賜將吏，噉之則知其味薄矣。”按謂荔枝尚不足比葡萄。段成式《酉陽雜俎》卷一八記徐君房謂“蒲桃類軟棗”，庾信曰：“君殊不體物！何得不言似生荔枝？”；則謂葡萄可比荔枝。胡仔《苕溪漁隱叢話》後集卷七引嚴有翼《藝苑雌黃》稱“荔枝之味，果中之至珍，蓋有不可名言者。……魏文帝方之蒲萄，世譏其謬，庾信亦復有此語”；即指此二節。《全後漢文》卷五七王逸《荔枝賦》：“卓絕類而無儔，超衆果而獨貴”；《全唐文》卷二八三張九齡《荔枝賦·序》：“百果之中，無一可比。余往在西掖，嘗盛稱之，諸公莫之知，固未之信。惟舍人彭城劉侯弱年累遷，經於南海，一聞斯談，倍復嘉歎，以爲甘美之極也”，又斥“龍眼凡果”，不堪與荔枝並舉。魏文不屑耳食王逸之言，親嘗此果而鄙薄之，豈口之於味，初無同嗜耶？抑南北遥阻，又無紅塵一騎之飛遞，所“噉”者早已一日變香、二日變色、三日變味也？則如《野獲編》卷一七記北人所食南來之鰣魚矣。胡訥《聞見録》載田從易寄荔枝與盛度詩：“櫻桃真小子，龍眼是凡姿，橄欖爲下輩，枇杷客作兒”；李漁《笠翁一家言》卷一《荔

枝賦》評品諸果，以楊梅爲公、葡萄爲伯，而推荔枝爲王，"至
尊無上"；又王、張兩賦之遺意。周君振甫曰："魏源《古微堂詩
集》卷一〇《誚荔枝》兩絶句斥爲'果品之最下'而自詡'不受
耳食欺'。渠固親'至南海啖'之，而評品更苛於魏文，口味信
無同嗜矣。"吴可《藏海詩話》："有以杜工部詩問東坡似何人，
坡云：'似司馬遷'；蓋詩中未有似杜者，而史中未有似馬者。又
問：'荔枝似何物?''似江瑶柱'；亦其理也"；蓋謂同類無堪儔
匹，必於他類求其當對，猶孟子言"鳳凰之於飛鳥，麒麟之於走
獸"。《全金詩》卷首上密國公璹《黄華畫古柏》："黄華老人畫古
柏，鐵簡將軍挽大弨；意足不求顔色似，荔枝風味配江瑶"；即
本蘇軾語，而"意足"句又逕取諸陳與義《水墨梅》詩，金人於
宋人詩文，胚沫不足，復撏撦之也。

七二　全三國文卷七

魏文帝《交友論》。按即卷八《典論》："夫陰陽交"云云一節，不應重出。

七三　全三國文卷八

　　魏文帝《典論·内誡》："故女無美惡，入宮見妒，士無賢愚，入朝見嫉。……鄭袖僞隆其愛，以殘魏女之貌。司隸馮方女、國色也，……袁術……遂納焉，甚愛幸之。諸婦害其寵，紿言：'將軍以貴人有志節，但見時，宜數涕泣，示憂愁也。若如此，必長見愛重。'馮氏女以爲然，後每見術，輒垂涕，術果以爲有心志，益哀之。諸婦因是共絞殺，懸之於廁梁，言其哀怨自殺。術誠以爲不得志而死。"按《三國志·魏書·二袁傳》裴註引《九州春秋》略同。鄭袖間魏女劓鼻事，見《國策·楚策》四；《金樓子·立言》九上："曾子曰：'昔楚人掩鼻而言，欲以悦王，王以爲慢，遂加之誅'；衛太子以紙閉鼻，漢武帝謂聞己之臭，遂致大罪"，事相類而人尠知。西方古野史所載，亦有酷似鄭袖之間者[1]。魏文以士入朝見嫉並論，則《吳書·孫討逆傳》

---

　　[1]　J.C. Dunlop, *The History of Fiction*, 4th ed., 1845, 205 (*Cento Novelle antiche*, no.68；*Gesta Romanorum*, cap.95；*Les Contes dévots*, "D'un Roi qui voulut faire brûler le fils de son Sénéschal")；cf. *I Decamerone*, VII. 9, Hoepli, 457(Livia e i due fanciulli di Nicostrato).

裴註引《吳錄》一節，適成佳例，堪與《典論》此節，枝當葉對：
高岱精熟《左傳》，孫策折節禮致，欲與論講，"或謂之曰：'高岱
以將軍但英武而已，無文學之才；若與論《傳》而或云不知者，
則某言符矣。'又謂岱曰：'孫將軍爲人，惡勝己者，如每問，當言
不知，乃合意耳；如皆辨義，此必危殆。'岱以爲然。……策果
怒，……殺之"。均《論衡・累害篇》第一"害"之事也。

　　《典論・太子》："里語曰：'汝無自譽，觀汝作家書！'言其
難也。"按黃宗羲《南雷詩曆》卷三《與唐翼修廣文論文》："至
文不過家書寫，藝苑還應理學求。"

　　《典論・論文》。按此篇爲昭明錄入《文選》，誦習遂廣。"今
之文人"云云，可與卷七《又與吳質書》合觀，此言"七子"，
彼僅舉六人，無孔融也。"夫人善於自見，而文非一體，鮮能備
善，是以各以所長，相輕所短。里語曰：'家有敝帚，享之千
金'，斯不自見之患也。……又患闇於自見，謂己爲賢。"數行之
內，語若刺背，理實圓成。"善於自見"適即"闇於自見"或
"不自見之患"，"善自見"而矜"所長"與"闇自見"而誇"己
賢"，事不矛盾，所從言之異路耳。《荀子・天論》篇論"萬物爲
道一偏，一物爲萬物一偏"，因言："老子有見於詘，無見於信；
墨子有見於齊，無見於畸"等；《解蔽》篇論"墨子蔽於用而不
知文，莊子蔽於天而不知人"等，因曰："故由用謂之，道盡利
矣；由天謂之，道盡因矣。此數具者，皆道之一隅也"；蓋有
"見"於"齊"與"用"，遂"蔽"於"齊"與"用"而"無見"、
"不知""畸"與"文"，無見於彼正緣有見於此，"見"乃所以生
"蔽"。張九成《橫浦心傳錄》卷中："或問：'學者每病無所見，
反病於所見，何也？'先生曰：'以所見而執所見，必以所見而病

所見矣'";楊萬里《誠齋集》卷八六《子思論》下:"學者病乎無見,亦病乎有見。……蓋世有病於能俯而不能仰者,終身不知有天也;一日而其病愈,……而喜焉,喜而不足,則終日觀天而不復見地焉,……不知逢荆棘、蹈溪壑也,躓而傷焉。"張語可以解荀,楊論可以喻荀也。《論語・里仁》"觀過斯知仁矣",皇侃《義疏》引殷仲堪説:"直者以改邪爲義,失在於寡恕;仁者以惻隱爲誠,過在於容非,是以與仁同過,其仁可知";西方習語所謂"長處之短處"(le défaut de la qualité)。《圓覺經》答彌勒菩薩問:"云何二障?一者理障,礙諸正見;二者事障,續諸生死。……若諸衆生永捨貪欲,先除事障,未斷理障,但能悟入聲聞緣覺,未能顯住菩薩境界";蓋執著於"悟",亦可成迷,膠牽於"理",轉復作障,《中論・觀行品》第一三所謂:"大聖説'空'爲離諸見故,若復見有'空',諸佛所不化。""善於自見"己之長,因而"闇於自見"己之短,猶悟與障、見與蔽,相反相成;《荀》曰"周道",《經》曰"圓覺",與《典論》之標"備善",比物此志,皆以戒拘守一隅、一偏、一邊、一體之弊。歌德稱談藝者之"見"曰:"能入,能徧,能透"(die Einsicht,Umsicht und Durchsicht)[1];徧則不偏,透則無障,入而能出,庶幾免乎見之爲蔽矣。

【增訂四】"蔽"於所"見",事、理成"障"。徐渭《青藤書屋文集》卷一三《鳳凰臺上憶吹簫》咏《畫中側面琵琶美人》有云:"那半面剛被這半面相遮。問何時展過,得見些些。"竊謂可以供禪人活參話頭,罕譬而喻也。

---

[1]　Eckermann,*Gespräche mit Goethe*,2 April 1829,Aufbau,467.

《全三國文》卷一六陳王植《與楊德祖書》："世人之著述，
不能無病。……蓋有南威之容，乃可以論于淑媛，有龍淵之利，
乃可以議於割斷。劉季緒才不逮於作者，而好詆訶文章，掎摭利
病。"意謂能作文者方許評文也。《全唐文》卷一六六盧照鄰《南
陽公集序》："近日劉勰《文心》、鍾嶸《詩評》，異議蜂起，高談
不息。人慚西氏，空論拾翠之容；質謝南金，徒辯荊蓬之妙"；
即隱承植《書》。此亦西方常談，蒲伯名句所云："能手方得誨
人，工文庶許摭病"（Let such teach others who themselves ex-
cell，/And censure freely who have written well）[1]。或云："善
作者即兼是評者，而評者未遽善作"（Every good poet includes a
critic：the reverse will not hold）[2]。故作者鄙夷評者，以爲無詩
文之才，那得具詩文之識，其月旦臧否，模糊影響，即免於生盲
之捫象、鑑古，亦隔簾之聽琵琶、隔靴之搔癢疥爾。

【增訂四】曹植謂能作文者方許評文，快心之語，意過於通。
十八世紀德國闡解學祖師沃爾夫（Friedrich August Wolf）謂
人必有以古希臘語、拉丁語作文之長技（die "Fertigkeit des
Stils"，d. h. die Fertigkeit selbst in den alten Sprachen zu
schreiben. —U. Nassen，ed. ，*Klassiker der Hermeneutik*，
1982，P.85.Cf Humboldt on "active linguistic competence"：
"One can understand a word which one hears only because

---

① Pope，*Essay on Criticism*，15-6.

② W. Shenstone，*Egotisms*，§ 79，*Works*，ed. J. Dodsley，II，172. Cf. Croce，
La Poesia，14-15（dentro la poesía lavora la critica；la critica ostetrica）；T. S. Eliot：
"The Function of Criticism"，*Selected Essays*，1932，30（the criticism employed by a
writer on his own work）.

one could have spoken it oneself." ──K. Mueller-Vollmer，ed.，*The Hermeneutics Reader*，1986，p.14），庶能於古希臘、羅馬典籍領會親切，方許闡釋。此言却未可厚非。譬如吾國學士，苟通諳文言，能作散、韻諸體，即未造堂室，而已得門徑，則其人於古籍屬詞安字之解悟，視僅辦作白話或勉爲舊體詩文而不中律令者，必有過之。固亦事理之常也。

雖然，必曰身爲作者而後可"掎摭利病"爲評者，此猶言身非馬牛犬豕則不能爲獸醫也！曹植知其一而未知其二也。曹丕"自見"之論，不啻匡救阿弟之偏。蓋作者評文，所長輒成所蔽，囿於我相，以一己之優工，爲百家之衡準，不見異量之美，難語乎廣大教化。《文心雕龍・明詩》論作者"兼善"與"偏美"曰："隨性適分，鮮能通圓"，《知音》論評者亦曰："知多偏好，人莫圓該……會己則嗟諷，異我則沮棄，各執一隅之解，欲擬萬端之變。……故圓照之象，務先博觀。"才之偏至與嗜之偏好，猶鍵管相當、函蓋相稱，足申曹丕之旨。"圓照"、"周道"、"圓覺"均無障無偏之謂也。夫充曹植之説，欲"圓照"非"備善"不能。玆事體難，無已姑降而求其次乎。不善作而能不作，無特長遂無所短，傍觀不犯手，則眼界賖而心地坦。蓋作者以偏長而生偏向，於是每"輕所短"。王世貞《弇州山人續稿》卷一七六《與元馭閣老》論李攀龍選《詩删》云："弟嘗謂'作者不鑑'，古有斯言。于鱗此《删》，遺憾不少"；屠隆《鴻苞集》卷一七《論詩文》："于鱗選唐詩，止取其格峭調響類己者，一家貨何其狹也！……詩道亦廣矣，……何其自視大而視宇宙小乎？"（參觀《白榆集》卷三《高少參選唐詩序》）。孟德斯鳩不工韻語，遂目詩爲"聲韻諧美之譫囈"（une harmonieuse extravagance），伏爾

泰論之曰："高攀而莫及，遂賤視而不屑"（c'est ainsi qu'on cher-
che souvent à rabaisser les talents auxquels on ne saurait attein-
dre）①。皆 "偏好" 而 "棄異我" 之例焉。大才多能如歌德，當
時已譏其太能作故不能鑑（Goethe ist zu sehr Dichter um Kunst-
kenner zu sein）②，或言其以一己詩才定爲一切詩法（Comme on
se fait toujours la poétique de son talent，Goethe soutient à
présent qu'il faut que l'auteur soit calme）③。

【增訂四】讓·保爾（Jean Paul）撰《美學初楬》（ Vorschule
der Aesthetik ），蒂克（Ludwig Tieck）評其書曰："此書乃讓·
保爾自道其一家著作之法爾，非折衷羣言之通論也"（the "re-
port of a craftsman on his trade，a recipe on how to write
Jean Paulist books"，not books in general. ——Eric. B. Black-
all，*The Novels of the German Romantics*，1983，p.170）。史
達爾夫人所謂 "以一己詩才定爲一切詩法"，斯亦一例也。

格立爾巴澤曰："即置爭名黨同之私心不論，作者之評鑑常有流
弊：無識則弘獎他人之類己所爲者，有識又過許他人之爲己所欲
爲而未能者"（Denn，von Neid und absichtlicher Parteilichkeit
abgesehen，überschätzt unter ihnen der Tor das，was er selbst
hat，auch in der fremden Gabe；der Einsichtige hingegen das，
was er nicht hat und wonach er strebt）④。魯濱孫論華茨華斯

---

① J. Pommier，*Questions de Critique et d'Histoire littéraire*，51.
② Fr. Schlegel，*Literary Notebooks*，ed. H. Eichner，§ 677，p.81；cf. p.251. note.
③ Mme de Staël，*De l'Allemagne*，Ptie，II，ch.7，Asher，136.
④ Grillparzer，*Aphorismen*，in *Gesammelte Werke*，hrsg. E. Rollett und A.
Sauer，II，140.

（Wordsworth）詩識之狹曰：　"專攻則局於特長而生偏見"（It seems to me the general effect of a laborious cultivation of talent in any one definite form［is］to weaken the sense of the work of other forms），因歷舉詩人評詩、畫家評畫不見異量之美者爲例①。聖佩韋尤反覆申説：作而未成一家，評乃能應萬殊（Une des conditions du génie critique，c'est de n'avoir pas d'art à soi，pas de style），欲除邊執（prévention），毋挾專長②，作者偏至自封，故其品評深入而失之隘守（La critique des artistes et poètes est sans doute en certains cas la plus vive，la plus pénétrante，celle qui va le plus au fond；mais elle est，de sa nature，tranchante et exclusive）③。唯"善於自見"，故深，唯"闇於自見"，故隘矣。曹氏兄弟各持一端，正亦西方談藝歷來所諍訟也。植以爲"有龍淵之利，乃可以議於割斷"；古羅馬人論作詩則云："不自作而教人作，乃吾之職也；若砥礪然，己不能割斷，而能磨刀使利"（ergo fungar vice cotis，acutum/reddere quae ferrum valet exsors ipsa secandi；/munus et officium nil scribens ipse，docebo）④。亦復相映成趣；參觀論《全晉文》王羲之《書論》、《全梁文》鍾嶸《詩品》。

①　The Correspondence of H. C. Robinson with the Wordsworth Circle，ed. Edith J. Morley，I，326（to W. S. Landor）.

②　Sainte-Beuve，Portraits littéraires，Garnier，I，376（"Du Génie critique et de Bayle"）.

③　Nouveaux Lundis，Garnier，VI，297. Cf. A. Thibaudet，Réflexions sur la Critique，131："La critique d'artiste est presque toujours partiale et partielle".

④　Horace，Ars poetica，304-6. Cf. C. O. Brink，Horace on Poetry，215.

七四　全三國文卷一〇

　　魏明帝《報倭女王詔》："是汝之忠孝，我甚哀汝，以汝爲親魏倭王。……今以絳地交龍錦五匹、絳地縐粟罽十張……答汝所獻貢直。又特賜汝紺句文錦三匹……。悉可以示汝國中人，使知國家哀汝，故鄭重賜汝好物也。"按《三國志·魏書·倭人傳》裴註："'地'應爲'綈'……此字不體，非魏朝之失，則傳寫者誤也"；非也。"地"即"質地"之"地"，今語謂之"底子"。《世說新語·文學》門孫興公稱曹輔佐："才如白地光明錦，裁爲負版袴"；《文心雕龍·定勢》："譬五色之錦，各以本采爲地矣"；白居易《新樂府·繚綾》："中有文章更奇絕，地鋪白烟花簇雪"；皆此"地"字，蓋魏、晉時早有其義，唐、宋沿用不絕。註古書者每忘參之時語，裴註是一例也。"絳地交龍錦"即紅底子上繡雙龍紋耳。

　　"哀"可訓"愛"，具見《毛詩》卷論《關雎》（五）。此詔兩"哀"字不得訓悲戚，亦未可訓愛好，而當訓恩憐，如《全漢文》卷六三趙佗《上文帝書》："今陛下哀憐，復故號。"蓋情感之渾而至盡(sharp focus)，悲異於愛，愛不即同於憐，甚至曰："哀而不傷"，哀且復判別差等。《鄧析子·轉辭篇》："在己爲哀，在

−1672−

他爲悲；在己爲樂，在他爲喜；在己爲嗔，在他爲怒；在己爲愁，在他爲憂"；則情感之動於中與形於外、覺於我與見於人，尚名稱有別，姑舍是也可。情感之明而未融(soft focus)，則悲與愛若憐可爲無町畦，共性通名，皆"哀"之族，甚至曰："歡樂極兮哀情多"，哀與樂且復胡越肝膽。訓詁之游移乎？情緒之錯綜耳。殊情有貫通之緒，故同字涵分歧之義。語言之含糊浮泛（vagueness of expression；imprecision），每亦本情事之晦昧雜糅；兹含糊浮泛也，祇其所以爲親切直白（expression of vagueness，exactitude）也歟。王念孫《讀書雜志·史記》三《絳侯世家》條説"吾甚恨之"曰："恨、悔也"，舉《史》、《漢》他語例之。是矣而泥於文理，未超象外以究事理、心理，故不克鈎深致遠。"恨"亦訓"悔"，正以恨之情與悔之情接境交關。抑如《尹文子·大道》下論去妻賣妾曰："汝無敢恨，汝無敢思"；則"恨"既非怨毒，又非懊悔，而類江淹之所《賦》、白居易之所《歌》，《文選》李善註所謂"不稱其情"。是兼訓悵惘、怫懑。《論語》："子畏於匡"，"後生可畏"，"君子有三畏"，杜甫詩："行步欹危實怕春"，"可怕李金吾"，"梁間燕雀休驚怕"；死亡之恐、刑辱之懼、怵人出頭、怯己失足，"畏"、"怕"之情味各異，設身可會也，顧皆惴惴然，雖異而有同，故得并稱"畏"、"怕"焉，又問心可省也。《全上古三代文》卷論宋玉《招魂》節中釋"望"字諸義，亦堪擬類，合觀傍通可矣。樸學家明詔大號："既通其詞，始求其心"（凌廷堪《校禮堂文集》卷三五《戴東原先生事略狀》，參觀《左傳》卷論隱公元年），主張誠是也。然復求心始得通詞，會意方可知言，譬文武之道，并物而錯，兼途而用，未許偏廢爾。

分而不隔，不特心情爲爾，請更端以説。黄之隽《唐堂集》卷九《晚唐三傑詩荅穎集序》："四唐之爲唐，猶四時之成歲。帝神遞嬗，温、暑、涼、寒之旋斡無迹，而氣機蒸變於自然，及其至也，而劃然剖矣。"葉燮《己畦文集》卷八《黄葉村莊詩集序》、吴之振重刊《瀛奎律髓·序》、《四庫總目》卷一八九《唐詩品彙》提要皆持此論，所謂："然限斷之例，亦論大概耳。寒温相代，必有半冬半春之一日，遂可謂四時無别哉?"十八世紀一政論家云："明於人事治道者，必不限斷井然。雖然，日與夜之間誠難一截以判彼此，而光明與昏黑固可區辨不淆"（No lines can be laid down for civil or political wisdom. They are a matter incapable of exact definition. But，though no man can draw a stroke between the confines of day and night，yet light and darkness are upon the whole tolerably distinguishable）①。與黄、葉輩之説詩，相視莫逆。萊白尼茨則謂動植二界間有争論或共管地帶（régions d'inflexion et de rebroussement），物有曖昧可兩屬（ambiguous）者②；狄德羅至謂人、獸、植、礦物皆不即不離，"自然界中區劃不嚴"（Tout animal est plus ou moins homme；tout minéral est plus ou moins plante；toute plante est plus ou moins animal. Il n'y a rien de précis en nature）③。近人亦言事

---

① Burke："Thoughts on the Causes of the Present Discontents，" *Select Works*，ed. E.J.Payne，I，39.Cf.Ovid，*Heroides*，XIV. 21-2："modo facta crepuscula terris；/ultima pars lucis primaque noctis erat"（"Loeb"，172）.

② Leibniz，*The Monadology and other Philosophical Writings*，tr.R.Latta，38.

③ Diderot："Le Rêve de d'Alembert"，*Oeuvres complètes*，éd.J.Assézat，II，138-9.

物分門，核心明確而邊圍含混（Natural groups have nuclei，but
no outlines）；或言範疇族類之交界乃"朦朧區域"（twilight
zones），如黎明與黄昏然，晝夜終始，斷定殊難①。外物猶爾，
衷心彌甚矣。

【增訂四】十九世紀法國一文家嘗云："人之造藝，猶天之造
物，兩端相反，必有介乎其中間者。世界不剖裂而爲二，而牽
合得成三。天之運也以幾，人心之運行亦然"（Dans l'ordre
des créations de l'esprit comme dans les créations de la na-
ture，il y a des créations intermédiaires entre les créations
contrastantes. Le monde ne rompt pas en *deux*，mais se re-
lie toujours en *trois*. La Nature procède par nuance，
l'esprit aussi. ——Barbey d'Aurevilly，Lettre à Trébutien，
mars，1852，in M. Bradbury and J. McFarlane，ed.，*Mod-*
ernism，1976，p. 350）。其説"分而不隔"，可謂真湊單
微矣。

"哀"亦訓愛悦，"望"亦訓怨恨，頗微情感分而不隔，反
亦相成；所謂情感中自具辯證（die Dialektik des Herzens，die
Dialektik des Gefühls）②，較觀念中之辯證愈爲純粹著明（An die

————————

①　Francis Galton，quoted in H. Ellis，*The Criminal*，5th ed.，21；M. R. Co-
hen，*A Preface to Logic*，74. Cf. K. O. Erdmann，*Die Bedeutung des Wortes*，3. Aufl.，
31-2，35-7（die Wirklichkeit zeigt stetige Uebergänge，während die Sprache in den
Worten nur diskrete Werte besitzt）；S. Ullmann，*Semantics*，125（lack of clear-cut
boundaries in the non-linguistic world）.

②　Goethe，*Spruchweisheit in Vers und Prosa*，in *Sämtliche Werke*，"Tempel-
Klassik"，III，338，344；cf. 477. Cf. Eckermann，*Gespräche mit Goethe*，18. Okt.
1827，Aufbau，382.

Stelle der Dialektik des Begriffs tritt immer reiner und bestimmter die Dialektik des Gefühls)①。《老子》四〇章："反爲道之動"；"反"亦情之"動"也。中外古文皆有一字反訓之例，如"擾"并訓"安"，"亂"并訓"治"，"丐"兼訓"與"，析心學者藉以窺見心思之正反相合②。竊謂字之本不兼正、反兩訓者，流俗每用以指稱與初訓適反之情事，更資符驗。《敦煌掇瑣》之一五《齖䶗新婦文》："廢我別嫁可曾[憎]夫婿"，"可憎夫婿"即"如意郎君"；又二八《南歌子》："悔家[嫁]風流婿，風流無準憑，攀花折柳得人憎"，"得人憎"即"得人憐"；王實甫《西廂記》第一本第三折："臉兒上撲堆着可憎"，即第四折之"滿面兒撲堆着俏"。《水滸》第二一回閻婆惜誤以爲"心愛的三郎"來，"喃喃的罵道：'這短命的等得我苦也！老娘先打兩個耳刮子着！'"；即"打情罵俏"（參觀《繡襦記》第四折："打即是愛"）。宋詞、元曲以來，"可憎才"、"冤家"遂成詞章中稱所歡套語，猶文藝復興詩歌中之"甜蜜仇人"（sweet foe）、"親愛敵家"、"親愛仇人"（o dolce mia guerriera，la mia cara nemica，ma douce guerriere）。③

【增訂四】唐人已以"冤家"稱歡子，正如其呼"可憎"也。如無名氏《醉公子》詞："刬襪下香階，冤家今夜醉"；《全唐詩外編》三一頁敦煌卷《閨情》："自從淪落到天涯，一片真心

---

① E. Cassirer，*Idee und Gestalt*，152.

② Freud，*Traumdeutung*，6. Aufl.，218-9（der Gegensinn der Urworte）.

③ Chaucer，*Troilus and Criseyde*，V. 228；Petrarca，*Le Rime*，xxi，cccxv，*Rime*，*Trionfi e Poesie latine*，Ricciardi，23，401；Ronsard，*Amours diverses*，i，*Oeuvres complètes*，"la Pléiade" I，289.

戀着□［他］。顚頦不緣思舊國，行渧［啼］只是爲冤家。"
《説郛》卷七蔣津《葦航紀談》云："作詞者流多用'冤家'爲
事，初未知何等語，亦不知所出。後閲《烟花記》有云：'冤家'
之説有六：情深意濃，彼此牽繫，寧有死耳，不懷異心，此所謂
'冤家'者一也；兩情相有，阻隔萬端，心想魂飛，寢食俱廢，
此所謂'冤家'者二也；長亭短亭，臨歧分袂，黯然銷魂，悲泣
良苦，此所謂'冤家'者三也；山遥水遠，魚雁無憑，夢寐相
思，柔腸寸斷，此所謂'冤家'者四也；憐新棄舊，辜恩負義，
恨切惆悵，怨深刻骨，此所謂'冤家'者五也；一生一死，觸景
悲傷，抱恨成疾，殆與俱逝，此所謂'冤家'者六也"（《陔餘叢
考》卷三八、《蕙風詞話》卷二皆引此）。求以文義，唯"五"尚
得曰"冤家"，餘皆不切；按之心行，則愛憎乃所謂"兩端感情"
（ambivalence），文以宣心，正言若反，無假解説。《十二樓》之
五《歸正樓》第二回："'冤家'並不是取命索債的'冤家'；'作
對'的'對'字乃'配對'之'對'，不是'抵對'、'質對'之
'對'也"；亦知文理而未知心理（參觀《左傳》卷論襄公二十五
年）。譚嗣同《仁學》卷上曰："淫而殺，殺而淫，其情相反，其
事相因；殺即淫，淫即殺，其勢相成，其理相一"；則抉微之論，
"淫"即愛之事而"殺"即憎之事，各著其極爾。

七五　全三國文卷一四

陳王植《鷂雀賦》。按游戲之作，不爲華縟，而盡致達情，筆意已似《敦煌掇瑣》之四《燕子賦》矣。雀獲釋後，公媪相語，自誇："賴我翻捷，體素便附"云云，大類《孟子·離婁》中齊人外來驕其妻妾行迳，啓後世小說中調侃法門。植之詞賦，《洛神》最著，雖有善言，尚是追逐宋玉車後塵，未若此篇之開生面而破餘地也。張耒《右史集》卷三自跋所作賦云："曹植諸小賦，雖未能縝密工緻、悦可人意，而文氣疎俊，風致高遠，有漢賦餘韻，是可矜尚也，因擬之云。"

《蝙蝠賦》："吁何奸氣，生此蝙蝠！形殊性詭，每變常式。行不由足，飛不假翼。……不容毛羣，斥逐羽族。"按言蝙蝠之兩頭無着，進退維谷，禽獸均擯棄之爲異族非類也。然今日常談，反稱依違兩可、左右逢源之人曰"蝙蝠派"；據《三國志·魏書·劉曄傳》，則爲曹操謀臣而與曹植同朝之劉曄，即此等人。二西之説亦同後義。《法苑珠林》卷一〇八引《佛藏經》云："譬如蝙蝠，欲捕鳥時，則入穴爲鼠，欲捕鼠時，則飛空爲鳥"；古羅馬一寓言類此，十七世紀法國名家抒寫之，託爲蝙蝠語："身即鳥也，請視吾翅"，"身亦鼠爾，願吾類萬壽！"（Je suis oiseau：

voyez mes ailes...Je suis souris；vivent les rats!）①，尤傳誦不衰。彼言其乖張失所，此言其投合得計，而出於同本，一喻之具兩柄也。《僧祇律》卷二四載烏與雞生一子，“非烏亦非雞，……學烏似雞鳴，學雞作烏聲，烏雞若兼學，是二俱不成”；庶幾與陳思所賦蝙蝠相當焉。歐西亦惡蝠爲“奸氣”之怪物（Das groteske Tier schlechthin ist die Feldermaus）②，故畫天神翼如鳥而魔鬼翅如蝠，但丁寫地獄中魔帥，早云兩脅生大翼類鳥，然翼無羽毛若蝙蝠翅（Sotto ciascuna uscivan due grandi ali，/quanto si convenia a tanto uccello；/.../Non avean penne，ma di vivistrello/era lor modo）③。

【增訂四】《夷堅志補》卷二二《侯將軍》：“敕神將擒撲，始仆地死，乃巨猴也，兩翅如蝙蝠。”意大利文藝復興時名篇述術士（il negromante Balisardo）與英雄戰，不勝，乃變形爲怪物，有巨蝙蝠翼，手指如利鈎，足如鵝掌而股如單眼蟲，長尾如猿（E l'ale grande avea di pipistrello，/E le mane aggriffate come uncine/Li piedi d'oca le gambe di ocello，/La coda lunga come un babuino. —*Orlando Innamorato*，Lib. II，Canto xi，§ 29，*op. cit.*，Vol. II，p.736）。

或謂吳道玄、李公麟名繪西漸，彼土畫師采其飛龍翼狀以畫魔翼④。然吾國舊俗復以蝙蝠爲吉祥之象，不知起自何時。蔣士銓《忠雅堂詩集》卷二二《費生天彭畫〈耄耋圖〉贈百泉》：“世人

---

① La Fontaine，*Fables*，II.5：“La Chauve-souris et les Belettes”.
② W. Kayser，*Das Groteske*，197.
③ *Inferno*，XXXIV. 46–50.
④ J. Baltrusâitis，*Le Moyen Âge fantastique*，151–8.

愛吉祥，畫師工頌禱；諧聲而取譬，隱語夏叟造。蝠、鹿與蜂、猴、戟、磬及花鳥，……到眼見猫、蝶，享意期壽考"；謂諧聲隱寓"福禄"、"封侯"、"吉慶"（參觀徐時棟《煙嶼樓詩集》卷一一《爲台州人題徐天池天心來復圖》自註："近時畫工寫天竹、水仙、松樹、芝草爲《天仙送子圖》，又有畫一瓜一蝶爲《瓜瓞圖》者"）。孟超然《亦園亭全集·瓜棚避暑録》卷下："蟲之屬最可厭莫如蝙蝠，而今之織繡圖畫皆用之，以與'福'同音也；木之屬最有利莫如桑，而今人家忌栽之，以與'喪'同音也。"余兒時居鄉，尚見人家每於新春在門上粘紅紙剪蝠形者五，取"五福臨門"之意；後寓滬見收藏家有清人《百福圖》畫諸蝠或翔或集，正如《雙喜圖》畫喜鵲、《萬利圖》畫荔枝，皆所謂"諧聲""同音"爲"頌禱"耳。《全三國文》卷一八陳王植《貪惡鳥論》："放鳥雀者加其禄也，得螻者莫不馴而放之，爲其利人也"；觀劉畫《劉子·鄙名》篇云："今野人畫見蟢子者，以爲有喜樂之瑞，夜夢見雀者，以爲爵位之象"，則植所謂"利人"即其下文云："鳥獸昆蟲猶以名聲見異"，不過以其名號與"喜"、"爵"字同聲音耳。望文傅會，因物名而捏造物宜，流俗慣事。如《能改齋漫録》卷一記王原叔言："醫藥治病，或以意類取，如'百合'合治百病，似取其名"；古羅馬人以"美"（lepos）與"兔"（lepus）兩字聲形均肖，遂謂食兔肉使人貌美；以名之相如爲藥之對症（verbal homeopathy）[1]，亦"名聲見異"之一端也。

---

① W. B. Stanford, *Ambiguity in Greek Literature*, 38. Cf. Burton, *Anatomy of Melancholy*, Part. I, Sect. II, Mem. II, Subs. I, Bell, I, 250: "Hare... will make one fair" etc..

【增訂三】葉盛《水東日記》卷九："元儒三山梁益題黃筌《三雀圖》謂院畫皆有名義，是圖蓋取《詩》、《禮》、《春秋傳》'三爵'之義。今之'三公'、'五雀'、'白頭'、'雙喜'、'雀鹿'、'蜂猴'、'鷹熊'之類，豈亦皆是之謂歟?"則諧聲寓意之畫，五代已有，入明而盛耳。嘗見故宮藏無欵《安和圖》，畫鵪鶉及稻禾，傳出宋人手。參觀郎瑛《七修類稿》卷四六記趙千里畫便面、葉德輝《觀畫百詠》卷四考《耄耋圖》。此類畫正猶詩"風人體"之"雙關兩意"也（參觀213—214頁）。葉盛所引梁益題黃筌畫全文附見王逢《梧溪集》卷一《重裝黃雀哺雛卷、題梁先生序贊後》。

【增訂四】王士禎《居易錄》："上在暢春苑，出畫扇示內直諸臣。……畫作二白鷺，一青蓮華，題曰：'路路清廉'云。"是亦"風人體"畫之御筆也。用意最曲折者，所覯無如王端履《重論文齋筆錄》卷四一則："陳章侯《科甲蟬聯、廷揚第一圖》，南陔師題幀首曰：'此圖首畫蜻蜓，款款然挾飛鳴高舉之勢，且無雙也，其所謂廷揚第一者乎?……蓮葉正面有躍躍欲騰而上者、詹諸［蟾蜍］也，是其取義於科［蝌］乎? 葉邊空洞，狀若蜂窩，窩亦科也。蟹……非甲乎? 夫蟹者解也。……綴蟬於蓮，證以諧聲，纏聯之意顯然矣。"

七六　全三國文卷一五

陳王植《上責躬應詔詩表》："伏維陛下德象天地，恩隆父母."按嚴元照《蕙櫋雜記》糾之曰："此雖章奏常談，然植實丕之母弟也，而曰'恩隆父母'，豈非失詞乎?"；潘德輿《養一齋詩話》卷七亦糾此句及"慈父之恩也"句，謂："皆不合理。何則? 子建與子桓爲親弟。……其詩曰：'逝念[慚]陵墓，存愧闕廷'，是'念'其父也，念其父而又以父尊兄，可乎? 此卑而入於謬者也。"卷一九《武帝誄》："尊靈永蟄"，《文心雕龍·指瑕》譏植"以父方蟲"；此《表》又推兄"隆"父母。敬畏生君過於亡父，遂變弟悌而爲臣忠，渾忘子孝。脱有深文喜事者推類鈎距，以爲植既"以父方蟲"，故尊兄"隆"父，即隱斥丕乃大蟲；當時可興文字之冤獄，後世則可爲文史之創見也。參觀論《全後漢文》戴良《零丁》。

《上責躬應詔詩表》："形影相弔，五情愧赧。"按李密《陳情事表》（《全晉文》卷七○）："煢煢獨立，形影相弔"，江淹《恨賦》（《全梁文》卷三三）："弔影慚魂"，《文選》李善註兩處均引植此語。"弔"如《孟子·梁惠王》論湯征葛"誅其君而弔其民"之"弔"，趙歧註："恤其民"，憐憫、顧藉也；宋庠《元憲集》

卷一四《坐池上看水》："岸花紅弔影"，即言花若顧影自憐耳。
《全晉文》卷八七束晳《貧家賦》："行乞貸而無處，退顧影以自
憐"，即"形影相弔"，則謂孤窮寂寞，非後世習用爲風流自賞之
意。陶潛《時運》詩《序》："偶影獨游，欣慨交心"，《雜詩》之
二："欲言無余和，揮杯勸孤影"，《飲酒》詩《序》："顧影獨盡，
忽焉復醉"；曰"獨"、"無余和"，其"顧影"、"偶影"、"勸影"
亦正"形影"之"相弔"、"自憐"耳。《元秘史》卷二訶額侖誠
帖木真兄弟云："除影兒外無伴當，除尾子外無鞭子"，"您除影
子外無伴當，尾子外無鞭子"，奇語足移爲"弔影"、"偶影"、
"顧影"之的解。梁簡文帝《詠單鳧》："孤飛本欲去，得影更淹
留"，著一"得"字，又進一解，以見影亦不尋常行處有，窮獨
弔影，初非易事。關捩更轉，離索子孤，以至并影而不可"得"，
尤哀怨之極致矣。如傅玄（《樂府詩集》卷六九作車敫）《車遥
遥》："君安逝兮西入秦，願爲影兮隨君身；君在陰兮影不見，君
依光兮妾所願"；陶潛《閑情賦》："願在畫而爲影，常依形而西
東，悲高樹之多蔭，慨有時而不同"（參觀《影答形》："憩蔭若
暫乖"）；孟郊《贈李觀》："誰言形影親，燈滅影去身！"；向鎬
《如夢令》："誰伴明窗獨坐，和我影兒兩個。燈燼欲眠時，影也
把人拋躲。無那無那，好個悽惶底我！"；袁宗道《白蘇齋類稿》
卷一三《祭蕭孺人文》："冷冷煢煢，如行陰雪，回顧無影"；袁
中道《珂雪齋近集》卷二《答潘景升》："知己同心之慈兄忽爾見
背，嗟乎！弟從此如立雪無影人矣"，又《寄祈年》："匠人輟成
風之巧，伯子息流波之音，立雪無影，惆悵何言！"若鮑照《傷
逝賦》："如影滅地，如星隕天"；則歎人命危淺，有似曹植《文
帝誄》之"悲夫大行，忽焉光滅！"，或元曲《馬陵道》第二、四

折之"唾是命隨燈而滅",非言影去形留。又若王世貞《四部稿》卷一一七《與李于鱗》:"招提戀戀,殆難爲去哉!身不能拆而兩嚮者,視足下影,則已中妬之矣!";則恨不能取影代之,非言影欲隨形而在陰不見。《莊子·寓言》景答眾罔兩曰:"火與日,吾屯也;陰與夜,吾代也";鑄語練字甚工,立雪、爐燈等胥所謂"代"也。贊寧《高僧傳》三集卷三《子鄰傳》:"師但先去,某乃影隨",又卷二七《含光傳》:"不空却迴西域,光亦影隨";修詞新穎,外書未見。聖佩韋嘗讚歎"忠貞如影"(la fidélité des ombres)之爲妙語[1],亦可相説以解也。

《求自試表》:"臣聞騏驥長鳴,則伯樂照其能。"按《又求自試表》:"昔騏驥之於吳坂,可謂困矣,及其伯樂相之"云云,亦見卷一六《上疏陳審舉之義》。後世文律苛細,段成式遂以事無複使見稱,苟篇什無多,亦殊易辦。中唐以前,尚不規規於此也。又此《表》:"冀以塵露之微,補益山海。"按《文選》李善註引謝承《後漢書》:"楊喬曰:'猶塵附泰山,露集滄海'";《全後漢文》卷五四張衡《奏事》亦云:"飛塵增山,霧露助海";《舊唐書·禮儀志》二魏徵議明堂:"思竭塵露,微增山海。"唐高宗《述三藏聖教記》:"輕塵足嶽,墜露添流",較爲傳誦,則以褚遂良書及僧懷仁集王羲之書《聖教序》皆自宋以來名帖,臨摹者眾也。

---

① Sainte-Beuve, *Chateaubriand et son Groupe littéraire*, I, 237.

七七　全三國文卷一六

　　陳王植《求存問親戚疏》：“每四節之會，塊然獨處，左右惟僕隸，所對惟妻子，高談無所與陳，發義無所與展，未嘗不聞樂而拊心，臨觴而歎息也！”按《文選》李善註引《漢書》中山靖王勝聞樂而泣事，何焯批曰：“悱惻動人，頗似中山靖王《聞樂對》。”連類故事，未爲漫浪；抉發文心，殊嫌皮相。李陵《答蘇武書》：“獨坐愁苦，終日無覩，但見異類。……舉目言笑，誰與爲歡？……左右之人，見陵如此，以爲不入耳之歡，來相勸勉，異方之樂，祇令人悲，增切怛耳！”則與植齊心之同聲矣。《全唐文》卷七五三杜牧《上宰相求湖州第二啓》：“在羣衆歡笑之中，常如登高四望，但見莽蒼大野，荒墟廢壠，悵坐寂默，不能自解”；情味亦差類。《全宋文》卷三八顏延之《陶徵士誄》：“在衆不失其寡”；卷四六鮑照《野鵝賦》：“雖居物以成偶，終在我而非羣”；殊可斷章，借申衆裏身單之感。與人爲羣，在己無偶，吾國詞章中寫此情者，以曹、李兩文爲最古。聚處仍若索居，同行益成孤往，各如隻身在莽蒼大野中（la solitude en commun，the lonely crowd，each his own wilderness），乃近世西方著作長言永歎之境。其所謂孑立即有缺陷之羣居，羣居始覺孑立（Auch das Alleinsein des Daseins ist Mitsein in der Welt. Fehlen kann der Andere nur in einem und für ein Mitsein. Das Alleinsein ist ein defizienter Modus des Mitseins)[①]，持較吾國古詩文，猶層冰之於積水歟。梁武帝《邊戍》："共照一光輝，各懷離別思"（參觀駱賓王《望月有所懷》："離居分照耀，愁緒共徘徊"）；李商隱《代贈》："芭蕉不展丁香結，同向春風各自愁"；朱敦儒《浪淘沙》："北客相逢彈淚坐，合恨分愁"；辛棄疾《菩薩蠻》："提壺、脫袴催歸去，萬恨千情，萬恨千情，各自無聊各自鳴"；陳亮《浪淘沙》："夕陽無限滿江皋，楊柳杏花相對晚，各自無聊"；朱彝尊《桂殿秋》："共眠一舸聽秋雨，小簟輕衾各自寒"；胡天游《曉行》："行客落花心事別，無端各趁曉風飛"；黃燮清《卜算子》："芳草垂楊共一隄，各自傷心綠"；姚燮《南轅雜詩》："羣行身不孤，心孤猶獨行。"拈拾雜拉，採花採柏，或賦或比，皆言有儕侶而仍煢獨，與李、曹會心匪遠。陶潛《飲酒》之一三所謂："有客常同止，取舍邈異境。"《翻譯名義集·統論二諦》第六四引古德語："一雙孤雁，掠地高飛；兩個鴛鴦，池邊獨立"；曰"雙"而"孤飛"，曰"兩"而"獨立"，正堪移喻焉。

【增訂三】荷馬史詩寫一壯士（Patroclus）陣亡，喪葬時，諸女俘會哭，同聲哀悼國殤，而實各人自悲身世（Her [Briseis'] sister captives echoed groan for groan，/Nor mourned Patroclus' fortunes, but their own—*Iliad*，XIX，tr. A. Pope, "The World's Classics"，389）。即"合恨分愁"之情事；親切微至，掃門面語而空之，此荷馬之妙於敍事

---

① M. Heidegger, *Sein und Zeit*，1te Hälfte，3. Aufl.，120-1.

也。《兒女英雄傳》第二一回寫鄧九公父女哭十三妹之母
一節，"各人哭的是各人的心事"，發揮足解人願。

【增訂四】何遜《西入塞示南府同僚》："望鄉雖一路，懷歸成
二想"，寫"共照各懷"、"合恨分愁"也。《二老堂詩話》載石
延年斷句："素娥青女元無匹，霜月亭亭各自愁"；本玉谿語而
別生此意。晁補之《次韻李秬雙頭牡丹》："月底故應相伴語，
風前各自一般愁"；《瀛奎律髓》卷二七評爲"絶奇佳句"，句
誠"佳"矣，新"奇"則猶未也。《隨園詩話》卷六稱丁珠句：
"江心浪險鷗偏穩，船裏人多客自孤"；正猶曹子建"僕隸"在
傍、"妻子"相"對"而仍覺"塊然獨處"也。《宋書·劉德願
傳》記寵妃殷氏薨，世祖命羣臣哭之悲，醫術人羊志應旨鳴
咽，"他日有問志：'卿那得此副急淚?'志時新喪愛姬，答曰：
'爾時我自哭亡妾耳!'"可爲吾國載籍記"各人哭各人心事"
之古例。余所覩西方名著寫此情景，莫過福樓拜《情感教育》
中一節：主人公訪意中人不遇，尋知其遠適異國，無復見期，
心傷腸斷，返寓則情婦正慟與己所生之兒殤，乃相抱而哭(Et
en songeant qu'il ne la〔Mme Arnoux〕retrouverait，que
c'était bien fini，qu'elle était irrévocablement perdue，il
〔Frédéric〕sentait comme un déchirement de son être；ses
larmes accumulées depuis le matin débordèrent. Rosanette
s'en aperçut. "Ah! tu pleures comme moi! tu as du cha-
grin?" "Oui! oui! j'en ai..." Il la serra contre son coeur,
et tous deux sanglotaient en se tenant embrassés. —
L'Éducation sentimentale，III. V，Conard，1923，p.585)。
陳王植《與楊德祖書》："世人之著述，不能無病；僕常好人

譏彈其文，有不善者，應時改定。昔丁敬禮嘗作小文，使僕潤飾之，僕自以才不能過若人，辭不爲也。敬禮云：‘卿何所疑難乎？文之佳麗，吾自得之，後世誰相知定吾文者耶？’”按《南齊書·文學傳》陸厥《與沈約書》中“臨淄”即指植，所謂“非知之而不改，謂不改則不知”，即“不能無病”之申説。嚴輯此文，采自《三國志》裴註引《典略》；《文選》無“乎”字，“麗”字作“惡”，何焯批語謂當從《典略》作“佳麗”：“言：‘我自得潤飾之益，後世讀者孰知我文乃賴改定耶？’今人多因‘相’字誤會，失本意矣。……如今人解，則與‘卿何所疑難’句不相貫屬。”何説是也。姚範《援鶉堂筆記》卷三九從之而增益曰：“《南史·任昉傳》：‘王儉出自作文，令昉點正，拊几歎曰：後世誰知子定吾文！’何説正與此合。”洪邁《容齋續筆》卷一三論歐陽修、王安石皆因人譏彈其文而恚怒，即以植此《書》與《任昉傳》並引，亦作“佳麗”，何、姚未知耳。《孔子家語·致思》：“孔子謂伯魚曰：‘……近而愈明者學也。譬之汙池，水潦注焉，萑葦生焉，雖或以觀之，孰知其源矣？’”；王肅註：“源、泉源也；水潦注于池而生萑葦，觀者誰知其非源泉乎？言學者雖從外入，及其用之，誰知其非從此出者乎？”丁廙論文，與王肅論學，同時同旨。然作“佳惡”，似亦無妨，古語有“並及”之例（參觀《周易》卷論《繫辭》五），“佳惡”可僅指“佳”，如“利害”僅指“害”，“吹噓”僅指“噓”，今語“識好歹”亦常謂知恩、感恩，即“識好”也。“今人解”者，以丁廙語等諸杜甫《偶題》：“文章千古事，得失寸心知”，例如《有學集》卷三八《再答蒼略書》。孫虔禮《書譜》記王獻之自負書法“故當勝”其父（《晉書·王獻之傳》作“故當不同”），曰：“時人那得知！”，正亦丁語之今解矣。

《與吳季重書》："願舉泰山以爲肉，傾東海以爲酒。"按《左傳》昭公十二年："有酒如澠，有肉如陵。……有酒如淮，有肉如砥"；王嘉《拾遺記》卷九姚馥曰："九河之水不足以漬麴蘖，八藪之木不足以作薪蒸，七澤之麋不足以充庖俎"；韓愈《陸渾山火》："赑池波風肉陵屯，谽呀鉅壑頗黎盆，豆登三山瀛四罇。""夫君子而知音樂，古之達論，謂之'通而蔽'。"按"通而蔽"乃桓譚論漢武帝語，譚論張竦又曰"通人之蔽"；《全後漢文》卷一四《新論・識通》篇輯文無及音樂者。《文選》李善註亦未言植語所本，《文選》本文及善註皆作"君子而不知音樂"；脫去"不"字，句遂費解，宜校正。又善於篇末註云："植集此《書》別題云：'夫爲君子而不知樂者'云云，今本以'墨翟不好伎'置'和氏無貴矣'之下，蓋昭明移之，與季重之《書》相應耳。"《文選》任昉《奏彈劉整》："臣昉頓首頓首，死罪死罪"句下善註云："'謹案……整即主'。昭明刪此文太略，故詳引之，令與彈相應也。"朱彝尊《曝書亭集》卷五二《書〈玉臺新詠〉後》云："《文選》所錄《古詩十九首》，以《玉臺新詠》勘之，其第十五首則《西門行》古詞也。古詞：'夫爲樂，爲樂當及時，何能坐愁怫鬱，當復來茲'；而《文選》更之曰：'爲樂當及時，何能待來茲！'古詞：'貪財愛惜費'，《文選》更之曰：'愚者愛惜費'古詞：'自非仙人王子喬，計會壽命難與期'；《文選》更之曰：'仙人王子喬，難可與等期'裁剪長短句作五言詩，移易其前後，皆出文選樓中學士之手。"《西門行》見《宋書・樂志》，《樂府詩集》卷三七錄之，《玉臺新詠》原本未收，朱氏當據竄亂之本，然其言可與前拈善註兩事合觀。古人選本之精審者，亦每

削改篇什。如姚鉉《唐文粹》選曹鄴《讀李斯傳》詩，"只摘取
四句，一篇之精英盡矣"；呂祖謙《皇朝文鑑》選謝逸《閨恨》
詩，"亦止六語，削去曼語，一歸之正"；吳子良《林下偶談》卷
一亟稱"此亦編集文字之一法"。觀《滄浪詩話·考證》歎服蘇
軾之刪削柳宗元詩，又自言欲刪削謝朓詩，俾得"渾然"；則嚴
羽苟操選政，亦必點竄前人篇什矣。余所覩明、清名選如李攀龍
《詩刪》、陳子龍等《皇明詩選》、沈德潛《別裁》三種、劉大櫆
《歷朝詩約選》、王闓運《湘綺樓詞選》之類，胥奮筆無所顧忌。
且往往一集之內，或註明刪易，或又刪易而不註明，其淆惑也滋
甚。如《唐詩別裁》卷六司空圖《歸王官次年作》："缺粒空憐待
鶴疎"，沈氏潛改"覽鏡"爲"缺粒"，而卷一九賀知章《回鄉偶
書》次句則註原作"衰"字出韻，故"改正"爲"摧"字；《明
詩別裁》卷八高啓《弔岳王墓》次句註原作"千年"不"典"，
改"千"爲"十"，而卷一劉基《薤露歌》祇四句，原作轉韻三
十六句，李攀龍《詩刪》節削成此，沈氏承之而不道，又卷八楊
基《岳陽樓》："嬋娟帝子靈"，按《眉菴集》卷七"嬋娟"原作
"娉婷"，蓋亦潛改；《國朝詩別裁》卷四王士禎《謁文忠烈公
祠》、卷六崔華《滻墅舟中別相送諸子》等，昌言改字，而如卷
三李來泰《荊公故宅》、卷一五孔傳鐸《五人墓》，潛改而不言。
詬病此習誠是矣，然無言"文選樓諸學士"之爲始作俑者；朱氏
知選樓學士之裁移失真矣，然己之選《詩綜》、《詞綜》，復技癢
而不能忍俊焉。《清詩紀事初編》卷一《薛瓊》節謂"清人選詩
多喜加墨，朱彝尊、沈歸愚皆有此癖，……唐宋人似不若此"，
蓋並未一究朱氏《書〈玉臺新詠〉後》也。

　　【增訂四】《漢書·外戚傳》載李延年歌曰："一顧傾人城，再

顧傾人國，寧不知傾城與傾國，佳人難再得。"《玉臺新詠》卷一選此詩，刪去"寧不知"三字。朱彝尊據《玉臺新詠》以譏《文選》之"裁剪"古詩作"五言"，不知《新詠》亦每同此病也。《文選》卷二四曹植《贈白馬王彪》，題下李善註："集曰：'於圈城作'；又曰：'黃初四年五月，白馬王、任城王與余俱朝京師。會節氣，日不陽。任城王薨。至七月，與白馬王還國。後有司以二王歸藩，道路宜異宿止。意毒恨之；蓋以大別在數日，是用自剖，與王辭焉，憤而成篇。'"是原詩題暨小序皆遭"文選樓中學士"芟削也。余觀元好問《中州集》、《中州樂府》所采錄篇什，字句往往與同時人劉祁《歸潛志》徵引者異，按之多以《中州》兩選爲勝，當經老元潤色。如《歸潛志》卷三載雷琯《遊龍德宮》："千年金谷銅駝怨，萬里蜀天杜宇啼"，《中州集》易"金谷"爲"洛苑"，則切"銅駝"，易"蜀天"爲"坤維"，則諧句律；《志》引劉景玄聯："歲月消磨詩硯裏，河山浮動酒杯中"，《集》易"歲月"爲"今古"、"硯"爲"句"，詞氣較雄闊，而去"詩硯"生湊之疵。操選政者竄改原作，或亦可援遺山張目。朱彝尊《明詩綜》於"芟汰"、"補綴"每直認不諱，觀卷一一沈貞、卷二〇甘州、卷二八陳霆、卷三八石麟、卷四五皇甫濂、卷四九徐渭、卷八〇下季孟蓮即知；卷二錄劉基《薤露歌》，卻全用李攀龍刪改本，不著按語，何哉！朱氏《明詩綜》實以錢謙益《列朝詩集》爲椎輪；錢書甲集前上錄此《歌》全文，了無刪節，朱氏舍原本而隱取攀龍改本，微意可揣而知焉。《歌》見《誠意伯文集》卷一〇，以"蜀琴且勿彈"始，"聽我薤露歌"結，攀龍節取中權："人生無百歲，百歲復如何！誰能持兩手，挽彼東逝波？

古來英雄士，俱已歸山阿”，復刪去“誰能”云云兩句，且改
“俱”字爲“各”字，以重言一個不漏。洵剝膚存液，點鐵成
金，與原作如霄壤矣。錢謙益詆攀龍不容口，而《列朝詩集》
乙四選薛瑄《戲題紅白二梅花落》六韻五言律詩，加按語云：
“李于鱗《詩刪》截前後兩韻作絕句，亦佳”；蓋見攀龍之善刪
者，亦不得不心折也。沈德潛《國朝詩別裁》卷二五徐蘭《出
關》：“憑山俯海古邊州，旆影風翻見戍樓，馬後桃花馬前雪，
出關爭得不回頭！”沈氏評謂後半首“幾於萬口流傳”。據計發
《魚計軒詩話》，則前半原作：“將軍此去必封侯，士卒何心更
逗留”，殊苦“平弱”，今本乃沈氏潛改，便全體稍勻稱，乃知
“詩不厭改”。蓋談藝倘稍辨美惡，便不必硜硜乎作原本之佞臣
焉。吳仰賢《小匏菴詩存》卷三《偶論滇南詩》之八：“太白
詩成筆最靈，象牀銀管隱香屏；閨中李杜求同調，只有當年錢
浣青”；自註：“閨秀李蘭真含章……有詠太白詩曰：‘在天猶
被讁，入世豈能容’，爲隨園所賞，摘入《詩話》，推爲一代之
冠。”《小匏菴詩話》卷三：“昔人詩話中摘賞一二句，有經點
竄而後佳者。如王漁洋賞張虞山：‘南樓楚雨三更遠，春水吳
江一夜生’，檢原詩，乃用《十蒸》韻，作‘一夜增’。袁簡齋
賞閨秀李含章詩云云，檢原詩乃用《一東》韻，作‘入世豈求
通’。此兩聯在原本俱爲韻累……真點鐵成金手段！”選本之改
易原本，不妨亦作如是觀。

談藝衡文，世別尊卑，道判大小，故選文較謹嚴，選詩漸放恣，
選詞幾欲攘臂而代庖；一體之中，又斂於古人，而肆於近人。吾
鄉丁紹儀《國朝詞綜補·例言》有云：“前人選詞，遇有白璧微
瑕，輒爲點竄，俾臻完善。如蘭泉司寇所錄，……李笠翁《浪淘

沙》詞後闋，竟易其半。……僕自揣無能爲役，曾以初本就正陳
叔安大令宇，……似此較善原本處，不勝僂計，皆大令筆也"；
言之坦然，足徵選事風習。

　　【增訂三】偶覯況周儀舊藏清初聶先、曾王孫合選《名家詞
　　鈔》，其第一册《例言》即曰："每遇絶妙好詞，偶或一音未
　　協，一字未妥，竊爲更定。"

院本小説底下之書，更同自鄶，人人得以悍然筆削，視原作爲草
創而隨意潤色之。臧懋循《負苞堂文選》卷三《〈元曲選〉序》、
《〈玉茗堂傳奇〉引》、卷四《寄黄貞夫書》皆沾沾自誇"以己意"
删抹改竄之工。金聖歎評點《西廂》、《水滸》之分"古本"、"俗
本"，尤成口實。當時毀者如董含《三岡識略》卷九："是聖歎文
字，不是《西廂》文字；直欲竊爲己有，可謂迂而愚矣！"；謂其
移花接木、喧賓奪主也。譽者如韓程愈《白松樓集》卷一○《論
聖歎〈六才子書〉》之二："聖歎之批此二書也，皆作此二書者之
自批之也。……其最有識，無如删去《水滸》後三十回與《西
廂》後四折"；謂其點鐵成金、與古爲新也。毛奇齡《西河詩話》
卷八論王維詩，因曰："近人改前人文，動曰'原本'，此亦學古
之不可不察者"；是則聖歎所爲，特沿時弊而愈猖狂耳。古人之
於小説院本，愛而不敬，親而不尊，非若於經史之肅對、詩文之
重視；翻刻傳抄時隻字片語之加點攻錯，出以輕心易念，未必在
意而藉口"古本"、"原本"，一一標明。世積傳廣，本多言哤，
欲探天根而究物始，使原作顯本還真①，其志則大，其事則難。
猶洗鉛華以見素質，而已深入腠理，揭代面以露真相，而已牢粘

---

　　①　Cf. L. Caretti，*Filologia e Critica*，8(l'opera di decantazione).

頭目矣。論古人評選者，都未通觀而理會及此，故略陳之。抑評選而以作手自居，當仁不讓，擅改臆删，其無知多事之處，誠宜嗤鄙，然固不乏石能攻玉，錦復添花，每或突過原本，則又無愧於作手。評選而不以作手自居，自知洵明，自謙可尚，然而往往不自省厥手不辨"詩中疏鑿"，實并勿勝評選之役，則明而終昧、謙而仍未免於僭爾。

七八　全三國文卷一八

　　陳王植《漢二祖優劣論》："故曰光武其優也。"按梁元帝《金樓子・立言篇》下："曹植曰：'漢之二祖，俱起布衣'云云。諸葛亮曰：'曹子建論光武，將則難比於韓、周，謀臣則不敵良、平；時人談者亦以爲然。吾以此言誠欲美大光武之德，而有誣一代之俊異，何哉！'云云"。見存植《論》中不覯此等語，諸葛之言似無他出，《全三國文》卷五八、五九即未採摭。

　　《相論》："白起爲人，小頭而銳，瞳子白黑分明；故可與持久，難與争鋒。"按《全漢文》卷六一嚴尤《三將軍論》平原君論白起語（《世說・言語》門註引），是植所本。

　　《貪惡鳥論》。按梟、鳩問對出於《說苑》，人皆知之。"昔會朝議者，有人問曰：'寧有聞梟食其母乎？'有答之者曰：'嘗聞烏反哺，未聞梟食其母也。'問者慚恨不善也"；蓋出桓譚《新論・譴非》篇，即譚所上封事中述宣帝時"賢者"與丞相問對（《全後漢文》卷一四）。"得蚤者莫不糜之齒牙，爲害身也。"按周密《齊東野語》卷一七："余負日茅簷，見山翁野嫗捫身得蝨，則置口中，意甚惡之。然應侯謂秦王曰：'邯鄲猶口中蝨'，王莽校尉韓威曰：'吞胡虜無異口中蚤蝨'，陳思王著《論》亦云云。

三人者，皆當時貴人，其言乃爾。"所舉范雎、韓威語，分別見
《韓非子·內儲説》上又《戰國策·秦策》三、《漢書·王莽傳》
中。《南齊書·文學傳》載卞彬《蚤蝨賦序》："若吾之蝨者，……
搯齧不能加"；莊綽《雞肋編》卷上："近泊舟嚴州城下，有茶肆
婦人，少艾，鮮衣靚妝，銀釵簪花，其門户金漆雅潔。乃取寢衣
鋪几上，捕蝨投口中，幾不輟手，旁與人笑語不爲羞，而視者亦
不怪之。"蒙田論各地風俗儀節之殊(la coustume)，舉例中亦言
以口齒齧蝨之人，見以指甲搯之死者，輒生鄙惡之心(où ils tu-
ent les pouils avec les dents comme les Magots，et trouvent horri-
ble de les voir escacher soubs les ongles)①。餘見前論《蝙蝠賦》。

<hr>

① Montaigne，*Essais*，I. 23，"la Pléiade"，127.

七九　全三國文卷一九

　　陳王植《文帝誄》：“永棄萬國，雲往雨絶。”按禰衡《鸚鵡賦》：“何今日之兩絶，若胡越之異區”，“兩”乃“雨”之訛；《全梁文》卷六四張纘《與陸雲公等書》：“京洛游故，咸成雲雨”，即割裂此類語，六朝猶不以爲褻詞也。《文選》王粲《贈蔡子篤詩》：“風流雲散，一別如雨”，李善註：“《鸚鵡賦》曰：‘何今日以雨絶’，陳琳《檄吳將校》曰：‘雨絶于天。’然諸人同有此言，未詳其始。”植此文與卷四一文欽《降吳表》：“常隸魏國雨絶于天”，又增兩例。韓愈《送浮屠令縱西游序》：“其來也雲凝，其去也風休”，似即點化成語，分用而反其詞，亦如其《答竇秀才書》：“輮載而往，垂橐而歸”，乃反用《國語·齊語》：“垂橐而入，輮載而歸。”

八〇　全三國文卷二二

　　華歆《請受禪上言》：“天祚率土，必將有主，主率土者，非陛下其孰能任之?”按劉琨《勸進表》：“天祚大晉，必將有主，主晉祀者，非陛下而誰?”；梁簡文帝《與湘東王書》：“文章未墜，必有英絶，領袖之者，非弟而誰?”；唐高祖《與李密書》：“天生蒸庶，必有司牧，當今爲牧，非子而誰?”。皆仿《左傳》僖公二十四年介之推曰：“天未絶晉，必將有主，主晉祀者，非君而誰?”

八一　全三國文卷二五

　　王廣《子貢畫贊》："□□端木，英辯才清，吐口敷華，發音揚馨。"按稱子貢"言語"，比之於"敷華"，正如《開元天寶遺事》："時人號曰：'李白粲花之論'"；故知"馨"即取花香爲喻，正如《易·繫辭》："同心之言，其臭如蘭。"一意貫注，皆從"木"字生發。阮元《揅經室一集》卷一《釋"馨"》："《說文》曰：'馨：香之遠聞者，從香，殸聲'。……'聲'字與'馨'字音義相近，漢人每相假借，故漢《衡方碑》亦借'聲'爲'馨'矣。"《衛尉衡方碑》："維明維允，耀此聲香"（《全後漢文》卷一〇一），阮説"聲"爲"馨"之假借，是也。王氏此《贊》，若無"敷華"語，則勘不以爲"揚馨"乃"揚聲"，與"發音"駢枝矣。張九齡《曲江文集》卷五《庭梅詠》："馨香雖尚爾，飄蕩復誰知！"，一本誤作"聲香"；王之望《好事近》："驚我雪髯霜鬢，只聲香相識"（《全宋詞》一三三六頁），"香"必爲"音"之訛，猶賀知章《回鄉》之"鄉音無改鬢毛衰"。張詩之誤，不勞以假借釋之，王詞之誤，雖釋以假借而不可通。《唐詩歸》卷五選張詩，從誤本作"聲香"，鍾惺評："生得妙！"；鍾自作詩，捫搎之汔再汔三。如《隱秀軒詩·地集》卷二《三月三日新晴與客步看

－1699－

所在桃花》："數步即花事，聲香中外行"；卷三《城南古華嚴寺》："數里聲香中，人我在空綠"；《黃集》卷三《春事》："聲香能幾日，花柳已今年。"竟陵之言既大行，明末篇什習用"聲香"，如王鐸《擬山園初集》五律卷一《宿觀音寺》："聲香還未去，幽趣復何尋"，又七律卷四《水花影》："欲拾芳鈿如可得，聲香宛在水中央"；朱議霶《朱中尉詩集》卷三《寄躬菴》："試看背巖下，蕭蕭綴古梅，聲香俱不事，風骨必須推"；阮大鋮《詠懷堂集·辛巳詩》卷上《張兆蘇移酌根遂宅》之二："香聲喧橘柚，星氣滿蒿萊。"納蘭性德《淥水亭雜識》卷四嘗歎鍾氏"妙解《楞嚴》，知有根性"，竊謂其以"聲香"誤文爲妙詞，正隱本《楞嚴經》卷四之五又卷六之一、二言"六根互相爲用"，命意彷彿張羽《靜居集》卷一之《聽香亭》五古、惲敬《大雲山房文稿》二集卷三之《聽雲樓詩鈔序》、郭麔《靈芬館雜著》續編卷三之《聽香圖記》（詳見《列子》卷論《黃帝》篇）。尋常眼、耳、鼻三覺亦每通有無而忘彼此，所謂"感受之共產"（Sinnesgütergemeinschaft）；即如花，其入目之形色、觸鼻之氣息，均可移音響以揣稱之。晏幾道《臨江仙》："風吹梅蕊鬧，雨細杏花香"；毛滂《浣溪沙》："水北煙寒雪似梅，水南梅鬧雪千堆"；黃庭堅《奉和王世弼寄上七兄先生》："寒窗穿碧疏，潤礎鬧蒼蘚"；王灼《虞美人》："枝頭便覺層層好，信是花相惱；舤船一棹百分空，捔了如今醉倒鬧香中"；范成大《立秋後二日泛舟越來溪》之一："行入鬧荷無水面，紅蓮沉醉白蓮醋"（《石湖詩集》卷二○）；趙孟堅《康[節之]不領此[墨梅]詩，有許梅谷仍求，又賦長律》："鬧處相挨如有意，靜中背立見無聊"（《彝齋文編》卷二，參觀釋仲仁《梅譜·口訣》："鬧處莫鬧，閒處莫

閧，老嫩依法，新舊分年"）；龐鑄《花下》："若爲常作莊周夢，
飛向幽芳閧處栖"（《全金詩》卷二七）。"閧香"、"芳閧"即"聲
香"耳。

【增訂三】《兒女英雄傳》第三八回："左手是閧轟轟的一大把
　　子通草花兒、花蝴蝶兒"，逕以"轟轟"字形容物色之"閧"，
　　觸類而長也。

鍾惺評詩作詩，洵如"得杜撰受用"、"讀破句有省"者（參觀論
《全後漢文》繁欽《與魏太子書》）。苟以阮元古字假借之說，釋
張詩之誤文，反減却省悟、失去受用。誤解或具有創見而能引人
入勝（le malentendu créateur，une conséquence admirable de
l'imparfaite incompréhension）①，當世西人談藝嘗言之，此猶其
小焉耳。且不特詞章爲爾，義理亦有之。

【增訂三】《河南程氏外書》卷六程頤語："善學者要不爲文字
　　所梏，故文義雖解錯而道理可通行者，不害也。"亦謂義理中
　　有誤解而不害爲聖解者。

---

① Valéry："Discours au Pen Club，1926"，*Oeuvres*，"Bib. de la Pléiade"，I，
1360. Cf. T. S. Eliot，*To Criticise the Critic*，36（reading something in a language im-
perfectly understood）；S. Spender，*The Making of a Poem*，115（fruitful misunder-
standing）.

八二　全三國文卷三〇

　　吳質《在元城與魏太子牋》：“即以五日到官。……然觀地形，察土宜。西帶恒山，連岡平代。北鄰柏人，乃高帝之所忌也；重以泜水，漸漬疆宇，喟然歎息，思淮陰之奇謀，亮成安之失策。南望邯鄲，想廉藺之風；東接鉅鹿，存李齊之流。”按周覽而發幽情，融史入地，具見論《全漢文》枚乘《七發》。《全晉文》卷一三四習鑿齒《與桓秘書》：“吾以去五月三日來達襄陽。……從北門入。西望隆中，想臥龍之吟；東眺白沙，思鳳雛之聲；北臨樊墟，存鄧老之高；南眷城邑，懷羊公之風；縱目檀溪，念崔徐之友；肆睇魚梁，追二德之遠”；唐覲《延州筆記》卷四謂習《書》師吳《牋》之構，是也。胡仔《苕溪漁隱叢話》後集卷三〇、王楙《野客叢書》卷一四舉宋人諸《記》，謂祖習《書》，尚未究吳《牋》之遠在其先也。宋後仿構不厭，聊拈一例，列四至而小變者；錢謙益《牧齋初學集》卷四一《徐州建保我亭記》：“登斯亭也，西北望芒碭，劉季朱三之枌榆猶在也；西俯白門樓；曹公之所縛呂布也；東南臨呂梁，吳明徹之所堰泗以灌徐也；又東眺泗水三城，高齊之所版築以扼陳也。”

　　吳質《答東阿王書》：“若質之志，……鑽仲父之遺訓，覽老氏之要言，對清酤而不酌，抑嘉肴而不享，使西施出帷，嫫母侍側，斯盛德之所蹈，明哲之所保也。……重惠苦言，訓以政事，……墨子迴車，而質四年。”按曹植《與吳季重書》大言：“願舉泰山以爲肉，傾東海以爲酒”云云，故質以此答之，聊示盍各異撰。植原書有“墨翟自不好伎，何爲過朝歌而迴車乎?”一節，《文選》李善註謂此節乃“別題”，昭明“移”入本文，以與質答書“相應”。竊疑植得質答，遂於原書後“別題”此節，正對質自誇之“盛德”、“明哲”而發。質以植“訓以政事”，故言己治朝歌之政，植因撮合質所治與質所志，發在弦之矢焉；以“別題”補入原書，則無的放矢、預搔待癢矣。《淮南子·本經訓》謂“知道德者，……雖有毛嬙西施之色，不知說也”，又《精神訓》稱“真人……視毛嬙西施，猶顡醜也”，而襲《文子·上禮》論“爲禮者終身爲哀人”一節，以讖：“衰世湊學，不知原心反本，直雕琢其性，矯拂其情，以與世交。……肉凝而不食，酒澄而不飲，外束其形，内總其德，鉗陰陽之和，而迫性命之情，故終身爲悲人。”質戒絶“清酤”，謝屏“嘉肴”，至恐“西施”之亂心，藉“嫫母”以寡欲，尤類李漁《風箏誤》第二折韓生謂“見了醜婦，不由你不老實”。其行迳直“哀人”、“悲人”耳！豈恐如《學記》所謂“發然後禁，則扞格而不勝”歟？植察見隱衷，例之墨翟，謂非“不好”聲色滋味，乃實“好”而畏避。使植來書已發此意，而質若罔聞知，報書津津自矜矯情遏性，亦鈍於應對、不知箭拄刃合者矣。參觀《全漢文》卷論司馬相如《美人賦》。

卜蘭《許昌宮賦》：“其陰則有望舒涼室，羲和温房，隆冬御絺，盛夏重裳，同一宇之深邃，致寒暑於陰陽。”按《三輔黄圖》

卷上《未央宮》言有"温室殿"、冬處之，"清涼殿"一名"延清室"、夏居之，蓋漢宮舊制也。《全三國文》卷三二韋誕《景福殿賦》："則有望舒涼室，羲和温房，玄冬則煖，炎夏則涼，總寒暑于區宇，制天地之陰陽"；卷三九何晏《景福殿賦》："温房承其東序，涼室處其西偏，開建陽則朱炎艷，啓金光則清風臻，故冬不淒寒，夏無炎燀。"卷四二杜恕《體論‧聽察》篇："暑則被霧縠，襲纖絺，……處華屋之大廈，居重蔭之玄堂，……飄飄焉有秋日之涼。……寒則被綿袍，襲輕裘，……居隩密之深室，處複帟之重幄，……馣馣焉有夏日之熱"；亦即以諸人之所鋪陳者為諷諫耳。前乎此唯《全後漢文》卷五八王延壽《魯靈光殿賦》："隱陰夏以中處，霛寥窲以峥嶸"，《文選》李善註："'陰夏'、向北之殿也，韋仲將《景福殿賦》曰：'陰夏則有望舒涼室'，亦與此同"；然未及"温房"，殆非營建之闕漏，而或乃賦頌之偏枯耶？

【增訂四】《全唐文》卷五八一柳宗元《柳州東亭記》："取傳置之東宇……又北闢之以為陰室，作屋於北墉下，以為陽室……陰室以違温風焉，陽室以違淒風焉，若無寒暑也。"正即"温室殿"、"清涼殿"之遺意。蓋逐臣謫吏經營土舍茅茨，亦本此旨，具體而微，非帝室皇居之所專也。

杜牧《阿房宮賦》："歌臺暖響，春光融融；舞殿冷袖，風雨淒淒；一日之内，一宮之間，而氣候不齊"；則更進一解，文心深細，邁出魏晉諸家。"氣候"蓋指人事之情境，非指天時之節令。《莊子‧大宗師》不云乎："淒然似秋，煖然似春，喜怒通四時。"歌舞駢聯，乃二而一者，張衡《舞賦》所謂"合體齊聲"；故此處"歌"與"舞"皆名偏舉而事兼指。"歌"舞作而"臺"為之

"融融"，俗語所謂"熱鬧"；歌"舞"罷而"殿"爲之"淒淒"，俗語所謂"冷靜"。借曰不然，則歌必在羲和之房而舞必在望舒之室也，且日照歌臺而雨飄舞殿，如"東邊日出西邊雨"也，得乎？"一宮之間，一日之內"，而熱鬧、冷靜不齊，猶俗語"朝朝寒食、夜夜元宵"，言同地同日，忽喧忽寂耳。王琦《李長吉歌詩匯解》卷一《十二月樂詞·三月》："曲水飄香去不歸，梨花落盡成秋苑"，註："梨花落盡，寂寞人踪，雖當春盛之時，却似深秋之景；杜牧之《阿房宮賦》'歌臺'云云，亦是此意。"洵得正解。"熱"與"鬧"、"冷"與"靜"，異覺相濟，心同厥理。蘇軾《病中大雪數日未嘗起觀》："西鄰歌吹發，促席寒威挫。……人歡瓦先融，飲雋瓶屢卧"；范成大《石湖詩集》卷二九《親隣招集，強往即歸》："已覺笙歌無暖熱"；姜夔《白石道人詩集》卷下《湖上寓居雜詠》："游人去後無歌鼓，白水青山生晚寒"；均寫此感。

　　【增訂三】姜夔《集外詩·燈詞》之四："游人歸後天街靜，坊陌人家未掩門；簾裏垂燈照尊俎，坐中嬉笑覺春溫。"與其《湖上寓居》詩相映成趣。

西方俗語雅言不乏相類，顧都不如吾國"熱鬧"、"冷靜"四字之簡易而熨貼也。

八三　全三國文卷三三

　　蔣濟《萬機論》：“莊周婦死而歌。夫通性命者，以卑及尊。死生不悼，周不可論也。夫象見死皮，無遠近必泣，周何忍哉！”按“論”者，譴責也；謂莊之齊生死，固不可非難，然婦死而歌，則過當矣。魏晉以來，評議《莊子·至樂》中“鼓盆而歌”一節者，多足羽翼蔣説。如《全晉文》卷六〇孫楚《莊周贊》：“本道根貞，歸于大順；妻亡不哭，亦何所懂？慢弔鼓缶，放此誕言；殆矯其情，近失自然”；沈括《夢溪筆談》卷九：“莊子妻死，鼓盆而歌。妻死而不輟鼓可也，爲其死而鼓之，則不若不鼓之有愈也”；王得臣《麈史》卷中：“妻亡則鼓盆而歌，夫哀樂均出於七情，周未能忘情，强歌以遣之，其累一也。奚爲是紛紛欤！”；張萱《疑耀》卷二：“莊周妻亡，鼓盆而歌，世以爲達，余謂不然。未能忘情，故歌以遣之耳；情若能忘，又何必歌？”後來居上，持論益密。方以智《藥地炮莊》卷六引夏君憲曰：“莊子一生曠達，必是被老婆逼拶不過，方得脱然，不覺手舞足蹈，著此書必在鼓盆之後”；謔語亦有以也。應劭《風俗通·愆禮》篇第三斥山陽太守汝南薛恭祖喪妻不哭，有云：“鳥獸之微，尚有回翔之思、啁噍之痛，何有死喪之感，終始永絶，而曾無惻容？當内崩傷，外自矜飾，此爲矯情，僞之至也！”亦蔣濟、孫楚譏莊生之旨；“鳥獸”云云，本《禮記・三年問》。

《萬機論》：“語曰：‘兩目不相爲視。’昔吳有二人共評主者，一人曰：‘好！’，一人曰：‘醜！’，久之不決。二人各曰：‘爾可求入吳目中，則好醜分矣！’夫士有定形，二人察之有得失，非苟相反，眼睛異耳。”按即俗諺“情眼出西施”（胡仔《苕溪漁隱叢話・後集》卷三一）、“瞋人易得醜”（徐度《卻掃編》卷上）之旨。劉晝《劉子・正賞》第五一有一節全本此，“評主”作“評玉”，“求入吳目中”作“來入吾目中”，“士有定形”作“玉有定形”，皆於義爲長，可據以校正。“爾假吾眸，即見其美”（take mine eyes，and/thou wilt think she is a goddess），亦西方古語也①。

《萬機論》：“諺曰：‘學者如牛毛，成者如麟角’，言其少也。”按蔣《論》中唯此語流傳最廣。《困學紀聞》卷一三：“‘學如牛毛，成如麟角’，出蔣子《萬機論》”；翁註引《太平御覽》卷四九六、《抱朴子・極言》篇（“爲者如牛毛，獲者如麟角”）、《北史・文苑傳・序》（與蔣《論》引諺同）。然《御覽》卷四九六《諺》下引作“學者”、“成者”，卷六〇七《學》一所引則與《紀聞》同，無兩“者”字。《顔氏家訓・養生》：“學如牛毛，成如麟角”；徐陵《徐孝穆集》卷三《諫仁山深法師罷道書》：“覓之者等若牛毛，得之者譬猶麟角”；《全唐文》卷九二〇宗密《〈金剛般若經疏論纂要〉序》：“致使口諷牛毛，心通麟角”，用

---

① Burton，*Anatomy of Melancholy*，Part. III，Sect. II，Mem，III，“Everyman's Lib.”，III，158(Nichomachus).

外書而不用《大莊嚴論經》卷一二帝釋爲尸毘王說偈："猶如魚生子，雖多成者少"，當是貪對偶之現成耳；張伯端《悟真篇·後序》："豈非學者紛如牛毛，而達者乃如麟角也？"；宋濂《宋文憲公全集》卷三〇《送方生還寧海》："豈知萬牛毛，難媲一角麟！"。向來衹是論學之憾語，恨"麟角"之不多逢，爾後亦爲譽人之喜語，幸"麟角"之得一見。錢謙益《有學集》卷一一《古詩贈新城王貽上》："勿以獨角麟，媲彼萬牛毛"，繆荃孫《煙畫東堂小品·於》集一《王貽上與林吉人手札》："虞山錢宗伯……贈詩'勿以'云云之句，實爲千古知己！"；又錢氏《牧齋外集》卷二五《跋顧伊人近詩》："殆宋金華所謂'豈知'云云者也"，卷四七《示呂生》："勿以一麟角，媲彼萬牛毛"；黃承吉《爲汪孟慈農部題其尊人並祀西湖、金山事》自記："余始識先生於鮑氏榮櫬別業，就與談論，有'學如牛毛，成如麟角'之語"；張維屏《松心詩集》首自題"作者牛毛，成者麟角"，又《豫章集·程春海祭酒枉贈嘉篇奉酬》之四："牛毛衆曷貴，麟角獨乃奇。"

【增訂四】《全唐文》卷一五七李師政《内德論·空有三》："始蒙然而類牛毛，終卓爾而同麟角"；《五燈會元》卷五青原行思章次："衆角雖多，一麟足矣。"王昶《湖海詩傳》姚椿下《蒲褐山房詩話》："余嘗勸其知古知今，積爲經濟，無以尋章摘句，搜癖矜奇，至獨角麟類於萬牛毛也"；則顯本牧齋勉漁洋語矣。

僧文瑩《湘山野錄》卷下載宋真宗問"官家"之名，李仲容對曰："嘗記蔣濟《萬機論》言：'三皇官天下，五帝家天下'，兼三五之德，故曰'官家'"；孔平仲《談苑》卷四所記略同，

《雜說》卷四則考"官家"之稱已見《梁書·太宗十一王傳》；洪邁《容齋四筆》卷二考"官家"，引蓋寬饒封事、《説苑》等，亦及《萬機論》。嚴氏此輯，却無其語。晁載之《續談助》卷三引《聖宋掇遺》則記爲徐鉉對太宗問，初未道蔣《論》也。

【增訂三】田況《儒林公議》卷上記"官家"名義事，則謂是杜鎬答宋太宗問，僅言是"古誼"，亦未道《萬機論》。

【增訂四】"官家"二字首見《説苑·至公》，即《容齋四筆》所引。沈約《宋書·鮮卑吐谷渾傳》："虜言'處可寒'，宋言'爾官家'也"；却未見前人引此。

八四　全三國文卷三八

麋元《譏許由》。按別見《全漢文》卷論淮南小山《招隱士》。《弔夷齊文》：“夫五德更運，天秩靡常，如有絕代之主，必有受命之王；……子不棄殷而餓死，何獨背周而深藏？是識春香之爲馥，而不知秋蘭之亦芳也！……首陽誰山？而子匿之！彼薇誰菜？而子食之！行周之道，藏周之林，讀周之書，彈周之琴，飲周之水，食周之芩，□謗周之主，謂周之淫。”按“五德更運”云云，乃誡遺老頑民謂不可眷戀舊朝。《太平廣記》卷一七三引《小説》記東方朔論夷、齊，亦曰：“古之愚夫，不能與世推移，而自苦於首陽”，即譏其“識春馥而不知秋芳”。《全唐文》卷八四四竇夢徵《祭故君文》：“嗚呼！四海九州，天迴睠命，一女二夫，人之不幸，當革故以鼎新，若金銷而火盛，必然之理，夫何足競！”；則貳臣并以此意自解矣。周密《志雅堂雜鈔》卷下：“徐鉉有《哭南唐後主詩》，又有《李煜墓碑》並載，言其不忠於舊主，則無從敬於新主之意”（參觀袁桷《清容居士集》卷四六《跋李後主詩稿》）；汪元量《湖山類稿》卷五周方《跋》：“余讀水雲詩，至丙子以後，爲之骨立。再嫁婦人望故夫之壟，神銷意在，而不敢哭也”；皆所謂“息夫人勝夏王姬”也（洪亮吉《更

-1710-

生齋詩》卷二《道中無事偶作論詩絕句》：“山上蘼蕪時感泣，息
夫人勝夏王姬”）。參觀《全唐文》卷論魏徵《唐故邢國公李密墓
志銘》。“行周之道”云云，乃誡遺老頑民，謂不可仇恨新朝。朱
鶴齡《愚菴小集‧補遺》卷二《書元裕之集後》：“人臣身事兩
姓，猶女子再醮，當從後夫節制，於先夫之事，憫默不言可也。
肆加之以詬詈，而喋喋於先夫之淑且美焉，則國人之賤之也滋
甚。裕之圍城中作詩指斥蒙古，不啻杜子美之於祿山、思明也；
及金亡不仕，詩文無一語指斥者。裕之於元，不可謂再醮女，然
既踐土茹毛，即無詬詈之理；非獨免咎，誼當然也。乃今之再醮
者，訕詞詆語，日號於眾曰：‘安得與吾先夫子同穴乎！’或又并
先、後夫之姓氏，合爲一人，若欲掩其失身之事，斯又蔡文姬、
李易安之所不屑。非徒誖也，其愚亦甚矣哉！”；章學誠《乙卯劄
記》：“亡國之音，哀而不怨。家亡國破，必有所以失之之由；先
事必思所以救之，事後則哀之矣。不哀己之所失，而但怨興朝之
得，是猶痛親之死，而怨人之有父母也。故遺民故老，沒齒無
言，或有所著詩文，必忠厚而悱惻。其有謾罵譏謗爲能事者，必
非真遺民也。”麈元此篇，於諸論已括囊引緒；然《顏氏家訓‧
文章》論“屈二姓”者當“從容消息”，不可爲“時君”而對故
君出“惡聲”，又另明一意矣。至“首陽誰山”之詰難，則可借
徐枋《居易堂集》卷一一《題畫芝》爲對：“或謂：‘所南畫蘭不
著地，而子必盡坡石，或此獨遜古人。’夫吾之所在，即乾净土
也，何爲不可入畫乎？吾方笑所南之隘也！”蓋自文正如責人，
皆不患無詞爾。

八五　全三國文卷三九

　　何晏《無名論》。按嚴氏註謂輯自《列子·仲尼》篇註。張
湛註“蕩蕩乎民無能名焉”句，引晏此《論》；註《天瑞》篇
“無知也，無能也”云云，又引晏《道論》，嚴氏漏輯。《道論》：
“夫道之而無語，名之而無名”，與此篇“道本無名”相發明。
“惟無名，故可徧得天下之名名之”，尤蘊勝義（The anonymous
Presence becomes polynonymous），詳見《易》卷論《繫辭》
（一）、又《老子》卷論第一章。

八六　全三國文卷四二

　　杜恕《篤論》：“水性勝火，分之以釜甑，則火强而水弱；人性勝志，分之以利欲，則志强而性弱。”按此譬由來久矣。《韓非子·備内》：“今夫水之勝火亦明矣。然而釜鬵間之，水煎沸，竭盡其上，而火得熾盛，焚其下，水失其所以勝者矣”；《淮南子·說林訓》：“水火相憎，錯在其間，五味以和”；《論衡·非韓》：“水之性勝火，如裹之以釜，水煎而不得勝，必矣。夫君猶火也，臣猶水也，法度、釜也。”《全晉文》卷四八傅玄《傅子·假言》：“水火之性相滅也，善用之者，陳釜鼎乎其間，爨之煮之，而能兩盡其用，不相害也。”明僧袾宏《竹窗隨筆》論人之於酒色財氣，可分五等：“有火聚於此，五物在傍。一如乾草，纔觸即然；其二如木，噓之則然者也；其三如鐵，不可得然，而猶可鎔也；其四如水，不唯不然，反能滅火，然隔之釜甕，猶可沸也；其五如空，任其燔灼，體恒自如”；與古爲新，語妙天下，彼法謂釋迦號“文佛”，即以示佛者須能文（僧圓至《牧潛集》卷六《雜說贈珏鍾山》、今釋澹歸《徧行堂文集》卷三《光宣臺集文序》、龔自珍《定盦集外未刻詩·題梵册》），如袾宏此等筆舌庶幾“佛”而“文”矣。

八七　全三國文卷四三

　　李康《運命論》。按波瀾壯闊，足以左挹遷袖，右拍愈肩，於魏晉間文，別具機調。李氏存作，無他完篇，物好恨少矣！劉峻《辯命論》樹義已全發於此，序次較井井耳。李言"處窮達如一"，故雖"前鑑不遠"，而"志士仁人猶蹈之而弗悔，操之而勿失"；劉亦言"明其無可奈何，識其不由智力"，而"善人爲善焉有息哉？……非有求而爲"。不計利鈍，故不易操守，不爲趨避。無怨尤之平心安"命"，非無作爲之委心任"命"，盡其在己而非全聽諸天；萊白尼茨所謂"斯多噶之定命論"（Fatum Stoicum）異乎"摩訶末之定命論"（Fatum Mahumetanum，le destin à la Turque）者也①。參觀《史記》卷論《伯夷列傳》。

　　【增訂四】萊白尼茨所謂"摩訶末或土耳其式之定命論"（Fa-tum Mahumetanum，le destin à la Turque），尼采嘗申言之。渠以爲人能與命争，亦即命中註定；自居安命及自信造命，莫非命之定數也（In Wahrheit ist jeder Mensch sel-

---

　　①　Leibniz, *Essais de Théodicée*, Préface, *Die philosophischen Schriften*, hrsg.
C.J. Gerhardt，VI，30-1；cf. § 55，S. 132.

ber ein Stück Fatum; wenn er in der angegebenen Weise dem Fatum zu widerstreben meint, so vollzieht sich eben darin auch das Fatum: der Kampf ist Einbildung, aber ebenso jene Resignation in das Fatum; alle diese Einbildungen sind in Fatum eingeschlossen. —*Menschliches*, *Allzumenschliches*, II. ii. §61 "Türkenfatalismus", *Werke*, ed. K. Schlechta, 1954, Vol. II, p. 905)。

《運命論》："故木秀於林，風必摧之；堆出於岸，流必湍之；行高於人，衆必非之。"按即老子所謂："高者抑之，有餘者損之"（參觀《周易》卷論《繫辭》之九），亦即俗語之"樹大招風"。白居易《續古詩》之四："雨露長纖草，山苗高入雲；風雪折勁木，澗松摧爲薪。風摧此何意？雨長彼何因？百丈澗底死，寸莖山上春。可憐苦節士，感此涕盈巾！"；則謂木被風摧，非緣其高，乃緣其勁，猶西方寓言中蘆葦語橡樹："吾躬能屈，風吹不折"（Je plie et ne romps pas）[1]。居易《有木詩》之七："有木名凌霄，擢秀非孤標；偶依一株樹，遂抽百尺條，託根附樹身，開花寄樹梢。……一旦樹摧倒，獨立暫飄颻；疾風從東起，吹折不終朝"；則謂木雖摧倒，而依附之弱植尚或苟延時日，猶晁迥《法藏碎金錄》卷八記公館壁上題句："猛風拔大樹，其樹根已露，上有寄生草，青青猶未悟"（《全唐詩》載唐備《道傍木》僅數字異）。蓋事多端而言亦多方也。

【增訂三】張祜《樹中草》："青青樹中草，託根非不危。草生樹却死，榮枯君可知。"與唐備詩取象同而寓意又異。

---

[1]　La Fontaine, *Fables*, I. 22, "Le Chêne et le Roseau".

《運命論》："俛仰尊貴之顔，逶迤勢利之間，意無是非，讚之如流，言無可否，應之如響。"按此等語直可入劉峻《廣絕交論》。干寶《晉紀總論》："朝爲伊周，夕爲桀跖，善惡陷於成敗，毀譽脅於勢利"，僅言反覆之情，未狀迎合之態。李氏"意無是非"十六字直畫出近世西語所謂"唯唯諾諾漢"（yes-man）、"頷頤點頭人"（nod-guy）①。朱敦儒《憶帝京》："你但且，不分不曉，第一、隨風便倒拖，第二、'君言亦大好!'；管取没人嫌，便總道先生俏"；辛棄疾《千年調》："最要'然!''然!''可!''可!'，萬事稱'好!'……寒與熱；總隨人，甘國老。"亦即"無是非"而"讚如流"、"應如響"；

【增訂四】德國古詩人亦有句云："在朝欲得志，必學道個'是!'"（Willstusein bei Hofe da? /Ei, so lerne sprechen Ja! —Logau, *Sinngedichte. ein Auswahl*, ed. U. Berger, 1967, p. 70）

"君言"句隱用《世説·言語》劉孝標註引《司馬徽別傳》記"時人有以人物問者，初不辨其高下，每輒言'佳!'。其婦諫，……徽曰：'如君所言亦復佳!'"

《運命論》："蓋見龍逢比干之亡其身，而不惟飛廉惡來之滅其族也；蓋知云云，而不戒云云；蓋譏云云，而不懲云云；蓋笑云云，而不懼云云"；楷式揚雄《解嘲》之"客徒欲朱丹吾轂，不知一跌將赤吾之族也"，加以排比，然構句相駢而用字避複，亦如宋玉《好色賦》之三累句矣。

---

① Cf. Logau, *op. cit.*, 70："Willstu sein bei Hofe da? /Ei, so lerne sprechen Ja!"

【增訂三】李康《運命論》結句："昔吾先友，嘗從事於斯矣。"《文選》李善註僅引《論語》以明其句型。方濬師《蕉軒隨録》卷二："銑註'先友'謂孔子；蕭遠自以老子後，與孔子爲友，故曰'先友'。或謂蕭遠去孔子遠矣，斷無稱述數百年前裔祖之友而曰'先友'之理，況聖人乎？家北海先生亦言其意中暗有所指，信然。"孔子亦不得稱老子爲"友"；果如張銑所註，李康與其同宗伯修何異！《更豈有此理》卷一《譜諢》記閩人李伯修好攀附華胄，倩工畫祖先像，"不忘昏姻之誼，因親及親"，故有"十世祖姑母亞仙"之夫鄭元和像焉。

八八　全三國文卷四六

阮籍《大人先生傳》。按欲兼屈之《遠遊》與莊之《逍遥》，曼衍而苦冗沓。阮、嵇齊名，論文阮似忝竊，當以詩挈長補短也。

"或遺大人先生書曰云云"。按即騾括《全三國文》卷五三伏義《與阮嗣宗書》之旨。伏《書》譏阮言行不符："乃謂生爲勞役，而不能殺身以當論，謂財爲穢累，而不能割賄以見譏"；卷四五阮《答伏義書》避而未對，徒以大言爲遁詞，此《傳》託或遺書中，亦削去斯意。蓋"兩行"之説雖已標於《莊子·齊物論》，語約義隱，與釋氏"二諦"合流交映，始得大章（參觀《老子》卷論第一三、一七、五六章）。阮氏尚未習聞釋氏"行於非道，是爲通道"、"不斷不俱"等話頭，藉口無詞，因於伏之譏訕置之不理。不然，死心豈須"殺身"，心淨無傷"財穢"，"兩行"、"二諦"，開脱文飾，大放厥詞矣。"且汝獨不見夫虱之處於裈之中乎？深縫匿乎壞絮，自以爲吉宅也。行不敢離縫隙，動不敢出裈襠，自以爲得繩墨也。飢則嚙人，自以爲無窮食也。然炎斤火流，焦邑滅都，羣虱死於裈中而不能出。汝君子之處區之内，亦何異夫虱之處裈中乎！悲夫！"按"斤"、當是"炘"之諞。此節歷來傳誦，蓋集古而增新者。《莊子·徐無鬼》："濡需者，豕蝨是也。擇疏鬣自以爲廣宮大囿；奎蹏曲隈、乳間股脚自以爲安屋利處。不知屠者之一旦鼓臂，布草操煙火而己與豕俱焦也"；《論衡·物勢》："然則人生於天地也，猶魚之於淵、蟣蝨之於人也"，《奇怪》："人雖生於天，猶蟣蝨生於人也；人不好蟣蝨，天無故欲生於人"，又《變動》："故人在天地之間，猶蚤蝨之在衣裳之内、螻蟻之在穴隙之中。"阮合莊與王而引申之，遂成一篇警策。《全漢文》卷三八劉向《別錄》："人民蚤蝨衆多，則地癢也"，《太平經》卷四五詳言："今子言人小小，所能爲不能疾地。今大人軀長一丈、大十圍，其齒有齲蟲，小小不足道，合〔食？〕人齒，大疾當作之時，其人啼呼交，且齒久久爲墮落悉盡。夫人比於天地大小，如此蟲害人也。……今疥蟲蚤蝨小小，積衆多，共食人；蟲毒者殺人，疥蟲蚤蝨同使人煩懣，不得安坐，皆生瘡瘍。夫人大小比於地如此矣。寧曉解不？"（劉向《別錄》又云："鑿山鑽石，則見地痛也"，即《太平經》言鑿井所謂："穿鑿地太深，皆爲瘡瘍，或得地骨，或得地血"；洪邁《夷堅支志乙》卷五《顧六者》寫方隅禁神舉身瘡痏，竊油塗抹，正本此意）。使此節非後世加誣，而出原本《太平經》，則後漢時其喻已布於流俗矣。柳宗元《天説》（《全唐文》卷五八四）記韓愈語、張惠言《續柳子厚〈天説〉》（《茗柯文》初編）皆以人在天地間比於蟲之寄生物體，正漢魏人遺緒也。西方取譬，亦復相肖，舉文學中三例以概。十七世紀意大利哲學家作詩云："世界及大地如一巨獸，舉體完美無疵累，吾人如蛆蠹，聚生其腹中，正猶蚤蝨蕃殖人身上而爲害爾"（Il mondo è un animal grande e perfetto, /statuo di Dio, che Dio laude e simiglia；/noi siam

vermi imperfetti e vil famiglia，/ch'intra il suo ventre abbiam vi-
ta e ricetto./.../Siam poi alla terra，ch'è un grande animale/
dentro al massimo，noi come pidocchi/al corpo nostro，e però ci
fan male）①；十七世紀法國小說家云："世界偌大，人著其上如
蚤蝨然"（Sachez que si le monde nous semble grand，notre corps
ne le semble pas moins à un pou ou à un ciron）②；近世法國詩人
篇什逕呼人爲"地蝨"（Hommes poux de la terre，ô vermine
tenace）③。"夫無貴則賤者不怨，無富則貧者不争，各足于身而
不求也。"按閻若璩《潛邱札記》卷一謂杜甫《寫懷》詩："無貴
賤不悲，無富貧亦足"，本此。"衣草木之皮，伏於巖石之下。"
按劉叉《與孟東野》："寒衣草木皮，飢飯葵藿根"，亦通草與木
而言"皮"。"局大人微而勿復兮，揚雲氣而上陳。召大幽之玉女
兮，接上王之美人。……合歡情而微授兮，先艷溢其若神"云
云。按"先"當是"光"之譌；所道與張衡《思玄賦》、曹植
《洛神賦》等中情事無異。"大人先生"超塵跗天，"仙化騰上"，
乃亦未免俗情耶？皇甫湜《出世篇》："生當爲大丈夫，斷羈羅，
出泥涂。……上括天之門，直指帝所居。……旦旦狎玉皇，夜夜
御天姝，當御者幾人，百千爲番宛宛舒。……下顧人間，溷糞蠅
蛆"；即此意充之至盡而言之無怍耳。《日知録》卷二五考《湘

① Campanella："Del Mondo e sue Parti"，*Opere di G. Bruno e di T. Campan-
ella*，Riccardo Ricciardi，789．

② Sorel，*Histoire comique de Francion*，Liv. XI，"Société des Textes français
modernes"，IV，11．

③ Guillaume Appollinaire："Endurcis-toi vieux coeur"，*Oeuvres poétiques*，
"Bib. de la Pléiade"，744．

君》，嘗歎"甚矣人之好言色也"，舉世俗於星辰山水皆强加女名或妄配妻室爲例。竊謂張衡"軼無形而上浮"，阮籍"揚雲氣而上陳"，一則"召"見"娉眼蛾眉"，一則"召"見"華姿采色"，亦徵"人之好言色"，夫"好言色"即好色耳。參觀《太平廣記》卷論《白石先生》。"朔風橫厲白雪紛"云云。按此節以七言句極寫冷冽之狀，導杜甫、韓愈等《苦寒》詩先路，"海凍不流棉絮折"句尤奇，又即黃庭堅《贈柳閎》："霜威能折綿，風力欲冰酒"之椎輪（參觀龔頤正《芥隱筆記》）。然緊承此節曰："寒倡熱隨害傷人"，復曰："寒暑勿傷莫不驚"，却未以片語寫炎蒸之苦，亦似粗疎；"莫"疑是"漠"之譌。

八九　全三國文卷四七

　　嵇康《琴賦》："歷世才士，……賦其聲音，則以悲哀爲主，美其感化，則以垂涕爲貴。麗則麗矣，然未盡其理也。推其所由，似元不解音聲。……非夫至精者，不能與之析理也。……是故懷戚者聞之云云，其康樂者聞之云云，若和平者聽之云云。……識音者希."按此旨即卷四九《聲無哀樂論》所深論詳説者。梁元帝《金樓子·立言》上："擣衣清而徹，有悲人者，此是秋士悲於心，擣衣感於外，内外相感，愁情結悲，然後哀怨生焉。苟無感，何嗟何怨也?"；《舊唐書·音樂志》一太宗駁杜淹曰："歡者聞之則悦，憂者聞之則悲，悲歡之情，在於人心，非由樂也。……何有樂聲哀怨能令悦者悲乎?"；均與嵇康所見略同。卷四六阮籍《樂論》主樂"宣平和"而譏世人"以哀爲樂"，亦似嵇《論》言"音聲有自然之和，而無係於人情"；然阮了無"析理"、"盡理"之功，故"解音"、"識音"，不得望嵇項背，匪特讓出一頭地也。後世抨彈之作，如黄道周《聲無哀樂辯》、曹宗璠《駁〈聲無哀樂論〉》等，粗心易念，直蚍蜉之撼大樹、螺蠃螟蛉之侍大人而已。蓋嵇體物研幾，衡銖剖粒，思之慎而辨之明，前載得未曾有。西方論師嘗謂，聆樂而心定如止水者與夫態

狂如酗酒者(vom gedanklos gemächlichen Dasitzen der einen zur
tollen Verzückung der andern)，均未許爲知音①。或又謂聆樂有
二種人：聚精會神以領略樂之本體(the music itself)，是爲"聽
者"(the listeners)；不甚解樂而善懷多感，聲激心移，追憶綿
思，示意構象，觸緒動情，茫茫交集，如潮生瀾泛，是爲"聞
者"(the hearers whose comparative poverty from the musical
side is eked out and compensated by a shallow tide of memories，
associations，visual images，and emotional states)②。苟驗諸文
章，則謂"歷世才士"皆袛是"聞"樂者，而"聽"樂自嵇康始
可也。《琴賦》初非析理之篇，故尚巧構形似(visual images)，未
脫窠臼，如"狀若崇山，又象流波"等。《聲無哀樂論》則掃除
淨盡矣。《論》中"蓋以聲音有大小，故動人有猛靜也"至"此
爲聲音之體，盡於舒疾，情之應聲，亦止於躁靜耳"一節，尤掇
皮見質。西方論師謂音樂不傳心情而示心運，仿現心之舒疾、猛
弱、升降諸動態(Die Musik vermag die Bewegung eines psychis-
chen Vorganges nach den Momenten：schnell，langsam，stark，
schwach，steigend，fallend nachzubilden)③；嵇《論》於千載前
已道之。嵇身後名初不寂寞，顧世猶知之未盡，聊發幽潛爾。

　　《與山巨源絶交書》："又每非湯武而薄周孔。"按其"非薄"
之言，不可得而詳；卷五〇《難張遼叔〈自然好學論〉》謂"《六
經》未必其爲太陽"，"何求於《六經》"，又《管蔡論》謂管、蔡

----

① E. Hanslick，*Vom Musikalisch-Schönen*，9. Aufl.，155.

② Vernon Lee，*Music and its Lovers*，32，35.

③ Hanslick，*Op. cit.*，21. Cf. W. Köhler，*Gestalt Psychology*，248-9(musical
dynamics of inner life：*crescendo*，*diminuendo*，*accelerando*，*ritardando*，*riforzando*).

蒙“頑凶”之誣，周公誅二人，乃行“權事”，無當“實理”，亦足示一斑。何焯評點《文選》謂“非湯武、薄周孔”不過《莊子》“舊論”，而鍾會“赤口青蠅”、文致以爲“指斥當世”；俞正燮《癸巳存稿》卷七《書〈文選·幽憤詩〉後》謂嵇乃指“王肅、皇甫謐所造，司馬懿、鍾會等所牽引之湯武、周孔”，司馬師以爲刺其隱衷。兩兒辨日，各有攸當。

【增訂三】《十六國春秋·後燕録》五詳載慕容盛與羣臣論周公語，略謂：“朕見周公之詐，未見其忠聖”，“考周公之心，原周公之行，乃天下之罪人，何‘至德’之謂也？”而極稱“管蔡忠存王室”。其“薄周”更甚於嵇康《管蔡論》。聊拈出之，以補歷來評論嵇文者所未及，非示晉世胡茜已得聞嵇叔夜緒論也。

蓋有蓄意借古諷今者，復有論史事而不意觸時忌者，心殊而跡類，如寒者顫、懼者亦顫也。上下古今，察其異而辨之，則現事必非往事，此日已異昨日，一不能再（Einmaligkeit），擬失其倫，既無可牽引，并無從借鑑[1]；觀其同而通之，則理有常經，事每

---

[1]　Hegel, *Philosophie der Geschichte*，“Einleitung”，Reclam, 39：“Jede Zeit hat so eigentümliche Umstände, ist ein so individueller Zustand, dass in ihm aus selbst entschieden werden muss und allein entschieden kann. Im Gedränge der Weltbegebenheiten hilft nicht ein allgemeiner Grundsatz, nicht das Erinnern an ähnliche Verhaltniss” usw.

【增訂四】黑格爾意謂歷史無“教訓”可言，因未嘗全部“重演”，世移勢異，後來者渾未省前事之可師，不能鑑覆轍而勿蹈。余觀文藝復興時意大利藝人自傳名著，有云：“人有常言：第二次便學乖。此大不然。第二次時，情狀大異，非意計所及也”（Gli è ben vero che si dice：tu impererai un'altra volta. Questo non vale，perchè la vien sempre con modi diversi e non immaginati. —Cellini, *La Vita scritta per lui medesimo*，II. iii. 6，ed. A. J. Rusconi and A. Valeri，1901，p.341）。蓋新遭之事，與昔所遭者，面目已非，不復能識爲第二次重逢，

共勢，古今猶旦暮，楚越或肝膽，變不離宗，奇而有法②。
由前之說，有意陳古刺今者不患無詞開脫；而由後之說，則論
史而不意犯時諱者，苟遭深文，頗難自解矣。汪懋麟《百尺梧
桐閣文集》卷六《嵇、阮優劣難》謂《絕交書》"驕悍悖謬"，
宜其殺身，不如阮之"明哲"；葉夢得《石林詩話》譏阮而推
嵇，徐昂發《畏壘筆記》卷一、王昶《春融堂集》卷三三《阮
籍論》至斥阮借狂欺世，實預司馬氏奪魏之謀。皆足以發，請
試論之。顏延之《五君詠》稱嵇云："立俗忤流議，……龍性
誰能馴！"；《文選》李善註引《竹林七賢論》："嵇康非湯武、
薄周孔，所以忤世。"嵇、阮皆號狂士，然阮乃避世之狂，所
以免禍；嵇則忤世之狂，故以招禍。風狂乃機變之一道，其旨
早發於太公《陰符》："大知似狂：不癡不狂，其名不彰；不狂
不癡，不能成事"（《全上古三代文》卷七）。避世陽狂，即屬
機變，跡似任真，心實飾偽，甘遭誹笑，求免疑猜。正史野記
所載，如袁凱之於明太祖，或戴宗之教宋江"一着解手，詐作
風魔"。伏義《與阮嗣宗書》曰："而聞吾子乃長嘯慷慨，悲涕
漣洟，又或拊腹大笑，騰目高視，形性怵張，動與世乖，抗風
立候，蔑若無人，……將以神接虛交，異物所亂，使之然也？"
疑其行止怪異，大類鬼附物憑，即"風魔"也，而不知"風魔"

大似"相見不相識，問客何處來"者。列許登伯格極歎此語，云己嘗親切體
驗，有會於心（Diese kenne ich recht aus eigner Erfahrung. —G. C. Lichtenburg,
Aphorismen, *Essays*, *Briefe*, ed. K. Batt, 1965, p. 207）。文人自道閱歷，小言
詹詹，而於哲士博綜天人，大言炎炎，往往不啻先覺後覺焉。斯其一例耳。

　② V. Pareto, *A Treatise on General Sociology*, §2419, *op. cit.*, II, 1736:
"That 'history never repeats itself' identically is just as certain as it is that history is
'always repeating itself' in certain respects" etc..

之可出"詐作"，既明且哲，遂似顚如狂也[1]。忤世之狂則狂狷、狂傲，稱心而言，率性而行，如梵志之翻着襪然，寧刺人眼，且適己腳。既"直性狹中，多所不堪"，而又"有好盡之累"，"不喜俗人"，"剛腸疾惡，輕肆直言，遇事便發"，安望世之能見容而人之不相仇乎？卷五一嵇《家誡》諄諄于謹言愼行，若與《絕交書》中自道相反而欲教子弟之勿效乃父者，然曰："若志之所之，則口與心誓，守死無二"，又曰："人雖復云云，當堅執所守，此又秉志之一隅也"，又曰："不忍面言，强副小情，未爲有志也"，又曰："不須作小小卑恭，當大謙裕；不須作小小廉恥，當全大讓"，又曰："或時逼迫，强與我共說，若其言邪險，則當正色

---

[1]　Cf. M. Praz，*The Flaming Heart*，"Doubleday Anchor Books"，125（"politic" madness；"è cosa sapientissima simulare in tempo la pazzia"）.

【增訂三】意大利古小説中每寫佯狂（fingendo d'esser pazzo）免禍情事（Bandello，*Le Novelle*，II. xxi，Laterza，III，63）。哲學家康帕内拉（Campanella）有自咏狂易（Di se stesso，quando，ecc.）名篇，舊註即引古語曰："故作癡愚而適合時宜，即是明哲"（Stulto simulare in loco，prudentia est—*op. cit.*，855）。道略集《雜譬喻經》第十七則與《宋書・袁粲傳》所設"狂泉"之譬極相似。《傳》言："國人既並狂，反謂國主之不狂爲狂，……共執國主，療其狂疾，……國主不任其苦，於是到泉所酌水飲之，飲畢便狂，……衆乃歡然"；《經》則言："百官羣臣食惡雨水，……脫衣赤裸，泥土塗頭……不自知狂，反謂王爲大狂，……王恐諸臣欲反，便自怖懼，語諸臣言：'我有良藥，能愈此病，……待我服藥'……脫所著服，以泥塗面，……一切諸臣，見皆大喜。"此王佯狂而合機宜，遂不致臣民騷離，《經》稱其"多智"，良有以也。《烏託邦》撰者託馬斯・莫爾（Thomas More）（1478-1535）好述一古寓言，略謂：昔有一國，其民什九愚。數智者知淫雨將降，穢濁染人，穴地而避之。雨過出穴，則舉國皆頂踵汙垢，方且相顧而樂，忽覩此數輩清淨不淬，羣聚而詬嘲焉，不許其掌國事（Katharine M. Briggs，*British Folk Tales and Legends：A Sampler*，1977，13-4）。與《宋書》、《譬喻經》寓意略同，少末後一轉捩耳。

【增訂四】《詩・大雅・抑》："人亦有言，靡哲不愚。……哲人之愚，亦維斯戾。"按鄭《箋》云："今王政暴虐，賢者皆佯愚，不爲容貌"；亦同斯意。

以道義正之；何者？君子不容僞薄之言故也。"則接物遇事，小小
挫銳同塵而已，至是非邪正，絕不含糊恇怯，勿屑卷舌入喉、藏
頭過身。此"龍性"之未"馴"、鍊鋼之柔未繞指也。《家誡》云：
"俗人好議人之過闕"，而《與山巨源絕交書》云："阮嗣宗口不議
人過，吾每師之而未能"；明知故犯，當緣忍俊不禁。夫疾惡直言，
遇事便發，與口不議人過，立身本末大異，正忤世取罪之別於避
世遠害也。阮《答伏義書》河漢大言，不着邊際，較之嵇《與山
巨源書》，一狂而誇泛，一狂而刺切，相形可以見爲人焉。

　　《絕交書》："欲離事自全，以保餘年，此真所乏耳，豈可見黃
門而稱貞哉？"按《全晉文》卷一一七《抱朴子佚文》引《意林》：
"閹官無情，不可謂貞；倡獨不飲，不得謂廉"；《全唐文》卷六八
五皇甫湜《答李生第二書》："夫無難而退，謙也；知難而退，宜
也，非謙也，豈可見黃門而稱貞哉？"；《文史通義・內篇》二《古
文十弊》："今觀傳誌碑狀之文，敍雍正年府州縣官，盛稱杜絕餽
遺，……清苦自守，……不知彼時逼於功令，不得不然，……豈
可見奄寺而頌其不好色哉！"此喻亦屢見西人詩文中①。《全三國
文》卷八魏文帝《典論》云："廬江左慈知補導之術，……至寺
人嚴峻往從問受。閹豎真無事於斯術也！人之逐聲，乃至於

---

① Hugo, *Les Châtiments*, Liv. IV, vi: "A des Journalistes de Robe courte":
"Vierges comme l'eunuque, anges comme Satan" (*Oeuvres poétiques complètes*, Val-
iquette, 278); L. Veuillot, *Les Odeurs de Paris*, P. Lethielleux, 85: "Entre eux, ils se
donnent le glorieux nom de *réfractaires*, à peu près comme l'eunuque brûlé de convoi-
tises, qui ferait étalage de vertu contre les agaceries des sultanes"; O. Wilde, *Letters*,
ed. R. Hart-Davis, 658: "I see in the self-restraint of the supposed high standard
merely the self-restraint of the impotent, and the chastity of the eunuch"; A. Billy,
Vie des Frères Goncourt, II, 36: "On taquine Girardin sur ce qu'il appelait son
'indépendance' vis-à-vis des femmes, c. -à-d. sur son impuissance".

是!”；“補導之術”即同篇言：“甘始、左元放、東郭延年行容成御婦人法”，故云“閹豎真無事於斯術”。寺人可受房中術，則見黃門而頌其貞，亦未必爲失言矣！參觀《史記》卷論《佞幸列傳》。《淮南子·説山訓》：“刑者多壽，心無累也”，高誘註：“‘刑者’、宮人也；心無情欲之累，精神不耗，故多壽也”；即“閹官無情”之説。《東坡續集》卷五《與陳季常》之八嘲陳自詡“養生”而有病云：“可謂害脚法師、鸚鵡禪、五通氣毬、黃門妾也”；“害脚法師”售符水而不能自醫，“鸚鵡禪”學語而不解意，“五通氣毬”多孔漏氣而不堪踢，三者猶“黃門妾”之有名無實耳。

【增訂四】《抱朴子》內篇《黃白》：“余今告人言我曉作金銀，而躬自飢寒，何異自不能行而賣治躄之藥乎！”《五燈會元》卷一一興化存獎章次：“墜馬傷足，乃支木拐子，遶院行，曰：‘跛脚法師，説得行不得！’”東坡“害脚法師”之謔，得此而義蘊昭宣矣。《列朝詩集》閏三録蓮池袾宏《跛法師歌》一首，發端曰：“跛脚法師胡以名，良由能説不能行。”雨果別有一詩，詠力不從心，亦以閹豎好色、跛躄行遠爲喻(L'homme est un désir vaste et une étreinte étroite, / Un eunuque amoureux, un voyageur qui boîte. — *Dieu*, II. vii, “Le Rationalisme”)。

【增訂五】《永樂大典》卷三千三《人》字引《大慧語録·江令人請讚》：“眼裏有瞳人，胸中無點墨，還如跛法師，説得行不得。”

九〇　全三國文卷四八

　　嵇康《養生論》。按《顏氏家訓·養生》："嵇康著《養生》之《論》，而以傲物受刑"；杜甫《醉爲馬墜、諸公携酒相看》："君不見嵇康養生遭殺戮"；《全唐文》卷六八二牛僧孺《養生論》謂康"知養生而不知養身"，語尤峻快。高彥休《唐闕史》卷上記丁約曰："道中有尸解，有劍解、火解、水解；惟劍解實繁有徒，嵇康、郭璞非受戕害者，以此委蛻耳"；蓋謂"養生"者雖"遭殺戮"而實長生不死，爲嵇解嘲也。夫《莊子·達生》早歎："悲夫！世之人以爲養形足以存生！"，又云："魯有單豹者，巖居而水飲，不與民共利，行年七十，而猶有嬰兒之色；不幸遭餓虎，餓虎殺而食之。……豹養其内，而虎食其外。"顏即引之，杜、牛之譏，亦不外乎是。雖然，嵇未嘗不曉其意，卷五〇《難張遼叔〈宅無吉凶攝生論〉》亦舉單豹事，因曰："輔生之道，不止於一和。"豈非言匪艱、知容易耶！"豚魚不養"。按《文選》李善註以"豚"爲"豬肉"，是"魚"與"豚"二物皆爲食忌也，似非。"豚魚"當指一物，即有毒之河豚魚；《皇朝文鑑》卷九〇沈括《〈良方〉序》："南人食豬魚以生，北人食豬魚以病"，"豚魚"正"豬魚"耳。毛嶽生《休復居詩集》卷五《食河豚戲作》

自註即言《易·中孚》之"豚魚吉"，"先儒或戲目"爲河豚。"蝨處頭而黑"。按參觀《太平廣記》卷論卷二五六《平曾》。丁國鈞《荷香館瑣言》卷上謂日本所刻《養心方》卷二七載《養生論》中有論"養生有五難"一百九十餘言，皆《文選》所無；按"五難"一節見嵇《答向子期〈難養生論〉》，刻《方》者以之屬入本《論》，丁氏未檢《中散集》也。

九一　全三國文卷四九

　　嵇康《聲無哀樂論》："和聲無象而哀心有主，夫以有主之哀心，因乎無象之和聲，其所覺悟，唯哀而已。"按即劉向《說苑·書說》、桓譚《新論·琴道》兩篇記雍門周對孟嘗君，謂貧賤覊孤、困窮無告，"若此人者，但聞飛鳥之號，秋風鳴條，則傷心矣，臣一爲之援琴而太息，未有不悽惻而涕泣者也"；亦即陸機《豪士賦》："落葉俟微風以隕，而風之力蓋寡；孟嘗遭雍門而泣，而琴之感以末。何者？欲隕之葉，無所假烈風；將墜之泣，不足煩哀響也。"蓋先入爲主，情不自禁而嫁於物（pathetic fallacy），觸聞之機（occasion）而哀，非由樂之故（cause）而哀。下文又云："至夫哀樂，自以事會先遘於心，但因和聲，以自顯發"；申此意更明。"夫味以甘苦爲稱。今以甲賢而心愛，以乙愚而情憎，則愛憎宜屬我，而賢愚宜屬彼也。可以我愛而謂之愛人，我憎而謂之憎人，所喜則謂之喜味，所怒則謂之怒味哉？"按《尹文子·大道》篇上論"名、分不可相亂"有曰："名宜屬彼，分宜屬我。我愛白而憎黑，韻商而舍徵，好膻而惡焦，嗜甘而逆苦；白、黑、商、徵、膻、焦、甘、苦，彼之名也，愛、憎、韻、舍、好、惡、嗜、逆，我之分也"；嵇論正同。人之賢、愚，味之甘、辛，即"彼之名"，而愛、憎、喜、怒，即"我之分"。然彼淆於我，名亂於分，尋常云謂，亦復可徵。"憎人"、"怒味"，固無其語，而《大學》曰："如惡惡臭，如好好色"，又豈非所好而謂之"好色"、所惡則謂之"惡臭"歟？嵇持之有故，而言之過當矣。"名"、事物之性德（the qualities）也；"分"、人遇事接物之情態（our feeling towards those qualities）也。亞理士多德嘗謂品目人倫，貶爲"急躁"者亦可褒爲"直率"，仇言曰"傲慢"者即友所曰"高簡"，故誠與譽異詞而共指一事（Praise and counsels have a common aspect）①（參觀《太平廣記》卷論卷三八《李泌》）；即"分"雖潛伏而"名"不掩蓋之例。十八世紀一談藝者云："人同言醋味酸、蜜味甘、蘆薈（aloes）味苦，亦同言甘可悅而酸與苦不可悅（They all concur in calling sweetness pleasant，and sourness and bitterness unpleasant）。人雖有嗜淡巴菇及醶醋過於糖與牛乳者，然絕不覺二物之味爲甘也"（but this makes no confusion in tastes，whilst he is sensible that the tobacco and vinegar are not sweet）②；乃"名"不能亂"分"之例。十九世紀一談藝者云："人有曰：'亞普羅像之悅目，以其形美也。'答之曰：'有是哉！鹿肉之悅口，亦以其味佳也'"（To the assertion "the Apollo pleases us because it is beautiful"，an objector might reasonably reply，"Yes；and the venison pleases us because it is tasty"）③；蓋謂"美"、"佳"即娛目、適口之意，

---

① Aristotle, *Rhetoric*, I. 29-36, "Loeb", 97-101.

② Burke, *Inquiry into the Origin of our Ideas of the Sublime and Beautiful*, ed. J. T. Boulton, 14.

③ Coleridge, *Biographia Literaria*, ed. J. Shawcross, II, 308.

於像與肉之性德絕未揭示，空言無物（Scheinsatz），又以"分"
淆"名"之例，如"好（上聲）色"、"惡（入聲）臭"矣。"吾
聞敗者不羞走，所以全也。"按卷一五陳王植《請招降江東表》：
"善戰者不羞走。"後來流傳《南齊書·王敬則傳》：檀公"三十
六策，走是上計"，此語遂爲所掩。參觀《左傳》卷論僖公二十
八年。古羅馬稱引希臘人語："不勝且走，以便再鬬"（Qui fu-
giebat，rursus proeliabitur）；近世意大利諧詩："死得其正，一生
有耀；逃及其時，餘生可保"（un bel morir tutta la vita onora，／
un bel fuggir salva la vita ancora）①。"敗不羞走"，可兼二意：
捲土重來，則"不羞走"，有遠計也；望風苟免，則"走"而
"不羞"，是厚顏也。厚顏之不羞每自文飾爲遠計之不羞，藉口於
杜牧《題烏江亭》所謂"包羞忍恥是男兒"，如呂本中《兵亂後
雜詩》所謂"全軀各有詞"（《瀛奎律髓》卷三二引，《東萊先生
詩集》未收）。蓋雖不羞爲之，却尚羞道之。世事固多行之泰然
而言之赧然者；"言之匪艱，行之唯艱"，亦視其事耳。

---

　　① Lippi，*Malmantile raquistato*，G. Fumagalli，*Chi l'ha detto*，9ᵃ ed.，258.

九二　全三國文卷五○

　　嵇康《釋私論》："故主妾覆醴，以罪受戮。"按《戰國策·燕策》一蘇秦論忠信而反得罪，曰："臣鄰家有遠爲吏者，其妻私人；其夫且歸，其私者憂之。其妻曰：'公勿憂也！吾已爲藥酒以待之矣。'後二日，夫至，妻使妾奉巵酒進之。妾知其藥酒也，進之則殺主父，言之則逐主母；乃陽僵棄酒，主父大怒而鞭之"；同卷蘇代"爲"燕昭王"譬"，亦言此事，劉向採之入《列女傳》，致遭《史通·雜說》下嗤其"妄"。嵇論張大其詞，以"鞭"爲"戮"。元稹樂府《將進酒》即詠主妾覆醴，有曰："主父不知加妾鞭，旁人知妾爲主説。"元人曲中屢用此典，如《誶范叔》第二折："正是耕牛爲主遭鞭杖，啞婦傾杯反受殃"；《賺蒯通》第四折："將功勞簿都做招伏狀，恰便似啞婦傾杯反受殃"；《竇娥冤》第三折："當日個啞婦含藥受殃"；皆增飾爲啞婦之有口難辨，冤屈益甚，較本事更入情理。等點染也，改能"言之"者爲"啞"，勝於改"鞭"爲"戮"矣。抑如程大昌《演繁露》卷一二所考"古者'戮'不必是殺"，抶、梏亦稱"戮"耶？耕牛衛主與虎鬪、而終遭杖且被殺事，見宋紹聖間黃定《冤牛文》，亦引妾棄酒事爲比，意指司馬光，文載馬純《陶朱新錄》

（《説郛》卷三九）。

【增訂三】《冤牛文》所記，酷類西方中世紀以來相傳"忠犬"
（the Faithful Hound）事。其事流行歐洲民間。"衛"者非
耕牛而爲獵犬，所"衛"者非"主"而爲"主"之稚子，
所禦者非虎而爲狼；狼來嚙兒，犬與殊死鬬而殺之，主
至，乍見血被犬體，以爲其啖兒也，怒不暇究，遂殺犬云
（S. Baring-Gould，*Curious Myths of the Middle Ages*，134；
W. J. Gruffydd，*Rhiannon*，59）。

　　嵇康《難張遼叔〈自然好學論〉》。按參觀《列子》卷論
《説符》篇。

　　嵇康《難張遼叔〈宅無吉凶攝生論〉》："謂無陰陽吉凶之
理，得無似噎而怨粒稼、溺而責舟楫者耶？……吾怯於專斷，
進不敢定禍福於卜相，退不敢謂家無吉凶也。"按懸而不斷，
似遜宰折睢（《淮南子・人間訓》、《論衡・四諱》、《新序・雜
事》作孔子）、王符、王充輩之明決。"若夫兼而善之，得無半
非冢宅耶？"按"家"字必"冢"字之訛，即結句"家無吉凶"
之"家"。此篇與卷五一《答張遼叔〈釋難宅無吉凶攝生論〉》
反復論陽宅風水，無慮四千言，不應忽以一字了却陰宅風水
也。《論衡・四諱》："西益宅不祥，西益墓與田，不言不祥；
夫墓、死人所居，因忽不慎"，足見東漢不講陰宅風水；《詰
術》篇引《圖宅術》亦然。《潛夫論・卜列》祇論"一宅"之
"吉凶"、"一宮"之"興衰"，未及墟墓。《葬書》未必出於郭
璞，然葬地吉凶之説，璞以後始盛行，觀《世説新語・術解》
門可知。《四庫提要》卷一〇九所舉《後漢書・袁安傳》一事，
亦未保果爲東漢時傳説，抑爲後世加附。《後漢書・郭陳列傳》

記吳雄"喪母,營人所不封土者,擇葬其中;喪事趣辦,不問時日,巫皆言當族滅,而雄不顧";則言日忌,非言風水,乃《舊唐書·呂才傳》載《敍葬書》之第二、第三事("不擇日"、"不擇時")耳。張惠言《茗柯文》二編卷下《江氏墓圖記》舉班固語以證"相墓之法,由來遠矣",非是。嵇康兩論堪徵魏晉之交,俗忌局於居室,尚未推之窀穸。楊萬里《誠齋集》卷一〇四《答朱侍講元晦》:"景純《葬書》,東漢以前無有也"(參觀一一〇《答羅必先省幹》);李昱《草閣集》卷二《贈地理遠碧山》:"澗東灄西曾卜洛,定之方中楚客作,當時宅相論陰陽,猶未經營到冥漠";均謂陰宅風水後起也。

【增訂四】《後漢書·循吏傳》記王景"參衆家數術文書、冢宅禁忌〔章懷註:葬送造宅之法,若黃帝、青鳥之書也〕、堪輿日相之屬,適於事用者,集爲《大衍玄基》云。"景、漢章帝時人,大似當時陽宅、陰宅均已講風水矣。特不知所謂"禁忌"者果即地師家言不。

"長平之卒,命何同短?"按《答張遼叔〈釋難宅無吉凶攝生論〉》又有"何知白起非長平之巖牆"云云,本《論衡·命義》:"長平之坑,同命俱死。"《呂才傳》載《敍祿命》亦云:"長平坑卒,未聞共犯三刑;南陽貴士,何必俱當六合?";汪士鐸《汪梅村先生文集》卷三《三命說》附註:"史稱長平新安之坑、長城五嶺之戍,動數十萬;《明史·流賊傳》載張獻忠所殺男女六萬有奇。而李彌乾所言'八字',則只於五十一萬之千四百。豈皆生逢厄運,共泣窮途?"

九三　全三國文卷五八

諸葛亮《出師表》，輯自《三國志》、《華陽國志》、《文選》。
按宋劉昌詩《蘆浦筆記》卷二載胡洵直辨此表脫誤，因據《蜀
書》亮本傳、董允傳、《文選》"參而補之"，頗緻密。

九四　全三國文卷五九

　　諸葛亮《書》："漢嘉金、朱提銀，採之不足以自食"；嚴氏註："梅鼎祚《文紀》引《南中志》。按今本《華陽國志》卷四漢嘉郡屬縣全闕，梅氏所見，乃足本也。今無從覆檢。"按李詳《媿生叢録》卷一糾正云："司馬彪《續漢書·地理志·朱提山》劉昭註引此；足本《華陽國志》，梅氏不得見也。"又按同卷亮《季主墓碑讚》，據《真誥·稽神樞》四當作《司馬季主墓碑讚》，嚴氏似未檢上文也。

九五　全三國文卷六〇

　　張飛文僅存《八濛摩崖》二十二字、《鐵刀銘》三字、及《刁斗銘》題目而已。

　　【增訂三】《晚香堂小品》卷一一《馭雪齋集序》："吾嘗讀張桓侯《刁斗銘》，……恨其全集不傳。"不知此老何處"讀"來。豈覩僅存之題而即於已佚之文會心言外耶？既能"讀"無字書，則何必"恨全集不傳"哉！

近人但燾《書畫鑑》云："畫史言關、張能畫。貴人家藏畫一幅，張飛畫美人，關羽補竹，飛題云：'大哥在軍中鬱鬱不樂，二哥與余作此，爲之解悶。'"關羽文無隻字存者，而周亮工《書影》卷一〇云："關雲長《三上張翼德書》云：'操之詭計百端，非羽智縛，安有今日？將軍罪羽，是不知羽也！羽不緣社稷傾危，仁兄無儔，則以三尺劍報將軍，使羽異日無愧於黃壤間也。三上翼德將軍，死罪死罪！'右此帖米南宮書，吳中翰彬收得之；焦弱侯太史請摹刻正陽門關帝廟，中翰秘不示人，乃令鄧刺史文明以意臨之，刻諸石。不知米南宮當日何從得此文也。"一題一書之爲近世庸劣人僞託，與漢魏手筆懸絕，稍解文詞風格者到眼即辨，無俟考據，亦不屑糾訊。若夫不識文風而欲矜創獲，於是弗

辭手勞筆瘁，證贗爲真。即如於張飛之題圖，大可檢核畫史中
關、張能畫之記載，復徵之王九思《渼陂先生集》卷三《張方伯
畫圖歌》："古人作畫鐵筆强，漢有關羽晉長康"，或陳邦彥《歷
代題畫詩類》卷八〇陳道永《題孫雪居畫朱竹、欸云："自壽亭
侯始"》，以見明人猶覵關跡；甚復傍參杜甫《佳人》"日暮倚修
竹"之句，謂少陵老子"無字無來歷"，三弟畫美人、二哥補竹
之圖當曾經眼，故隱取其景，洵所謂"詩中有畫"者！不讀書之
點子作僞，而多讀書之癡漢爲圓謊焉。目盲心苦，竭學之博、思
之巧，以成就識之昧。朱熹《朱文公文集》卷五四《答孫季和》：
"《小序》決非孔門之舊，安國《序》亦決非西漢文章。向來語
人，人多不解，惟陳同父聞之不疑，要是渠識得文字體製意度
耳"；焦循《里堂家訓》卷下："柳州辨《鶡冠子》，考作《論語》
之人，不煩言而解，此學之所以待於文也。"兩家皆恥爲文人者，
而知文之有資於考辨如此。董逌《廣川書跋》卷二《鍾繇賀表》
斥其書法"畫疏"、"筋絶"，"不復結字"，決是僞託，因曰："永
叔嘗辨此，謂建安二十四年九月關羽未死，不應先作此表。論辯
如此，正謂不識書者校其實爾。若年月不誤，便當不復論辯耶？"
言尤明且清，"論辯"他藝，亦若是班。蓋"年月"固"實"，鑿
鑿可稽，風格亦自不虛，章章可識。"不識文字體製意度"或
"不識書"，遂謂風格無徵不信，非若"年月"之類有據可考；其
且以挾恐見破之私心，發爲矯枉過正之快口，嗤鑑別風格爲似方
士之"望氣"。倘非"學士之姦"（仲長統《昌言》），即是"通人
之蔽"（桓譚《新論》）矣！《樂記》云："是故知聲而不知音者，
禽獸是也"，鄭玄註："禽獸知此爲聲爾，不知其宮商之變也"；
黑格爾論撰哲學史者弘博而不通義理，亦謂有如禽獸聞樂，聆聲

了了無遺，而於諸音之和，木然不覺（Die Verfasser solcher Geschichten lassen Sich mit Tieren vergleichen，welche alle Töne einer Musik mit durchgehört haben，an deren Sinn aber das Eine，die Harmonie dieser Töne，nicht gekommen ist）[①]。夫望氣之術士，洵弄虛欺人，而聞樂之鳥獸，亦未得實盡事；或均擬不於倫，復均罕譬而喻也。

[①]　*Geschichte der Philosophie*，"Heidelberger Einleitung"，Felix Meiner，I，9.

九六　全三國文卷六二

姜維《報母書》："良田百頃，不計一畝；但見遠志，無有當歸"；嚴氏註："《晉書·五行志》中、又《御覽》三百十引孫盛《雜記》又九百八十九引孫盛《異同評》。"按《三國志·蜀書·姜維傳》裴註引孫盛《雜記》最早，字句小異，嚴氏未采，不識何故。

《蒲元傳》："乃命人於成都取江水，君以淬刀，言雜涪水，不可用。取水者捍言不雜，君以刀畫水，言雜八升。取水者叩頭云：'于涪津覆水，遂以涪水八升益之。'"按《全唐文》卷七二一張又新《煎茶水記》引無名氏《煮茶記》載李季卿請陸鴻漸品茶，"命軍士謹信者挈瓶操舟深詣南零。俄水至，陸以杓揚其水曰：'江則江矣，非南零者，似臨岸之水。'傾至半，陸又杓揚之曰：'自此南零者矣。'使蹶然駭伏"（亦見《太平廣記》卷三九九《陸鴻漸》引《水經》）；《太平廣記》卷三九九《零水》（出《中朝故事》）記李德裕辨金山下水與建業石城下水；皆似踵蒲元事。

【增訂三】《能改齋漫錄》卷一四早以蒲元事與陸鴻漸事並舉。

九七 全三國文卷六六

　　周魴《密表呈誘曹休牋草》附《誘曹休牋七條》。按魴、吳臣，
佯不忠於吳，與魏潛通，許爲内間，陸續以虛誑諜報誘魏人，俾落
機穽。《表》自稱"無古人單複之術"，《三國志·吳書·吕蒙傳》裴
註引《江表傳》記蒙告魯肅："今與（關羽）爲對，當有單複以嚮待
之"，因密陳三策；"單複"乃《孫子》所謂"用間"，非戰勢之"奇
正"也。魴即今世西方術語之"複諜"（the double agent）[①]；"密
表"所呈《牋七條》即僞諜之存根備案。《孫子·用間》篇五間
之二曰："内間者，因其官人而用之"，此曹休之"用"周魴也；
四曰："死間者，爲誑事於外，令吾間知之，而傳於敵"，此周魴
之賺曹休也，"爲誑事於"内而自"傳於敵"，又出《孫子》一頭
地焉。文獻徵存，吾國複諜莫古於魴。吳人文中尚有卷六七胡綜
《僞爲吳質作降文三條》、卷六八陸遜《假作答迸式書》，均祇師

---

　　① 　Rebecca West，*The New Meaning of Treason*，305："A 'double agent' is
not，as might be supposed，a spy working for two powers... It is a spy who is working
for his own country，but pretends to go over to the side of the enemy by offering them
secret service information which is either false and deliberately misleading or true but
unimportant."

《韓非子·內儲説》下所載叔向僞爲萇弘書故智；卷六六黄蓋
《與曹公書》詐許内應，而未送諜報，要不足與魴斯篇競比矣。
三國時間諜之雄，無如隱蕃，《吳書·胡綜傳》裴註引《吳録》
記魏明帝使蕃"詐叛如吳，令求作廷尉職，重案大臣，以離間
之"；大膽深謀，身入虎穴，視周、黄等使詐行險於一時一事者，
猶大巫之與小巫。使蕃未敗露，則後來秦檜尚不堪追步。蓋檜、
歸人，蕃、亡人，處境一易一難，要同爲近世所謂"戰略特
務"爾。

九八　全三國文卷七一

　　韋昭《博弈論》：“徙棋易行，廉恥之意弛，而忿戾之色發。”按俗諺論弈棋云：“落子無悔大丈夫”；“徙棋易行”者，落子復悔而欲改著也。“行”即《全後漢文》卷二六班固《弈旨》“行之在人”、“突圍橫行”、“逡巡需行”之“行”；《南史・齊本紀》上記高祖性寬，常與周覆共棋，“覆乃抑上手，不許易行”。《説郛》卷五王君玉《續纂・難忍耐》：“觀棋不得人教行”，又即俗諺“觀棋不語真君子”之爲難事也。

九九　全三國文卷七四

萬震《南州異物志·象贊》："象之爲獸，形體特詭。身倍數牛，目不逾豨；鼻爲口役，望頭若尾。……服重致遠，行若邱徙"；嚴氏註："《御覽》八百九十八。"按《初學記》卷二九始載此《贊》。《全晉文》卷一二二郭璞《山海經圖贊·象》："象實魁梧，體巨貌詭。肉兼十牛，目不踰豕，望頭如尾，動若邱徙"，蓋襲萬語。"鼻爲口役"二句最善形容。陸佃《埤雅》卷四《象》："望前如後"，即竄易"望頭如尾"；《西遊記》第七五回寫獅駝洞第二魔亦云："看頭似尾，……多年的黃牙老象。"

一〇〇　全三國文卷七五

　　闕名《曹瞞傳》："故人舊怨，亦皆無餘，其所刑殺，輒對之垂涕嗟痛之，終無所活。"按《南齊書·明帝紀·論》："流涕行誅"，又《武十七王傳》："每一行事，高宗輒先燒香火，嗚咽涕泣，衆以此輒知其夜當殺戮也。"此又《長恨歌》"回看血淚相和流"之別解也。

一〇一　全三國文卷七五

支謙《法句經序》："僕初嫌其爲詞不雅。維衹難曰：'佛言依其義不用飾，取其法不以嚴，其傳經者，令易曉勿失厥義，是則爲善。'座中咸曰：老氏稱'美言不信，信言不美'；……'今傳梵義，實宜徑達。'是以自偈受譯人口，因順本旨，不加文飾。"按"嚴"即"莊嚴"之"嚴"，與"飾"變文同意。嚴復譯《天演論》弁例所標："譯事三難：信、達、雅"，三字皆已見此。譯事之信，當包達、雅；達正以盡信，而雅非爲飾達。依義旨以傳，而能如風格以出，斯之謂信。支、嚴於此，尚未推究。雅之非潤色加藻，識者猶多；信之必得意忘言，則解人難索①。譯文達而不信者有之矣，未有不達而能信者也。一人諷世，製"撒謊表"（Bugie），臚列虛偽不實之言，如文人自謙"拙作"（la mia modesta poema），徵婚廣告侈陳才貌等，而"直譯本"（la traduzione letterale）亦與其數②，可謂善滑稽矣。

---

① Cf. Montesquieu, *Cahiers 1716—1755*, Grasset, 69："Difficulté de traduire：il faut d'abord bien savoir le latin；ensuite, il faut l'oublier"；P. Cauer, *Die Kunst des Uebersetzens*, 5. Aufl., 13："so treu wie möglich, so frei als nötig."

② D. Provenzal, *Dizionario umoristico*, 4ª ed., 87（R. de la Serna）.

　　康僧會《法鏡經序》：“或有隱處山澤，漱石枕流。”按當是“枕石漱流”之訛，未暇檢釋《藏》勘定。《世說·排調》：“孫子荆語王武子‘當枕石漱流’，誤曰：‘漱石枕流。’王曰：‘流可枕，石可漱乎？’孫曰：‘所以枕流，欲洗其耳；所以漱石，欲礪其齒。’”儁人口給，妙語流傳。使僧會早因誤（catachresis）見奇，則《世說》不必聞所未聞，大書特書。《全三國文》卷六一彭羕《與蜀郡太守許靖書薦秦宓》：“枕石漱流，吟咏蘊袍”；《全晉文》卷五九成公綏《七唱》：“枕石漱流，鼓腹容與”，又卷一〇〇陸雲《逸民賦》：“杖短策而遂往兮，乃枕石而漱流”，又卷一五四楊宣《宋纖畫像贊》：“爲枕何石？爲漱何流？”；《全梁文》卷六八王琳《鯤表》：“是以漱流河底，枕石泥中”；《全陳文》卷一〇徐陵《諫仁山深法師罷道書》：“枕石漱流，實爲希有”，又卷一一徐陵《齊國宋司徒寺碑》：“自枕石漱流，始終一概”；《梁書·顧協傳》載協外從祖張永撫協曰：“兒欲何戲？”對曰：“兒正欲枕石漱流。”《論語·憲問》“賢者避世”章皇侃義疏：“高蹈塵外，枕流漱石”；則本孫楚來。聊舉三國、六朝數例，以見孫語孤標獨造，莫爲之先而復罕爲之後也。胡天游《石笥山房文集》弁首包世臣序，稱胡“於駢語習見者，顛倒以示奇”；然卷二《冬日游玉船山序》：“曠兮朗兮，即枕石以漱流，優哉游哉，且幕天而席地”，未用孫楚顛倒之奇語。蓋述游況，須與劉伶之“幕天席地”儷偶，對句出句，均文從字順；等其銖鍋，免於偏枯，《文心雕龍·麗辭》所謂“允當”。倘別有題目，可驅使江淹之“危涕墜心”，或蘇軾、黃庭堅之“吃衣着飯”（見《東坡志林》卷一《記服絹方》，又《事文類聚》續集卷二〇《蘇黃滑稽帖》），則不妨取孫語合成巧對，如王衍梅《綠雪堂遺集》卷八

《移寓都府街》："漱石枕流成故事，喫衣着飯試新方"，即一例矣。

【增訂三】魏武帝《秋胡行》四解亦衹云："枕石漱流飲泉。"馮猶龍《談概》卷二六《雅浪部》載楊醫官事，按語："'喫衣着飯'可對'枕流漱石'。"已撮合二典，特未知"喫衣着飯"語之出蘇黃耳。

一〇二　全晉文卷七

愍帝《寒食散論》；嚴氏註："《世説·言語》篇註引秦丞相《寒食散論》。案愍帝嗣封秦王，爲丞相，姑附此俟攷。"按文廷式《純常子枝語》卷四謂"秦丞相"乃"秦承祖"之誤，承祖宋人。

一〇三　全晉文卷一三

左九嬪《離思賦》："生蓬戶之側陋兮，……謬忝側於紫廬。……悼今日之乖隔兮，奄與家爲參辰。豈相去之云遠兮，曾不盈乎數尋；何宮禁之清切兮，欲瞻覲而莫因！仰行雲以欷歔兮，涕流射而沾巾。……亂曰：骨肉至親，化爲他人，永長辭兮！"按宮怨詩賦多寫待臨望幸之懷，如司馬相如《長門賦》、唐玄宗江妃《樓東賦》等，其尤著者。左芬不以侍至尊爲榮，而以隔"至親"爲恨，可謂有志，即就文論，亦能"生迹"而不"循迹"矣（語本《淮南子·説山訓》）。《紅樓夢》第一八回賈妃省親，到家見骨肉而"垂淚嗚咽"，自言："當日既送我到那不得見人的去處，……今雖富貴，骨肉分離，終無意趣"；終於"雖不忍別，奈皇家規矩違錯不得的，只得忍心上輿去了。"即斯《賦》所謂"忝側紫廬"、"相去不遠"、"宮禁清切"、"骨肉長辭"。詞章中宣達此段情境，莫早於左《賦》者。

【增訂四】左九嬪《離思賦》即載《晉書·后妃傳》；與左芬同爲"貴嬪"者，有胡芳，亦入此《傳》。《晉書》別有芳父《胡奮傳》，記："奮唯有一子，爲南陽王友，早亡。及聞女爲貴人，哭曰：'老奴不死，唯有二兒，男入九地之下，女上九天！'"與左芬兄思《悼離贈妹》詩所謂"永去骨肉，內充紫庭"云云，有同悲焉。《離思賦》，行者之言也，胡奮之哭、左思之悼，居者之言也，如此喁而彼于，左提而右挈矣。《全唐文》卷三○一呂向《美人賦》："帝曰：'今日爲娛，前代固無。當以共悦，可得而説。'……有美一人，激憤含顰，……曰：'……若彼之來，違所親，離厥夫，別兄弟，棄舅姑，戚族含羞，鄰里嗟吁。氣哽咽以填塞，涕流離以沾濡；心絶瑶臺之表，目斷層城之隅'"云云，則不僅"永去"父母兄弟，或且"離棄"夫與舅姑焉。一入紫庭離骨肉，淒黯正不亞于"一去紫臺連朔漠"，而江文通《恨》、《別》兩賦都未及此；殆事關宮掖，文字固當識忌諱歟。

　　何劭《荀粲傳》："粲諸兄並以儒術論議，而粲獨好言道；常以爲子貢稱'夫子之言性與天道，不可得聞'，然則六籍雖存，固聖人之糠粃。"按子貢語見《論語·公冶長》，皇侃義疏云："'文章'者，六籍也。六籍是聖人之筌蹄，亦無關於魚兔矣"；實同荀粲之説，而以"糠粃"詞峻，易爲"筌蹄"耳。周密《癸辛雜識》後集謂粲語與陸九淵論"《六經》是幾個不分不曉底子"相似。密不曉此固道家常談。《莊子·天運》記老子曰："夫《六經》，先王之陳迹也，豈其所以迹哉？"，又《天道》輪扁譏桓公讀書曰："然則君之所讀者，古人之糟魄已夫！"充類至盡，不特可以論儒籍，釋道經典亦若是班。《關尹子·三極》云："唯善聖者不留一言"，則"留"者亦衹糠粃糟魄而已。道德流爲方術，而老、莊之於修仙、鍊丹，適如孔子之於性與天道，道士憾焉。《抱朴子·釋滯》謂《五千文》汎略，"了不肯首尾全舉其事⋯⋯但暗誦此經，而不得要道，直爲徒勞"，與"不分不曉底子"，施異責同。《悟真篇》卷中《七言絶句》之一二陽稱"今古上仙"胥從《五千文》得悟"真詮"，而一三、一四乃曰："契論經歌講至真，不將火候著於文，要知口訣通玄處，須共神仙仔細論"，

"饒君聰慧過顏閔，不遇師傳共强猜，只爲丹經無口訣，教君何處結靈胎！"，《後序》復曰："學者雖諷誦其文，皆莫曉其意，若不遇至人，授之口訣，縱揣量百種，終莫能著其功而成其事。"齊己《讀〈參同契〉》："堪笑修仙侶，燒金覓大還。……悲哉五千字，無用在人間！"；亦謂道士實以《道德經》爲陳言無補也。故窮其理，則"言者不知"，"道不可言"（詳見《老子》卷論第五六章），靈文五千、寓言十九，自屬老、莊之糠粃；究其事，則道士所求者燒金羽化之方，既皆不可得聞於老、莊，其書自可視同糠粃。荀粲未達斯理，復不知其事也。釋氏亦以此意掃空外典，如《高僧傳》二集卷二二《本濟傳》："於六經三史……曰：'斯實宇宙之糟粕也！'"，漸進而施於其本教，出語却更粗率，如《五燈會元》卷五夾山善會章次："一大藏教是老僧坐具，祖師玄旨是破草鞋，寧可赤脚不着最好"；卷七德山宣鑒章次："十二分教是鬼神簿、拭瘡疣紙"；卷一二曇穎達觀章次："三世諸佛是奴婢，一大藏教是涕唾"；

【增訂四】《五燈會元》卷一四淨慈慧暉章次："釋迦老子窮理盡性，金口敷宣一代時教，珠回玉轉，被人喚作拭不淨故紙。"卷一五東禪秀章次："僧問：'如何是一代教？'師曰：'多年故紙'"；卷一六興化紹銑章次："一大藏教是拭不淨故紙。"意即司空圖《與伏牛長老偈》所謂："推倒我山無一事，莫將文字縛真如"，而言無文、態愈肆耳。《顏氏家訓·治家》篇："其故紙有《五經》辭義及賢達姓名，不敢穢用也"；儒者之異於禪人如此。

何劭《王弼傳》："何晏以爲聖人無喜怒哀樂，……弼與不同，以爲：聖人茂於人者神明也，同於人者五情也；神明茂，故能體沖和以通無，五情同，故不能無哀樂以應物，然則聖人之情，應物而無累於物者也。”按卷四九傅玄《傅子》難王黎曰：
“子以聖人無樂，子何樂之甚？”；《世說・文學》僧意問王脩：
“聖人有情不？”王曰：“無”；當時之常談也。陳澧《東塾讀書
記》卷一六引程顥《定性書》云：“聖人之性，順萬事而無情”，
謂其與王弼“説頗相似”。然弼説源於聖人法天運之旨，而衍莊
子無損心之緒；程顥《定性書》乃其少作，浸淫二氏，昌言：
“無心無情，内外兩忘”，此語正是援道入儒。陳氏皆未之究也。
天地“鼓萬物而不與聖人同憂”，別見《周易》卷論《繫辭》
（二），兹不復道。《莊子・養生主》：“必有不蕲言而言，不蕲哭
而哭者，是遯天倍情，忘其所受，古者謂之遁天之刑。適來夫子
時也，適去夫子順也，安時而處順，哀樂不能入也”；郭象註：
“感物太深，不止於當，遁天者也；將馳騖於憂樂之境，雖楚戮
未加，而性情已困，庸非刑哉！”《大宗師》託爲孔、顏問答，發
揮“哀樂不入”之意尤明：“顏回問仲尼曰：‘孟孫才其母死，哭
泣無涕，中心不戚，居喪不哀，無是三者，以善處喪蓋魯國。
……’仲尼曰：‘……且彼有駭形而無損心，有怛怅而無情死，
孟孫氏特覺人哭亦哭。’”《論語・先進》：“顏淵死，子哭之慟”；
何晏《集解》引馬融、孔安國皆謂“哀過也”，皇侃《義疏》曰：
“人哭亦哭，人慟亦慟，蓋無情者，與物化也”，又引繆協曰：
“聖人體無哀樂而能以哀樂爲體，不失過也。”皇侃語即逕取諸
《莊子》；繆協語前“體”如“體質”之“體”，本地也，後體如
“體面”之“體”，形式也。何劭《王弼傳》載弼戲荀融曰：“顏
子之量，孔父之所預在，然遇之不能無樂，喪之不能無哀，又常
狹斯人，以爲未能以情從理者也。”則弼尚同漢儒，以孔之“慟”
顏爲過當，而六朝經生扇於玄風，牽合南華寓言與東家遺事，將

"哀過"説成"應物而無累"矣。"未能以情從理"即謝靈運《廬陵王墓下作》:"理感深情動,定非識所將。"《禮記・檀弓》原壤母死登木歌《貍首》章,《正義》引皇侃説"原壤是上聖之人,或云是方外之士",因斥皇"非但敗於名教,亦是誤於學者,義不可用";未察皇正以道家目原壤,喪母乃登木而歌,適如《莊子・大宗師》記子桑户死,孟子反、子琴張"鼓琴相和","臨屍而歌",或《至樂》記莊子妻死,"箕踞鼓盆而歌"。《論語・憲問・原壤夷俟》章,皇疏亦昌言"壤者方外之聖人,……孔子方内聖人",即借《大宗師》依託孔子語。《全晉文》卷六〇孫楚《原壤贊》早曰:"壤之輶張,滅絶禮教,實交仲尼,同機合奥;聖以之臧,俗以之笑,獨協區外,孰知其妙!";蓋非一朝一夕矣。《檀弓》季武子喪,"曾點、倚其門而歌",鄭註:"明己不與也",《正義》:"明己不與武子,故無哀戚";則又孟孫才"人哭亦哭"之類,曾點固放曠之士,與孔門諸子異撰者也。《中庸》謂喜怒哀樂"發而皆中節謂之'和'";《全晉文》卷三三裴頠《崇有論》:"夫盈欲可損,而未可絶有也;過用可節,而未可謂無貴也";劉子翬《屏山全集》卷一《聖傳論》:"《中庸》之學未嘗滅情也。善養性者,不汩於情,亦不滅情,不流於喜怒哀樂,亦不去喜怒哀樂。非合非離,中即契焉。"有哀樂而感不過甚,此儒家言也,有哀樂而感非切實,此道家言也;前所流露者、真情而中節得當,後所流露者、淺迹以安時應物。王弼"應物而無累於物",若與劉子翬"不滅情亦不汩於情"相同,然王主"通無",劉言"不去","貴無"與"崇有",大本自異。陳澧以爲王弼、程顥持論"相似",意欲借道學家之程以重道家之王,不知程顥"順事無情"之説已沾丐異端,反可據以定道學家與道家連坐耳。應物順事而哀樂不入，有駭形而無損心，亦西方古哲人所諄諄誨人者。如斯多噶派大師云："汝不妨呻吟，但汝心中不可呻吟"（I do not mean that you may not groan, but do not groan in spirit）；又云："人若喪子，汝可唁之，且可同聲哀號，然汝之内在之真質不得亦與哀號"（but take heed that you do not also groan in your inner being）[1]。末流且有"無感情派"（apathiae sectatores），麻木頑癈，醉生夢死（in torpore ignavae et quasi enervatae vitae consenescunt）[2]。夫喜怒哀樂而不動真情，擴而充之，即後世道士所謂"徧行諸事，言心無染"（《全唐文》卷九二四司馬承禎《坐忘論·收心》），釋氏所謂"不斷不俱"（《維摩詰所説經·弟子品》第三），"愚人除境不忘心，聖人忘心不除境"（《五燈會元》卷一七寶覺）。《維摩詰所説經·方便品》第二："雖處居家，不着三界；示有妻子，常修梵行；現有眷屬，常樂遠離；……雖復飲食，而以禪悦爲味；……一切治生諧偶，雖獲俗利，不以喜悦"；足演王弼"應物無累"之義矣。

---

[1]　Epictetus, *Discourses*, I.18; *Manual*, 16 (*The Discourses and Manual*, tr. P. E. Matheson, I, 100; II, 219); Cf. *Discourses*, III. 18, VI. 1 (II, 51, 125); *Manual*, 5 (II, 215); Marcus Aurelius, *Meditations*, VIII.41. : "The mind remains untouched by fire or sword, tyranny or malediction" (tr. J. Jackson, 152).

[2]　Aulus Gellius, *The Attic Nights*, XIX, 11, "Loeb", III, 395-7; cf. XII. 4, Vol. II, pp. 375, 381.

一〇五　全晉文卷二二

　　王羲之《雜帖》。按六朝法帖，有煞費解處。此等太半爲今日所謂"便條"、"字條"，當時受者必到眼即了，後世讀之，却常苦思而尚未通。自韓愈《答劉正夫書》以還，文判"難"、"易"，奧古別於淺近，已成談藝之常經，觀李翱《答朱載言書》、孫樵《與友人論文書》、王禹偁《再答張扶書》（《小畜集》卷一六）、樓鑰《答綦君更生論文書》（《攻媿集》卷六六）諸篇可見；黃宗羲《南雷文案》卷一《南雷庚戌集自序》謂"古文"之"詞"，"唐以前如高山深谷，唐以後如平原曠野"，實亦即言唐文大體"難"而宋、明文大體"易"耳。如揚雄所作，"難文"也，當時必已歎其非平易，後世則逡畏其艱深；司馬遷所作，"易文"也，當時必不覺其艱深，後世則頗幸其尚平易。此皆從讀者言之也。《顏氏家訓·文章》記沈約語："文章當從三易：易見事、易識字、易讀誦"；然而易讀之文，未必易作，王安石《題張司業詩》所謂："成如容易却艱辛。"即當時易讀矣，亦未保後世之不難讀也。直道時語，多及習尚，世革言殊，物移名變，則前人以爲尤通俗者，後人愈病其僻澀費解。如敦煌遺文《燕子賦》之類、黃庭堅、楊无咎等之白話艷詞、《元典章》之詔令，讀來每興如箝在口之嗟。故《朱子語類》卷九八亦云："張橫渠《語録》用關陝方言，甚者皆不可曉；《近思録》所載，皆易曉者"，又卷一三四云："《漢書》有秀才做底文字，有婦人做底文字，亦有載當時獄辭者。秀才文章便易曉，當時文字多碎句難讀；《尚書》便有如此底，《周官》只如今文字，太齊整了。"蓋閱世積久，信口直白之詞或同聱牙詰屈之《誥》，老生者見愈生，而常談者見不常矣。《雜帖》之費解，又異乎此。家庭瑣事，戚友碎語，隨手信筆，約略潦草，而受者了然。顧竊疑受者而外，舍至親密契，即當時人亦未遽都能理會。此無他，匹似一家眷屬，或共事僚友，羣居閒話，無須滿字足句，即已心領意宣；初非隱語、術語，而外人猝聞，每不識所謂。蓋親友交談，亦如同道同業之上下議論，自成"語言天地"（the universe of discourse，das Symbolfeld，suppositio），不特桃花源有"此中人語"也。彼此同處語言天地間，多可勿言而喻，舉一反三。故諸《帖》十九爲草書，乃字體中之簡筆速寫（calligraphic shorthand），而其詞句省縮減削，又正文體中之簡筆速寫（verbal shorthand）耳。

王羲之《雜帖》："多分張，念足下懸情武昌。"按同卷《雜帖》："懸得後問不？分張何可久！"；卷二三《雜帖》："分張諸懷可云，不知其期"；卷二五《雜帖》："且方有此分張，不知比去復得一會不！"；卷二七王獻之《雜帖》："今已嘗向發，分張諸懷可言"；又："奴定西，諸分張少言。""分張"皆謂分別、分離。《全三國文》卷二五鍾會《移蜀將吏、士民檄》："而巴蜀一州之衆，分張守備，難以禦天下之師"；《南齊書·蕭景先傳·遺言》："自丁荼毒以來，妓妾已多分張"，又《裴叔業傳》援雍州啓："則雍司之賊，自然分張，無勞動民向遠也"；"分張"又謂分散、分涣，與前義尚相通，均指人言。浸假而孳生"分減"、"分與"、"分攤"之義，用之物事，唐人習語也。如寒山詩："是我有錢日，恒爲汝貸將，汝今既飽暖，見我不分張"；元稹《哭女樊四十韻》："慍怒偏憎數，分張雅愛平"；白居易《謝李六郎中寄蜀新茶》："故情周匝向交親，新茗分張及病身"，又《和〈自勸〉》之二："身飲數杯妻一醆，餘酌分張與兒女"，又《奉和晉公侍中〈蒙除留守〉》："拋擲功名還史册，分張歡樂與交親"；溫庭筠《李羽處士寄新醞》："簷前柳色分張綠，窗外花枝借助香"；陸龜蒙《奇懷華陽道士》："分張火力燒金竈，拂拭苔痕洗酒瓶"；司空圖《柳》之一："漫説早梅先得意，不知春力暗分張"；鄭谷《次韻酬張補闕因寒食見寄之作》："時態懶隨人上下，花心甘被蝶分張。"分張"作離別意，沿承未絶；作涣散意，已不常見；作攤與意，則失墜久矣。

　　王羲之《雜帖》："此書因謝常侍信還，令知問，可令謝長史且消息。"按此處"消息"，即如同卷："卿復何似？耿耿！善將息"，今語所謂"休養"、"休息"。歷來字書皆漏却此義，惟見焦循《易餘籥録》卷一四考"消息"有二解，一"問疾"，一"調養"，舉二王帖、《世説》、《晉書》爲例，惜未審密。實祇"調養"一解，可施於"問疾"耳；而亦非專施於"問疾"也，如同卷羲之《雜帖》又云："郗故病篤，無復他治，爲消息耳"，即是告疾而非"問疾"。卷二三羲之《雜帖》："卿先羸甚、羸甚，好消息"；卷二七王凝之《書》："産後好似，宜佳消息"；王獻之《雜帖》："兄憙患散，輒發癰，熱積乃不易，願更思，唯賴消息"，又："消息亦不可不恒，精以經心。"均言將息、安息。《魏書·獻文六王傳》下："晏於禁中，至夜皆醉，各就別所消息"，又《李順傳》："腰脚不隨，不堪拜伏，比三五日消息，小差當相見"；《高僧傳》二集卷三三北齊僧《圓通傳》："乃令安置。……'且就小僧住房，可以消息'"；語意更明。《全晉文》卷二七王操之《書》："不得姜順消息，懸心"，卷四二杜預《書》："間得來說，知消息，申省次若言面"，則作"信息"之常解；猶《三國志·魏書·崔琰傳》裴註引《魏略》太祖敕吏殺琰，"三日期消息"，《宋書·毛脩文傳》："經年不忍問家消息"，《魏書·裴遠傳》："每出返家，或問：'有何消息?'答：'無所聞，聞亦不解。'"又王獻之《帖》："兄憙患散"，謂因服散而常、或易、或多患熱病；今語亦云："熱天小孩兒頭上愛生瘰子，吃的東西愛壞"，"愛"即"喜"耳。卷二八王渾《乞遣趙纂療病表》："臣有氣病，善夜發"，即《素問·金匱真言論》"善病風瘧"之"善"，亦謂常發、易發、多發，與"喜"、"愛"同義。《荀子·解蔽篇》："涓蜀梁、其爲人也，愚而善畏"，楊倞註："'善'猶'喜'也，好有所畏"；卷一一一陶潛《答龐參軍詩序》："人事好乖，便當語離"，"好"又與"喜"、"愛"同義，即楊註"好有所畏"之"好"。汪藻《浮溪集》卷三一《奉送張彥良》："尊前破涕方成笑，人事多乖又語離"，以劉琨《答盧諶書》中語對陶語，銖銄悉稱，因平仄故，易"好"爲"多"，正緣二字可同義也。"善病"習見詞章，"喜患"、"好乖"則言訓詁者或有所不知矣。

【增訂三】東晉譯《觀佛三昧海經·觀相品》第三之四："出定之時，身體支節悉皆疼痺。若不服藥，發狂而死。應當隨時，衆藥消息。"以"消息"不與"服藥"而與"衆藥"連舉，則似非言"休息"，而爲方劑分量"增減"之意（參觀51—52頁）。古醫書中"善"、"喜"字常施於疾患。如《難經·十六難》：“假令得肝脈，其外證善潔、面青、善怒。⋯⋯假令得心脈，其外證面赤、口乾、喜笑。⋯⋯假令得脾脈，其外證面黃、善噫。⋯⋯假令得肺脈，其外證面白、善嚏。⋯⋯假令得腎脈，其外證面黑、喜恐欠。”又如《外臺秘要方》卷三五引《千金論》記小兒《六畜癇證候》：“雞癇之爲病，延頸反折，喜驚自搖。羊癇之爲病，喜揚眉吐舌。豬癇之爲病，喜吐沫。”“善”、“喜”同義；觀“喜恐”、“喜驚”之詞，即知“喜笑”之“喜”非謂愛樂矣。《百喻經》卷一《婆羅門殺子喻》：“人命難知，計算喜錯”，謂易錯、多錯或常錯也，正是此義。

【增訂四】《輟耕録》卷一〇：“‘善’字訓‘多’字。《詩・載馳》：‘女子善懷’，鄭箋：‘善猶多也。’《漢書》：‘岸善崩’，‘善’亦‘多’也。”已窺此義，尚未通之於“好”、“喜”耳。

一〇六　全晉文卷二六

　　王羲之《雜帖》："石脾入水即乾，出水便濕；獨活有風不動，無風自搖。天下物理，豈可以意求，惟上聖乃能窮理。"按周煇《清波雜志》卷四論此帖云："出水則濕，可見；入水則乾，何自知之？近年《夷堅戊志·序》，其略云：'葉晦叔聞於劉季高，有估客航海入巨魚腹中，未能死，遇其開口吸水，木工取斧斫魚，魚痛，躍身入大洋，舉船人及魚皆死。或難之曰：一舟皆死，何人談此事於世乎？'頗類前說。"談言微中，而羲之當斥之爲"以意求"矣。古人博物"窮理"之學，多此類奇談，匪特神怪或滑稽也。如《韓非子·說林》下："鳥有翢翢者，重首而屈尾，將飲於河則必顛，乃銜其羽而飲之。"夫"銜"必合口而"飲"須張口，是飲時不能復銜，豈不終顛於河而徒勞銜羽乎？愧非"上聖"，存疑而已。韓子嘗拈矛盾"爲名不可兩立之例"，而不覺此事之不可兩能，何哉？歷來註家未嘗獻疑索解，當是於韓子之言無所不說耳。

　　《三月三日蘭亭詩序》。按《文選》未錄此《序》，自宋逮清，臆測紛紜。梁袁昂奉武帝命作《書評》已稱羲之書法，百世"永以爲訓"（《全梁文》卷四八）；唐代以來，羲之儼爲書家之冠，

《禊帖》又爲王書之冠，尊號"墨皇"（米芾《寶晉英光集》卷三《劉涇新收唐絹本〈蘭亭〉，作詩訊之》，又《南宮書史》載劉涇、林希詩）。《晉書》本傳唐太宗《制》曰："心慕手追，此人而已"，傳中全載此《序》。重以蕭翼之賺取、昭陵之殉葬，流爲稗說，寫入畫圖（參觀《太平廣記》卷論卷二〇八《購蘭亭序》）。葉適《水心集》卷二九《跋〈蘭亭博議〉》："字書自《蘭亭》出，上下數千載無可倫擬，而定武石刻遂爲今世大議論"；張禄《詞林摘艷》卷二無名氏《南呂掛真兒》："心耿耿，想起虛脾情，耳邊那取真本《蘭亭》！"

【增訂三】《後村大全集》卷一九二《饒州州院推勘朱超等爲趲死程七五事》："官吏急於獄成，逐鹿而不見山。提刑司亦只見録本。……當職初亦信之，今索到州縣獄欵蘭亭真本，然後知獄未嘗成，囚未嘗伏。"可與《詞林摘艷》句合觀，亦流傳俗語之古例。"當職"即後世所謂"本官"。

蓋不徒供"大議論"之題目，并成俚俗歌曲之詞頭，其掛於衆口可知矣。文以書傳，臨摹悠廣，手胝於《禊帖》，自亦口沫於《蘭亭詩序》。《全唐文》卷一九一楊炯《李舍人山亭詩序》："雖向之所歡，已爲陳迹；俾千載之下，感於斯文"，即撏撦此《序》中語爲開合。故張祖廉《定盦先生年譜外記》卷上記龔自珍"嘗寫文目一通，付子宣曰：'此家絃户誦之文也'"，羲之斯《序》與《太上感應篇》、《文選序》皆列其數。飛聲播譽，固無藉乎昭明之采録也。竊謂羲之之文，真率蕭閒，不事琢磨，寥寥短篇，詞意重沓。如云："暢敍幽情，……惠風和暢"；"仰觀宇宙之大，俯察品類之盛，所以遊目騁懷，極視聽之娛，信可樂也"；"夫人俯仰一世，……向之所欣，俯仰之間已爲陳迹，猶不能不以之興懷。……古人云：'死生亦大矣！……'每攬昔人興感之由，莫合一契，……所以興懷，其致一也。"《文選》去取之故，未敢揣摹；然張習孔《雲谷臥餘》卷二云："六朝文章靡陋，獨王逸少高古超妙，史言韓昌黎'起八代之衰'，吾謂不當先退之而後逸少"，則毋疑爲庸妄語耳。《全唐文》卷三○一何延之《蘭亭始末記》："字有重者，皆構別體。其中'之'字最多，乃有二十許字，變轉悉異，遂無同者"；米芾《寶晉英光集》卷三《題永徽中所摹〈蘭亭序〉》："二十八行三百字，'之'字最多無一似。"羲之他書亦然。

【增訂三】《法書要錄》卷三唐李嗣真《書品後·逸品·評》："元常每點多異，羲之萬字不同"，語雖侈飾，正貴"不搆重體"也。

董逌《廣川書跋》卷六《告誓文》："其書一字爲數體，一體別成點畫，不可一概求之，……未嘗複出"，又卷八《唐經生字》："世稱王逸少爲書祖，觀其遺文，……字有同處，創爲別體"；姜夔《續書譜·草》："王右軍書'羲之'字、'當'字、'得'字、'深'字、'慰'字最多，多至數十字，無有同者，而未嘗不同也。"遂爲後代書家懸鵠示範，如《全唐文》卷三六五蔡希綜《法書論》："每書一紙，或有重字，亦須字字意殊"；卷四四七竇臮《述書賦》下篇貶孫過庭爲俗手："虔禮凡草，閭閻之風，千紙一類，一字萬同"；趙彥衛《雲麓漫鈔》卷一："高宗嘗書《車攻》篇，賜沈公與求（必先）；字甚大，重字皆更一體書。"余舊覿米芾《多景樓詩》墨跡，"樓"字先後三見，皆各構別體。胥羲之之遺教也。顧羲之於字體不肯複犯，而於詞意之複犯，了不避忌，豈摶心揖志在乎書法，文章本視爲餘事耶？

　　昭明不選《蘭亭序》，宋人臆度，或謂由於耳目未周，掛漏難免；或謂由於誤以“絲竹管絃”、“天朗氣清”爲語病，因繁引《孟子》及漢、晉人文，比義之解嘲，略見王得臣《麈史》卷中、張侃《張氏拙軒集》卷五《跋揀詞》之四、葉大慶《考古質疑》卷五、王楙《野客叢書》卷一等。夫謂昭明未及見羲之是文，即非情實，無關緊要。謂昭明獲覩之而以二語爲病，則羌無記載，莫須有爾；後人覺兩語有疵，乃覓先例爲之開脱，却責昭明之寡陋，大似疑心生鬼而自畫符作法以退之矣。《説郛》卷二一《三柳軒雜識》記韓駒謂“春多氣昏，是時天氣清明，故可書‘天朗氣清’”；尚猶可説。王阮《義豐集·蘭亭》七律《序》云：“時晉政不綱，春行秋令，故書曰：‘天朗氣清’，得《春秋》之旨，蕭統不悟，不以入《選》”；以無稽之談，定無辜之罪，真“夢中説夢兩重虛”（白居易《讀禪經》）也。金聖歎《沉吟樓詩選》（劉繼莊選本）《上巳日天暢晴甚，覺〈蘭亭〉“天朗氣清”句，爲右軍入化之筆，昭明忽然出手，豈謂年年有印板上巳耶？詩以記之》：“三春却是暮秋天，逸少臨文寫現前；上巳若還如印板，至今何不永和年。逸少臨文總是愁，暮春寫得似清秋。少年太子無傷感，却把奇文一筆勾！”語甚快利，然亦偏信不察，於羲之句固爲昭雪，而於昭明則枉誣矣。

　　宋以來於《文選》之不取《蘭亭序》，別有一説，知者較少。韋居安《梅磵詩話》卷上引晁迥《隨因紀述》云：“羲之曰：‘固知一死生爲虛誕，齊彭殤爲妄作’；吾觀《文選》中但有王元長《曲水詩序》而羲之《序》不收。昭明深於内學，以羲之不達大觀之理，故不收之”；陸友《硯北雜志》卷上引韓駒曰：“王右軍清真爲江左第一，意其爲人必能一死生、齊物我，不以世故攖其

胸中。然其作《蘭亭序》，感事興懷，有足悲者，蕭統不取，有
以也。淵明《遊斜川》亦悼念歲月，然卒縱情忘憂，乃知彭澤之
高，逸少不及遠甚"；喬松年《蘿藦亭札記》卷四："六朝談名
理，以老莊爲宗，貴於齊死生，忘得喪。王逸少《蘭亭序》謂
'一死生爲虛誕，齊彭殤爲妄作'，有惜時悲逝之意，故《文選》
棄而不取。孫楚詩：'莫大於殤子，老彭猶爲夭'，極拙，而昭明
選入，可見棄取所在矣。"前説謂昭明不取其詞，此説謂昭明不
取其意，所見似大，而亦想當然耳。劉琨《答盧諶》詩并《書》
曰："昔在少壯，未嘗檢括，遠慕老、莊之齊物，近嘉阮生之放
曠，怪厚薄何從而生，哀樂何由而至。……自頃輈張，困於逆
亂，國破家亡，親友凋殘，……然後知聃、周之爲虛誕，嗣宗之
爲妄作也！"與羲之若同聲相應，顧《文選・贈答詩》門并録其
《書》，足見晁、韓、喬輩憶而未中矣。羲之"齊彭殤爲妄作"
句，指《莊子・齊物論》："莫壽於殤子而彭祖爲夭。"羲之有一
《雜帖》，見張彥遠《法書要録》卷一○《右軍書記》，今輯入
《全晉文》卷二五，顯斥莊周，諸家未舉："省示，知足下奉法轉
到，勝理極此。此故蕩滌塵垢，研遣滯慮，可謂盡矣，無以復
加，漆園比之，殊誕謾如不言也。吾所奉設，教意政同，但爲形
跡小異耳。方欲盡心此事，所以重增辭世之篤。今雖形係於俗，
誠心終日，常在於此，足下試觀其終。"受書人所"奉"，不知何
"法"，羲之所"奉設"意同跡異者，亦不知何"教"。"誕謾如不
言"之評，可參觀《抱朴子・釋滯》訶"文子、莊子、關令尹喜
之徒"不道仙術，"永無至言"，且"齊生死"，不堪"耽玩"，又
《勤求》斥"俗人見莊周有'大夢'之喻，因復競共張'齊死生'
之論，蓋詭道强達"。《晉書》羲之本傳記"與道士許邁共修服

食"，又《許邁傳》記邁"服氣茹芝"，學"升遐之道"，羲之
"與爲方外之交"，并"自爲之傳，靈異之迹甚多"；羲之次子
《王凝之傳》："王氏世事張氏五斗米道，凝之彌篤。"則羲之所
"奉設"，乃"五斗米道"，《晉書·殷仲堪傳》、《郗愔傳》、《何充
傳》亦記殷及郗氏兄弟奉"天師道"；是晉代士夫不乏私事張魯
"鬼道"者，王氏家風不孤。《全晉文》卷二三羲之《雜帖》曰：
"服食故不可乃將冷藥。……物養之妙，豈復容言，直無其人耳。
許君見驗，何煩多云矣"；"許君"必邁，"見"如"見在"之
"見"，"見驗"即"靈異"之一"迹"也。

　　蓋羲之薄老、莊道德之玄言，而崇張、許方術之秘法；其
詆"一死生"、"齊彭殤"爲虛妄，乃出於修神仙、求長壽之妄念
虛想，以真貪癡而譏僞清淨。識見不"高"正復在此，韓駒病其
未能曠懷忘憂，尚淺乎言之矣。王畿《龍溪全集》卷一二《與莫
廷韓》盛推羲之才識，惜其"平生"爲"墨妙"所掩，有曰：
"觀其永和氣象，懷抱超然，齊彭殤，一得喪，蓋幾於道者"；適
得《蘭亭序》語意之反，大似不解文義者！明人讀書多魯莽滅
裂，道學家好言"易簡工夫"，不屑"支離事業"，尤有甚焉。

　　是故羲之與劉琨雖均有"虛誕"、"妄作"之句，貌同而心則
有異；琨謂人於死喪非能不戚也，羲之謂人於長生久視非不能致
也。倘貌取皮相，羲之此《序》低徊慨歎，情溢於辭，殊有悱惻
纏綿之致；究其心蘊，析以義理，反殺風景。余霖輯周篔《采山
堂遺文》卷上《褚標遺詩序》："嘗怪古人當歡宴之日，而悲感淒
其，常溢言外。其登臨山水，俯仰古今，反覆流連，有不勝其哀
者，如羊叔子、王右軍之流，爲不少矣"；馮登府《石經閣文》
初集卷三《重葺醼舫落成文燕記》："《詩》言兄弟燕飲，及於朋

友，既極籩豆之和樂，而不忘死喪之威。古人值悦懌之時，未嘗不念嘉會之難得，既喜而復悲，如羊叔子、王逸少之流，蓋慨乎其言之也。”夫有待之身，及時行樂，則深感於時光之逝而莫留、樂事之後難爲繼。《全晉文》卷三三石崇《金谷詩序》修詞較潔，寫景敘事爲主，與《蘭亭詩序》異撰，而曰：“感性命之不永，懼凋落之無期”，又與王《序》戚戚有同心焉。卷六一孫綽《三月三日蘭亭詩序》：“永一日之足，當百年之溢。……耀靈縱轡，急景西邁，樂與時去，悲亦系之。往復推移，新故相換，今日之迹，明復陳矣”；卷一一一陶潛《游斜川詩序》：“悲日月之既往，悼吾年之不留”；卷一六七廬山諸道人《游石門詩序》：“俄而太陽告夕，所存已往，乃悟幽人之玄覽，達恒物之大情。”

【增訂四】原引廬山諸道人《游石門詩序》脱去兩句：“各欣一遇之同歡，感良辰之難再。”

皆如曹操《短歌行》所謂：“對酒當歌，人生幾何！”，幾成題中應有之義。唐人游宴詩文仍每落套，王勃《滕王閣序》：“嗚呼！勝地不常，盛筵難再！蘭亭已矣，梓澤丘墟！”，即一例也。

《蘭亭詩序》：“後之視今，亦猶今之視昔，悲夫！”按與孫綽《蘭亭詩序》：“今日之迹，明復陳矣”，命意相同，而語似借京房論國事者以歎人生。《漢書·京房傳》漢元帝問周幽王、厲王事，房對：“齊桓公、秦二世亦嘗聞此君而非笑之，……何不以幽、厲卜之而覺寤乎？……夫前世之君皆然矣。臣恐後之視今，猶今之視前也”；

【增訂四】《晉書·列女傳》劉聰妻劉氏手疏：“妾每覽古事，憤之忘食。何意妾今日自爲之！後人之視妾，亦猶妾之視前人也。”

《舊唐書·馬周傳》上疏：“是以殷紂笑夏桀之亡，而幽、厲亦笑殷紂之滅；隋煬帝大業之初又笑齊、魏之失國，今之視煬帝，亦猶煬帝之視齊、魏也。故京房云云”，又《裴炎傳》諫武則天曰：“且獨不見呂氏之敗乎？臣恐後之視今，亦猶今之視昔”；杜牧《阿房宮賦》語益遒峭：“秦人不暇自哀，而後人哀之，後人哀之而不鑑之，亦使後人而復哀後人也！”《通鑑·漢紀》二一建昭二年載京房語，未嘗筆削《漢書》之文，而《唐紀》一一貞觀十一年撮馬周疏曰：“蓋幽、厲嘗笑桀、紂矣，煬帝亦笑周、齊矣，不可使後之笑今，如今之笑煬帝也”；則似意中有杜牧名句在，如法點竄，以“笑”字貫注而下，遂視馬周原文爲精警。余嘗取《通鑑》與所據正史、野記相較，得百數十事，頗足示修詞點鐵、脫胎之法，至於昭信紀實是否出入，又當別論焉。

　　蘇轍《欒城後集》卷一《次韻題畫卷》之一《山陰陳迹》自註：“逸少知清言爲害，然《蘭亭記》亦不免於清言耳”；當是謂“達大觀”與“惜時悲逝”等屬開嗑牙也。

　　王羲之《爲會稽内史稱疾去郡去父墓前自誓文》。按觀《世說·仇隙》門及《晉書》本傳，義之此舉直是悻悻小丈夫老羞成怒；洪邁《容齋三筆·自序》稱其高尚而斥“晉史”爲妄，阿其所好耳。劉辰翁評點《世說》，於此事眉批：“右軍審爾非令德”；尤侗《艮齋雜說》卷二、王昶《春融堂集》卷三二《王羲之論》、《晚晴簃詩滙》卷一三六季運昌《後對酒詩》皆非議義之。《真誥》卷一六《闡幽微》：“王逸少有事，繫禁中已五年，云事已散”，附註：“先與許先生周旋，頗亦慕道，亡後被繫。被繫之事，檢迹未見其咎，恐懟憾告靈爲譴耳。”正指誓墓。《真誥》記秦始皇、漢高祖、魏武帝、蜀先主等亡後或爲鬼官，或爲仙官，古人干天譴者，唯言羲之，且祗坐此事；匪夷所思，可入《笑道論》。然亦徵早在齊、梁，與羲之攀方外舊交之道士，初不以其"懟憾告靈"爲然也。

王羲之《書論》。按與卷一四四衛鑠《筆陣圖》什九相同，惟"若作橫畫"一節小異，又少"善筆力者多骨，不善筆力者多肉"兩句，衛即羲之所師衛夫人也。蘇軾《孫莘老求墨妙亭詩》："杜陵評書貴瘦硬，此論未公吾不憑"，蓋指杜甫《李潮八分小篆歌》："苦縣光和尚骨立，書貴瘦硬方通神"；米芾《海岳名言》亦謂薛稷書"慧普寺"額"醜怪難狀"，而杜甫《觀薛稷少保書畫壁》稱爲"蛟龍岌相纏"，因歎："信老杜不知書也！"杜甫"知書"與否，存而不論，若其貴"骨立"、"瘦硬"，則衛夫人之遺教固然，杜或拘泥而未通方耳。

《書論》："善鑒者不寫，善寫者不鑒。"按蘇軾《次韻子由論書》："吾雖不善書，曉書莫若我，苟能通其意，嘗謂不學可"；馮應榴《蘇詩合註》引何焯謂本唐張懷瓘語："古之名手但能其事，不能言其意，今僕雖不能其事而輒言其意。"實則蘇意即同衛夫人或王羲之此語。《全梁文》卷六武帝《答陶弘景書》四首皆衡鑑書法，第二首有云："吾少來乃至未嘗畫甲子，無論於篇紙，老而論之，亦復何謂！"尤"不學"而"曉書"之旨。米芾《寶晉英光集》卷三《自漣漪寄薛郎中紹彭》："已矣此生爲此困，有口能談手不隨，誰云心存筆乃到？天公自是秘精微"（參觀卷七《跋羲獻帖》）；黃伯思《東觀餘論》卷上《法帖刊誤》自敍歎米芾工書而鑑帖舛迕曰："故僕於元章慨然，古語有之：'善書不鑑，善鑑不書'"；陸友《硯北雜志》卷下論晉唐楷法："余拙於書而善鑒，未有能易余言者"；王世貞《弇州四部稿》卷一五四

《藝苑巵言·附錄》三：“吾眼中有神，故不敢不任識書；腕中有
鬼，故不任書。記此以解嘲”（參觀《弇州山人續稿》卷一六四
《題豐存禮詩後》：“胸次有眼，而腕指却有鬼掣搦之”），又《弇
州山人續稿》卷一六〇《題與程應奎詩後》：“管公明云：‘善
《易》者不言《易》’，吾不善書，是以論書也”；蓋歷來護身解嘲
之藉口也。朱國楨《湧幢小品》卷二二：“王弇州不善書，好談
書法，其言曰：‘吾腕有鬼，吾眼有神。’此自聰明人説話，自
喜、自命、自占地步。要之，鬼豈獨在腕，而眼中之神亦未真是
何等神明也。此説一倡，於是不善畫者好談畫，不善詩文者好談
詩文，極於禪玄，莫不皆然。袁中郎不善飲，好談飲，著有《觴
政》一篇，補其未足。古云：‘知者不言，言者不知。’吾友董玄
宰，於書畫稱一時獨步，然對人絶不齒及。”竊謂能書如蘇軾，
雖自稱“不善書”，人必以爲謙，其自許“曉書”，人亦必不以爲
誇；若王世貞固未足語於此，況下之者乎，宜來朱氏之譏嘲矣。
顧即以蘇軾之能書而復知書，其獨尊顏真卿爲“集大成”之至
聖，又豈非蔽於所見、偏袒筆法類己者，而不盡知賞異量之美
乎？詩文皆然，參觀論《全三國文》魏文帝《典論》、《全梁文》
鍾嶸《詩品》。“知者不言”二語，出《老子》第五六章；知且言
者不必能，則如《華陽陶隱居内傳》記陶弘景“常言：‘我自不
能爲仲尼，而能教人作仲尼，猶如管仲不能自霸，能使齊桓霸
也’”；近人蕭伯納亦云：“己不能，方教人”（He who can,
does. He who cannot，teaches）①。“凡書多肉微骨者謂之墨豬”。
按雋語流傳，《全唐文》卷四三二張懷瓘《評書藥石論》：“若筋

①　*Man and Superman*，appendix，“Maxims for Revolutionists”.

骨不任其脂肉者，在馬爲駑駘，在人爲肉疾，在書爲墨豬。”論文如《文心雕龍·風骨》：“若瘠義肥詞，繁雜失統，則無骨之徵也”；柳宗元《讀韓愈所著〈毛穎傳〉後題》：“取青妃白，肥皮厚肉，柔筋脆骨”；命意取譬，均相印證。《全齊文》卷八王僧虔《與某書》稱張芝爲“筆聖”，因云：“伯玉得其筋，巨山得其骨。”《全唐文》卷四四〇徐浩《書法論》評“虞筋褚肉”，即襲《文心雕龍》是篇隻、翟之喻；卷四三三陸羽《論徐、顏二家書》詳分皮膚、眼、鼻、筋、骨、心、肺，則粘着牽強，如雪山比象而并有尾牙，滿月擬面而平添耳鼻矣。繪畫“四勢”，亦謂“筋、骨、皮（一作‘氣’）、肉”，見荊浩《筆法記》、韓拙《山水純全論》等；周履靖《天形道貌·畫人物論》：“夫描者骨也，著色者肉也”，尤片言扼要，可闡張彥遠《歷代名畫記》卷一：“今之畫人，……具其彩色，則失其筆法”，及盛大士《谿山臥游錄》卷二：“畫以墨爲主，以色爲輔，色之不可奪墨，猶賓之不可溷主也”[1]。蓋“筆法”而外，着色傅彩（colouring），若“沒骨畫”則彩色（colour）即是“筆法”矣。

---

[1]　Cf. Aristotle, *Poetics*, VI. 20：“ It is much the same also in painting；if a man smeared a canvas with the loveliest colours at random，it would not give as much pleasure as an outline in black and white”（“Loeb”，27）；Domenico Neroni：“Colour is the enemy of all noble art. It is the enemy of all precise and perfect form，since where colour exists，form can be seen only as juxtaposition of colour”（quoted in Vernon Lee, *Renaissance Fancies and Studies*，120）；Clive Bell, *Art*，236：“Colour becomes significant only when it has been made subservient to form. ”

一〇七　全晉文卷二九

　　王坦之《廢莊論》。按《全唐文》卷八〇三李磎《廣〈廢莊論〉》，謂坦之“旨意固佳，而文理未甚工，衹言其壞名教、頹風俗，而未能屈其詞、折其辯，是直詬之而已。”“莊生作而風俗頹”一節，即裴頠《崇有論》之旨而詞氣較和平。“若夫利而不害云云，昔吾孔、老，固已言之矣”一節作結，仿《全三國文》卷四三李康《運命論》結：“若夫出處不違其時云云，昔吾先友，嘗從事于斯矣。”“先友”孰指，李善註《文選》未詳；柳宗元有《先友記》，謂其亡父之友也，不識亦此意否。

　　王坦之《沙門不得爲高士論》。按漏註出《世説・輕詆》。

　　王脩《賢人論》：“苟未能闇與理會，何得不求通。”按《宋書・謝靈運傳・論》：“皆闇與理合，匪由思至”，即同其語。《世説・識鑒》：“時人以爲山濤不學孫吳，而闇與之理會；王夷甫亦歎曰：‘公闇與道合’”，又《賞譽》上王稱濤曰：“不讀老莊，時聞其詠，往往與其旨合”；《晉書・石勒載記》劉琨遺勒書曰：“遙聞將軍，攻城野戰，合於機神，雖不視兵書，闇與孫吳同契。”《北史》卷七六《來護兒傳》：“行軍用兵，特多謀算，每覽兵法，曰：‘此亦豈異人意也！’”，即不學孫、吳而闇與之合，語猶《世説・文學》庾顗讀《莊子》曰:"了不異人意!"曩有讚十七世紀法國一哲人(Malebranche)名著(*La Recherche de la Vérité*)者云:"作者屬笛楷爾學派,然初非追隨笛氏,乃與之遇合耳"(L'auteur était cartésien,mais comme Descartes;il ne paraissait pas l'avoir suivi,mais rencontré)①;正"闇與理會"、"闇與同契"也。

————————

① Fontenelle,*Éloges*,Garnier,79.

一〇八　全晉文卷三〇

　　衛恒《四體書勢》。按取蔡邕《篆勢》等形容書體之篇，冠
以敍述。隸草不採卷五九成公綏《隸書體》、卷八四索靖《草書
狀》，蓋緣未見；飛白書不與四體之列，故《全三國文》卷三二
劉劭《飛白書勢》亦從舍旃。後來梁武帝《草書狀》（《全梁文》
卷六）、孫虔禮《書譜》（《全唐文》卷二〇二）、張懷瓘《書斷
序》、《六體書論》、《評書藥石論》（《全唐文》卷四三二）、姜夔
《續書譜》（《白石道人全集》卷一〇）之類，祖構踵事，侔色揣
稱，取山川動植、形體舉止，以擬六體八法。如梁武《草書狀》：
“緩則鴉行，急則鵲厲，抽如雉啄，點如兔擲”云云，《六體書
論》：“真書如立，行書如行，草書如走”云云，《續〈書譜〉》：
“指點者字之眉目，橫直畫者字之骨體，撇捺者字之手足”云云；
而《書斷序》、《評書藥石論》至以君臣、父子之倫常相比，似即
自衛恒此篇《古文勢》：“日處君而盈其度，月執臣而虧其旁”，
觸類旁通。然均祇謂書法有肖物色人事處，未嘗謂書亦如畫之雲
峰石迹，以造化爲師，故書家作字亦如畫家之須觀物取象也。陸
鴻漸《僧懷素傳》（《全唐文》卷四三三）乃載張旭自言：“‘孤蓬
自振，驚沙坐飛’，余師而爲書，故得奇怪”，又載顏真卿曰：

"張長史覩孤蓬驚沙之外，見公孫大娘劍器舞，始得低昂迴翔之狀"，又載懷素曰："貧道觀'夏雲多奇峯'，輒嘗師之"，借成句謂觀蓬、沙、雲三物，非謂讀鮑照《蕪城賦》、顧愷之《神情詩》；李陽冰《上李大夫論古篆書》（《全唐文》卷四三七）："於天地山川，得方圓流峙之形；於日月星辰，得經緯昭回之度；於衣冠文物，得揖讓周旋之禮；於鬚眉口鼻，得喜怒慘舒之分；於蟲魚鳥獸，得屈伸飛動之理；於骨角齒牙，得擺拉咀嚼之勢。隨手萬變，任心所成，通三才之氣象，備萬物之情狀"；蔡希綜《法書論》（《唐文拾遺》卷二一，《全唐文》卷三六五所采不同）："凡欲結構字體，未可虛發，皆須象其一物，若鳥之形，若蟲食木，若山若樹，若雲若霧，縱橫有託"；蘇軾《東坡題跋》卷四《跋文與可論草書》記文同自言："見道上鬪蛇，遂得其妙。"則逕等八法於六法。《鬱岡齋筆塵》卷二引陳繹曾《法書本象》至云："趙承旨子昂少日於朱家舫齋學書，舊迹猶存。學'乙'字，先作羣鵝；學'子'字、'不'字，先作羣雁；學'爲'字、'如'字，先作戲鼠。"或確有會心，或故神其說，要之未許參死語者刻舟求劍、守株待兔。《東坡題跋》卷四《書張長史書法》曰："世人見古德有見桃花悟者，……便將桃花作飯喫，喫此飯五十年，轉沒交涉。正如張長史見擔夫與公主爭路而得草書之法，欲學長史書，日就擔夫求之，豈可得哉?"（石梁《草字彙》蔣光越序全本此）；明達之言，正如其諢文同："與可之所見，豈真蛇耶? 抑草書之精耶?"① 雖然，書字之結體誠勿得渾同於畫物之

---

① Cf. Eric Gill, *Autobiography*, 120: "It [lettering] depends for its beauty upon nothing but man's musical sense. The shapes of letters do not derive their beauty from any sensual or sentimental reminiscence."

象形，顧書法之運筆又未嘗不可與畫法之運筆相通；二者未宜混
爲一談。張彥遠《歷代名畫記》卷一已言工畫者多善書，卷二又
詳言書畫"用筆同"法。《晉書·王羲之傳》特記其"愛鵝"諸
事，後人遂牽合於書法之執筆，如黃庭堅《吳執中有兩鵝，爲余
烹之，戲作》："學書池上一双鵝，宛轉相隨筆意多"，又《題畫
鵝雁》："駕鵝引頸回，似我胸中字，右軍數能來，不爲口腹事"；
陳師道《後山集》卷一八《談叢》："蘇、黃兩公皆善書，皆不能
懸手。逸少非好鵝，效其宛頸爾，正謂懸手轉腕"；陸佃《埤雅》
卷六《鵝》："又善轉旋其項，觀之學書法以動腕，羲之好鵝者以
此"；郭熙《林泉高致集》之三《畫訣》："說者謂右軍喜鵝，意
在取其轉項，如人之執筆轉腕以結字。故世之人多謂善書者往往
善畫，蓋由其轉腕用筆之不滯也"；何薳《春渚紀聞》卷五："古
人作字謂之'字畫'，'畫'蓋有用筆深意。作字之法，要筆直而
字圓。……不知何時改作'寫字'"；無名氏《東南紀聞》卷二
"單煒、字炳文，書法有所傳授，郭敬叔、姜堯章皆師焉。……
畫梅作一絶云：'《蘭亭》一入昭陵後，筆法于今未易回；誰識定
齋[單自號]三昧筆，又傳壁圻到江梅！'"；均言書、畫運筆，一
以貫之耳。嘗試論之，品書如畫，蔡邕、衛恒等文其始事也，而
終事則翩其反而，品畫如書，終始鈎旋轂轉，幾若筮德之圓。郭
若虛《圖畫聞見志》卷一："畫衣紋林石，用筆全類於書"，又卷
四："唐希雅始學李後主'金錯刀'書，遂緣興入畫，故所爲竹
木，乃顫掣之筆"；董其昌《容臺集·別集》卷四："古人作畫，
常以草隸奇字之法爲之"；郎瑛《七修類稿》卷二四："《韻語陽
秋》嘗謂：'陸探微作一筆畫，實得張伯英草書訣，張僧繇點曳
斫拂，實得衛夫人《筆陣圖》訣，吳道子又受筆法於張長史'；

趙子昂詩謂：'石如飛白木如籀，寫竹應知八法通'；王孟端亦謂：'畫竹法：幹如篆，枝如草，葉如真，節如隸'"，所引《陽秋》卷十四此節實本《歷代名畫記》卷二，"受"應作"授"，蓋欲言畫一律出於書，而渾忘年代舛倒也。

　　衛恒《四體書勢‧草書》："張伯英……臨池學書，池水盡黑，下筆必爲楷則，號'匆匆不暇草書。'"按"楷則"正指草書，非云"不暇草"而作楷書，乃謂落筆不苟，足資法範。故"韋仲將謂之'草聖'"；使下筆必爲真楷，何緣被此佳號哉？《梁書‧蕭子雲傳》："善草隸書，爲世楷法"；懷素《自敍》載顏真卿贈序："夫草稿之興，起於漢代。……追乎伯英，尤擅其美。……以至於吳郡張旭長史，雖姿性顛逸，超絕古今，而模〔墨跡及拓本皆有此字，疑筆誤衍文〕楷精法詳，特爲真正"；字句可參。是不特草書可爲"楷法"，抑且得蒙"真正"之目，觀文之終始，庶不誤會。草稿爲體，本可潦草，然既成專門術藝，而與他三體並立爲四，則工拙判分，自不容草率塗抹，如元好問《論詩絕句》所嘲"兒輩從教鬼畫符"者。懷素《自序》載詩流贈什，贊其馳毫驟墨，風狂雨急，朱遙詩有曰："筆下唯看激電流"，後來米芾《寶晉英光集》卷二《智袖草書》琢鍊愈奇曰："滿手墨電爭迴旋"；皆狀手筆之迅疾、飄忽不滯，此與心情之迫遽、匆促不暇，淄澠宜辨，不可朱紫相亂也。方夔《富山遺稿》卷九《雜興》："醉眼昏花迷野馬，帖書戲草掣風檣"；"風檣陣馬，不足爲其勇"，出杜牧《昌谷集序》，以喻"草"時筆勢之急，而"戲"又示"草"時心境之閒，分疏明白。向來論者，不察草書之致用別於草書之成藝，遂多葛藤。如蘇軾《東坡題跋》卷四《評草書》："書初無意於佳乃佳爾。草書雖是積學而成，然要是出於欲速；古人云：‘匆匆不暇草書’，此語非是。若‘匆匆不及’，乃是平時有意於學此”；高論而非的論。虞兆漋《天香樓偶得》釋“不暇草書”爲“不暇起草”，則言作文而非言作書。趙翼《陔餘叢考》卷二一駁虞説，謂當時草書“體尚未備，習之者亦少，爲草書必經營結撰”，稍近是矣。李聯琇《好雲樓二集》卷一四亦駁虞説，謂張芝此語“明對”楷書而言，因引趙壹《非草書》（按見《全後漢文》卷八二）云：“而今之學草書者，不思其簡易之旨，……私書相與，猶謂就書適迫遽，故不及草。草本易而速，今反以難而遲，失指多矣!”；又似是實非。夫張芝、“草聖也”，趙壹推爲“有超俗絶世之才”者，“不暇草書”之語乃芝自道良工心苦也；至“今之學草書者”學焉而尚未能，恐倉卒下筆而反失故我，遂以“不及草”爲解；李祇齊末而不察本爾。趙壹言官書、軍書“故爲隸草，趣急速耳，示簡易之旨”，復言草書“其攦扶杜桎詰屈犮乙不可失”。蓋草書體成法立，“旨”雖“簡易”而自具規模，“趣”雖“急速”而亦遵格式，必須省不失度，變不離宗；結構之難，今日猶然，當時“體尚未備”，自必更甚。《全梁文》卷六七庾孝威《論書》早言草書“‘己’、‘巳’莫分，‘東’、‘柬’相亂。……貪省愛異，濃頭纖尾，斷腰頓足。‘一’、‘八’相似，‘十’、‘小’難分，屈‘等’如‘勻’，變‘前’爲‘草’”；王君玉《續纂》以“杜撰草書”與“啞子做手勢”列入《難理會》門；蘇軾《石蒼舒醉墨堂》自言“草書誇神速”：“我書意造本無法，點畫信手煩推求”；陶奭齡《小柴桑諵諵録》卷上引俗諺論草書曰：“熱寫冷不識”（明人《金釧盒》傳奇第一一折癡哥白：“我的字熱寫冷不識”）；吾鄉俚語亦云：“草字缺只脚，仙人猜不着”；此均爲初學胸無成竹，而“匆匆”“信手”

者，痛下針砭也。及學之既熟，不失形體，遂講求骨力風神，已
致其用，乃游乎藝，難能進而爲巧技。《全三國文》卷七四皇象
《與友人論草書》："如逸豫之餘，手調適而心佳娛，可以小展"；
孫虔禮《書譜》專爲草書而發，論書家之"五合"、"五乖"，乖
始於"心遽體留"，合終於"偶然欲書"。"心遽"非"匆匆"歟？
亦即不"逸豫"耳。而"偶然"即"佳娛"興到也。筆逸不停，
意閒不迫，心舒手急，方合而不乖。張芝"不暇作"者，大匠倥
傯則不克盡其能事；末學"不及作"者，結構生疎，忙中易亂，
必失"詰屈夂乙"之體。《唐文拾遺》卷二一蔡希綜《法書論》
載蔡邕語："欲書先適意任情，然後書之，若迫於事，雖中山之
毫不能佳也"，是楷隸亦不容"心遽"也；杜甫《戲爲雙松圖
歌》："請公放筆爲直幹"，《戲題畫山水圖歌》："能事不受相促
迫"，是畫家手可快而心亦不可"遽"也。蓋藝事均忌急就，而
草書貴迅捷，作之者易誤會爲草率，故特標"匆匆不暇"之戒
焉。《全梁文》卷四八袁昂《評書》："范懷約真書有分，草書無
功，故知簡牘非易"，"非易"、成藝之艱難也；趙壹謂草書"易
而速"，"易"、字體之省簡也，兩"易"字不得淆爲一談。陳師
道《答無咎畫苑》："卒行無好步，事忙不草書；能事莫促迫，快
手多粗疎"；深得"草"非草率、"易"非輕易之旨。黃庭堅《代
書》："遣奴迫王事，不暇學驚蛇"；"驚蛇"即指草書，"迫"則
"不暇學"，亦見非率易。《宣和書譜》卷一〇："難工者楷法，易
工者草字"；宣和兩《譜》，諸佞之書，識趣庸陋，此堪爲例。書
之楷與草，猶文之駢與散、詩之律與古，二體相較，均前者難作
而易工，後者易作而難工爾。江少虞《皇朝類苑》卷五〇："諺
云：'信速不及草書，家貧難爲素食'，言其難猝置也"；李之儀

《姑溪居士前集》卷三九《跋山谷草書〈漁父詞〉》："'家貧不辦素食，事忙不及草書'，最是妙語"；方回《桐江續集》卷二六《七月十五日書》："'家貧難辦素食，事忙不及草書'——今日果然如此，古人可信非欺！"，"難猝置"即張、孫所言"不暇"、"心遽"。張栻《南軒文集》卷三五《跋王介甫帖》之二："例多匆匆草草，此數紙及余所藏者皆然。丞相平生有何許忙迫時耶？"本正心誠意之教申"書爲心畫"之論，非評王安石草書優劣也。《舊唐書·文苑傳》中記席豫"未嘗草書，謂人曰：'不敬他人，是自不敬也。'"宋儒居敬，尤檢點及乎書法。葉夢得《石林避暑錄話》卷三記張觀"生平未嘗草書"，有句云："觀心如止水，爲行見真書"；

【增訂三】葉夢得所記張觀事，始見范鎮《東齋紀事·補遺》，詩中"觀心"、"爲行"作"保心"、"篤行"，於義爲長，更切持敬之意。

《宋元學案》卷七五《慈湖學案》記楊簡"生平未嘗作草字"；《朱子語類》卷一四〇論黃庭堅楷書云："但自家既是寫得如此好，何不教他方正？須要得恁欹斜則甚！又他也非不知端楷爲是，但自如此寫；亦非不知做人誠實端愨爲是，但自要恁地放縱！"，蓋并楷書亦不許飄揚（任淵《後山詩註》卷三《送蘇迨》："真字飄揚今有種"，註："真字多患窘束，惟東坡筆墨超然於楷法之外"）。閑邪之嚴如此，則工書自爲玩物喪志，而草書更徵心術不端，故雖羲之父子，當在所不取，何況安石。漢趙壹"非草書"，宋儒不啻爲進一解，視"匆匆草草"直是人品之玷累，至於書之乖合工拙，蓋末而無足較矣。

一〇九　全晉文卷三三

　　裴頠《崇有論》。按孔平仲《珩璜新論》以此《論》與王坦之《廢莊論》、江惇《達道崇檢論》、范甯《王何論》並稱，因謂"近世士夫尊尚釋氏，亦可戒矣"。然《顏氏家訓·勉學》篇嘗列舉王、何、嵇、阮之倫"領袖玄宗"，而立身行事大背老、莊之教。二意各得一邊。蓋晉人之於《老》、《莊》二子，亦猶"《六經》註我"，名曰師法，實取利便；藉口有資，從心以撝，長惡轉而逢惡，飾非進而煽非。晉人習尚未始萌發於老、莊，而老、莊確曾滋成其習尚。《全晉文》中他如卷五三李充《學箴》、卷七三劉弘《下荆州教》、卷八九陳頵《與王導書》、王沉《釋時論》、卷一二七干寶《晉紀總論》皆足與平仲所稱諸篇相發明。

　　【增訂四】干寶有《易註》，已佚。成瓘《篛園日札》卷一掇拾放失，一條云："後世浮華之學，彊支離道義之門，求入虛誕之域，以傷政傷民。豈非讒說殄行，大舜所疾者乎！"正斥王弼，可與《晉紀總論》合觀。

裴《論》："處官不親所司，謂之雅遠"，即干《論》："當官者以望空爲高而笑勤恪。"卷六二孫綽《劉真長誄》："居官無官官之事，處事無事事之心"；其所贊美正裴、干之所抨擊也。《抱朴子》外篇《漢過》歎“道微俗敝，莫劇漢末”，舉例有：“懶看文書，望空下名者，謂之業大志高”；是漢末已有其風，晉特加厲耳。《文選》李善註于《論》“望空爲高”句，引劉謙《晉紀》應瞻《表》：“元、康以來，望白署空，顯以台衡之量”，是也，而就字面言，則《抱朴》語可補註。《梁書·何敬容傳·論》：“望白署空，是稱清貴”，語意皆本應瞻；而舉卞壼答阮孚語爲敬容辯護，則不如舉《世說·政事》載何充答王濛語，充即敬容祖也。裴《論》：“悖吉凶之禮，忽容止之表，棄長幼之序，漫貴賤之級，其甚者至於裸裎，言笑忘宜，以不惜爲弘。”此又晉承前代之遺風而加厲者。《抱朴子》外篇《疾謬》：“禮教漸頹，傲慢成俗，或蹲或踞，露首袒體。……漢之末世，或襲衣以接人，或裸袒而箕踞”；《世說·德行》王平子、胡毋彥國諸人則劉註引王隱《晉書》：“魏末任誕，去巾幘，脫衣服，露醜惡，同禽獸。甚者名之爲‘通’，次者名之爲‘達’。”實則此種任誕不特早於“魏末”，亦復早於“漢末”。應劭《風俗通》卷四《過譽》記趙仲讓“爲梁冀從事中郎將，冬月坐庭中，向日解衣裳，捕蝨已，因傾臥，厥形盡露”，梁妻怒欲推治，梁歎曰：“是趙從事！絕高士也！”《三國志·魏書·荀彧傳》裴註引張衡《文士傳》又《後漢書·禰衡傳》記衡至曹操前擊鼓，吏訶其不改裝，“衡曰：‘諾！’即先解袒衣，次釋餘服，裸體而立”（《世說·言語》劉註引《典略》記載更詳，《全三國文》卷四三魚豢下漏輯）。若夫《晉書·隱逸傳》記楊軻“臥土牀，覆以布被，倮寢其中”，苟鋪造之，“發軻被，露其形，大笑之；軻神體頹然，無驚怒之狀”；既在臥榻，又非自露，殆不得爲“絕高士”、“通、達”矣。

一一〇　全晉文卷三四

　　盧諶《尚書武強侯盧府君誄》："諶罪重五嶽，釁深四海，身不灰滅，延於家門。方今斬焉在疚，死亡無日。……是以忍在草土之中，撰述平生之迹。篤生我君"云云。按余三十歲前，常見人死訃告，《哀啓》附以《行述》，遭親喪者必有套語："不自殞滅，禍延顯考（妣）"，"苦塊昏迷，語無倫次"等。千篇一律，不知俗成格定，當在何時。文獻徵存，似莫古於盧諶此篇也。

一一一 全晉文卷三七

庾翼《貽殷浩書》：“王夷甫先朝風流士也。然吾薄其立名非真，而始終莫取。若以道非虞夏，自當超然獨往。而不能謀始，大合聲譽，極致名位，正當抑揚名教，以靜亂源，而乃高談莊、老，説空終日。……既身囚胡虜，棄言非所。……而世皆然之，益知名實之未定、弊風之未革也。”按《晉書·范甯傳》：“時以虛浮相扇，儒雅日替，甯以爲其源始於王弼、何晏，二人之罪，深於桀紂，乃著論云云”，其論見《全晉文》卷一二五，有曰：“飾華言以翳實，騁繁文以惑世，……禮壞樂崩，中原傾覆。……桀紂暴虐，正足以滅身覆國，爲後世鑑戒耳，豈能回百姓之視聽哉？……吾固以爲一世之禍輕、歷代之罪重，自喪之釁少、迷眾之愆大也。”《梁書·侯景傳》載陶弘景詩則歸罪於王衍、何晏：“夷甫任散誕，平叔坐談空；不意昭陽殿，化作單于宮！”《晉書·王衍傳》：“魏正始中，何晏、王弼祖述老、莊，立論以爲天地萬物皆以‘無爲’爲本，……衍甚重之”；衍身居宰輔，誤國喪邦，故范甯以晏、弼爲論，正本清源也。衍爲石勒所俘，“陳禍敗之由，云：‘計不由己’”，後逢勒之怒，勒斥曰：“破壞天下，正是君罪！”夫諉過逃責，償事慣技，在衍固無足怪，然當時物論，亦似有惋惜迴護之者。《世說·輕詆》："桓公入洛，過淮泗，踐北境，與諸僚屬登平乘樓，眺矚中原，慨然曰：'遂使神州陸沉，百年丘墟，王夷甫諸人不得不任其責！'袁虎率爾對曰：'運自有廢興，豈必諸人之過？'"；《水經注·洧水》："俊者所以智勝羣情，辨者所以文身袪惑。夷甫雖體荷儁令，口擅雌黃，汙辱君親，獲罪羯勒。史官方之華、王，諒爲褒矣！"皆足證庾翼《書》所謂"世皆然之"。《世說·言語》記王羲之與謝安共登冶城，王曰："今四郊多壘，宜人人自效，而虛談廢務，浮文妨要，恐非當今所宜！"謝答："秦任商鞅，二世而亡，豈清言致患耶？"謝語幾無異袁虎，又庾翼《書》所謂"名實未定"之例焉。後世歎惜王衍，別樹一義。元好問《中州集》卷一引蔡松年《樂府自序》："王夷甫神情高秀，少無宦情，使其雅詠玄虛，超然終身，何必減嵆、阮輩。而當衰世頹俗、力不能爲之時，不能遠引高蹈。顛危之禍，卒與晉俱，爲千古名士之恨。"夫"不能遠引"，正即實有"宦情"，如傅嘏譏何晏所謂"言遠而情近"（《全晉文》卷五〇傅玄《傅嘏傳》）也。蔡氏數語之間，已相鑿枘。《晉書·殷浩傳》桓溫謂郗超曰："浩有德有言，向使作令僕，足以儀刑百揆，朝廷用違其才耳！"；《南齊書·褚炫傳》論其從兄曰："使淵作中書郎而死，不當是一名士耶？"；劉延世《孫公談圃》卷上記孫升言王安石、蘇軾可爲翰林學士，不可爲執政。均可與蔡語相參，亦猶《論語·憲問》曰："孟公綽爲趙、魏老則優，不可以爲滕、薛大夫。"《陳書·後主紀》魏徵論曰："古人有言，亡國之主多有才藝。考之梁、陳及隋，信非虛論"；"古人"殆指《後漢書·韓歆傳》歆對光武曰："亡國之君皆有才，桀紂亦有才"（參觀《呂氏春秋·用衆》）。詩人每以兩意并合。閻爾梅《迷樓》七古"造物何苦愚才人，乃使公子爲天子！"
（劉巒《風人詩話》引）；鄭燮《板橋詩鈔·南朝》七律《序》：
"昔人謂陳後主、隋煬帝作翰林，自是當家本色。燮亦謂杜牧之、
溫飛卿爲天子，亦足破國亡身，乃有幸而爲才人，不幸而有天位
者"；郭麐《南唐雜詠》："作個才人真絶代，可憐薄命作君王！"
（袁枚《隨園詩話·補遺》卷三引）；趙慶熺《金陵雜詩》："南朝
才子都無福，不作詞臣作帝皇"（梁紹壬《兩般秋雨盦隨筆》卷
二引，參觀張維屏《藝談錄》引徐維城句："六朝才子至尊多"）。
則并以"千古名士之恨"，慨亡國之君，不獨致惜於誤國之臣矣。

　　錢大昕《潛研堂文集》卷二《何晏論》略謂："范甯之《論》
過矣！可以是罪嵇、阮，不可以是罪王、何。平叔奏疏，有大儒
之風；平叔之《論語》、輔嗣之《易》，未嘗援儒以入莊、老。"
不顧當時衆論大同，千載後據遺文一二，獨持異議，志則大矣！
其納王、何於儒門，用意殆類《法言·修身》所謂"倚孔子之
牆"，"在夷貉則引之"。使王、何於奏疏、《易》、《論語》註之
外，言行了無可考，舊案之翻，猶非無故。然而言不足以盡其
人，筆諸於書者不足以盡其言，遺文不足以盡其嘗筆諸書者，奏
疏及兩《經》註復不足以盡其遺文，管窺好偏，如覷小馬大目而
遽謂之大馬也。晉人責王、何之行準老、莊，清人乃駁之曰：
"妄哉！吾衹讀其言稱周、孔！"問陰對陽，論西詰東，亦何異齊
景公覷晏子之妻老醜而堅不信其曾少且姣乎？何晏註《論語》，
簡約趁闡發，如《公冶長》"性與天道"節、《陽貨》"余欲無言"
節，初不以自作《無名論》、《無爲論》、《道論》中主張附會。然
錢氏謂其"未嘗援儒以入莊、老"，則逞臆之談。如《先進》"回
也其庶乎屢空"，何於"空"解爲"財貨空匱"而外，增"虛

中"、"虛心"之解，朱熹《文公集》卷五〇《答潘恭叔》之一即曰："此本何晏祖述老、莊之言，諸先生蓋失之不正耳。"皇侃《論語義疏》遂因何註而大言"聖人體寂而心恒虛無累"，"坐忘大通，此忘有之義"，豈非陰取《莊子·人間世》之顏回"心齋"、《大宗師》之顏回"坐忘"，移釋《論語》之顏回"屢空"耶？宗炳《答何衡陽書》且以釋氏之"有諦"、"無諦"說"屢空"（《弘明集》卷三），宋、明儒者又以釋氏之"自性空明"說"屢空"（參觀范浚《香溪先生集》卷六《存心齋記》、焦竑《澹園集》卷一二《答耿師》又《筆乘》卷一及《筆乘》續集卷一、黃宗羲《明文授讀》卷一五沈懋孝《述大洲趙師口義》、廖燕《二十七松堂文集》卷二《空空章》附《"回也其庶乎"全章辨》）；亦何晏之遺意，猶西方神秘宗標"貧窮"（mistico-povero）義，謂外物空匱而復中心空洞[1]。《老》、《易》旨多相通，執儒執道，本難區辨；顧《易》之蘊而未發者，王弼每假老、莊而盡情呈露焉。《顏氏家訓·勉學》篇記梁世"《莊》、《老》、《周易》總爲'三玄'"；王弼其擁篲郵清道者也。如《復》王註："天地雖大，寂然至無，是其本矣"；《睽》王註："恢詭譎怪，道將爲一"（出《莊子·齊物論》，改"通"爲"將"）；《論語》"余欲無言"節皇侃《疏》引王弼語"修本廢言，則天行化"云云甚長。觀乎此類，錢氏品目誠爲籠統鶻突矣。

王、何定評，非我思存。范甯所《論》，有一端爲歷來祖述，拈而出之。義理學說，視若虛遠而闊於事情，實足以禍天下後

---

[1]　Cf. Evelyn Underhill, *Mysticism*, 12th ed., 205, 207; S. de Sanctis, *Religious Conversion*, 176-7.

世，爲害甚於暴君苛政，范所謂“罪深桀紂”、“歷代之罪重”也。《孟子·滕文公》危言悚聽，以“邪說淫辭”與“洪水猛獸”並列，得范《論》而意大申。唐庚《眉山文集》卷九《易菴記》："陶隱居曰：'註《易》誤，猶不至殺人；註《本草》誤，則有不得其死者矣。'世以隱居爲知言。與吾之説大異。夫《六經》者，君本之致治也。……《本草》所以辨物，《六經》所以辨道。……一物之誤，猶不及其餘；道術一誤，則無復子遺矣。前世儒臣引《經》誤國，其禍至於伏尸百萬，流血千里，《本草》之誤，豈至是哉？註《本草》誤，其禍疾而小，註《六經》誤，其禍遲而大"；《能改齋漫録》卷一八："高尚處士劉臯謂：'士大夫以嗜欲殺身，以財利殺子孫，以政事殺人，以學術殺天下後世'"（費袞《梁谿漫志》卷九引作"世之人以"云云，《説郛》卷四一龔頤正《後耳目志》引劉高尚道人語，作"無以"云云，《宋元學案》卷七九崔與之《座右銘》："無以嗜欲殺身"云云，全本之）；

【增訂四】趙與時《賓退録》卷一記劉卞功，字子民，徽宗賜號"高尚先生"，嘗云："常人以嗜欲殺身，以貨財殺子孫，以政事殺民，以學術殺天下後世。吾無是四者，豈不快哉！"

郝經《陵川文集》卷九《荊公配享小像碑本》詩："至今宗廟無片瓦，學術終然殺天下"；陶周望《歇菴集》卷一二《蚶子舍利説》："嗜欲難忍，又假理以通之；然則理者，尤濟欲之具而害物之首矣！"；魏際瑞《魏伯子文集》卷四《偶書》："以理傅欲，如虎傅翼"；戴震《東原集》卷九《與某書》："酷吏以法殺人，後儒以理殺人"，又《〈孟子〉字義疏證》："人死於法，猶有憐之者，死於理，其誰憐！"；汪士鐸《悔翁乙丙日記》卷二："由今思之：王、何罪浮桀、紂一倍，釋、老罪浮十倍，周、程、朱、

張罪浮百倍。彌近理，彌無用，徒美談以惑世誣民，不似桀紂亂
只其身數十年也"；可相發明。人欲、私欲可以殺身殺人，統紀
而弘闡之，以爲"天理"、"公理"，準四海而垂百世，則可以殺
天下後世矣。本諸欲，信理之心始堅；依夫理，償欲之心得
放①。宋儒嚴別"血氣"與"義理"，未爲無見，惜不察兩者互
相利用，往復交關，環迴輪轉②。奧國一文家作小詩，謂邏輯推
論審密，逐步升桄，言之成理，然仍如無基築室，不足證驗，因
其大前提由情欲中來耳（Das sind wunderliche Denkgesetz／Und
leer an wahrer Beweiseskraft，／Wo Logik gibt die Folgesätze／
Und Obersatz die Leidenschaft）③。大欲所存，大道生焉；義理
之悅，芻豢寓焉。聲色、貨利之耽，游惰、凶殺之癖，莫不可究
厥道源，納諸理窟，緣飾之以學説，振振有詞。《莊子·胠篋》
笑儒家言"仁義"徒資大盜利用，"盜亦有道"，初不省大盜亦能
竊道家言，供己行事之善巧方便。魏晉士夫奔競利禄而坦語"玄
虛"，玩忽職司而高談"清静"，《顏氏家訓·勉學》嘗斥其"領

---

① Cf. Pascal, *Pensées*, XIV. 895, ed. V. Giraud, 415: "Jamais on ne fait le
mal si pleinement et si gaiement que quand on le fait par conscience"；Rousseau, *Confessions*, Liv. VI, "Bib. de la Pléiade", 227: "Mais toute cette morale était
subordonnée aux principes de M. de Tavel.... Elle eût couché tous les jours avec vingt
hommes en repos de conscience", etc.；Rivarol, *Écrits politiques et littéraires*, choisis par V.-H. Debidour, p.120: "les passions armées de principes."

② Cf. Croce, *La Poesia*, 5ª ed., 29 (la circolarità spirituale).

③ Grillparzer: "Moderne Logik," *Gesammelte Werke*, hrsg. E. Rollett und
A. Sauer, II, 62-3. Cf. F. H. Bradley, *Appearance and Reality*, Preface, p. xiv:
"Metaphysics is the finding of bad reasons for what we believe upon instinct；but to
find these reasons is itself an instinct"；Pareto, *A Treatise on General Sociology*,
§§ 850, 868, *op. cit.*, I, 501, 508 (residue and derivation).

袖玄宗"而"顛仆名利之下"，豈非道亦有盜歟？屠隆《鴻苞集》卷一一《晉人》曰："罪不在老、莊，而在假竊也。"范甯所《論》王、何，乃盜道竊國之倫。若張魯五斗米道之徒，習"《老子》五千文，號爲'姦令'"（見《三國志·魏書·二公孫、陶、四張傳》裴註引《典略》），則盜道之拙者、小者，差比於竊鈎而已。

　　傅玄《走狗賦》：“蓋輕迅者莫如鷹，猛捷者莫如虎，惟良犬之稟性，兼二儁之勁武。”按後世以“走狗”爲刺詞；近人劉成禺《洪憲紀事詩本事簿註》載當時有《走狗言志圖》，諷談士之趨附袁世凱者，或“狗而不走”，或“走而非狗”，或“亦走亦狗”，尤暴謔盡致。傅賦“走狗”，尚是美稱。亦猶後世以“叩頭蟲”爲罵人語，而卷五一傅咸《叩頭蟲賦》乃曰：“人以其叩頭，傷之不祥，故莫之害也。……仲尼唯諾於陽虎，所以解紛而免尤；韓信非爲懦兒，出胯下而不羞。……犯而不校，誰與爲仇？人不我害，我亦無憂。彼螳螂之舉斧，豈患禍之能禦？此卑謙以自牧，乃無害之可賈。”其譽此豸，若不容口。參觀《全三國文》陳王植《蝙蝠賦》。若後世諱“龜”，而古人取以爲名，則早有言之者矣。

　　傅玄《連珠·序》：“興於漢章帝之世。……不指説事情，必假喻以達其旨，……欲使歷歷如貫珠。……班固喻美辭壯，文章弘麗，最得其體。”按見存班固、揚雄、潘勗、蔡邕、曹丕、王粲所作此體，每傷直達，不甚假喻，至陸機《演連珠》，庶足當“喻美文麗”之目，傅所未知也。《梁書·到溉傳》梁武帝賜溉

《連珠》："研磨墨以騰文，筆飛毫以書信，如飛蛾之赴火，豈焚身之可吝！必耄年其已及，可假之於少蓋"，蓋、溉孫也。全乖《連珠》製構而蒙其名，豈帝皇自朕作古，文成破體耶？唐釋道宣《高僧傳》二集卷一《寶唱傳》稱梁武帝"又作聯珠五十首，以明孝道"；今《藝文類聚》卷五七錄梁武《連珠》三首，均無關孝道，却非如賜到溉者之爲破體。梁玉繩《瞥記》卷四："《魏書·李先傳》太宗召先'讀《韓子連珠》二十二篇'，《北史》'連珠'下有'論'字。《韓子》之文，往往先經後傳，其體類乎連珠"；尚鎔《持雅堂文集》卷五《〈韓非子〉跋》："《內、外儲說》演連珠之始，亦今八比之嚆矢也。"其論早發於楊慎，何焯評點本《文選》中葉樹藩按語已引之。蓋諸子中常有其體，後漢作者本而整齊藻繪，別標門類，遂成"連珠"。如《鄧析子·無厚篇》中"夫負重者患途遠"、"獵羆虎者不于外溷"、"夫水濁則無掉尾之魚"三節即連珠之草創；《淮南子》更多，而《説山》、《説林》、《修務》爲其尤。後來如《抱朴子》外篇《博喻》，稍加裁剪，便與陸機所《演》同富；劉晝《劉子》亦往往可拆一篇而爲連珠數首。若譚峭《化書》，則幾乎篇篇得剖貝成珠矣。張之洞《廣雅堂詩集》下册有《連珠詩》一卷，《自序》云："陸士衡創爲《演連珠》，後世多效之。然駢體終不得盡意，今以其體爲詩，務在詞達而已。"其詩每篇取子、史成語發端而申説之，初非傅玄所謂"假喻達旨"之體，蓋誤以推類之譬擬爲推理之引繹①。嚴復定"三段論法"之譯名爲"連珠"，混淆之失惟均也。

---

① Cf. Raymond Bayer，*Traité d'Esthétique*，50（la logique de l'analogue vs la logique de l'identique）.

一一三　全晉文卷四七

　　傅玄《傅子·校工》：“嘗見漢末一筆之柄，雕以黃金，飾以和璧，綴以隨珠，發以翠羽。此筆非文犀之植，必象齒之管，豐狐之柱，秋兔之翰；用之者必被珠繡之衣，踐雕玉之履。由是推之，其極靡不至矣。”按卷二六王羲之《筆經》：“有人以綠沉漆竹管及鏤管見遺，錄之多年，斯亦可愛玩；詎必金寶彫琢，然後爲寶也？昔人或以瑠璃象牙爲筆管，麗飾則有之，然筆須輕便，重則躓矣”；卷一〇二陸雲《與兄平原書》之一：“并視曹公器物，……琉璃筆一枝，所希聞。”二節可相參證。《太平廣記》卷二〇八《歐陽通》（出《朝野僉載》）記通“自矜能書，必以象牙犀角爲筆管”，豈未聞羲之之戒歟？傅氏即小見大，旨本《韓非子·喻老》及《說林》上之“昔者紂爲象箸而箕子怖”，謂有象箸，必配以“犀玉之杯”，有象箸玉杯必食旄精倂，食奢則衣服居處亦隨之而俱華靡，“稱此以求，天下不足”。《淮南子·説山訓》所謂：“紂爲象箸而箕子唏，魯以偶人葬而孔子歎，故聖人見霜而知冰。”吾鄉有俗諺：“象牙筷配窮了人家”，“配”者、“搭配”，他物稱是也。英人曰：“雨過天青磁器配窮了人家”（to live up to one's blue china），亦此意。

一一四　全晉文卷五〇

　　傅玄《傅子》："管寧，字幼安。……在遼東，積三十七年乃歸。……寧之歸也，海中遇暴風，餘船皆没，唯寧乘船自若。時夜風晦冥，船人盡惑，莫知所泊，忽望見有火光，輒趣之得島。島無居人，又無火爐，一門人忿然曰：'君責人亦大無理！今闇如漆，何可以不把火照我？當得覓鑽火具。'行人咸異焉，以爲神光之祐也。"按嚴氏言此節輯自《三國志·魏書'管寧傳》裴註，而"一門人"至"鑽火具'"三一字依《太平御覽》卷八六九加補。夫此三一字與上下文絶不貫串，望而知爲《御覽》之錯簡。《藝文類聚》卷八〇引《笑林》："某甲夜暴疾，命門人鑽火；其夜陰暝，未得火，催之急。門人忿然，曰：'君責之亦大無道理！今闇如漆，何以不把火照我？我當得覓鑽火具'"；《太平廣記》卷二五八《魏人鑽火》引《笑林》全同。《東坡居士艾子雜說》襲之，作："艾子一夕疾，呼一人鑽火，久不至，促之。門人曰：'暗索鑽具不得，可持燭來共索之。'"纂鈔《御覽》者以《笑林》屬入《三國志》註，嚴氏不予刊落，反爲增益，如買菜之求多，而非掃葉之去誤矣。

　　《傅子》："劉曄……事明皇帝，又大見親重。帝將伐蜀，朝臣内外皆曰'不可'。曄入與帝議，因曰'可伐'，出與朝臣言，因曰'不可伐'。曄有膽智，言之皆有形。……楊暨切諫，帝曰：'卿書生，焉知兵事？'暨謙謝曰：'……臣言誠不足采。侍中劉曄、先帝謀臣，常曰：蜀不可伐。'帝曰：'曄與吾言蜀可伐。'暨曰：'曄可召質也。'……後獨見，曄責帝曰：'伐國大謀也，臣得與聞大謀，常恐眯夢漏洩，以益臣罪，焉敢向人言之？夫兵詭道也，軍事未發，不厭其密也。……'于是帝謝之。曄見出責暨曰：'夫釣者中大魚，則縱而隨之，須可制而後牽之，則無不得也。人主之威，豈徒大魚而已乎？……'暨亦謝之。曄能應變持兩端如此！"按兩面二舌，便佞慣技，別見《史記》卷論《魏其、武安列傳》；古籍描摹詳悉，莫早於此。《易·繫辭》論君臣密勿曰："幾事不密則害成"；《穀梁傳》文公六年："君漏言也，故士造辟而言，詭詞而出"，范甯註："辟、君也；詭詞、不以實告人也"；《韓非子·説難》："夫事以密成，語以泄敗，未必其身泄之也"，又《外儲説》右上："昭侯欲發天下之大事，未嘗不獨寢，恐夢言而使人知其謀也"，又《難》三駁《管子·牧民》："故法莫如顯，而術不欲見；言法則境内莫不知也，不獨'滿堂'，用術則親近莫得聞也，不得'滿室'。"均足資曄飾非藉口。然曄既能"言之皆有形"，則可與不可，俱持之有故，兼顧利害，不失爲遠謀高矚。曄之過在兩端自固，逢人迎合，得失各隱一邊，不肯盡言使聽者權衡耳。《孟子·公孫丑》："沈同以其私問曰：燕可伐與？'孟子曰：'可！'"；《韓非子·説林》上："有獻不死之藥於荆王者，謁者操之以入，中射之士問曰：'可食乎？'曰：'可！'"讀下文乃知"可"而亦"不可"；"燕可伐"也，而齊不可伐之，藥"可食"也，而中射士不可食之。蓋"可"或謂

“力所能”，或謂“理所當”，又或純論事，或合論事與作事者；“不可”亦猶是也。

《傅子》：“人之涉世，譬如弈棋；苟不盡道，誰無死地，但不幸耳。”按班固、馬融以還，賦圍棋者莫不擬之兵法、戰陣。然而用兵交戰之勝負，尚有如項羽所歎：“天亡我，非戰之罪也！”，形容弈勢之作未嘗引申及於此情此境也。傅氏感慨身世，變賦爲興，不以軍事比棋藝，而以棋局比人事；雖“不盡道”正是“戰之罪”，然“不幸”復是“天亡”，竊疑末句奪一字或乙一字，當作“但幸不幸耳”或“但幸不耳”。後來常喻如杜甫《秋興》：“聞道長安似弈棋，百年世事不勝悲”，世所熟知。他如《南齊書・江謐傳》沈沖奏謐罪曰：“特以弈世更局，見擢宋朝”；劉禹錫《劉賓客外集》卷九《劉子自傳》：“不夭不賤，天之棋兮！”鋪張終始，或玄或史，則有如邵雍《伊川擊壤集》卷一《觀棋大吟》敍堯舜至五季興廢，洋洋千數百言；魏源《古微堂內集》卷二《治篇》之一六謂“古今宇宙其一大弈局乎”，因論“廢譜”與“泥譜”之“皆非善弈”。至陽寫弈局而陰刺世局者，如錢謙益《有學集》卷五《武林觀棋》、吳偉業《梅村詩集》卷一七《觀棋》之倫，尚不得與於此數也。夫以王充之達識，而《論衡》首標《逢遇》、《幸偶》之篇；西方考稽民俗者，亦言同感人生中有“擲骰子成分”(the aleatory element in life)[1]。擲骰、弈棋，無非逢遇、幸偶之擬象而已。《堂・吉訶德》即以人生(la vida)譬於弈棋之戲(como aquella del juego del ajedrez)[2]；

---

[1]　W. G. Sumner, *Folkways*, 6.

[2]　*Don Quijote*, Pte II, cap. 12, *op. cit*., V, 217.

異域詩文中習見，如《魯拜集》、斐爾丁小説皆有之①。

---

① Fitzgerald, *Rubaiyāt*, 1st ed., XLIX (2nd ed., LXXIV)："'Tis all a Chequer-board of Nights and Days/Where Destiny with Men for Pieces plays" etc.; Fielding, *Amelia*, Bk. I, ch. 1："Men blame Fortune with no less Absurdity in Life, than a bad Player complains of ill Luck at the Game of Chess."

一一五　全晉文卷五二

　　傅咸《答楊濟書》："衛公云：'酒色之殺人，此甚於作直。'坐酒色死，人不爲悔，逆畏以直致禍。此由心不直正，欲以苟且爲明哲耳。"按取譬切近新警。倪元璐《倪文正公遺稿》（顧予咸選）卷一《戊辰春》第一○首結云："無將忠義死，不與吃河豚！"，師傅咸意，而復兼《能改齋漫録》卷九所謂："東坡稱河豚曰：'那值一死！'；李公擇不食曰：'河豚非忠臣孝子所宜食。'……東坡可謂知味，公擇可謂知義。"褚人穫《堅瓠補集》卷四引倪詩作"將無忠義事，不及食河豚！"，詞較醒豁，又載陸次雲申倪詩作《離亭燕》詞："子孝臣忠千古事，只是難拚一死，口腹何爲，竟肯輕生如此！"余嘗見陸氏《著書九種》中《玉山詞》，却無此闋，想其長短句必有溢出也。《孟子·告子》論"所欲有甚於生者，所惡有甚於死者"，亦取欲食魚與熊掌爲喻，孟所言"舍生取義"，即傅之"以直致禍"、倪之"忠義死"。費爾巴哈嘗謂人性具智、情、意三端（die Vernunft，das Herz，der Wille），充其極皆足使人顛倒而忘身命，故求愛而甘死者有之（selbst mit Freuden für den Geliebten in den Tod zu gehen），致知遂志，亦

若是班①。酒色、口腹之欲每"有甚於生"、"那值一死",可一以貫之爾。

---

① *Das Wesen des Christenthums*,Kap.1,*Sämmtliche Werke*,hrsg. W. Bolin und Fr. Jodl,VI,3-4.

一一六　全晉文卷五八

　　張華《甲乙問》：“甲娶乙爲妻，後又娶景，匼不説有乙，居家如二嫡，無貴賤之差。”按《晉書·禮志》中又《卞壺傳》，王悆本有妻，後出使流寓，遂復娶妻，前妻死，後妻子當持喪不，博士令史董衆議紛拏；又當時如劉仲武、程諒等皆有“二嫡”，故張華造此問。實則《賈充傳》充初娶李氏，後娶郭氏，“帝特詔充置左右夫人”，郭大閲，事亦見《世説·賢媛》門註引王隱《晉書》，即“二嫡”也。《魏書·酷吏傳》李洪之微時妻張氏，後得劉氏，“爲兩宅别居，二妻妬競”；《北齊書·魏收傳》文宣以劉芳孫女、崔肇師女“並賜收爲妻”，時人比之賈充“置左右夫人”，收本有妻，“嫡媵”合爲三婦；《新五代史·雜傳》第三九安重榮“娶二妻，高祖因之，並加封爵”；余懷《板橋雜記》龔鼎孳娶顧媚爲“亞妻”，元配童氏，明兩封“孺人”；皆其例。白話小説謂之“兩頭大”，如《古今小説》卷一八《楊八老越國奇逢》檗媽媽云：“如今我女兒年紀又小，正好相配官人，做個兩頭大”；《醒世姻緣傳》第七六回：“狄希陳兩頭娶大。”賈充“置左右夫人”，略仿《漢書·西域傳》下烏孫昆莫“以漢公主爲右夫人，匈奴公主爲左夫人”；《野叟曝言》第一二一回：“希聖道：'皇上有兩全之道，田夫人爲左夫人，公主爲右夫人'"，稗官承正史之遺意也。參觀平步青《霞外攟屑》卷九論"傳奇中一生多娶兩旦"。

一一七　全晉文卷五九

　　成公綏《天地賦》。按別詳《周易》卷論《繫辭》一。《北齊書·儒林傳》劉晝"制一首賦，以《六合》爲名，自謂絕倫，吟諷不輟。……曾以此賦呈魏收，收謂人曰：'賦名《六合》，其愚已甚，及見其賦，又愚於名。'"成公此篇實已導夫先路；所謂："爾乃旁觀四極，俯察地理。……于是六合混一而同宅，宇宙結體而括囊。……仰蔽視於所蓋，游萬物而極思"，正賦"六合"耳。

　　成公綏《嘯賦》："良自然之至音，非絲竹之所擬。是故聲不假器，用不借物，近取諸身，役心御氣。"按卷一一二陶潛《晉故征西大將軍長史孟府君傳》："又問：'聽妓，絲不如竹，竹不如肉？'答曰：'漸近自然'"；陶宗儀《輟耕録》卷二七載燕南芝菴先生《唱論》引陶潛語而證以諺曰："取來歌裏唱，勝向笛中吹"即此意。杜甫《促織》："悲絲與急管，感激異天真"，可相發明，"天真"猶"自然"也。蓋嘯之音雖必成方、成文，而不借物、假器，故較金石絲竹爲"自然"耳。然雖不藉器成樂，却能仿器作聲，幾類後世所謂"口技"；觀"若夫假象金革，擬則陶匏，衆聲繁奏，若笳若簫"云云，足以知之。又觀"列列飈揚，啾啾響作。奏胡馬之長思，向寒風乎北朔，又似鴻雁之將鶵，羣鳴號乎沙漠。故能因形創聲，隨事造曲"云云，則似不特能擬笳簫等樂器之響，并能肖馬嘶雁唳等禽獸鳴號，儼然口技之"相聲"。相聲舊稱"象聲"，如蔣士銓《忠雅堂詩集》卷八《京師樂府詞》之三《象聲》；亦名"象生"，如汪懋麟《百尺梧桐閣全集》卷六《郭貓兒傳》："善謳，尤善象生——象生者、效羽毛飛走之屬聲音，宛轉逼肖——尤工於貓"（參觀閔華《澄秋閣二集》卷三《王墋子手技歌》、東軒主人《述異記》卷下《口技》）。"胡馬"、"鴻雁"亦猶貓之爲有"生"之物也。

【增訂三】吳自牧《夢粱錄》卷一九《閒人》："如紐元子學像生叫聲。"

【增訂四】趙翼《甌北集》卷四《觀雜耍》之二《象聲》，與蔣士銓所咏同。如："春山畫眉一兩聲，間關百囀多新鶯。枝頭凍雀啅曉晴，呢喃燕語圓而輕。復有格磔無數鳴。……忽焉荒雞膈膊亂柝喧，深閨夢裡翠被温，猥媟不防耳屬垣"云云，皆所謂"因形創聲，隨事造曲"，於成公綏所賦之"嘯"，不過踵事增華，如青出於藍、冰生於水而已。

成公綏《烏賦》。按別詳《焦氏易林》卷論《師》之《頤》。

成公綏《鸚鵡賦》："育之以金籠，升之以堂殿，可謂珍之矣，然未得鳥之性也。"按參觀《太平廣記》卷論卷二一一《陶弘景》。

一一八　全晉文卷六〇

　　孫楚《笑賦》。按雖云："信天下之笑林，調謔之巨觀也"，而祇刻劃笑聲，略如成公綏《嘯賦》之製，未及笑理、笑資。"或嚬蹙俯首，狀似悲愁，怫鬱唯轉，呻吟郁伊。或携手悲嘯，嘘天長叫"；直與題旨水火，雖"老人十拗"之笑時出涙如哭，亦無此狀。不賦捧腹、撫掌，而道"俯首"哀呻、"携手"悲嘘，取材甚別。又承之曰："或中路背叛，更相毀賤"，則大似"當面輸心背面笑"之誹笑，非"人世幾回開口笑"之嘻笑，與上下文脱笋失卯，孤行子立，有如錯簡。《藝文類聚》卷一九所録必非全文，見存此篇乃删節之餘，尚不足比《怡情小品》卷一卓人月《笑賦》也。前載部居笑資，足以窺見笑理者，《説郛》卷五王君玉《續纂》中《好笑》類、《檀几叢書》二集陳皐謨《笑政》，頗可取材。《金瓶梅》第六七回温秀才云："自古言：'不褻不笑'"，不知其"言"何出，亦尚中笑理[1]；古羅馬詩人云："不褻則不

---

　　[1]　Cf. Freud, *Der Witz und seine Beziehung zum Unbewussten*, 3. Aufl., 81（die "Zote"）. Cf. Fr. Schlegel, *Literary Notebooks*, ed. H. Eichner, 115, § 1079："Es giebt einen Witz der den Exkrementen des *Geistes* gleicht"; Fr. Th. Vischer, *Ueber das Erhabene und Komische*, 203："Guter Witz vergoldet selbst den Nickel des Obszönen."

能使人歡笑，此游戲詩中之金科玉律也"（lex haec carminibus data est iocosis，/ne possint，nisi pruriant，iuvare）①。嘗覩一英人書論笑有四聲，漢文"笑"字之拼音能包舉其三：嘻嘻、哈哈、呵呵（Women and children use chiefly the vowels *ee* and *eh*, and adult men the vowels *ah* and *oh*. It is interesting to note that in Chinese the word for *laugh* is *hsiao*, which contains three out of the four vowels）②。較以六書"會意"解"笑"字爲"竹得風"或"竹鞭犬"，似更得間。憶海涅游記（*Die Harzreise*）言有二中國人在德國教授中國美學（Privatdozenten der chinesischen Aesthetik），其一姓名即爲"嘻哈呵"（Hi-Ha-Ho），亦善戲謔者！參觀《毛詩》卷論《桃夭》。吾國文字學家或言"喜"字之音即"象喜所發之音"（劉師培《左盦集》卷七《原字音篇》上），則《易·家人》之"嘻嘻"亦象笑聲，非如註疏所謂笑貌也。

---

① Martial，I.35，"Loeb"，I，50.
② J. Y. T. Greig，*Psychology of Laughter and Comedy*，24.

一一九　全晉文卷六一

　　孫綽《遊天台山賦》。按別見《全上古文》卷論宋玉《高唐賦》又《列子》卷論《仲尼》篇。劉熙載《藝概》卷三評此賦云：“‘騁神變之揮霍，忽出有而入無’，此理趣也。至云：‘悟遣有之不盡，覺涉無之有間；泯色空以合跡，忽即有而得玄；釋二名之同出，消一無於三旛’，則落理障甚矣！”蓋謂詞章異乎義理，敷陳形而上者，必以形而下者擬示之，取譬拈例，行空而復點地，庶堪接引讀者。實則不僅說理載道之文爲爾，寫情言志，亦貴比興，皆須“事物當對”（objective correlative），別見《楚辭》卷論《九辯》一。劉氏“理趣”之說；本之沈德潛。釋氏所謂“非跡無以顯本”、宋儒所謂“理不能離氣”，舉明道之大綱，以張談藝之小目，則“理趣”是矣。其詞早見於釋典，如《成唯識論》卷四論“第八識”：“證此識有理趣無邊，恐有繁文，略述綱要”，又卷五論“第七識”：“證有此識，理趣甚多”；其義即卷八：“義類無邊，恐厭繁文，略示綱要。”初與文藝無涉，宋人如包恢《敝帚稿略》卷二《答曾子華論詩》：“狀理則理趣渾然，狀事則事情昭然，狀物則物態宛然”；李耆卿《文章精義》稱朱熹詩“音節從陶、韋、柳中來，而理趣過之”。明李夢陽《空同子集》卷五二《缶音序》斥宋人詩"專作理語"（參觀卷六六《論學》上篇），胡應麟《詩藪》內編卷二譏宋道學家詩有"理障"。沈德潛始以"理趣"、"理語"連類辨似。虞山釋律然《息影齋詩鈔》有沈序，作於乾隆三年，未收入《歸愚文鈔》，略云："詩貴有禪理、禪趣，不貴有禪語"；後六年沈撰《説詩晬語》卷下論"詩入理趣"，異於"以理語成詩"；又後十六年《國朝詩別裁·凡例》有云："詩不能離理，然貴有理趣，不貴下理語。"余觀《國朝詩別裁》卷三二僧宗渭詩，沈氏記其嘗謂門弟子曰："詩貴有禪理，勿入禪語，《弘秀集》雖唐人詩，實詩中野狐禪也"；豈沈氏聞此僧語而大悟歟？王應奎《柳南文鈔》卷一亦有《〈息影齋詩集〉序》，略云："不爲偈、頌之言，而有偈、頌之理，此所以尤工也。予聞佛氏之論，謂應以何身而得度者，即現何身而爲説法；素公即以詩爲説法，而勾引吾黨之士，胥入佛智。即謂素公之詩，是即素公之偈、頌也可"；沈德潛評："僧詩無禪語，有禪理，乃佳。近代方外人純以偈、頌爲詩，入目可憎矣。篇中持論，與鄙趣合。"蓋"理趣"之旨，初以針砭僧詩，本曰"禪趣"，後遂充類旁通，泛指説理。禪人云："青青翠竹，總是法身，鬱鬱黃花，無非般若"（參觀《五燈會元》卷三慧海章次）；衲子賦詩，於文詞之抽黃妃白、啓華披秀，如是作翠竹黃花觀，即所謂"禪趣"矣。紀昀批點《瀛奎律髓》卷四七《釋梵類》盧綸、鄭谷兩作，皆評："詩宜參禪味，不宜作禪語"，而《唐人試律説》於盧肇《澄心如水》詩則評："詩本性情，可以含理趣，而不能作理語，故理題最難"；既徵"禪味"之即"理趣"，復徵沈氏説之流傳，《試律説》爲乾隆二十四年撰、《律髓》爲乾隆三十六年批點，均在《晬語》、《別裁》之後。乾隆三十二年史震林自序《華陽散稿》："詩文之道有四：理、事、情、景而已。理有理趣，事有事趣，情有情趣，景有景趣；趣者、生氣與靈機也"；更廣推而遍施之。袁枚《小倉山房詩集》卷二〇《續〈詩品〉·齋心》："禪偈非佛，理障非儒"，實亦沈氏之旨耳。

孫綽《表哀詩序》："自丁荼毒，載離寒暑。……不勝哀號，作詩一首，敢冒諒闇之譏，以申罔極之痛。"按孫自知"冒譏"，然趙宋以後譏抨始多，六朝至唐，未覯有發聲徵色而詆訶者。祝穆《事文類聚》前集卷五二引《江鄰幾雜錄》："梅聖俞至寧陵寄詩云：'獨護慈母喪，淚與河水流，河水終有竭，淚泉常在眸。'彥猷、持國譏作詩早，余應以《蓼莪》及傅咸贈王、何二侍中詩亦如此。按晉孫綽詩序：'自丁荼毒'云云；故洪玉甫以魯直丁母憂絕不作詩，夫魯直不作者，以非思親之詩也，孫綽作者，以思親之詩也。聖俞之作，庸何傷乎？秦少游初過浯溪，題詩云：'玉環妖血無人掃'，以被責憂畏，又方持喪，手書此詩，借文潛之名——後人遂以為文潛，非也——以此。""按"字以下一節必非江休復原書，未暇核究所出。

【增訂三】《事文類聚》引"江鄰幾"至"庸何傷乎"一節，實出吳曾《能改齋漫錄》卷九，"按"字原作"以上皆江説，余謂不特此。"梁章鉅《退庵隨筆》卷一〇："今人居喪三年不吟詩，是矣。乃或以填詞代之，又或以四六文代之，儷紅妃綠，與吟詩何異乎！"舞文自飾，正猶僧人自解曰："我衹噉魚，實不食肉"（參觀 2144 頁）耳。

歷世以居喪賦詩為不韙，何焯批點《文選》，於潘岳《悼亡》詩，重言證明其為作於"終制""釋服"之後，"古人未有有喪而賦詩者"；蓋悼妻尚不許作詩，況哭親哉！故如王應奎《柳南文鈔》

卷四《與汪西京書》即譏其哭父作詩；佻佚若袁枚，而《小倉山房文集》卷一八《與某刺史書》云："足下在服中，不得爲詩；縱爲詩，不得哭父。古惟傅咸、孫綽，有服中哭母詩；是時東晉清談，禮教凌遲，不可爲訓。不文不可以爲詩，文則不可以爲子；背乎禮以累名"；近人高旭《天梅遺集》卷七《荒唐》："先民苦次廢文辭，自古原無哭父詩；而我荒唐都不管，墨將血淚萬千絲"，亦未嘗不覺己之犯禁破戒也。汪懋麟《百尺梧桐閣詩集·凡例》第三則引《檀弓》、《曲禮》而斷之曰："則居三年之喪，不當從事於詩、書明矣！……顧今人則有甚於作詩者，他不之謹，而唯詩是戒，誰欺乎！竊謂古今工詩者，於君臣、夫婦、朋友、兄弟之間，必三致意焉；獨於父母生死存亡，見於詩篇者，寥寥無聞，何歟？故余於居喪以後所爲詩，存而不删，……祇用述哀，兼明余之不敢自欺耳。有援《禮》罪我者，敬謝不孝而已"；詞理頗明快，與孫綽、傅咸可相説以解矣。郭麐《樗園消夏録》卷下："自古爲詩，哭其父母皆未有。蓋至哀不文，近惟唐堂先生有絶句"；自是失考。

【增訂四】郭麐謂"至哀不文，近惟唐堂先生［黄之雋］有絶句"哭其親。似未覩顧亭林集中《表哀》長律者。屈大均《翁山詩外》卷九《述哀》五律一〇首、《癸酉秋懷》五律一五首皆哭母之作（"昨日猶孩孩，讓堂匕筋邊"；"白頭初失乳，依怙更無時"；"白頭思殉母，黄口忍捐兒"）；屈集爲禁書，殆郭氏末由見耳。清初董以寧《蓉渡詞》有《滿江紅·乙巳述哀》一二首，哭其母者；陳廷焯《詞則·別調集》卷四盡録而極口贊賞之（"情真語至"、"字字真切"、"真絶痛絶"、"情詞雙絶"、"淋淋漓漓"），却不得不求疵曰："命題不無可議。"蓋亦以其

“冒諒闇之譏”也。

平步青《霞外攟屑》卷三引吳澄《題朱文公答陳正己講學墨帖》稱二蘇居喪絶不作詩文，又引湯修業《前表哀》序謂顧炎武集中《表哀》、《槀葬》諸詩皆居憂時作，“且《蓼莪》六章，字字血淚，安知不從苫塊中作乎?”；亦未見汪氏之論也。董其昌《容臺集》卷一有《何士抑〈居廬集〉序》，則明人且以哭親篇什哀爲一集；方中通《陪集》第二種《陪詩》卷四《惶恐集》哭其父以智七律先後數十首；屈復《弱水集》卷九《唁菊》并序：“哭父也”；亦可廣郭、平二氏所舉例。

一二〇　全晉文卷六二

　　孫綽《孫子》：“海人與山客辨其方物”，謂有巨魚，額若山頂，吸波萬頃，復有巨木，圍三萬尋而高千里。東極有大人，“斬木爲策，短不可杖，釣魚爲鮮，不足充餔”。按衍《莊子·外物》任公子釣大魚之緒，而采宋玉《大言賦》之法，其事則劇類《列子·湯問》所言龍伯國大人之釣鼇。《列子》於東晉行世，後人疑出張湛僞託，不爲無因。孫氏當未及見其書；《遂初賦》自言：“余少慕老、莊之道，仰其風流久矣”，他文復屢及老、莊，却不道列子。張湛序《列子》，含糊其詞，若原是王弼舊藏；註《仲尼》篇善射一節，引王弼、樂廣語，王語爲擲五木發，猶是借擬，而“劉道真語張叔奇云：‘嘗與樂彥輔論此’”云云，則似樂已得讀《列子》者，竊恐湛謾語以增重此書。張華《博物志》卷五思士思女則，卷八孔子、詹何、薛譚、趙襄子四則、卷一〇夢蛇夢飛則皆與《列子》全同，孔子與兩兒辯日一則末且曰：“亦出《列子》”；今本《博物志》疊經竄亂，面目都非，此數則必屬加附，使華果已引《列子》，湛亦且攀援以長聲價也。晉道家言，以《抱朴子》爲偉著，其書於老、莊、文子皆有掎摭，獨於列若罔聞知。《莊子·逍遥遊》：“湯之問棘是也”，《釋文》引晉簡文帝云：“湯、廣大也，棘、狹小也”，俞樾《諸子平議》云：“簡文殆未讀《列子·湯問》篇者”；夫列子御風事即見《逍遙遊》，簡文躡蹤尋根，不容不覩《列子》，倘以其書新出，真僞難明，不堪引據乎？《三國志·蜀書·邵正傳·釋譏》：“昔九方攷精於至貴”，裴松之註引《淮南子·道應訓》九方歅相馬事，李治《敬齋古今黈》卷四譏裴“不知其本”，事見《列子·説符》，“列子前淮南子數百年”；裴舍《列子》不引，或亦寓疑疑之微旨耳，未可知也。《世説·輕詆》庾龢言裴啟《語林》載謝安“目支道林如九方皐之相馬”，劉峻註引《列子》；蓋至梁世，《列子》流傳積久，年深望重，已成著作之英華，《文心雕龍·諸子》篇至稱《列》而不及《莊》矣。陶潛《飲酒》之二：“九十行帶索”，註家引《列子·天瑞》榮啟期事；然此事亦見《説苑·雜言》，陶或本劉向書，未保其果用《列子》耳。

　　《孫子》：“仲尼見滄海横流，務爲舟航。”按二句奇零，無上下文。《論語·公冶長》記孔子欲“乘桴浮於海”，而曰“無所取材”，鄭玄註：“無所取於桴材”；孫固嘗註《論語》，列皇侃《義疏·序》所舉“十三家”中，或本此意增飾。材多則堪作舟航，匪徒編桴；孫殆亦如鄭之以“材”解爲木材，而不從何晏所舉“另一説”，以“材”通語助之“哉”也。《論語》僅言孔子興浮海之歎，《孫子》遂言其造舟；崔鴻《十六國春秋》（湯球輯本）卷九六《北涼録》二記沮渠蒙遜謂劉炳曰：“昔魯人有浮海而失律者，……見仲尼及七十二子游於海中，與魯人一木杖，令閉目乘之。……魯人出海，投杖水中，乃龍也。”則孔子真成飄洋之海客，從者七十二人，不獨由也。飾虛坐實，有如此者。投杖事與葛陂龍無異，庾信《竹杖賦》所謂“送游龍於葛陂”，蓋逕以孔門爲海上神仙，亦猶葛洪以墨子入《神仙傳》矣。陸雲《登遐頌》雖早列孔子於神仙，尚未道其異跡也。

一二一　全晉文卷六五

　　嵇含《寒食散賦》："既正方之備陳，亦旁求於衆術。"按卷七六摯虞《疾愈賦》："會異端於妙門。""旁求"與"異端"，今世所謂"偏方"也；"偏方"之稱亦即對"正方"而言。觀摯《賦》上文云："講和緩之餘論，尋越人之遺方，考異同以求中，稽衆術而簡良"，故知"異端"指醫術之側出橫生者，非謂巫術也。

一二二 全晉文卷七〇

　　李密《陳情事表》："形影相弔。"按參觀論《全三國文》卷一五陳王植《上責躬應詔詩表》。"且臣少事僞朝，歷職郎署，本圖宦達，不矜名節"。按何焯批點本《文選》此《表》後有葉樹藩按語，略謂"'僞朝'一語，前人共惜其悖"，楊慎爲李密解嘲，至託言"悖"本作"荒"，因引張悛《表》稱"僞烈皇帝"以反詰楊氏。實皆少見多怪，似未讀《顏氏家訓·文章》："陳孔璋居袁裁書，則呼操爲'豺狼'，在魏製檄，則目紹爲'蛇虺'。"蓋有甚於"僞朝"、"敵國"等者矣。《晉書》密本傳記密仕晉，常望内轉，至公讌賦詩："官無中人，不如歸田！"，武帝憤之。則"本圖宦達"，乃立誠之詞，非求免而自汙也。"人命危淺，朝不慮夕。"按卷八五張協《登北芒賦》："何天地之難窮，悼人生之危淺。""是臣盡節於陛下之日長，報養劉之日短也。"按成爲句型，如費袞《梁谿漫志》卷三："元祐三年高密郡王宗晟起復判大宗正事，連章力辭，其言亦曰：'念臣執喪報親之日短，致命徇國之日長。'"

一二三　全晉文卷七一

　　陳壽《表上諸葛氏集目録》：“然亮才於治戎爲長，奇謀爲短，理民之幹，優於將略。”按六朝人似不厚非此品目，亦且以爲無損於亮之聲價者。《世説・排調》：“郗司空拜北府，王黄門詣郗門拜，云：‘應變將略，非其所長’，驟詠之不已。郗倉謂嘉賓曰：‘公今日拜，子猷言語殊不遜，深不可容！’嘉賓曰：‘此是陳壽作諸葛評；人以汝家比武侯，復何所言？”；鍾嶸《詩品》下品論王融、劉繪曰：“至於五言之作，幾乎尺有所短，譬應變將略，非武侯所長，未足以貶卧龍”；《魏書・毛脩之傳》脩之謂陳壽謗亮將略非長，崔浩駁謂壽評亮有“過美之譽”，不得爲謗。朱彝尊《曝書亭集》卷五九《陳壽論》稱壽爲“良史”，謂張儼、袁準亦評亮不長於應變將略，非壽一人愛憎之私言；俞正燮《癸巳存稿》卷七引《魏書・李苗傳》苗讀《蜀志》至魏延獻策而亮不納，太息謂“亮無奇計”，佐證壽“奇謀爲短”之論。“亮所與言，盡衆人凡士，故其文指不得及遠也。”按姚範《援鶉堂筆記》卷三一、靳榮藩《緑溪語》卷上説此節，皆引《晉書・李密傳》張華問：“孔明言教何碎?”密答：“昔舜、禹、皋陶相與語，故得簡大雅誥；與凡人言，宜碎，孔明與言者無己敵，言教是以碎耳。"竊謂《穀梁傳》僖公二年:"達心則其言略",范甯註:"明達之人言則舉領要,不言提其耳,則愚者不悟";即"與凡人言宜碎"也。錢大昕《潛研堂文集》卷二八《書〈三國志〉後》、惲敬《大雲山房文稿》初集卷二《書〈三國志〉後》均足助朱彝尊張目;《野叟曝言》第七八回亦論陳壽"帝蜀不帝魏,有二十四端",又論壽"表揚諸葛,可謂'至矣盡矣!蔑以加矣!'"趙銘《琴鶴山房遺稿》卷一《讀〈晉書〉》第一九首專論壽《蜀書》之紕漏,至云:"蜀人撰蜀書,乃如述荒裔!",則非譏其史德而譏其史學、史識也。

一二四　全晉文卷七四

左思《三都賦序》："見綠竹猗猗，則知衛地淇、澳之産。……侈言無驗，雖麗非經。……其山川城邑，則稽之地圖，其鳥獸草木，則驗之方志。"按參觀《史記》卷論《司馬相如列傳·游獵賦》。《文選》沈約《宋書謝靈運傳論》："高義薄雲天"，李善註："《法言》曰：'或問屈原、相如之賦孰愈？曰：原也過以浮，如也過以虛；過浮者蹈雲天，過虛者華無根。'"今本《法言·吾子》無此文；"華無根"猶"麗非經"矣。李聯琇《好雲樓初集》卷二八《雜識》駁袁枚云："異哉子才遂不觀《三都賦序》乎？……夫外史掌四方之志，周已有之，誰謂漢、晉缺如哉！"；喬松年《蘿藦亭札記》卷四中袁枚云："近人謂《三都賦序》明言'稽之地圖，驗之方志'，笑隨園迷於眉睫。然隨園之語，是詞不達意；若言是吳淑《事類賦》之先聲，故世人願爭覩，則得之矣。但亦只可以言《三都》，若《兩京》則體大思精，不在比事也。"喬氏所謂"近人"，必指李氏。袁枚之論，早發於艾南英、顧景星、陸次雲輩，未可全非。古代圖籍，得不易而傳不廣，"外史"所掌，中秘攸藏，且不堪諷詠，安能及詞賦之口吻調利、流布人間哉？故後世剞劂之術已行，而《蒙求》、《事類賦》以至《地理韻編》、《本草歌訣》整齊排比、便於誦記之書，初未嘗以有方志、類典而廢罷也。然李瀚、吳淑所爲，浮聲切響，花對葉當，翰藻雖工，而以數典爲主，充讀者之腹笥。若夫研《京》鍊《都》，乃以能文爲本，苟言必可驗，義皆有徵，則既資春華之酨，亦供秋實之擷，實而適用，麗而中經。左思之旨，文章須有“本實”，吳淑之作，故實能成文章；喬氏所言，尚爲皮相。是以謂《三都賦》即類書不可，顧謂其欲兼具類書之用，亦無傷耳。摯虞《文章流別論》：“賦以情義爲主，事類爲佐”，可資參悟。左思自誇考信，遂授人以柄。淇澳之竹，已不免盡信書。《吳都賦》：“鸑鷟食其實”，“俞騎驍路”；何焯批點《文選》云：“‘鸑鷟’二字，無乃‘玉樹’‘海若’之流！”，“‘俞騎’亦非南方所有”。《蜀都賦》：“傍挺龍目，側生荔枝”；張世南《游宦紀聞》卷五云：“讀至此而竊有疑焉。世南游蜀道，徧歷四路數十郡，周旋凡二十餘年，風俗方物，靡不質究，所謂‘龍目’，未嘗見之。間有自南中携到者，蜀人皆以爲奇果；此外如荔枝、橄欖、餘甘、榕木，蜀皆有之，但無龍目、榧實、楊梅三者耳。豈蜀昔有而今無耶？抑左氏考方志草木之未精耶？”李治《敬齋古今黈》卷七譏《三都賦》云：“于《蜀都》則云：‘試水客，漾輕舟，娉江妃，與神游’，又云：‘吹洞簫，發棹謳，感鱏魚，動陽侯’；與《甘泉》之‘玉樹’、《西京》之‘海若’，復何以異？至於談吳都之《賦》，則云：‘巨鰲贔屓，首冠靈山；大鵬繽翻，翼若垂天’，雖詞人之語，詭激誇大，可以理貸，亦其秉筆之際，遐探雄擢，偶忘己之所稱也。方之盧橘之誤、比目之誕，豈不更甚矣乎？”李氏所言，最能體會。詞賦之逸思放言與志乘之慎稽詳考，各有所主，欲“美物依本，讚事本實”，一身兩任，殊非易事；揮毫落紙，不能忍俊自禁，安庸謹小，而手滑筆快，忘"本"失"實"，亦"可以理貸"。左氏既畫地自牢，則無怪論者之指甕請入耳。

《吳都賦》："其竹則篔簹箖箊，……檀欒蟬蜎，玉潤碧鮮。"按吳文英《聲聲慢·餞孫無懷於郭希道池亭》："檀欒金碧，婀娜蓬萊，游雲不蘸芳洲。露柳霜蓮，十分點綴成秋。"首四字已成批尾家當；張炎《樂府指迷》評文英云："如七寶樓台眩人眼目，拆碎下來，不成片段，如《聲聲慢》'檀欒'云云八字太澀。""檀欒碧"三字之掎摭《吳都賦》，易見也；"金"字何來，久思未得。偶讀劉攽《彭城集》卷十《野竹亭》有聯云："開門金瑣碎，遶徑碧檀欒"，恍悟文英忽以"金"與"碧檀欒"儷屬，或本於此。劉詩詠竹，上句用孟郊《城南聯句》："竹影金瑣碎"，以與下句用左思賦竹語相對，來歷皆貼合題目，語不泛設。黃庭堅《乙卯宿清泉寺》："佛廟檀欒碧"，遂移施於屋宇。文英詞中僅道蓮柳，無隻字及竹；苟以"金碧"指宮闕，即下句之"蓬萊"，如《彭城集》卷一八《題館壁》："璧門金闕倚天開，五見宮花落古槐；明日扁舟滄海去，却從雲氣望蓬萊"，或孔武仲《宗伯集》卷七《曉過州橋》："曉日蒼涼宿霧東，蓬萊金碧起浮空"，則"檀欒"祇許形容"碧"，未堪形容"金碧"。徒喜藻采之麗，於事不當，於言不宜，修詞大病，非止"澀"也。洵"眩人眼目"而"拆碎不成片段"。有偏好《夢窗詞》者曰："此英雄偶欺人耳！"夫人固易欺，然欺人殆非英雄本色歟。

【增訂四】《吳都賦》："其竹則……檀欒蟬蜎"，《文選》李善註引枚乘《兔園賦》："脩竹檀欒夾水"；而謝朓《和王著作八公山》詩："檀欒蔭脩竹"，善註又引枚賦作："脩竹檀欒夾池水。"

《樂府詩集》卷八四陸厥《京兆歌》"兔園夾池水，脩竹復檀欒"，逕取枚賦題及賦語，拆補成二句。何遜《水部集》卷二《望廨前水竹》："水漾檀欒影。"蓋漢晉以還，"檀欒"早成此君專有之傔色揣稱矣。清王芑孫《惕甫未定稿》卷一《種竹圖賦》："夫何影攢瑣碎，勢壓檀欒"，則與劉放《野竹亭》一聯暗合。

《蜀都賦》："山阜相屬，含谿懷谷。"按孫樵《蜀都賦》："包谿懷谷而爲深兮"，奇語本此，可比班固《西都賦》："籠山絡野"，張衡《西京賦》："抱杜含鄠。""擢修幹，竦長條，扇飛雲，拂輕霄，羲和假道於峻岐，陽烏迴翼於高標"；劉逵註："言山木之高也。"按李白《蜀道難》："有六龍迴日之高標"，固取於此，而其《明堂賦》："掩日道，遏風路，陽烏轉影而翻飛，大鵬橫霄而側度"，亦正用左形容山木者增飾而挪移之於宮闕。揚雄《甘泉賦》："列宿乃施於上榮兮，日月纔經於柍桭，雷鬱律以巖突兮，電儵忽於牆藩"；祇寫日、月、雷、電與巍峨宮闕相安共處，不涵主客牴牾一段情事。十七世紀英國詩人寫仰視崇山接天，殊恐行空皓月觸峯尖而破墮，如舟之觸礁以沉者（Doth not a Tenarif，or higher Hill/Rise so high like a Rocke，that one might thinke/The floating Moone would shipwrack there，and sinke?）[1]；言高阻"月道"，猶左、李之言高阻"日道"。左之"假道"，鑄語尤奇，其道不通而仍可通，不阻却非無阻，善於用晦者也。

① Donne："An Anatomie of the World"，*Complete Poetry and Selected Prose*，ed.J.Hayward，204.

【增訂三】《水經注》卷二〇《漾水》："山高入雲，遠望增狀，若嶺紆曦軒、峰枉月駕矣。"即左賦、李詩等語意，左曰"假道"，此則言日月須繞道乃得經行，句特凝鍊。

"劇談戲論，扼腕抵掌"。按《文選》李善註引《戰國策》等以見"扼腕"、"抵掌"皆"談說之客"。"扼腕"後世用以形容惜恨，此處則以形容戲謔，如《魏書·神元平文諸孫列傳》："左右見者，無不扼腕大笑。"

《吳都賦》："爾其山澤"云云。按木華《海賦》、郭璞《江賦》之濫觴也；"礛磻乎數州之內，灌注乎天下之半"，尤爲佳句，郭賦仿之爲："滈汗六州之域，經營炎景之外。"餘參觀論《史記·宋微子世家》、《全漢文》賈誼《惜誓》、揚雄《甘泉》《羽獵》二賦、《全後漢文》班固《西都賦》。竊謂《三都》承《兩都》、《二京》之製，而文字已較輕清，非同漢人之板重，即堆垛處亦如以發酵麵粉作實心饅首矣。三篇中《吳》、《蜀》二篇爲勝，李白所擬，皆其警策，謫仙人月眼無翳也。

一二五　全晉文卷七五

郭沖《條諸葛亮五事》。按第三事即俗傳"空城計"，見《三國演義》第九五回者。《三國志·蜀書》亮本傳裴註駁郭沖所記爲不合事理；然《南齊書·高祖紀》上云："皇考諱承之。……元嘉初，徙爲……濟南太守。……虜衆大集，皇考使偃兵開城門。衆諫曰：'賊衆我寡，何輕敵之甚！'皇考曰：'今日懸守窮城，事已危急，若復示弱，必爲所屠，惟當見强待之耳。'虜疑有伏兵，遂引去"；《舊唐書·良吏傳》上崔知温遷蘭州刺史，會有党項三萬餘衆攻州城，衆大懼，知温"使開城門延賊，賊恐有伏，不敢進"，又《北狄傳》吐蕃十萬人入湟中，李謹行"素不設備，忽聞賊至，遂建旗伐鼓，開門以待之，吐蕃疑有伏兵，竟不敢進。"皆師諸葛亮"大開四城門"之故智，而"虜"、"賊"又蹈司馬懿之前轍，"疑其有伏兵"。夫無兵備而坦然示人以不設兵備，是不欺也；示人實況以使人不信其爲實況，"示弱"適以"見强"，是欺也。"空城計"者，以不欺售欺（Honesty is the best deception）之一例也。魏禧《日録》卷一《裏言》："料事者先料人。若不知其人才智高下，只在事上去料，雖情勢極確，究竟不中。故能料愚者不能料智，料智者不能料愚。余嘗笑《三國演義》孔明於空城中焚香掃地，司馬懿疑之而退，若遇今日山賊，直入城門，捉將孔明去矣。"

一二六　全晉文卷七七

　　摯虞《文章流別論》。按嚴氏輯自《藝文類聚》、《北堂書鈔》、《太平御覽》，似尚有遺珠。如《金樓子・立言》篇下：“摯虞論邕《玄表賦》曰：‘《幽通》精以整，《思玄》博而贍，《玄表》擬之而不及。’余以仲冶此言爲然。”其“言”即未被網羅。蔡邕《玄表賦》衹存一句，則嚴氏已輯入《全後漢文》卷六九。

　　《文章流別論》：“古詩之賦，以情義爲主，以事類爲佐；今之賦，以事形爲本，以義正［志？］爲助。情義爲主，則言省而文有例矣；事形爲本，則言當而辭無常矣。文之煩省，辭之險易，蓋由於此。”按“當”必爲“富”之訛。漢自司馬相如而還，以敷陳鋪比爲賦；《西京雜記》卷二二載相如答盛擥論作賦云：“合綦組以成文，列錦繡以爲質”，雖出依託，却切事情，正同《法言・吾子》論賦所謂：“霧縠之組麗。”賈誼作賦，尚不如是，故摯虞又云：“《楚辭》之賦，則賦之善者也。……賈誼之作，則屈原儔也。”蓋欲矯枉救敝，挽馬、班之倒瀾而還之屈、賈之本源。左思《三都賦序》斤斤於辨物居方、不作侈言，猶爲“事形”所囿，眼光未出牛背上，特“事形”必徵實而不構虛耳。較之摯《論》，已落下乘矣。

　　"夫假象過大，則與類相遠；逸辭過壯，則與事相違；辯言過理，則與義相失；麗靡過美，則與情相悖。此四過者，所以背大體而害政教。"按精湛之論，楊慎《升菴全集》卷五七、何良俊《四友齋叢説》卷二三皆嘗稱引。後兩"過"易知，無俟申説。"假象過大。與"逸辭過壯"，二者相通，"壯辭"宜用於"大象"，故辭而壯即隱涵象之大，不待舉物之名也。聊拈後世談藝數例，爲之箋釋。吳可《藏海詩話》記韓駒云："絶句如小家事，句中著大家事不得；若山谷《蟹詩》用與虎争及支解事，此家事大，不當入詩中"；張大復《梅花草堂集》卷一〇《〈三台行記〉題辭》："讀嘉靖諸君子記游之作，如北地[李夢陽]位置廬山，山東[李攀龍]刻劃太華，琅邪[王世貞]譜牒岱宗，所謂高文大册，與天不朽。然恐眉疏眼巨，不親小物，山靈豈得無知己未盡之感"；吳喬《圍爐詩話》卷一論"七子"詩大而無當、廓落不親切，謂如"寒夜蓋木板，赤身被鐵甲"；閻若璩《潛邱劄記》卷四上又卷五《與陳其年》皆指摘汪琬詩"戲蝶翩翩排闥過"及"寂寂精藍晝又開，隔籬飛蝶鎮徘徊"，笑"排闥"爲"蝶中樊噲"，寺門大開而"徘徊"不入，昔勇今怯，又爲"蝶中馮婕妤"；陶元藻《全浙詩話》卷四二引俞永思《畫漁餘話》："毛西河贈妓詩：'雙瞳夜剪秋山雨，一笑春生揚子潮'，次句乃狀笑容，非狀笑聲。揚子江心有水渦；若作笑聲解，則此笑如鯨鐘鼉鼓，聞者掩耳驚走之不暇矣"；紀昀《唐人試律説》評錢可復《鶯出谷》之"一囀已驚人，搏風飛翰疾"云："鶯有聲，然'驚人'非鶯之聲也，鶯能飛，然'搏風'非鶯之飛也"，又評陳至《芙蓉出水》之"劍芒開寶匣，峯影寫蒲津"云："劍似芙蓉，不得云芙蓉似劍，峯似芙蓉，不得云芙蓉似峯"；張佩綸

《澗于日記》光緒十八年正月初八日："山谷《水仙花》詩：'出門一笑大江橫'，'橫'字粗獷，直是水師矣!"均相映發。古希臘人論文云："道纖小事物而措詞壯偉，如以悲劇大面具加於稚子面上"（To attach great and stately words to trivial things would be like fastening a great tragic mask on a simple child）[1]。或嘲約翰生（Samuel Johnson），謂其寫小魚口動嗡沫，詞氣必類巨鯨吞呷（If you were to make little fishes talk, they would talk like whales）[2]；或嘲吉朋（Edward Gibbon），謂"小亞細亞"入其筆下便成"大亞巨亞"（He *cannot* mention Asia *Minor*）[3]；亦"類相遠"而"事相違"之意也。

"圖讖之屬，雖非正文之制，然以取其縱橫有義，反覆成章。"按摯氏此《論》僅存頌、賦、箴、銘、誄、對問等數段，見虎一毛，未許知斑。然不以"非正文之制"而棄圖讖，想必有取於緯，略類《文心雕龍》之著《正緯》篇。鍾嶸《詩品‧序》稱："摯虞《文志》，詳而博瞻，頗曰知言"；疑其亦似《雕龍》之有《書記》篇，舉凡占、符、刺、方、牒、簿等一切有字者，莫不囊括也。《隋書‧經籍志》四以摯氏《文章流別集》爲"文集總鈔"之始，僅四一卷，今已不得見；竊意《流別論‧志》所論及各體未必皆鈔入《流別集》耳。紀昀評《雕龍》是篇，譏其拉雜泛濫，允矣。然《雕龍‧論說》篇推"般若之絕境"，《諧隱》篇譬"九流之小說"，而當時小說已成流別，譯經早具文體，

---

① Longinus，*On the Sublime*，XXX，"Loeb"，p.209.
② Boswell，*Life of Johnson*，27 April，1773（Goldsmith）.
③ W.Bagehot，*Literary Studies*，ed.R.H.Hutton，I，227.

劉氏皆付諸不論不議之列，却於符、簿之屬，盡加以文翰之目，當是薄小説之品卑而病譯經之爲異域風格歟。是雖決藩籬於彼，而未化町畦於此，又紀氏之所未識。小説漸以附庸蔚爲大國，譯藝亦復傍户而自有專門，劉氏默爾二者，遂使後生無述，殊可惜也。

一二七　全晉文卷八〇

　　張敏《頭責子羽文》。按洪邁《容齋五筆》言"故篋中得此文，惜其泯没，漫采之以遺博雅君子"云云，似不知《世説·排調》門註及《藝文類聚》卷一七皆載此文者，均非僻書也。參觀光聰諧《有不爲齋隨筆》乙。

　　【增訂四】《容齋五筆》卷四録張敏《頭責子羽文》，復云："《集仙傳》所載神女成公智瓊傳，見於《太平廣記》，蓋敏之作也。"按《廣記》卷六一載《智瓊傳》，嚴可均未采其文，僅自《北堂書鈔》卷一二九録《神女傳》三句而已。《廣記》此篇中有張華《神女賦序》一首，《全晉文》卷五八亦漏輯。

一二八　全晉文卷八二

　　虞喜《志林》："是樂春藻之繁華，而忘秋實之甘口也。昔魏人伐蜀，蜀人禦之，……六軍雲擾。……費禕時爲元帥，荷國任重，而與來敏圍棋，意無厭倦；敏臨別謂禕：'君必能辦賊者也。'"按《全後漢文》卷六五劉楨《諫曹植書》："採庶子之春華，忘家丞之秋實。"費禕事見《三國志·蜀書》本傳，來敏至禕許，"求共圍棋"，曰："向聊觀試君耳。君信可人，必能辦賊者也。"又《吳書·陸遜傳》："與諸將弈棋射戲如常"；《晉書·謝安傳》淮淝之役，安"圍棋賭別墅"；與費禕事同，皆《左傳》成公十六年所謂"好以暇"也。後來澶淵之役，寇準"鼻息如雷"，符離之役，張浚"鼻息如雷"（參觀邵博《聞見前録》卷一、周密《齊東野語》卷二、來集之《倘湖樵書》初編卷二），蓋師費、陸、謝心法。西方舊傳，亦謂大戰前夕，主帥酣寢，如亞歷山大大帝等不一而足[1]；所以示已操勝算，鼓士氣而安軍心。然説者曰："安知其非莫知所措而無爲陰拱乎？"（La veille d'une bataille, le chef dort. Est-ce inertie? est-ce

_____

[1]　Montaigne，*Essais*，I. 44 "Du Dormir"，*op. cit.*，268-9（Alexandre，Othon，Caton，Augustus，Marius）.

maîtrise suprême?)①。清人嘲張浚詩："却將寇準酣眠法，用在華元棄甲時"（吳仰賢《小匏菴詩話》卷二載陳世鎔作），正此意。

【增訂四】十七世紀法國名將每詡能於大戰前安寢，猶亞歷山大大帝然，傳爲美談（le Grand Condé, de Turenne）。一與役而親隨者追記厥況，言此將下令詰朝決戰，雖復偃息如恒，初未入睡，乃知當年亞歷山大非佯寐即醉眠耳（Et après, il se recoucha pour se reposer seulement.... Et quand on nous vient conter, que, le jour de la bataille d'Arbelles, on eut peine à éveiller Alexandre, je crois que si cela fut, il faisait semblant de dormir par vanité, ou qu'il était ivre. —Bussy-Rabutin, quoted in Sainte-Beuve, *Causeries du lundi*, Vol. III., pp.368-9）。

---

① Jacques Chevalier: "De la Signification des Faits" (*Proceedings of the Seventh International Congress of Philosophy*, 14).

一二九　全晉文卷八三

謝安《與支遁書》：“人生如寄耳，頃風流得意之事，殆爲都盡。”按《古詩十九首》：“人生天地間，忽如遠行客”，《文選》李善註引《尸子》：“老萊子曰：‘人生于天地之間，寄也’”；又：“人生寄一世，奄忽若飈塵”，善註：“已見上註”；又“人生忽如寄，壽無金石固”，見上註；魏文帝《善哉行》：“人生如寄，多憂何爲”，善註亦引《尸子》。宋朱翌《猗覺寮雜記》卷上嘗引謝安書中語而蒐列相類，却似未覩《文選》；周必大《二老堂詩話》卷上、明周嬰《巵林》卷二又《補遺》各有增訂。必大《平園續稿》卷一五《如寄齋説》：“東坡博極羣書，無不用之事，波瀾浩渺，千變萬化，複語絕少，獨‘人生如寄耳’一句，不啻八九用之”，舉例云云。

一三〇　全晉文卷八四

　　索靖《月儀帖》："正月具書，君白。大簇布氣，景風微發云云，君白。"按玩其構製，似爲每月通啓問候之套式，即《全梁文》卷一九昭明太子《錦帶書十二月啓》之椎輪，後世《酬世錦囊》中物也。佚四、五、六三月。"君"猶曰"某"，泛言以代作啓人姓名，非靖自稱，故亦非靖後人避祖諱追改。余嘗臨寫《鬱岡齋帖》中本，都三十六"君"字，一手之跡，初無塗竄遺痕。《文選》任昉《上蕭太傅固辭奪禮啓》："昉啓：近啓歸訴，庶諒窮欸。……君於品庶，示均鎔造。……昉往從末宦，禄不代耕"；何焯評："'昉'一作'君'。呂延濟曰：'昉家集諱其名，但云君撰者，因而録之。'按六朝諸集，書啓多作'君啓'、'君白'之語，呂説得之。下文'君於品庶'之'君'同。"然"昉往從末宦"之"昉"，未改爲"君"，則何粗疏乃爾！《全宋文》卷一九王僧達《祭顏光禄文》："王君以山羞野酌，敬祭顏君之靈"，《文選》録之；夫祭文較書牘詞氣更爲謹敬，似無賓主齊稱"君"之理，當亦"家集諱其名"耳。李枝青《西雲札記》卷三："古與人尺牘，有自稱其字，不稱名者。王右軍《登秦望帖》及《小集帖》皆稱'王逸少頓首'，柳公權《與弟帖》稱'誠懸呈'。徐陵

《與周處士弘讓書》末云‘徐君白’，不知何故。索靖所書《月儀》，末亦云‘君白’。《月儀》之“君”與徐書、任啓之“君”，絶非等類，李言未晰。《全晉文》卷一三七戴逵《與遠法師書》三首（出《廣弘明集》卷二〇）首稱“安公和南”，末稱“戴安公和南”，而書中自稱“弟子”；逵字“安道”，則“安公”必如呂延濟所説“家集諱其名”。《全宋文》卷二五鄭鮮之《與沙門論踞食書》（出《弘明集》卷一二）末署“鄭君頓首”，亦正如此。《全齊文》卷一八劉善明《答釋僧巖書》三首（出《弘明集》卷一一）稱僧巖爲“君”：“況君辨破秋毫”，“以君之才，度君之德”，“君談天語地”，不一而足，而三書末又均署“劉君白答”；主賓無別，顯然“家集諱其名”。《全梁文》卷三六江淹《蕭太尉上便宜表》等首稱“臣公言”，卷三七江淹《齊王謝冕旒諸法物表》首稱“臣王言”；胥代齊高帝未登極時所撰，“公”、“王”必原爲“道成”，此又臣下編集諱君上名，非子孫編集諱祖父名。徐陵書啓每署“陵白”、“孤子徐陵白”、“徐陵白”；而《全陳文》卷八《與王僧辨書》首尾均稱“孤子徐君頓首”，卷九《與章司空昭達書》首稱“君白”，尾稱“徐君呈”，卷一〇《答族人東海太守長孺書》末署“君問”，蓋不僅如李氏所舉《答周處士書》也。《全梁文》卷三二沈約《千僧會願文》、《懺悔文》（出《廣弘明集》卷二八）稱“弟子沈約上白”，“弟子沈約稽首”，而《捨身願疏》（同出）則既曰：“優婆塞沈君敬白”，“君仰藉時來”，復曰：“約今謹自即朝至於明旦”；《全唐文》卷一三一《答馮子華處士書》、《答程道士書》、《重答杜使君書》皆署“王君白”，而《與陳叔達重借〈隋紀〉書》則署“王績白”；歧出不歸一律，正同徐陵諸書。此類蓋緣子孫追改之草率疏漏。避諱常顧此忽彼，如班固《東都賦》："由數朞而創萬世"，五臣注《文選》避唐太宗諱，改"世"爲"代"，而四句後之"有逆而順民"，又忘避"民"而未改爲"人"；杜甫《佳人》："絕代有佳人"，亦避唐太宗諱，改李延年歌詞之"世"爲"代"，而下云"世情惡衰歇"，却犯諱而不曰"人情"、"俗情"。連行隔句，失照如此！改本名爲"君"，却一集乃至一篇之内，未能整齊劃一，示敬而不謹，有甚於慢怠矣。《漢書‧匡衡傳》："語曰：'匡鼎來'"，張晏註："衡少時字'鼎'，世所傳衡與貢禹書，上言'衡敬報'，下言'匡鼎白'，知是字也"；顏師古註痛駁張説，謂衡與貢禹書乃後人據本傳僞作。亦見書啓自署字而不名，夙有此風，然與自署"君"、"公"，尚不可混爲一談也。

【增訂四】《玉臺新詠》爲徐陵所選，所采自作篇什，獨稱"徐孝穆"而不名，則亦出其後人避諱。司馬遷以乃父名"談"，故《報任少卿書》曰："同子參乘"，《史記‧袁盎鼂錯列傳》曰："宦者趙同"，皆諱"談"爲"同"；而《滑稽列傳》却曰："談言微中。"杜甫《觀水漲》："勢閱人代速"，《封西岳賦》："代欲聞而不可得"，《佳人》："絕代有佳人"，皆避唐太宗名"世"字；而《戲作花卿歌》却曰："人道我卿絕世無"，既稱絕世無，何謹於《佳人》而怠於《花卿》耶！白居易《臥聽法曲霓裳》："樂可理心應不謬"，避唐高宗名"治"字，故代以"理"字；而《令狐尚書許過敝居，先贈長句》則曰："已遣平治行藥徑"，殆拘牽平仄，難得代字耶？《舊唐書‧沈傳師傳》載其父既濟奏論武則天有云："故夏殷二代，爲帝者三十世矣"；"二代"之"代"乃正字，非避諱，"世"則似緊承"代"字，又無他字可替，故不得已而觸諱矣。柳宗元《貞符》避唐太宗諱，通篇“民”字均作“人”，如“受命於生人”、“黎人皇之”等，而一處獨曰：“彰信兆民”；至《眂民詩》則不僅題標“民”字，篇中“帝眂民情”、“惟民之極”、“帝懷民眂”、“實爲民路”、“廼釋蠹民”，又了無避憚。李商隱《爲濮陽公陳情表》：“是甘馬革之言，常懼武皮之誚”，又《爲河東公上鄭相公狀》：“少謝武皮，實甘馬革”，皆用《法言》之“羊質虎皮”語，以避唐太祖諱，改“虎”爲“武”，猶“虎丘”之易稱“武丘”也；然《太倉箴》之“虎用何縛”、《蝎賦》之“厥虎不翅”、《唐梓州慧義精舍南禪院四證堂碑銘》之“哽虎求探”及“時稱律虎”、《爲滎陽公黃籙齋文》之“七十神虎”、《爲濮陽公祭張士隱文》之“想鬚視虎”，却不以“武”或“獸”代之。《太平御覽‧獸部》至不列虎，而李丹《爲崔中丞進白鼠表》一則曰：“白虎白鼠，皆金行之祥”，再則曰：“獸之大者，莫勇於虎”，三則曰：“用之則如虎。”李翰《裴將軍吳射虎圖贊》通篇“虎”字九見，有云“戰羣虎之命”、“虎反如鼠”、“羣虎既夷”，皆非佳語，斥稱無忌。又李商隱《請盧尚書撰故處士姑臧李某誌文狀》：“以太和三年三月二十六日棄代”，《請盧尚書撰曾祖妣誌文狀》：“年二十九棄代”，《爲馬懿公郡夫人王氏黃籙齋第二文》：“妾幽明兩代”，胥避“世”字作“代”；顧《請盧尚書撰曾祖妣誌文狀》又有“以疾早世”、“百世不遷”、“仍世多故”，本篇之中，避諱一而犯諱三。正如韓愈《進士策問》避“治”字，用“理”字，而其《潮州上表》中“治”字屢見。避諱而未能整齊劃一，入唐尚爲常事，倘可徵文網之猶疏歟?

一三一 全晉文卷八六

　　仲長敖《覈性賦》:"趙荀卿著書,言人性之惡,弟子李斯、韓非顧而相謂曰:'夫子之言性惡當矣!……'荀卿曰:'天地之間,兆族羅列。……裸蟲三百,人最爲劣;爪牙皮毛,不足自衛;唯賴詐僞,迭相嚼齧。總而言之,少堯多桀,但見商鞅,不聞稷契。父子兄弟,殊情異計;君臣朋友,志乖怨結。鄰國鄉黨,務相吞噬;臺隷僮豎,唯盜唯竊。面從背違,意與口戾。……周孔徒勞,名教虛設。蠢爾一概,智不相絶,推此而談,執痴執黠。法術之士,能不噤齡?仰則扼腕,俯則攘袂。'荀卿之言未畢,韓非越席起舞,李斯擊節長歌,其辭曰:'形生有極,嗜欲莫限。達鼻耳,開口眼;納衆惡,拒羣善。方寸地,九折阪,爲人作險易,頃刻成此蹇。……'"按羅隱《夜泊義興戲呈邑宰》:"溪畔維舟問戴星,此中三害有圖經;長橋可避南山遠,却恐難防是最靈!";謂人號"萬物之靈",而其惡甚於水之蛟、山之虎,即仲氏所歎"人最爲劣"也。《禮記·月令》:"季夏之月,其蟲倮";鄭玄註:"象物露見,不隱藏,虎豹之屬,恒淺毛",孔穎達《正義》:"《大戴禮》及《樂緯》云:'鱗蟲三百六十,龍爲之長;羽蟲三百六十,鳳爲之長;毛蟲三百六十,麟爲之長;介蟲

三百六十，龜爲之長；倮蟲三百六十，聖人爲之長。’”鄭註未
當，孔疏尤乖。《月令》謂時氣温暖，“蟲”皆“露見”不潛伏，
非言衣毛之深淺有無，鄭妄舉虎豹爲“倮”之例；下文“孟秋之
月，……其蟲毛”，鄭註：“狐貉之屬”，蓋以狐貉爲“毛”之例，
强生分別，一若虎豹孟秋不“毛”而狐貉孟夏不“倮”者！孔疏
所引，見《大戴禮·易本命》，亦見《孔子家語·執轡》，即《孟
子·公孫丑》所謂：“麒麟之於走獸，鳳凰之於飛鳥，……類也；
聖人之於民，亦類也，出乎其類，拔乎其萃。”“其蟲倮”者，此
季之“蟲”，出穴而不匿居也；“倮蟲”者，“蟲”之無毛羽、鱗、
介者也。“其蟲倮”指凡百禽獸蟲豸，而“倮蟲”專指人，以區
別於四蟲，猶《荀子·非相》云：“人之所以爲人者，非特以二
足而無毛也”，或柏拉圖云：“人者，兩足而無羽毛之動物也”
(Plato had defined Man as an animal, biped and featherless)①。
仲氏曰：“裸蟲三百，人最爲劣”，誤解“倮蟲”之義，遂不啻
言：“人三百中，人最爲劣”，語病而理誖矣。《孟子·盡心》：
“萬物皆備於我矣”，施彦執《北窗炙輠》卷下記周正夫釋之曰：
“所謂‘狠如羊、貪如狼’、‘猛如虎’、‘毒如蛇虺’，我皆‘備’
之”；李治《敬齋古今黈》卷二亦曰：“焉知‘萬物’之中，不有
至惡者存乎？”劉霖補輯傅山《霜紅龕全集》卷二七《雜記》謂
“最龐最毒者人”，蛇、狐、虎、狼、豬、狗、梟之類，“人中莫
不有，而獨無蜂蟻。”惡備則爲“最劣”矣。此亦西方古説，柏
拉圖即言人性中有獅，有多頭怪物，亦復有人，教化乃所以培養
“人性中之人”(the man in man)②。或謂稱狼貪、獅狠、狙狡

---

① Diogenes Laertius, *Lives of Eminent Philosophers*, VI.40, “Loeb”, II, 43.

② *Republic*, 588 b ff.; cf. W. Jaeger, *Paideia*, tr. G. Highet, II, 353.

(des loups ravissants，des lions furieux，malicieux comme un singe)，皆人一面之詞，推惡與禽獸而引美歸己（C'est déjà une chose plaisante que vous donniez aux animaux，vous confrères，ce qu'il y a de pire，pour prendre pour vous ce qu'il y a de meilleur），人之凶頑，遠越四蟲①；或謂獅不可犯，虎牙凶利，然尚不及人狂怒時之可怖（Gefährlich ist's den Leu zu wecken，／Verderblich ist des Tigers Zahn，／Jedoch der schrecklichste der Schrecken，／Das ist der Mensch in seinem Wahn）②；此言人性之惡甚於禽獸也。或謂人兼驢之淫與豕之饞（sunt homini cum sue atque asino communes），兼猴之淫與虎之暴（Move upward，working out the beast，／And let the ape and tiger die）③；抑且有歷數鳥獸蟲豸，舉凡虎、獅、熊、狼、狐、馬、牛、貓、豬、犬之殊類各種（des lévriers d'attache，des dogues acharnés，des chiens qui aboient souvent et qui mordent quelquefois，des chiens de jardinier），猴、孔雀、鸚鵡、鵲、鶩、梟、蛇、蝦蟆以至蜘蛛、蜂、蝶、蠅、蚤蝨之屬，人無不有其倫比④；此言人性之惡奄有禽獸也，所謂"萬物皆備於我"者非歟？

【增訂四】朱彝尊《曝書亭集》卷二二《五毒篇》："南蟲毒頭北蟲尾，以類名虫總爲虫，五者潛行疾如鬼。……嗚呼！之蟲

---

① La Bruyère，*Les Caractères*，XII.119，Hachette，388 ff..

② Schiller："Das Lied von der Glocke"，*Werke*，hrsg. L. Bellermann，I，275.

③ Aulus Gellius，*The Attic Nights*，XIX.ii，"Loeb"，III，358；Tennyson，*In Memoriam*，cxviii. Cf. Thoreau，*Walden*："Higher Laws"，"Modern Library"，197-8（an animal in us）.

④ La Rochefoucauld，*Réflexions diverses*，xi "Du Rapport des Hommes avec les Animaux"，*Oeuvres*，"Les Grands Écrivains de la France"，I，307-10.

螫人遇所觸，謀及乃心禍斯酷，世間無如倮蟲毒！”海涅詩中託爲熊詆人曰：“汝號稱善類而勝於吾儕者，豈不以汝膚革滑潤不毛耶？彼蛇亦具此美，初非汝所獨有。人類乃兩足蛇耳”（Menschen，seid ihr etwa besser／Als wir andre，weil eu're Fell／Glatt und gleissend? Diesen Vorzug／Müsst ihr mit den Schlangen teilen．／Menschenvolk，zweibein'ge Schlangen．—Heine，*Atta Troll*，Caput V．*op．cit．*，Vol I，p.361）。蓋隱取柏拉圖語點化。

“蠢爾一概，智不相絕”；“絕”、懸絕也，謂人莫非冥頑不化，無愚智之分也，故承之曰：“孰痴孰黠?”“周孔徒勞”兩句謂儒家教化不克奏功，“法術之士”四句謂法家洞察儒術之誤，言外謂必以嚴刑峻法治之耳。“方寸地”四句以山徑之險惡喻心地之險惡，即《莊子·列禦寇》託孔子言“凡人心險於山川”。劉峻《廣絕交論》：“狙詐飆起，谿谷不能踰其險”；顏之推《觀我生賦》：“諫譖言之矛戟，惕險情之山水”；劉禹錫《竹枝詞》：“瞿塘嘈嘈十二灘，此中道路古來難，長恨人心不如水，等閒平地起波瀾”；白居易《太行路》：“太行之路能摧車，若比人心是坦途；巫峽之水能覆舟，若比人心是安流”；孫樵《出蜀賦》：“譎山詭崖”；均其意。

【增訂三】劉蛻《文泉子》卷一《弔屈原辭》：“水之浪兮，人之波瀾。浪可平兮，人心不可平。波瀾翻兮，孰測其情！水之深兮不曰深。”正所謂“長恨人心不如水”耳。薛能《行路難》：“何處力堪殫，人心險萬端。藏山難測度，暗水自波瀾。對面如千里，迴腸似七盤”；齊己《行路難》：“驚波不在黭黮間，小人心裏藏奔湍。七盤九折寒嶕崪，翻車倒蓋猶堪出；未似是非脣舌危，暗中潛毀平人骨”；均不外此意。

發揮更暢者，如《子華子·晏子問黨》："心胸之間，其容幾何？然而歷陸嶔嶇，太行、雁門橫塞之。靈臺之關，勺水之不通，而奚以有容？嗜欲炎之，好憎冰之，炎與冰交戰焉"；《全唐文》卷八〇一陸龜蒙《馬當山銘》："言天下之險者，在山曰太行，在水曰呂梁。合二險之為一，吾又聞乎馬當。……怪石憑怒，跳波發狂，日黯風勁，摧牙折檣，幸而脫死，神魂飛揚。殊不知堅輪蹄者夷乎太行，仗忠信者通乎呂梁，便舟檝者行乎馬當。合是三險而為一，未敵小人方寸之包藏"；劉子翬《屏山全集》卷一三《讀〈平險銘〉寄李漢老》："官侯鑿平劍浦灘，游子不歌行路難。……惟人性天同廣胖，橫目立見分庭壇。紛敷蔽翳榛葦萑，騰逃鬱屈猿蛇蚖。……千崖百瀨中繞蟠，覆溺鬼岸糜堅完。……浮思一縱坂走丸，不極不止巧力殫"；趙孟頫《松雪齋文集》卷六《夷齋說》："今夫天下之險，無踰於水。水之險則有呂梁灩澦，若江若河，以至於海，而水之險極矣。然舟楫既具，人力既盡，則若履平地，其或至於顛覆，蓋有幸不幸存焉耳。若夫人心之險，又非水之能喻也。談笑而戈矛生，謀慮而機穽作，不飲而醉，不酖而毒，……險之禍可勝言哉！"；方中通《陪集·陪古》卷一《九龍灘記》尤肆詭："心無形，險形萬怪所從出；方寸聚天地古今之險，猶綽綽然。余甚憫，將求一物勝之，使退而讓名於其所勝也。聞閩灘多險，遂造焉。……灘皆險，險之最，為九龍灘焉。……以灘之險，盡殺人如此，而猶有所謂'龍猴'者駕之，是安得擅天下險名？而人心之險，固非天人所可挽回萬一也！嗚呼！何從而求夫險勝人心者！"

仲氏託為荀子與其弟子問答，蓋以《荀子·性惡》篇反復申明："然則人之性惡明矣，其善者偽也。"

【增訂三】荀子"僞"字猶西語"人爲"，所以别於"天然"。
如波德萊亞云："罪惡出於天然本性；道德反是，出於人爲，
超越天然"（Le crime est...originellement naturel. La ver-
tu, au contraire, est *artificielle*, surnaturelle —Baudelaire：
"Éloge du Maquillage", *Oeuv. comp.*, "la Pléiade", 912）。
竊謂"artificiel"即"僞"字確詁，亦堪爲的譯。

然憤世疾俗，大乖荀子本旨，即韓非亦無此激厲。《荀子·性惡》
曰："今人之性惡，必將待師法然後正，得禮義然後治"，故"聖
王"於人，"化師法"，"道禮義"，俾成"君子"；仲氏則昌言教
化之爲唐捐，周、孔之爲徒勞。《韓非子·守道》曰："立法非所
以備曾、史也，所以使庸主能止盗跖也；爲符非所以豫尾生也，
所以使衆人不相謾也"；以曾、史、尾生别於盗跖、"衆人"，未
嘗視如邱貉；仲氏則畫一齊觀，概同"蠢"類。取《荀子·性
惡》而充極至盡其説，復示法家主張如《商君書·説民》、《開
塞》所謂"法勝民"、"以刑治"者，實本於性惡之論；推因得
果，對病下藥。要言不煩，於學派之脉絡淵源，如指諸掌。仲氏
聲塵寂寞，詞賦雕蟲小技，本篇又小技中之小者，而發覆破的；
考鏡學術，具此識力，正復不多。西方古人言性惡則爲政主專制
保守，言性善則爲政主自由進步，言性惡則乞靈於神明，言性善
則自立於人定[1]；其脉絡淵源之大校，亦資參驗同異也。

《荀子》言"善者僞也"之"僞"，即"人爲"之"爲"；清經
生如錢大昕《潛研堂文集》卷二七《跋〈荀子〉》、王念孫《讀書雜

---

[1]　Cf. A. O. Lovejoy, *Reflections on Human Nature*，2-9(the theological doc-
trine of man's essential badness)，15-8（man's inner corruption and perversity）.

志・史記》六《淮南、衡山傳》、段玉裁《説文解字・僞》字註、郝懿行《曬書堂文集》卷二《與王伯申侍郎論孫卿書》，考釋備矣。平步青《安越堂外集》卷六《書潛研堂〈荀子跋〉後》則謂此論已發於黃震《黃氏日鈔》，因歎"近人於宋儒書，實未能徧觀而盡識"，又言楊倞註《荀子》早引其緒。平氏之言是也。《黃氏日鈔》卷五五《〈荀子〉後辯》："'僞'者、人爲之名，而非詐僞之謂。……其意專主習而不主性，其説遂墜一偏。而又古今字義漸變不同，如古以'媚'爲深愛而後世以爲邪，古以'佞'爲能言而後世以爲諂。《荀子》之所謂'僞'，殆類《中庸》之所謂'矯'。"余觀葉大慶《考古質疑》卷三引王安石説字諸例，有："人爲之爲'僞'"，亦必於《荀子》能得正解。然《臨川集》卷六六《禮論》析理更密："嗚呼！荀卿之不知禮也，其言曰：聖人化性而起僞。……夫斲木而爲之器，服馬而爲之駕，此非生而能者也。故必削之以斧斤，直之以繩墨，圓之以規而方之以矩，束聯膠漆之，而後器適於用焉。前之以銜勒之制，後之以鞭策之威，馳驟舒疾，無得自放，而一聽於人，而後馬適於駕焉。由是觀之，莫不劫之於外而服之以力者也。然聖人捨木而不爲器，捨馬而不爲駕者，固亦因其天資之材也。……夫狙猿之形非不若人也，欲繩之以尊卑而節之以揖讓，則彼有趨於深山大麓而走耳。雖畏之以威而馴之以化，其可服邪？以謂天性無是而可化之使僞邪？……故曰：禮始於天而成於人。天則無是而人欲爲之者，舉天下之物，吾蓋未之見也。"此可與徐積《節孝先生文集》卷二九《荀子辯》合觀，所謂："且人之性既惡矣，又惡知惡之可矯，而善之可爲也？"是以荀子尚二本，而仲氏始一貫也。安石斲木、服馬之喻，取象實出《莊子・馬蹄》之匠人善治木、伯樂善治馬一節，而樹義又隱申《孟子·告子》之"順"抑"戕賊"杞柳之"性"以爲桮棬一節。亞理士多德亦言人之美德既非全出乎性，亦非一反乎性，乃適性而繕，結習以成（Neither by nature nor contrary to nature do the virtues arise in us; rather we are adapted by nature to receive them, and are made perfect by habit）①。《荀子·禮論》："性者，本始材朴也；僞者，文理隆盛也。無性則僞之無所加，無僞則性不能自美。性僞合，然後聖人之名一"；倘"合"非并合之"合"而爲適合之"合"，則安石無所置喙矣。《性惡》篇言"化性起僞"，有"良劍"不"砥厲"則"不能利"、"良馬"無"轡""策"善"馭"則不能"致千里"之喻，蓋亦知木刀杞加砥厲之功而跛鱉難收轡馭之效也；本地風光，安石胡不即以其矛攻其盾乎？《論語·公冶長》："朽木不可雕也，糞土之牆不可圬也"；《淮南子·齊俗訓》："柱不可以摘齒，筐不可以持屋，馬不可以服重，牛不可以追速，鉛不可以爲刀，銅不可以爲弩，鐵不可以爲舟，木不可以爲釜"；《楞嚴經》卷一："猶如煮沙，欲成嘉饌，縱經塵劫，終不可得"；寒山詩："蒸砂擬作飯，臨渴始掘井；用力磨碌磚，那堪得作鏡！"（參觀《五燈會元》卷三南嶽懷讓："磨磚不能作鏡"）；韓愈《題木居士》之二："朽蠹不勝刀鋸力，匠人雖巧欲何如！"與安石所謂"因其天資之材"而"劫之於外，服之以力"，歸乎一揆，亦造藝者之常談②。王充《論衡·

---

①　*Nicomachean Ethics*, Bk. II, ch.1, *The Basic Works of Aristotle*, The Random House, 952.

②　Cf. H. Focillon, *Vie des Formes*, 48（les matières comportent une certaine destinée ou une vocation formelle）; B. Bosanquet, *Three Lectures on Aesthetic*, 14ff., 58 ff.; L. Pareyson, *Estetica: Teoria della Formatività*, 2ª ed., 32 ff..

率性》篇則助《荀子》張目，謂："僞者人加知巧，亦與真者無異"，以術士消石作玉、隨侯以藥作珠爲例；亦見漢人於《荀子》所曰"僞"，已早兼作"詐僞之'僞'"解，錢大昕、王先謙輩未之考也。

一三二　全晉文卷八七

束晳《餅賦》。按卷三八庾闡《惡餅賦》："王孫駭歎於曳緒，束子賦弱於春緜"；下句即指此篇："弱如春緜，白如秋練"，上句未識何出，卷四六傅玄《七謨》則固云："乃有三牲之和羹，蕤賓之時麴，忽游水而長引，進飛羽之薄衍，細如蜀璽之緒，靡如魯縞之綫。"庾、傅所言，正束賦之"湯餅"。吳曾《能改齋漫錄》卷一五謂："乃知煮麴之爲'湯餅'，無可疑者"；俞正燮《癸巳存稿》卷一〇謂："乃今之扢搭湯或片兒湯。"然"湯餅"乃"餅"之一種，束所賦初不止此。首曰："餅之作也，其來近矣"，遂列舉"豚耳、狗舌之屬"、"則曼頭宜設"、"惟牢丸乎"、"湯餅爲最"。則饅頭、餬子若包子胥爲"餅"之屬，非特今世所謂湯麵；惟束於煮麵僅道片兒、扢搭，未及細絲索麵，當以庾、傅文中之"緒"、"綫"補遺。今世麵食有湯煮或油炸之"貓耳朵"、油穌之"牛舌餅"，殆即"豚耳狗舌"之類，侔形揣稱；正如餃子原名"角子"，孟元老《東京夢華錄·州橋夜市》所云"水晶角兒"、"煎角子"，《聊齋志異》卷八《司文郎》亦云"水角"，取其像獸角，猶粽子一名"角黍"也。晉人以"餅"爲麵食之總名；明蔣一葵《長安客話》卷二歷舉"水瀹"、"籠蒸"、

"爐熟"三者統稱"餅"，餛飩、饅頭、包子、火燒之類罔不包羅，尚衍古義。意大利以麵食著，凡"天仙髮"（capelli d'angelo）之絲麵、"雲片"（fiocchetti）之貓耳朵，及餛飩（ravioli）、餃子（tortello）等各品，亦通以"麵"（la pasta）呼之。

樓鑰《攻媿集》卷四《陳表道惠米纜》："平生所嗜惟湯餅，下箸輒空真雋永；年來風痹忌觸口，厭聞'來力勑正整'。江西誰將米作纜，捲送銀絲光可鑑。……如來螺髻一毛拔，卷然如蠶都人髮，新弦未上尚盤盤，獨繭長繰猶軋軋。……束晢一賦不及此，爲君却作補亡詩"；則今之所謂"米線"，南宋時江西土產最著。高似孫《緯略》卷四："服虔《通俗》曰：'煮米爲糝'，江西有所謂'米纜'，豈此類也？"；陳造《江湖長翁集》卷九《徐南卿招飯》："江西米糵絲作窩。"又陳造集卷六《旅館三適》詩有《序》云："予以病愈不食麵，此所嗜也，以米糵代之"，詩第一首云："粉之且縷縷，一縷百尺強"；與樓詩言風痹戒麵食而喜得米纜，互相印可。宋人每忌麵毒，觀周密《癸辛雜識》前集《葵》條可想；王羲之《雜帖》："自食穀，小有肌肉，氣力不勝；去月來，停穀噉麵，復平平耳"；又："少噉脯，又時噉麵，亦不以佳"，則晉人尚無此禁忌，似以麵之益人爲勝於米也。束晢所言"湯餅"，米纜既後起而齊驅；所言"牢丸"，則後世湯煮籠蒸之糰子均製以米粉，更取而代興矣。"牢丸"之名，向無的解，或作"牢九"。竊意望文生義，作"丸"爲長；"丸"言外形之圓，"牢"如"牢籠"之"牢"，言內裏之密，猶"包子"之"包"。糰子、包子，裹餡而形圓者，得稱"牢丸"。餃子"牢"而非外"丸"，湯圓"丸"而無內"牢"，説者均視爲"牢丸"之屬，似不當。俞正燮謂"牢丸之爲物必是湯糰"，是矣；而謂

“牢丸”非包子，非也。《北史·儒林傳》記徐遵“見鄭玄《論語·序》曰：‘書以八寸策’，誤作‘八十宗’，因曲爲之説，其僻也皆如此！”余之曲説，得無類是乎？

一三三　全晉文卷八九

　　王沉《釋時論》。按即《答客難》、《賓戲》、《解嘲》之屬，而變嘻笑爲怒罵，殆亦隨時消息也。譏訶世俗處，可與干寶《晉紀總論》、劉峻《廣絶交論》、盧思道《勞生論》映發。"德無厚而自貴，位未高而自尊；眼罔罔而遠視，鼻齆齆而刺天"；刻劃倨傲之態，與李康《運命論》中刻劃便佞之態，妙筆堪偶。烟霞散人《斬鬼傳》第二回搗大鬼"談笑時面上有天，交接時眼底無物"，即王《論》所狀張致，西語謂之給予當場在坐者以"缺席欵待"（absent treatment）。《金瓶梅》第二四回："春梅似有如無，把茶接在手裏"，又七三回："春梅也不瞧，接過蘋果、石榴來，似有如無，掠在抽屜内"；"似有如無"尤寫生入神，"罔罔遠視"、"眼底無物"復相形遜色矣。司馬相如《子虛賦》："游於後園，覽於有無"，謂有見有不見、"未能徧覩"，非此意。

一三四　全晉文卷九一

　　潘岳諸賦，以卷九〇《秋興賦》、卷九二《射雉賦》爲優，此卷《閑居賦》抑其亞也。《秋興賦》參觀《楚辭》卷論《九辯》；《閑居賦》、《笙賦》、《寡婦賦》分別參觀《毛詩》卷論《河廣》、《蟋蟀》、《君子于役》又論《全宋文》謝靈運《山居賦》、《全梁文》簡文帝《誡當陽公大心書》。

　　《悼亡賦》：“聞冬夜之恒長，何此夕之一促！”按《寡婦賦》云：“夜漫漫以悠悠兮”，鰥夫寡婦所感適反，未識何故。“春風兮泮水，初陽兮戒温。”按即岳《悼亡詩》第一首：“荏苒冬春謝，寒暑忽流易。……春風緣隟來，晨霤承檐滴。”

一三五　全晉文卷九二

　　潘岳《射雉賦》。按《文選》載宋徐爰此《賦》註，有云：
"晉邦過江，斯藝遂廢。"徵之《晉》、《宋》兩《書》，殊非情實；
郝懿行《晉宋書故》斥徐"身居恩倖"，此乃"欺飾之諛言"，或
窺其隱。然徐既以"廢"射雉爲佳事而貢"諛"，則註此賦得無
甘冒不韙、導君禽荒耶？郝氏之説尚未爲愜心貴當焉。

　　《射雉賦》："睨驍媒之變態。……野聞聲而應媒。"按徐爰
註："媒者、少養雉子，至長狎人，能招引野雉，因名曰'媒'"；
又："恐吾游之晏起"，徐註："游、雉媒名，江淮間謂之'游'；
游者，言可與游也。"張雲璈《選學膠言》卷六引《西京雜記》：
"茂陵文固陽，本琅邪人，善馴野雉爲媒，用以射雉。"元稹《雉
媒》詠此而致慨："都無舊性靈，反與他心腹，置在芳草中，翻
令誘同族"；白居易《和〈雉媒〉》更昌言："豈惟鳥有之？抑亦
人復然"；黃庭堅《大雷口阻風》："鹿鳴猶念羣，雉媒竟賣友。"
爲"媒"不惟馴雉，他鳥亦有之。段公路《北戶録》："雷、羅數
州收孔雀雛，養之使極馴擾；於山野間，以物絆足，傍施羅網，
伺野孔雀至，則倒網掩之無遺。……按《説文》曰：'率鳥者，
繫生鳥以來之，名曰圝'，《字林》音'由'；《淮南萬畢術》：'雞

鶡致鳥'，註：'取雞鶡，折其大羽，絆其兩足，以爲媒'"；柳宗元《放鷓鴣詞》："徇媒得食不復慮，機械潛發罦罝罭；破籠展翅當遠去，同類相呼莫相顧"；陸龜蒙《鶴媒歌》："偶繫漁舟汀樹枝，因看射鳥令人悲。盤空野鶴忽飛下，背翳見媒心不疑；媒閑靜立如無事，清唳時時入遙吹。徘徊未忍過南塘，且應同聲就同類。……窺鱗啄藻乍低昂，注定當胸流一矢。媒歡舞躍勢離披，似詡功能腰弩兒。……君不見荒陂野鶴陷良媒，同類同聲真可畏！"是烏媒、鶡媒、孔雀媒、鷓鴣媒、鶴媒都有。《離騷》："吾令鴆爲媒兮"，王逸註："鴆、惡鳥也，毒可殺人，以喻讒賊"；陸龜蒙所歎"陷"同類之"良媒"，是鶴而爲鴆者，雉、烏、孔雀等媒，亦莫非"鴆媒"也。西方古詩文有歷舉人行事之類禽獸者，其一爲賣同類使落網羅，有若鳧媒（de canards privés, qui trahissent leurs semblables, et les attirent dans les filets）[1]；或諷世謂雀遭媒誘落網，復作媒以誘他雀，秖爲口腹，不計同類生死（Nicht zu weit von meinem Singen／Liegen Netze und falsche Schlingen；／Die für mich hier hat gelogen，／Hat mich，wie ich euch，betrogen. ／. . .／Die da will，die mag verfliegen，／Die nicht will，die lass sich kriegen；／Wann nur ich die Kost erwerbe，／Gilt mir's gleiche，wer verterbe）[2]。當世英語逕呼諜倀爲"鴿媒"、"鳧媒"（stool pigeon, decoy duck），又白居易所歎"抑亦人復然"矣。《全唐文》卷六二五呂溫《由鹿賦·序》："遇野人縶鹿而至，問之，答曰：'此爲由鹿，由此鹿以誘致羣鹿也。……

---

①　La Rochefoucauld，*Réflexions diverses*，xi，*op. cit.*，309.

②　Logau："Eine Lockfinke"，*op. cit.*，62.

此鹿每有所致，輒鳴噭不飲食者累日。’予喟然歎曰：‘虞之即鹿
也，必以其類致之；人之即人也，亦必以其友致之。……鹿無情
而猶知痛傷，人之與謀，宴安殘酷，彼何人斯！’”；宋祁《筆記》
卷中謂呂《賦》“由”字當依《說文》作“圝”。實則潘岳賦中
“吾游”之“游”，亦即“圝”字，徐註望文生義。蓋獸亦有媒，
非僅禽鳥，鹿之“鳴噭不食”，殆愈於鶴之“歡舞躍”乎。

【增訂三】《秋澗大全集》卷一《鶴媒賦》則言相誘不必“同
類”，有“以鶴取鹿”者：“鶴本善類，與物無忮。……詐以摽
鹿，遂戕彼命。是則鶴之善，人則用而險之，反有過於機穽
也。鶴了不知，鹿終弗悟，歲供庖廚，皆鶴之故。”蓋“媒”
未必非“善類”，作倀助虐而已“了不知”；此意前人所未道，
亦復洞察物情人事也。

《射雉賦》：“鯨牙低鏃，心平望審，毛體摧落，霍若碎錦。”
按韋應物《射雉》：“野田雙雉起，翻射斗迴鞭；羽分繡臆碎，頭
弛錦鞴懸”，便平鈍無生氣；韓愈《雉帶箭》：“衝人決起百餘尺，
紅翎白鏃隨傾斜。將軍仰笑軍吏賀，五色離披馬前墮”，物態人
事，紛現紙上，方駕潘賦不啻過之。“鳴雄振羽，依於其家，捫
降邱以馳敵，雖形隱而草動。”按描畫緻貼；余見西方詩文中兩
處設譬，取象與此酷肖。但丁寫原人亞當光氣繚繞，視之不真，
猶獸覆布下，人衹覩布動，不見獸形（Tal volta un animal cover-
to broglia,／sì che l'affetto convien che si paia／per lo seguir che
face a lui la'nvoglia）[1]；弗羅貝寫女主角讀父（Théodore
Rouault）來書，別字滿紙，而頗達情志，如雞雛之形半爲棘圍所

---

[1]　*Paradiso*，XXVI.97-9，*La Commedia divina*，Ricciardi，1103.

蔽，而啁哳之聲可聞（Les fautes d'orthographe s'y enlaçaient les
unes aux autres，et Emma poursuivait la pensée douce qui caque-
tait tout au travers comme une poule à demi cachée dans une haie
d'épines）①。物色相似，而以賦爲比，風味似更雋永也。

---

①　*Madame Bovary*，I. x，Conard，238.

一三六　全晉文卷九五

　　潘尼《安身論》：“非謂崇生生之厚，而耽逸豫之樂也。”按《老子》五〇章：“動之死地，以其生生之厚”，又七五章：“人之輕死，以其生生之厚”；《淮南子·精神訓》：“夫人之所以不能終其壽命而中道夭於刑戮者，何也？以其生生之厚”；潘語出此。《莊子·大宗師》：“生生者不生”，《列子·天瑞》：“不生者能生生”；用意不同，言天運、造化，非謂人事、身命也。

一三七　全晉文卷九六

　　陸機《歎逝賦》。按悱惻纏綿，議論亦何害於抒情乎？"川閱水以成川，水滔滔而日度；世閱人而爲世，人冉冉而行暮。人何世而勿新，世何人之能故！"按參觀《全漢文》論董仲舒《山川頌》。《文選》李善註引高誘《淮南子》註曰："閱、總也"，蓋猶《史記·高祖功臣侯者年表》所謂"積日曰'閱'"，全失遷流"日度"之意，乃積水、死水耳。張九齡《登荊州城望江》："滔滔大江水，天地相終始，經閱幾世人，復歎誰家子"；杜甫《三川觀水漲》："勢閱人代速"；用"閱"字可佐解陸機語。"閱"如"閱歷"之"閱"；《漢書·蓋寬饒傳》："仰視屋而歎曰：'美！然富貴無常，忽則易人，此如傳舍，所閱多矣！'"，或元好問《癸巳四月二十九日出京》："興亡誰識天公意，留着青城閱古今"，即此"閱"字。利奧巴迪詩怨天(la natura)於人無顧藉云："即不熱心垂憫，姑亦冷眼旁觀乎"(Pietosa no，ma spettatrice almeno)[1]；言外謂其冥頑夢墨，非獨不關懷，抑且不寓目，是雖

---

[1]　Leopardi："Alla Primavera o delle Favole antiche"，*Opere*，Ricciardi，I，41.

"歷"而并未"閱"也，用字相印。"信松茂而柏悦，嗟芝焚而蕙
歎，苟性命之勿殊，豈同波而異瀾？"按可作兩解：氣類之感，
休戚相通，柏見松茂而亦悦，蕙覩芝焚而遂歎，所謂"我與爾猶
彼"，一解也；修短通塞，同歸於盡，松之大年與芝之强死，猶
五十步與百步，物論未齊，忻慨爲用，二解也。"託末契於後生，
余將老而爲客。"按承上文"顧舊要於遺存，得十一於千百"，苦
語直道衷情而復曲盡事理。"老"則故人愈稀，"客"則舊鄉遠
隔，然而羣居未容獨往，則不得不與"後生"結契。顧孔融《論
盛孝章書》不云乎："今之少年，喜謗前輩。"杜甫《莫相疑行》
更痛言之："往時文彩動人主，此日飢寒趨路旁。晚將末契託年
少，當面輸心背面笑。寄謝悠悠世上兒，不争好惡莫相疑！"杜
詩申陸賦含蓄未道之意，不得不託後生而後生又不可託也；
"好"、上聲，"惡"、入聲，即美醜，承"往時文彩"句來，謂龍
鍾潦倒，不復矜才逞氣，與人競一日短長，"年少"後生可以釋
疑忌之心，仇兆鰲註："'好、惡'二字並去聲"，則謂争愛憎也，
不詞甚矣。

【增訂三】唐庚《劍州道中見桃李盛開而梅花猶有存者》："桃
花能紅李能白，春深何處無顏色。不應尚有數枝梅，可是東君
苦留客？向來開處當嚴冬，桃李未在交游中；即今已是丈人
行，肯與年少争春風！"此篇與杜甫《莫相疑行》意態正同，
以曲喻代直陳耳。

王安石《老人行》："老人低心逐年少，年少還爲老人調。兩家挾
詐自相欺，四海傷真誰復誚！翻手作雲覆手雨，當面論心背面
笑；古來人事已如此，今日何須論久要！"（羅振玉《〈臨川集〉
拾遺》）；又推闡杜詩，以杜《貧交行》句與《莫相疑行》句儷

偶，妙手拾得，不乞諸鄰。方中通《續陪》卷一《行路難》第一
首略云："少年人人識我生憎嫌，最是嫌我、又不將我棄。老眼
昏花不識人，鞠躬道左、不敢離復不敢親。少年顏色變頃刻，似
假非假真非真，此時抑抑更唯唯，惟有聽其揶揄而已矣！"於陸
機語不啻衍義鈎沉焉。蓋年輩不同，心性即異（generation gap,
classe d'âge）①。初不必名位攸隔、族類相殊；挾少以加諸老，
亦猶富貴之可以驕貧賤。且又不必輩行懸絕，如全盛紅顏子之與
半死白頭翁；十年以長，即每同尸居餘氣，不覺前賢畏後生矣。
計東《改亭文集》卷九《耆舊偶記》記康熙十一年北遊晤見名
宿，孫奇逢九十一歲、孫承澤八十歲、王崇簡七十一歲、閻爾梅
七十歲、顧炎武六十歲，"宋學士問曰：'兩日何所聞？'余笑曰：
'兩日但見諸老人論學，八十歲老人詆九十歲老人，七十歲老人
［王］詆八十歲老人，六十歲老人又詆七十歲老人［閻］也！'"趣
談正復常事耳。蘇轍《送人歸洛》："遍閱後生真有道，欲談前事
恐無人"，則"老"雖不"爲客"，亦乏"託契"之侶也，朱希真
詩："早年京洛識前輩，晚景江湖無故人；難與兒童談舊事，夜
攀庭樹數星辰"（謝枋得《疊山集》卷六《送史縣尹朝京序》
引），則"老而爲客"，難"託契"於"後生"也。杜、王悲慨，
蘇、朱悵惘，異曲而同工焉。

---

① Cf. J. Pommier, *Questions de Critique et d'Histoire littéraire*，18-9："C'est
une loi générale qui oppose une génération à la précédente. Elle joue au sein des famil-
les，et dans tous les domaines" etc. .

一三八　全晉文卷九七

　　陸機《文賦》。按卷一〇二陸雲《與兄平原書》之九：“《文賦》甚有辭，綺語頗多；文適多，體便欲不清，不審兄呼爾不？”；常讀“體”字斷句，未能離經辨志者也。“適”、倘若也，如《晏子春秋》内篇《諫》下之二〇：“雖然，嬰將爲子復之，適爲不得，子將若何？”，或《史通·探賾》：“然適使夷齊生於秦代，死於漢日。”

　　【增訂四】晉人譯佛經中常用“適”字，義與陸雲語同。如西晉譯《生經·菩薩曾爲鼈王經》第三六：“焚炙其背，……適欲强忍，痛不可言”；《孔雀經》第五一：“如無日月，燭火爲明；日月適出，燭火無明。”又如姚秦譯《出曜經·心意品》第三六：“猶如羣鳥，恒宿茂林，貪五果香華氣味。華果適盡，各捨而逝。”“適出”與“如無”正負對比，意訓昭然。

雲語可借鍾嶸《詩品》論陶潛語爲釋：“文體省淨，殆無長語”，“長語”之“長”即“長物”之“長”，謂“文多”也，“體省淨”即“體清”耳。《與兄平原書》之一〇：“然猶皆欲微多，但清新相接，不以此爲病耳”，又二二：“兄《丞相箴》小多，不如《女史》清約耳”，亦此意。“適多”、“微多”、“小多”正如《世説·

文學》門註引《文章傳》載張華語陸機："子之爲文，乃患太多"；"多"皆《論語・子罕》："君子多乎哉！不多也"之"多"，非《泰伯》："以多問於寡"之"多"，參觀論宋玉《登徒子好色賦》。

"余每觀才士之所作，竊有以得其用心。"按下云："每自屬文，尤見其情"，與開篇二語呼應，以己事印體他心，乃全《賦》眼目所在。蓋此文自道甘苦；故於抽思嘔心，琢詞斷髭，最能狀難見之情，寫無人之態，所謂"得其用心"、"自見其情"也。陸龜蒙《襲美先輩以龜蒙所獻五百言，既蒙見知，復示榮唱，再抒鄙懷，用伸酬謝》："吾祖仗才力（自註：士衡《文賦》），革車蒙虎皮，手持一白旄，直向文場麾。……大可罩山嶽，微堪析毫釐。十體免負贅，百家咸起痿。爭入鬼神奧，不容天地私。一篇邁華藻，萬古無孑遺。""十體"尚有據驗，餘則誇述祖德，無端涯之辭，略同諛墓，不必苛責。邇來《文賦》，譯爲西語，彼土論師，亦頗徵引①。然迻譯者蒙昧無知，遂使引用者附會無稽，一則盲人瞎馬，一則陽燄空花，於此篇既無足借重，復勿堪借明也。

"恒患意不稱物，文不逮意。"按"意"內而"物"外，"文"者、發乎內而著乎外，宣內以象外；能"逮意"即能"稱物"，內外通而意物合矣。"意"、"文"、"物"三者析言之，其理猶墨子之以"舉"、"名"、"實"三事並列而共貫也。《墨子・經》上："舉、擬實也"；《經說》上："告、以之名舉彼實也"；《小取》："以名舉實，以詞抒意。"《文心雕龍・鎔裁》以"情"、"事"、"辭"爲"三準"，《物色》言"情以物遷，辭以情發"；陸贄《奉

---

① 　e. g. R. P. Blackmur，*The Lion and the Honeycomb*，237（to give Dante a little backing）.

天論赦書事條狀》：“言必顧心，心必副事，三者符合，不相越
踰”；均同此理。近世西人以表達意旨(semiosis)爲三方聯係(tri-
relative)，圖解成三角形(the basic triangle)：“思想”或“提示”
(interpretant，thought or reference)、“符號”(sign，symbol)、
“所指示之事物”(object，referent)三事參互而成鼎足①。“思想”
或“提示”、“舉”與“意”也，“符號”、“名”與“文”也，而
“所指示之事物”則“實”與“物”耳。英國一詩人詠造藝謂，
緣物生意(the thing shall breed the thought)，文則居間而通意物
之郵(the mediate word)②，正亦其旨。“文不逮意”，即得心而
不應手也；韓愈《答李翊書》：“當其取於心而注於手也，汩汩然
來矣”，得心而應手也，“注手汩汩”又與《文賦》之“流離於濡
翰”取譬相類。徐陵《孝穆集》卷一《讓五兵尚書表》：“仲尼大
聖，猶云‘書不盡言’，士衡高才，嘗稱‘文不逮意’”，撮合頗
工。《全唐文》卷三七八王士源《孟浩然集序》：“常自歎爲文不
逮意也”；汪中《述學·別録·與巡撫畢侍郎書》：“所爲文恒患
意不逮物，文不逮意”；皆本陸機語。參觀《老子》卷論第一章。

　　“蓋非知之難，能之難也。”按《文選》李善註：“《尚書》
曰：‘非知之艱，行之惟艱。’”二語見僞《古文尚書·説命》，唐
人尚不知其贋，故引爲來歷；實則梅賾於東晉初方進僞《書》，
陸機在西晉未及見也，此自用《左傳》昭公十年子皮謂子羽語：

　　①　C. S. Peirce，*Collected Papers*，ed. C. Hartshorne and P. Weiss，V，§ 484；
C. K. Ogden and I. A. Richards，*The Meaning of Meaning*，11.

　　②　Browning，*The Ring and the Book*，XII，858 ff.，cf. De Sanctis：“lo stile è
la cosa nel suo riflesso e nel suo effetto sulla mente”(L. Russo，*Gli Scrittori d'Italia*，
II，140).

"非知之難，將在行之。"得諸巧心而不克應以妍手，固作者所常
自憾。《文心雕龍・神思》："方其搦管，氣倍辭前，暨乎篇成，
半折心始。何則？意翻空而易奇，言徵實而難巧也"；亦道其事。
蘇軾《答謝民師書》所謂："求物之妙如係風捕影，能使是物了
然於心者，蓋千萬人而不一遇也，而況能使了然于口與手乎？"
又不獨詩、文爲然。《全唐文》卷四三二張懷瓘《書斷序》："心
不能授之於手，手不能受之於心"；正爾同慨。參觀本卷論王羲
之《書論》。法國一大畫家(Delacroix)嘗歎："設想圖畫，意匠經
營修改，心目中赫然已成傑構，及夫着手點染，則消失無可把
捉，不能移着幅上"(Voir des chefs-d'oeuvre dans son esprit，les
contempler，les rendre parfaits par les yeux du cerveau，et，
quand on veut les réaliser sur la toile，les sentir s'évanouir et de-
venir intraduisibles!)[1]。有心無手，亦爲西方談藝之口實。又一
劇中人云："尊意倘謂苟拉斐爾生而無手，遂不得爲繪畫中絶才
耶？"(Oder meinen Sie，Prinz，dass Raphael nicht das grösste
malerische Genie gewesen wäre，wenn er unglücklicher Weise
ohne Hände wäre geboren werden?)[2]；一小詩嘲人云："畫苑大
師，惜殘肢體！靈心明眼，却乏手臂！"(Dir auch töne mein
Gruss，du herrlicher Maler-Torso；/Brust und Auge wie schön!
Weh! ob der fehlenden Hand)[3]；一小說中人物尤痛言之："吾
具拉斐爾之心，祇須有其手爾。吾已獲天才之半，茫茫大地，將

---

① Maxime du Camp，*Souvenirs littéraires*，II，211.

② Lessing，*Emilia Galotti*，I. iv(Conti)，*Werke*，Weimar：Volksverlag，I，
233‒4.

③ Grillparzer，*Aphorismen*："Tieck"，*op. cit.*，II，25.

底處覓餘半也！安知此巧手不爲心神瑣濁之畫匠所有，徒用以摹古媚俗乎？"（I need only the hand of Raphael. His brain I already have.... I'm the half of a genius! Where in the wide world is my other half? Lodged perhaps in the vulgar soul, the cunning ready fingers of some dull copyist or some trivial artisan who turns out by the dozen his easy prodigies of touch!）[1]。顧既不解行，則未保知之果爲真；苟不應手，亦未見心之信有得[2]。徒逞口説而不能造作之徒，常以知行不齊、心手相乖，解嘲文過。抑大家雄伯每親證其境，又未宜因輇才飾僞者自欺欺人而盡抹撥之。惡僞之亂真，欲去僞而乃并鑱真，非知言也。世間事物，有僞未遽有真，《墨子·經》上所謂"無不必待有"也，然而有真則必有僞焉。匹似有僞神仙，不足徵亦有真神仙，有僞君子，則正緣有真君子耳。

"故作《文賦》以述先士之盛藻，因論作文之利害所由，他日殆可謂曲盡其妙。至於操斧伐柯，雖取則不遠，若夫隨手之變，良難以辭逮。蓋所能言者，具於此云。"按後文又申此意："是蓋輪扁所不得言，故亦非華説之所能精。"蓋知文當如何作（knowing how）而發爲詞章（application in practice），一也；知文當如是作（knowing that）而著爲科律（formulation of precept），二也。始謂知作文、易，而行其所知以成文、難；繼則進而謂不

---

① Henry James, *The Madonna of the Future* (Theobald), *Novels and Tales*, Scribner, XIII, 486-7.

② Blake, *Notes on Reynolds*："Invention depends altogether upon execution or organisation" etc. (A. Gilchrist, *Life of William Blake*, "Everyman's", 272). Cf. Croce, *Estetica*, 10ª ed., 11-3; H, Focillon, *Vie des Formes*, 65-8.

特行其所知、難，即言其所知以示周行，亦復大難。知而不能
行，故曰："文不逮意"；知而不能言，故曰"難以辭達"、"輪扁
所不得言"，正如《呂氏春秋・本味》伊尹曰："鼎中之變，精妙
微纖，口弗能言，志不能喻。"

【增訂四】《後漢書・方術列傳》下郭玉曰："醫之爲言意也。
腠理至微，隨氣用巧。針石之間，毫芒即乖。神存於心手之
際，可得解而不可得言也。"

《文選》李善註"他日"句："言既作此《文賦》，他日觀之，殆
謂委曲盡文之妙道；趙歧《孟子章句》曰：'他日、異日也。'"
拘攣一句之中，未涵泳上下文，遂不識"委曲盡道"之解與本文
"難以辭達"岨峿阢陧。俞正燮《癸巳存稿》卷一二亦失正解，
故欲乙其文，作："謂他日殆可曲盡其妙"，釋曰："言《賦》之
所陳，知之非難，冀他日能之耳"；信若所言，則"謂"字當刊
去，不僅鉤乙也。"他日"有異日、來日意(another day，some
other day)，亦可有昔日、往日意(the other day)。即以《孟子》
爲例。如《梁惠王》："他日見於王曰"，《公孫丑》："他日見於王
曰"又"他日王謂時子曰"，《滕文公》："他日子夏、子游、子張
以有若似聖人"又"夷子不來，他日又求見孟子"，皆謂當日以
後；《梁惠王》："他日君出"，《滕文公》："吾他日未嘗學問"，又
皆謂當日以前。趙歧都未註，惟於《滕文公》陳仲子章"他日
歸"句下註："他日、異日也"，殆李善所徵。夫"他日"句承
"先士盛藻"來，則以"昔日"之解爲長。謂前世著作已足當盡
妙極妍之稱，樹範"取則"，於是乎在，顧其神功妙運，則語不
能傳，亦語不能備，聊示規矩，勿獲悉陳良工之巧耳。"他日"
得作昔日、往日解，唐世尚然，如杜甫《秋興》："叢菊兩開他日

淚”，李商隱《野菊》：“清樽相伴省他年”又《櫻桃花下》：“他日未開今日謝。”李善苟不盡信書而求之當時語，則得矣。

“佇中區以玄覽，頤情志於典墳；遵四時以歎逝，瞻萬物而思紛。”按《文選》李善註第一句：“《老子》曰：‘滌除玄覽’，河上公曰：‘心居玄冥之處，覽知萬物’”；五臣張銑註：“玄、遠也，遠覽文章。”銑説爲長。機祇借《老子》之詞，以言閱覽書籍，即第二句之“頤情典墳”，正如“遵時歎逝”，即第四句之“瞻物思紛”，均以次句申説上句。或者見善《註》引《老子》，遂牽率魏晉玄學，尋虛逐微，蓋不解文理而強充解道理耳。張衡《思玄賦》，《文選》李善註解題亦引《老子》：“玄之又玄”，然其賦實《楚辭·遠遊》之遺意，故既曰：“何必歷遠以劬勞？”，復曰：“願得遠度以自娛”；《全梁文》卷一五梁元帝《玄覽賦》洋洋四千言，追往事而述游踪；崔湜《奉和登驪山高頂寓目應制》：“名山何壯哉！玄覽一徘徊”，又徐彥伯《奉和幸新豐溫泉宮應制》：“何如黑帝月，玄覽白雲鄉！”，猶言遠眺；皆不必覩“玄”字而如入玄冥、處玄夜也。“中區”，善註：“區中也”；“區中”即言屋內。蓋前二句謂室中把書卷，後二句謂戶外翫風物。“悲落葉於勁秋，喜柔條於芳春”；二句申説“四時”、“萬物”。蕭子顯《自序》：“風動春朝，月明秋夜，早雁初鶯，開花落葉，有來斯應，每不能己也”；《文心雕龍·物色》：“物色之動，心亦搖焉。……流連萬象之際，沉吟視聽之區。……目既往還，心亦吐納。春日遲遲，秋風颯颯，情往似贈，興來如答”；《詩品·序》：“若乃春風春鳥，秋月秋蟬，夏雲暑雨，冬月祁寒，斯四候之感諸詩者也”；又機此二句之闡釋也。子顯《自序》尚及“送歸”，《詩品·序》更於興、觀、羣、怨，“凡斯種種”足以“陳詩”

者，徧舉不遺；陸《賦》則似激發文機，惟賴觀物，相形殊病疎
隘，殆亦徵性嗜之偏耶？"有來斯應"、"往還吐納"，蓋謂物來而
我亦去，物施而我亦報（interaction），如主之與客；初非物動吾
情、印吾心，來斯受之，至不反之（action and passion），如主之
與奴也。不言我遇物而言物迎我，不言物感我而言我贈物，猶曰
"色授魂與"耳，參觀論《全漢文》枚乘《七發》。"心亦吐納"、
"情往如贈"，劉勰此八字已包賅西方美學所稱"移情作用"
（Law of imputation，Einfühlung）①，特標舉之。

　　"傾羣言之瀝液，漱六藝之芳潤。"按《文選》李善註："《周
禮》曰：'六藝：禮、樂、射、御、書、數也'"；何焯評："'六
藝'謂《易》、《詩》、《書》、《禮》、《樂》、《春秋》；《史記》：'載
籍極博，尤考信于六藝'，又'孔子弟子身通六藝者，七十二
人'；以上文義求之，不當引《周禮》。"何說是也，特未窺善乃
沿張衡《思玄賦》舊註之誤。衡賦云："御六藝之珍駕兮，遊道
德之平林，結典籍而爲罟兮，歐儒墨以爲禽，玩陰陽之變化兮，
詠雅頌之徽音"；明指《六經》，而舊註即引《周禮》，善亦無糾
正。陸機蓋已發《文心雕龍·宗經》之緒。韓愈論文尊《經》，
《進學解》曰："口不絕吟於六藝之文"；王質《雪山集》卷五
《于湖集序》曰："文章之根本皆在《六經》；非惟義理也，而其
機杼物采、規模制度，無不備具者。"杜甫自道作詩，《偶題》
曰："法自儒家有，心從弱歲疲"；辛棄疾《念奴嬌·答傅先之提
舉》曰："君詩好處，似鄒魯儒家，還有奇節"；均爲詞章而發，

---

　　① 　W. Knight，*The Philosophy of the Beautiful*，I，209（Mᶜ Vicar）；H.J. Bate，
From Classic to Romantic，131 ff.，153 ff.；G. Morpurgo-Tagliabue，*L'Esthétique
contemporaine*，20 ff.，42 ff..

亦可通消息。韓愈之"沈浸醲郁，含英咀華"，又與"傾瀝液，漱芳潤"共貫。《全後漢文》卷九一王粲《荆州文學記官志》雖云"遂訓《六經》"，復論《易》、《書》、《詩》、《禮》、《春秋》之"聖文殊致"，初非緣詞章說法，"文學"所指甚廣，乃今語之"文教"。機《賦》始專爲文詞而求諸《經》，劉勰《雕龍》之《原道》、《徵聖》、《宗經》三篇大暢厥旨。《徵聖》曰："徵之周、孔，則文有師矣"；《宗經》曰："勵德樹聲，莫不師聖，而建言修辭，鮮克宗經。……文章奧府，羣言之祖。"王粲之《志》祇道"勵德樹聲"爾。若《顏氏家訓·文章》論詩文各體"原出五經"，則庶幾道"建言修辭"者。志事迥殊，鶻突而混同之，未見其可。昭明《文選·序》曰："若夫姬公之籍，孔父之書，……孝敬之准式，人倫之師友，豈可重以芟夷，加以剪截?"是"師聖"以"勵德樹聲"，而未"宗經"以"建言修辭"；豈於其文章不敢贊一辭耶? 殆實非賞音，難與同調，故善爲說辭，敬而遠之也? 阮元奉昭明之遁辭，爲談藝之聖證，《揅經室二集》卷二《揚州隋文選樓記》、《三集》卷二《文言說》、《書梁昭明太子文選序後》、《與友人論古文書》又卷五《學海堂文筆策問》斷言"經、史、子三者"之非"文"。於痴人前真說不得夢也! 董其昌《容臺集》卷四《〈餐霞十草〉引》："作者雖並尊兩司馬，而修詞之家，以文園爲宗極。……自漢至唐，脉絡不斷；叢其勝會，《選》學具存。昌黎以經爲文，眉山以子爲文，近時哲匠王允寧、元美而下，以史爲文。於是詩、賦之外，《選》學幾廢。蓋龍門登壇，而相如避舍矣!"已早發阮氏之論矣。

"其始也，皆收視反聽，耽思傍訊，精騖八極，心游萬仞。……於是沈辭怫悅，若游魚銜鈎而出重淵之深，浮藻聯翩，若翰鳥纓

繳而墜曾雲之峻。"按"傍訊"之"傍"即《進學解》"獨傍搜而遠
紹"之"傍"，謂四面八方，正下二句之"八極"、"萬仞"。此節言
力索而有獲，下文："及其六情底滯，志往神留，兀若枯木，豁
若涸流"，則言力索而終無所獲；文機或流或澀，而其爲苦思冥
搜，則無乎不同。杜甫《戲爲六絶句》之"未掣鯨魚碧海中"視
"鈎魚出重淵"；劉昭禹《風雪》之"句向夜深得，心從天外歸"
視"繳鳥墜曾雲"；盧延讓《苦吟》之"險覓天應悶，狂搜海亦
枯"視"重淵"、"曾雲"；賈島《戲贈友人》之"一日不作詩，
心源如廢井，筆硯爲轆轤，吟咏作縻綆"視"豁若涸流"；裴説
斷句之"苦吟僧入定，得句將成功"視"收視反聽，志往神留"；
詞意胥相映發。袁枚《小倉山房詩集》卷二〇有《續〈詩品〉》
三二首，説者病其與司空圖原作旨意迥庭，實則袁之屬詞雖仿司
空，而謀篇命意出於陸機《文賦》及《文心雕龍》之《神思》、
《定勢》、《鎔裁》等篇；馬榮祖《文頌》亦然。若司空圖《詩品》
命意源於《文心雕龍》之《體性》篇，而鍾嶸《詩品》之"謝詩
如芙蓉出水，顔詩如錯采鏤金"，或"范詩清便宛轉，如流風迴
雪，丘詩點綴映媚，似落花依草"，侔物構象，約爲四字，《雕
龍》所未有；皎然《詩式》卷一《品藻》："百葉芙蓉，菡萏照
水，例如曹子建詩云云；寒松病枝，風擺半折，例如康樂公詩云
云"等，擬象爲主，篇什爲附，苟以"體性"之品目安上，便是
司空鑄詞之椎輪矣。李商隱《錦瑟》則作者自道，頸聯象"神
思"，腹聯象"體性"，兩備一貫，別見《玉溪生詩》卷論《錦
瑟》。陸機論作文，窮碧落、極黄泉以求索者，"沈辭"也，"浮
藻"也。蓋魏晉之世，偶體已興，時會所趨，詞肥義瘠。"十體"
中之"論"與"説"二體，當以立意爲宗，亦復理不勝詞，浮文

妙要。機以詞藻爲首務，風氣中人語也。魏文帝《典論》謂"文以氣爲主"，劉勰《文心雕龍》繼王充而立《養氣》一篇，韓愈《答李翊書》亦謂"氣盛則言之短長與聲之高下皆宜"，着眼又別，足相比勘。"旁訊"、"旁搜"乃言所思未得，念兹在兹，搜討幽夐，期於必致。顧亦有異乎此者。燥吻澀情，邈然莫獲，雖極思功，未邀神告，則姑置之，別爲他事，却忽流離滂沛，不覓自來。心理學者謂致知造藝，須解"旁思"(Pour trouver, il faut penser à côté)①：當夫塞而不通，宜舍是而別用其心，以待時節因緣，自然涣釋。事如往南向北，而效同聲東擊西。蓋思之未始有得也，守題而不設畔岸，思之至竟無獲也，離題而另起爐竈；皆"旁訊"、"旁搜"。舊解可以出新義焉。

"收百世之闕文，採千載之遺韻；謝朝華於已披，啓夕秀於未振。"按陳澧《東塾集》卷四《跋〈音論〉》："亭林先生云：'自漢、魏以上之書，並無言韻者，知此字必起於晉、宋以下。陸機《文賦》云云，文人言韻，始見於此。'澧按《尹文子》云：'韻商而含徵'，此'韻'字之見於先秦古書者。"此專究"韻"字入文之"始"，於談藝無與。"闕文"之"文"如"文詞"之"文"，"遺韻"之"韻"如"韻語"之"韻"，非"質文"、"情文"之"文"，"神韻"、"氣韻"之"韻"（參觀論《全齊文》謝赫《畫品》），指詩文之篇什，非道詩文之風格。故"文人言"音"韻"之"韻"，或"始見於此"，若其言"韻"味之"韻"，則斷乎不得託此爲始。機意祇謂於前人撰作，網羅放失，拾墜鈎沈；"闕文"、"遺韻"猶後世曰"古逸"耳。李善註："'華'、'秀'以喻文

---

①   P. Sauriau, *Théorie de l'Invention*, 7.

也，'已披'言已用也"；不甚了了。"披"乃"離披"之"披"，
萎靡貌，承"華"字來而爲"振"字之反；李商隱《七月二十七
日崇讓宅讌作》："紅藥何事亦離披"，即此"披"字。"謝"如善
註張華《勵志詩》引顏延年曰："去者爲'謝'"；晏幾道《生查
子》："寒食梨花謝"，即此"謝"字。曰"披"、曰"謝"，花狂
葉病也；"啓"、開花，"振"怒花也。鮑照《觀漏賦》："薰晚華
而後落，槿早秀而前亡"，用字與"朝華"、"夕秀"相參。機意
謂上世遺文，固宜採擷，然運用時須加抉擇，博觀而當約取。去
詞采之來自古先而已成熟套者，謝已披之朝華；取詞采之出於晚
近而猶未濫用者，啓未振之夕秀。倘易花喻爲果喻，則可曰：一
則未爛，一則帶生。宋祁《筆記》卷中以此二句與韓愈"惟陳言
之務去"並舉，曰："此乃爲文之要"；擬得其倫矣。

【增訂四】古羅馬修詞學大師昆體良教人當選用新詞之最舊者、
舊詞之最新者（novorarum optima... maxima vetera... vet-
erum maxima nova. —Quintilian, *Institutio oratoria*, I.
vi.41, Loeb, Vol.I, p.131），即謂於新穎之詞取其已經用
者，於陳舊之詞取其猶沿用者。一如朝華之尚未披，一如
夕秀之能久振；譬之於果，則均熟而未爛，無《文賦》所
言帶生一境。

"觀古今于須臾，撫四海于一瞬。"按參觀上文："收視反
聽，耽思傍訊，精騖八極，心游萬仞"，下文："罄澄心以凝思，
眇衆慮而爲言；籠天地於形內，挫萬物於筆端。"《西京雜記》卷
二記司馬相如爲《上林子虛賦》："意思蕭散，不復與外事相關，
控引天地，錯綜古今，忽然如睡，煥然如興"；可與機語比勘。
"撫四海"句李善註引《莊子》，是也。《在宥》託爲老子曰："其

熱焦火，其寒凝冰，其疾俛仰之間而再撫四海之外，其居也淵而
靜，其動也縣而天，儵驕而不可係者，其唯人心乎!"莊子狀心
行之疾，祇取證上下四方之宇，猶《大乘本生心地觀經·觀心
品》第一〇："心如大風，一剎那間，歷方所故"，或《楞伽經·
一切佛語心品》之二："意生身者，譬如意去，迅速無礙，……
石壁無礙，於彼異方無量由延。"陸機不特"撫四海"，抑且"觀
古今"，自宇而兼及宙矣。《全唐文》卷一八八韋承慶《靈臺賦》即
賦心者，形容最妙，有曰："萌一緒而千變，兆片機而萬觸。……
轉息而延緣萬古，迴瞬而周流八區"；意同陸賦而詞愈工妥。《朱
子語類》卷一八："如古初去今是幾千萬年，若此念才發，便到
那裏；下面方來又不知是幾千萬年，若此念才發，也便到那
裏。……雖千萬里之遠，千百世之上，一念才發，便到那裏"；
又卷一一九："'未之思也，夫何遠之有!'才思便在這裏，……
更不離步。《莊子》云云"；敷陳尤明。達文齊謂心能於瞬息間自
東徂西（The mind passes in an instant from the east to the
west）①；莎士比亞稱心思捷躍，能一舉而踰世代、超山海，念
動即屆（For/'tis your thoughts that now deck our kings，/Carry
them here and there；jumping over times；/For nimble thought can
jump both sea and land，/As soon as think the place where he
should be）②；蓋彼土詩文亦以為常談也。又按腹稿意匠，成竹
在胸，尚有一境，可狀之曰："觀起訖之須臾，撫全篇於一瞬。"
原始要終，按部就班，雖洋洋千萬言而若通體同時橫陳於心目之
前，一瞥視而無遁形者。相傳莫差特有一尺牘，道此最親切（und

---

①　*The Notebooks of leonardo da Vinci*，tr. E. MacCurdy，I，71.

②　*Henry V*，Prologue；*Sonnets*，no. 44.

das Ding wird im Kopf wahrlich fast fertig，wenn es auch lang ist，so dass ich's hernach mit einem Blick，gleichsam wie ein schönes Bild oder einen hübschen Menschen im Geist übersehe und es auch gar nicht nebeneinander，wie es hernach kommen muss，in der Einbildung höre，sondern wie gleich alles zusammen)①。其言雖爲樂曲而發，顧謀篇行布，文成於心，未始不然也。

　　"然後選義按部，考辭就班。"按侯方域《壯悔堂文集》卷三《與任王谷論文書》："六朝選體之文最不可恃，土雖多而將鬻，或進或止，不按部伍"；侯氏少年習爲儷偶，過來人故知個中患弊。機賦此語正防患對症而發。

　　"或虎變而獸擾，或龍見而鳥瀾；或妥帖而易施，或岨峿而不安。"按李善註："《周易》曰：'大人虎變，其文炳也'，言文之來，若龍之見煙雲之上，如鳥之在波瀾之中。應劭曰：'擾、馴也。'"碎義逃難，全不順理達旨。何焯評"虎變"云云："二句疑大者得而小者畢之意"；亦未端的。"瀾"當是"瀾漫"之"瀾"，"鳥"當指海鷗之屬；虎爲獸王，海則龍窟。主意已得，陪賓襯托，安排井井，章節不紊，如猛虎一嘯，則百獸帖服；"妥帖易施"，即"獸擾"之遮詮也。新意忽萌，一波起而萬波隨，一髮牽而全身動，如龍騰海立，則鷗鳥驚翔；"岨峿不安"，亦即"鳥瀾"之遮詮矣。卷九七機《羽扇賦》："彼凌霄之遶鳥，播鮮輝之蒨蒨，隱九皋以鳳鳴，游芳田而龍見"；卷一○二機弟雲《與兄平原書》指瑕曰："言鳥云'龍見'，如有不體"，即在稱《文賦》"甚有辭"同一書中。倘如善註謂："龍見雲如鳥在

　　①　K.Storck，*Mozarts Briefe in Auswahl*，269，Nr. 179："Aus einem fingierten Brief"。

瀾”，此二語當亦被“不體”之目耳。以景物喻文境，後世批尾
家之慣技，如汪康年《莊諧選録》卷四：“有人評一人試帖曰：
‘兩個黃鸝鳴翠柳，一行白鷺上青天’；上句是不解作何語，下句
是愈說愈遠了”；取杜詩爲謔，機杼不異“虎變”、“龍見”也。

　　“信情貌之不差，故每變而在顏；思涉樂其必笑，方言哀而
已歎”。按情動而形於言，感生而發爲文，乃“樂”而後“思
涉”，“哀”而後“方言”；然當其“涉”也、“言”也，“哀”、
“樂”油然復從中來，故“必笑”、“已歎”。既興感而寫心作文，
卻因作文而心又興感；其事如鮑照《東門行》：“長歌欲自慰，彌
起長恨端”，杜甫《至後》：“愁極本憑詩遣興，詩成吟咏轉淒涼”，
楊萬里《己丑上元後晚望》：“遣愁聊覓句，得句却愁生。”此一
解也。哀樂雖爲私情，文章則是公器；作者獨居深念，下筆時
“必笑”、“已歎”，庶幾成章問世，讀者齊心共感，親切宛如身
受。《世說·文學》門嘗記孫楚悼亡賦詩，作者之“文生於情”
也，王濟“讀之悽然”，讀者之“情生於文”也。古羅馬詩家所
謂“欲人之笑，須己先嗢然，欲人之泣，須己先泫然”（Ut
ridentibus arrident, ita fletibus adflent/Humani vultus. Si vis me
flere, dolendum est/Primum ipsi tibi）①。此進一解也。陸機之言
祇爲當時詩、文之抒情宣志而發。世降文繁，雲興波詭，其言之
應用愈廣、義蘊遂申。小說、戲劇，巧構形似，必設身處地，入
情入理，方盡態逼真，唯妙唯肖。擬想之人物、角色，即事應
境，因生“哀”、“樂”；作者“涉”之、“言”之，復“必笑”、
“已歎”，象憂亦憂，象喜亦喜，一若己即局中當事。作者於人

---

　　① Horace, *Ars poetica*, 101–3; cf. Quintillian, *Institutio oratoria*, VI. ii.
25–36(visiones), “Loeb”, II, 430 ff..

物、角色，有與有不與，或嘻笑而或怒罵，此美而彼刺；然無善
無惡，莫不置此心於彼腔子之中，感共休戚，蓋雖勿同其情
(mitfühlen)，而必通其情(nachfühlen)焉[1]。亞理士多德教劇本
作者於屬稿時，當自身擬演筆下所寫之情節舉動(so far as he
can, the tragic poet should act out with appropriate gestures the
events of his play)[2]。寧非"情貌不差"之充類至盡哉！梅太斯
太休自言草歌劇，憑空杜撰夢事幻象，而己不啻化身入個中，生
閑氣，賠眼淚(Sogni e favole io fingo; e pure in carte/Mentre
favole e sogni orno e disegno,/In lor, folle ch'io son, prendo tal
parte/Che del mal che inventai piango e mi sdegno)[3]。弗羅貝
自言與所作小説中角色痛癢相關，敍一婦仰藥，己口中亦如嘗其
味，儼然毒發，胃不納食(Mes personnages *m'affectent*...
Quand j'écrivais l'empoisonnement d'Emma Bovary, j'avais si
bien le goût d'arsenic dans la bouche, j'étais si bien empoisonné
moi-même que je me suis donné deux indigestions coup sur
coup)[4]。且不特描述人事爲爾，即刻劃獸態，亦有自想變形爲

---

　　① 　M. Scheler, *Wesen und Formen der Sympathie*, 3. Auf., 4–5: "Es ist ganz
sinnvoll zu sagen: 'Ich kann Ihn das sehr gut nachfühlen, aber ich habe kein Mitleid
mit Ihnen!'" Cf. Coleridge, *Miscellaneous Criticism*, ed. Thomas M. Raysor, p. 415:
"They [Wordsworth and Goethe] are always, both of them, spectators *ab
extra*, —feeling *for*, but never *with*, their characters."

　　② 　*Poetics*, 55a 29–32; cf. G. F. Else, *Aristotle's "Poetics": the Argument*, 489.

　　③ 　Metastasio, *Sonetti*, I, *Tutte le Opere*, Mondadori II, 939. Cf. Trollope,
An Autobiography, ch. 10, "The Oxford Trollope", 178: "At such times I have been
able to imbue myself thoroughly with the characters I have had in hand, ...crying at
their grief, laughing at their absurdities, and thoroughly enjoying their joy."

　　④ 　Flaubert, *Correspondance*, Conard, V^e série, 350.

獸者；都巴大詠怒馬馳驟，於是手足據地，載蹴載躍，口蕭蕭作馬嘶聲(se mettre à quatre pattes，à ruer，à gambader，à hennir，à être cheval)①。此固繪畫之常：詩家寫馬，效馬所爲，正猶畫師寫虎，解衣蒙虎皮，跳踉吼嘯，"思仿其勢"，"自視真虎"（李廌《濟南集》附《德隅堂畫品》記厲歸真、陳師道《後山集》卷一九《談叢》記包鼎，參觀《太平廣記》卷四三〇《楊真》出《瀟湘記》、又湯顯祖《玉茗堂詩集》卷五《東館別黃貞父》自註："憶沈啓南六月添衣畫雪"）。皆但丁所謂："欲畫某物，必化爲其物，不爾則不能寫真"（Poi chi pinge figura，/se non può esser lei，non la può porre)也②。雖然，陸機之語固堪鈎深，亦須補闕。夫"涉樂"、"言哀"，謂作文也，顧"變在顏"之"笑"若"欷"（espressione immediata o sintomatica)非形於楮墨之哀與樂(espressione poetica o spirituale)也③，徒笑或欷尚不足以爲文，亦猶《檀弓》謂"直情而徑行"尚非"禮道"也。情可生文，而未遽成文；"談歡則字與笑並，論戚則聲與泣偕"（《文心雕龍·夸飾》），落紙之情詞也，莞爾、喟然則僅見于面之"情貌"而已。"涉哀"、"言樂"如以杞柳爲桮棬，而機《賦》下文之"考殿最"、"定去留"、"銓衡"、"杼柚"等，則如匠者之施繩墨斧斤。作文之際，生文之哀樂已失本來，激情轉而爲凝神，始於覺哀樂而動心，繼乃摹哀樂而觀心、用心。

---

① Sainte-Beuve，*Tableau de la Poésie française au 16ᵉ Siècle*，397(Du Bartas). Cf. P. Pancrazi，*Scrittori d'Oggi*，Serie VI，230(D'Annunzio)，281−2(Croce).

② *Il Convivio*，Trat. IV，Canzone iii，53−4，*Opere*，ed. E. Moore and P. Toynbee，294.

③ Croce，*La Poesia*，5ᵃ ed.，3 ff.，200.

【增訂四】瓦勒利力非“讀者生情逕出於作者此情”之説，斥爲“鶻突亂道，一若不須搆思成章者”。至曰：“人有常言：‘欲博我下淚，君必先賠眼淚。’我則竊恐君淚墨淋漓之作使吾厭苦欲哭或且不禁失笑耳”（Une éternelle confusion d'idées exige que les émotions du lecteur dépendent ou résultent *directement* des émotions de l'auteur，comme si *l'oeuvre n'existait pas*. On dit：pour me tirer des pleurs，il faut que vous pleuriez. Vous me ferez pleurer，peutêtre rire par le produit littéraire de vos larmes. —Valéry：“Note et Digression”，*Oeuvres*，Bib. de la Pléaide，Vol. I，p. 1205）。福樓拜亦重言申明此意（the impersonality of the work；cf. R. Wellek，*A History of Modern Criticism*，Vol. IV，p. 8）。古希臘人謂詩文氣涌情溢，狂肆酣放，似口不擇言（as if frenzied），而實出於經營節制，句斟字酌[1]；後世美學家稱，藝術表達情感者有之，純憑情感以成藝術者未之有也（Eine schöne Kunst der Leidenschaft gibt es；aber eine schöne leidenschaftliche Kunst ist ein Widerspruch）[2]；詩人亦嘗自道，運冷静之心思，寫熱烈之情感（Faisons des vers émus très froidement）[3]。

---

[1]　Longinus，*On the Sublime*，X. 1-3（Sappho），XVI. 2-4（Demosthenes）；cf. J. Brody，*Boileau and Longinus*，40-2，75.

[2]　Schiller，*Briefe über die ästhetische Erziehung*，XXII，*Werke*，hrsg. L. Bellermann，2. Aufl.，VII，355.

[3]　Verlaine，*Poèmes saturniens*，“Epilogue”，III. Cf. *The Correspondence of H. C. Robinson and the Wordsworth Circle*，ed. Edith J. Morley，I，47：“The poet... must be himself cold，though through his art he makes his readers warm”（to Thomas Robinson）.

【增訂三】文由情生，而非直情迳出（Unmittelbarkeit，Abstandlosigkeit），故儒伯、席勒、華兹華斯等皆言詩生於後事回憶之情而非當場勃發之情（Il ne faut pas s'exprimer comme on sent, mais comme on se souvient; aus der sanften und fernenden Erinnerung mag er dichten; poetry takes its origin from emotion recollected in tranquillity—A. Gérard, *L'Idée romantique de la Poésie en Angleterre*, 34; A. Wellek, *History of Modern Criticism*, I, 56, 240; W. Müller-Seidel, *Probleme der literarischen Wertung*, 2. Aufl., 75-9）。劉蜕《文泉子》卷四《上宰相書》："當時則歎，已去而泣，過時而歌"，可以斷章取義焉。

時賢每稱說狄德羅論伶工之善於表演，視之若衷曲自然流露，而究之則一顰一笑、一舉一動莫非鎮定沉着之矯揉造作（C'est le manque absolu de sensibilité qui prépare les acteurs sublimes. Les comédiens font impression, non lorsqu'ils sont furieux, mais lorsqu'ils jouent bien la fureur）[1]；正合吾國舊諺所云："先學無情後學戲"（見繆艮《文章游戲》二集卷一湯春生《集杭州俗語詩》、卷八湯誥《杭州俗語集對》）。蓋造藝之通則常經，殊事一貫者也。

"或操瓠以率爾，或含毫以邈然。"按下句常誤用爲讚美之

---

[1] Diderot: "Paradoxe sur le Comédien", *Oeuvres complètes*, ed. J. Assézat, VIII, 370, 423. Cf. Joshua Reynolds: "Two Dialogues", *Johnsonian Miscellanies*, ed. G. B. Hill, II, 248; Kant, *Anthropologie*, § 79, *Werke*, hrsg. E. Cassirer, VIII, 155 (ein Akteur, der selbst kalt ist); Goethe, *Sämtliche Werke*, "Tempel-Klassik", III, *Spruchweisheit*, 264: "Der Schauspieler gewinnt das Herz, / Aber er gibt nicht seines hin".

詞，以稱詩文之含蓄深永者。杭世駿《訂訛類編》卷一引《金壺字考》云：“‘率爾’謂文之易成也，‘邈然’謂思之杳無得也；一易一難，與上‘妥帖’二句一例，不作文思深遠解。下文‘函縣邈於尺素’是言文思深遠。”是也。“含毫”即構思時吮筆而不能揮毫落紙之狀；沈約《宋書·律志》自歎：“每含毫握簡，終無不足與班、左並馳”云云，言竭才力而慘淡經營，後世稱作文遲鈍亦曰“含毫欲腐”，皆猶未失本來。“率爾”句亦被批尾家誤解爲草率或鹵莽從事，用作貶詞。習非成是，積重難返，祇須讀《文賦》時心知其意可矣。

　　“伊兹事之可樂，固聖賢之所欽，課虛無以責有，叩寂寞以求音。”按卷一〇二陸雲《與兄平原書》之一五：“文章既自可羨，且解愁忘憂，但作之不工，煩勞而棄力，故久絕意耳”，又二一：“雲久絕意於文章，由前日見教之後，而作文解愁；聊復作數篇，爲復欲有所爲以忘憂”；《全三國文》卷一六陳王植《與丁敬禮書》：“故乘興爲書，含欣而秉筆，大笑而吐辭，亦歡之極也”；何薳《春渚紀聞》卷六《東坡事實》：“先生嘗對劉景文與先子曰：‘某生平無快意事，惟作文章，意之所到，則筆力曲折，無不盡意，自謂世間樂事，無踰此者。’”皆所謂“兹事可樂”也。紀昀《紀文達公遺集·文集》卷九《田侯松岩詩序》引“課虛無”二句，以見“空中之音”之旨“陸平原言之，不倡自嚴儀卿”，因謂馮班之詆嚴羽爲過。附會未允。嚴氏乃狀成章後之風格，陸語自指作文時之心思。思之思之，無中生有，寂裏出音，言語道窮而忽通，心行路絕而頓轉。曰“叩”、曰“求”、曰“課”、曰“責”，皆言冥搜幽討之功也。

　　“在有無而僶俛，當淺深而不讓；雖離方而遯員，期窮形而

盡相。"按李善註:"言文章在有方圓規矩也";何焯評:"二句蓋
亦張融所謂'文無定體,以有體爲常'也。""離方遯員"明謂個
規越矩,李註大誤;張融意謂文有慣體而無定體,何評尚膜隔一
重。四句皆狀文膽:"僶勉不讓"即勇於嘗試,勉爲其難,如韓
愈《送無本師歸范陽》:"無本於爲文,身大不及膽,吾嘗示之
難,勇往無不敢",或皎然《詩式》卷一《取境》:"夫不入虎穴,
焉得虎子? 取境之時,須至難至險。""離方圓以窮形相"即不囿
陳規,力破餘地,如蘇軾《經進東坡文集事略》卷六〇《書吳道
子畫後》:"出新意於法度之中,寄妙理於豪放之外。"西方古典
主義以還,論文常語如:"才氣雄豪,不局趣於律度,邁越規矩,
無法有法"(Quelquefois dans sa course un esprit vigoureux/Trop
resseré par l'art,sort des règles prescrites,/Et de l'art même ap-
prend à franchir leurs limites)①; "規矩拘縛,不得盡才逞意,
乃縱心放筆,及其至也,縱放即成規矩"(If,where the rules
not far enough extend /(since rules were made but to promote
their end),/Some lucky license answer to the full/Th'intent
proposed,that license is a rule)②; "破壞規矩乃精益求精之一
術"(il trasgredir le regole è stato un mezzo di far meglio)③;均
相發明。蘇軾語可以乃弟轍語申之,《欒城後集》卷二一《汝州
龍興寺修吳畫殿記》稱孫遇曰:"而孫畫縱橫放肆,出於法度之
外,循法者不逮其精,有縱心不踰矩之妙";轍孫籀《欒城遺言》

---

① Boileau,*Art Poétique*,Chant IV. 78-80. Cf. H. Peyre,*Le Classicisme français*,94(La Fontaine,Molière)。

② Pope,*Essay on Criticism*,146 ff.。

③ Manzoni:"Lettera a Cesare d'Azeglio",*Opere*,Ricciardi,198.

亦記：“公曰：莊周《養生》一篇，誦之如龍行空，爪趾麟翼所及，皆合規矩，可謂奇文！”黃伯思《東觀餘論》卷上《論張長史書》亦曰：“千狀萬變，雖左馳右鶩，而不離繩矩之内。猶縱風鳶者，翔戾於空，隨風上下，而綸常在手；擊劍者交光飛刃，歘忽若神，而器不離身。……昔之聖人，縱心而不踰規矩，妄行而蹈乎大方，亦猶是也。嘗觀莊周書，其自謂謬悠荒唐而無端涯，然觀其論度數形名之際，大儒宗工有所不及。……於戲！觀旭書尚其怪而不知其入規矩，讀莊子知其放曠而不知其入律，皆非二子之鍾期也！”（參觀同卷《論書八篇示蘇顯道》之二）；闡説尤暢。“從心所欲不踰矩”出《論語·爲政》，“猖狂妄行，乃蹈乎大方”出《莊子·山木》，“步驟馳騁厲鶩，不外是矣”出《荀子·禮論》（參觀《宋詩選註》論蘇軾）。《全金詩》卷六施宜生《山谷草書》：“行所當行止當止，錯亂中間有條理”，又移蘇軾《答謝民師書》、《文説》中論文語以論書，意無不同，易地皆然而已。

　　“故夫夸目者尚奢，愜心者貴當；言窮者無隘，論達者唯曠。”按李善註：“其事既殊，爲文亦異：故欲夸目者，爲文尚奢；欲快心者，爲文貴當；其言窮賤者，立説無非湫隘；其論通達者，發言唯存放曠”；何焯評：“‘故夫’二句語意相承，註謬。”善註四句皆謬，何所指摘未盡，其謂“夸目”、“愜心”二句合言一事，則是也。“故夫”緊接“期窮形而盡相”來，語脉貫承，皎然可識。“言窮”之“窮”是“窮形”之“窮”，非“窮民無告”之“窮”，“論達”之“達”是“達詁”之“達”，非“達人知命”之“達”；均指文詞之充沛，無關情志之鬱悒或高朗。“窮形盡相”，詞易鋪張繁縟，即“奢”也；然“奢”其詞乃所以求"當"於事，否則徒炫目而不能屬心。"愜心"者，適如所"期"；"唯曠"與"無隘"同義，均申説"奢"。不迫促而"窮"盡其詞，能醻放以暢"達"其旨，體"奢"用"當"，心"期"庶"愜"矣。機才多意廣，自作詞藻豐贍，故"無隘"、"唯曠"均着眼於文之繁者；文之簡而能"當"、寡詞約言而"窮形盡相"者，非所思存。此又"善於自見"即"闇於自見"，如魏文帝《典論·論文》所歎矣。

　　"詩緣情而綺靡，賦體物而瀏亮，碑披文以相質"云云。按即所謂"十體"，魏文帝《典論·論文》之"四科"、《文心雕龍·定勢》之"隨勢各配"，此物此志；若《雕龍·體勢》之"八體"，則名相如而實不相如也。阮元《揅經室三集》卷五《學海堂文筆策問》其子福秉庭誥擬對，引《文賦》此節，申説曰："十體之文，不及傳志，蓋史爲著作，不名爲'文'；凡類於傳、志者，不得稱'文'"；是傳、志不得與碑並，碑爲"文"而傳、志乃"筆"也。然上文引《梁書·任昉傳》："尤長載筆"，申説曰："考《禮記》：'史載筆'；任彦昇長於碑版，亦記事之屬，故曰'筆'"；是"碑"又屬"史"，當與傳、志並，亦是"筆"而非"文"也。非矛盾之自攻，即模棱之兩可矣。同卷《文言説》舉《易·文言》之名以排斥"單行之語"，謂必"務音以成韻"，方是"孔子之所謂'文'"。然《論語·雍也》記孔子曰："文勝質則史"，《韓非子·難言》曰："捷敏辯給，繁於文采，則見以爲史"；

　　【增訂四】《韓非子·説難》："米鹽博辯，則以爲多而交之"，《史記·老韓列傳》引作："泛濫博文，則以爲多而久之"；顧廣圻以爲"交"、"久"二字皆誤，"當作'史'"。是也。原引《韓非子·難言》語得此佐證。

則阮氏謂"不名爲'文'"之"史"，豈非古人所以名侈麗之
"文"者耶？

　　"雖區分之在兹，亦禁邪而制放；要辭達而理舉，故無取乎
冗長。"按此承"十體"來，"區分"即謂十體之別。"禁邪制放"
與上文之"離方遯員"，"辭達無取冗長"與上文之"論達唯曠"，
一縱一控，相反相救，如禪人所謂："出語盡雙，皆取對法"
（《六祖法寶壇經·付囑》第一〇）。倘規越矩而無當，則蠻做亂
道，徒成"邪""放"。言之不足，故長言之，長言之所以暢言之
也；"辭達"、"論達"則言之已暢矣，而尚下筆勿能自休，即"冗
長"也。《文心雕龍·鎔裁》："辭敷而言重，則蕪穢而非贍。……
張駿以謝艾繁而不可删"；"敷"、"贍"、"繁"而"不可删"，正
"尚奢"、"無隘"而不"冗長"。《鎔裁》又云："士衡才優而綴詞
尤繁，士龍思劣而雅好清省；及雲之論機，亟恨其多，而稱'清
新相接，不以爲病'，蓋崇友于耳"；《世說·文學》門載孫綽語
亦云："潘文淺而淨，陸文深而蕪。"則機雖戒"無取於冗長"，
言"豐約之裁"，而自犯所戒，不克踐言，乃至《文賦》本篇亦
即遭乃弟"多"而"不清"之目，又"知非難而能難"之例矣。

　　"或文繁理富而意不指適。極無兩致，盡不可益；立片言而
居要，乃一篇之警策，雖衆辭之有條，必待兹而效績。"按李善
註："言其理既極而無兩致，其言又盡而不可益"；真不知所云。
周君振甫曰："'指適'之'適'音'的'，專主也；劉氏《論語
正義》於《里仁》之'無適'下引《一切經音義》：'安適、主適
也'，是其解。'指'者、指歸，'適'者、主要也。"是也。"極"
如《書·洪範》："皇建其有極"之"極"，中也，今語所謂"中
心思想"，"無兩致"者，不容有二也；《荀子·正名》："辭足以

見極，則舍之矣"，可相發明。"盡"謂至竟，即"指適"也，如
《荀子·正名》："假之有人而欲南，無多；而惡北，無寡。豈爲
夫南者之不可盡也，離南行而北走也哉？"舊語曰"到地頭"，今
語曰"達目的"。"不可益"即"無兩致"之互文，謂註的唯一，
方可命中，增多則莫知所向。明吳歌曰："天上星多月勿明，池
裏魚多水勿清，朝裏官多壞子法，姐爲郎多亂子心"（錢希言
《獪園》卷四《垢仙》、馮猶龍《山歌》卷四）；解頤取譬，亦無
傷爾，文繁理富而不立主腦，不點眼目，則散錢未串，游騎無
歸，故"立片言而居要，……必待茲而效績。"《史通·敍事》：
"蓋餌巨魚者，垂其千鈞，而得之在於一筌；捕高鳥者，張其萬
罝，而得之由於一目。夫敍事者，或虛益散辭，廣加閑説，必取
其所要，不過一言一句耳"；足資參驗。善註"警策"曰："以文
喻馬也，……若策驅馳"；《癸巳存稿》卷一二斥其誤，"'策'乃
篇本編册也"，非鞭策。夫《左傳》文公十三年"繞朝贈策"，服
虔註爲"策書"而杜預註爲"馬撾"，機《賦》此處初非用《左
傳》事，何勞佐服折杜乎？紀昀評《文心雕龍·書記》已申馬撾
之解矣。果若俞説，"策"爲"策書"，則"策"即"册"，"警"
即"居要"之"片言"，是"一篇"短於一册而一册纏著"片言"
也！得無類宋高祖書之"一字徑尺，一紙不過六七字便滿"耶
（事見《宋書·劉穆之傳》）？賈誼《過秦論》："振長策而御宇
内"，李善註亦曰："以馬喻也"；一世之主"振策"猶夫一篇之
主"警策"。《禮記·少儀》："枕、几、頴、杖"，鄭玄註："頴、
警枕也"；"警策"之"警"亦猶"警枕"之"警"，醒目、醒心
之意。鍾嶸《詩品·序》："獨觀謂爲警策，……斯皆五言之警
策"；亦與"策書"無關。以馬喻文，歷世常談。如魏文帝《典

論》：“咸以自騁驥騄於千里，仰齊足而並馳”；《詩品》卷中：
“征虜卓卓，殆欲度驊騮前”；《顏氏家訓·文章》篇：“凡爲文
章，猶人乘騏驥”；杜甫《戲爲六絶句》：“龍文虎脊皆君馭，歷
塊過都見爾曹”；歐陽修《文忠集》卷六八《與謝景山書》：“作
爲文章，一下其筆，遂高於人，乃知駔駿之馬奔星覆駕，及節之
鑾和，以駕五輅而行於大道，則非常馬之所及也”，又卷一二八
《詩話》：“譬如善馭良馬者，通衢廣陌，縱橫馳逐，惟意所之，
至於水曲蟻封，疾徐中節而不少蹉跌，乃天下之至工也”，其尤
警策者也（參觀《世説·賞譽》上註引鄧粲《晉紀》：“王湛曰：
‘今直行車路，何以別馬勝不，唯當就蟻封耳’”）。

　　【增訂四】法國一文家（François Raynouard）嘗評劇本云：
“佳矣而惜未加鞭”（C'est très bien，mais il n'y a pas le
coup de fouet），謂其乏精警語也。聖佩韋極歎擬喻新切，
可爲後來談藝者增一揣稱之詞（C'est là un mot spirituel.
Prenez note de l'expression，et ajoutez la，si vous le
voulez，au *Traité du Sublime* de Longin. — *Causeries du
lundi*，Vol. V，p. 112）。正亦“以馬喻”，猶吾國之言“警
策”、“鞭辟入裏”也。

又按《文賦》此節之“警策”不可與後世常稱之“警句”混爲一
談。採摭以入《摘句圖》或《兩句集》（方中通《陪集》卷二《兩
句集序》）之佳言、雋語，可脱離篇章而逞精采；若夫“一篇警
策”，則端賴“文繁理富”之“衆辭”襯映輔佐，苟“片言”孑立，
却往往平易無奇，語亦猶人而不足驚人。如賈誼《過秦論》結句：
“仁義不施，而攻守之勢異也”，即全文之綱領眼目，“片言居要”，
乃“衆詞”所“待而效績”者，“一篇之警策”是已。顧就本句而

論，老生之常談，遠不如"叩關而攻秦，秦人開關而延敵"，"斬木為兵，揭竿為旗"等偉詞也。又如《瀛奎律髓》卷九陳與義《醉中》起句："醉中今古興亡事，詩裏江山搖落時"，紀昀批："十四字一篇之意，妙於作起，若作對句便不及"；正謂其聯乃"片言居要"之"警策"，而不堪為警句以入《摘句圖》或《兩句集》也。警句得以有句無章，而《文賦》之"警策"，則章句相得始彰之"片言"耳。《苕溪漁隱叢話》前集卷九引《呂氏童蒙訓》以杜詩"語不驚人死不休"説陸機此語，有曰："所謂'驚人語'，即'警策'也"；斷章取義，非《文賦》初意也。

"必所擬之不殊，乃闇合乎曩篇；雖杼軸於予懷，怵他人之我先；苟傷廉而愆義，亦雖愛而必捐。"按李善註："言所擬不異，闇合昔之曩篇。……言佗人言我雖愛之，必須去之也"；亦大憒憒。兩"必"字異意："必捐"之"必"、決詞也，如善釋為"必須"；"必所"之"必"、疑詞也，今語所謂"如果"、"假使"，如《左傳》襄公二十三年申豐曰："其然，將具敝車而行"，杜預註："猶'必'爾"，詳見《史記》卷論《淮陰侯列傳》。"闇合曩篇"，其事略如《湘山野錄》卷中僧文兆嘲惠崇："不是師兄偷古句，古人詩句犯師兄"（司馬光《續詩話》作"時人譏其犯古者嘲之"云云；參觀《類説·文酒清話》載魏周輔詩："文章大抵多相犯，剛被人言愛竊詩"，陳亞和答："叵耐古人多意智，預先偷子一聯詩"）[1]。若侔色揣稱，自出心裁，而成章之後，忽覩其

---

[1]　Cf. Piron, *La Métromanie*, III. vi: "Leurs écrits sont des vols qu'ils nous ont faits d'avance"；Mérimée à Viollet-le-Duc: "Homère m'a volé un grand nombre de belles choses que j'aurais peut-être inventées s'il ne les avait dites avant moi" (P. Léon, *Mérimée et son Temps*, 386).

冥契"他人"亦即"曩篇"之作者，似有蹈襲之跡，將招盜竊之
嫌，則語雖得意，亦必刊落。忍痛割愛如所謂"明知愛惜終當
割"（商盤《質園詩集》卷一〇《旅窗自訂新舊詩四十卷因成長
句》之四）；即作者自道刪削之情，初無"佗人言"插入也。

【增訂三】錢秉鐙《田間文集》卷一二《毛會侯文集序》："'陳
言'者、非宿昔之語、緣飾之詞，而吾所自有之言也。凡吾之沾
沾自喜、毅然自以爲是者，皆'陳言'也。匠心以出，創獲前人
之所未有，蓋有甚不能舍之詞，已有知其必在所舍也"（參觀卷
二〇《書〈有學集〉後》）；戴名世《南山全集》卷三《張貢五文
集序》："爲文之道，割愛而已。……見其詞采工麗可愛也，議論
激越可愛也，才氣馳驟可愛也，皆可愛也，則皆可割也。"則
"雖愛而必捐"者，非僅"闇合曩篇"而已。西方文家亦言："善
於抹去，則詩功至矣盡矣，莫大乎此矣"（Pope："The last and
greatest art—the art to blot"），或教初學爲文者言："心忍手
狠，斷愛滅親"（A. Quiller-Couch："Murder your dar-
lings"），或言："寫作者，能削除之謂也"（Stefan Zweig：
"Schreiben heisst wegschneiden können"）。陸機文心豈未臻
此耶？斯其自運所以患"才多"歟。（參觀 1885 頁）。

【增訂四】《文賦》："怵他人之我先，……亦雖愛而必捐"；善
註："言他人言，我先愛之，必須去之也。"謂當"力去陳言"
求"未經人道"，是固然矣。然尚是不"掠美"而已，別有
"捐愛"或"割愛"之更高一境，揚雄首發此意。《法言·君
子》評司馬遷云："多愛不忍，子長也；子長多愛，愛奇也。"
言外即謂子長不解"明知愛惜終須割"，正亦"才多"爲患耳。
易順鼎《琴志樓遊山詩集》卷四《廬山集》有張之洞評識云：

"作者才思學力，無不沛然有餘。緊要訣義，惟在'割愛'二字；若肯割愛，二十年後海内言詩者不復道著他人矣。"約翰生博士稱述一師宿訓弟子云："汝文既成，自讀一過；遇尤得意處，削去勿留"（I would say to Robertson what an old tutor of a college said to one of his pupils："Read over your composition，and where ever you meet with a passage which you think is particularly fine，strike it out."—J. E. Brown，*The Critical Opinions of Samuel Johnson*，1926，p. 456）。即錢秉鐙所謂"沾沾自喜"而"在所必舍"也。王世貞《弇州山人續稿》卷一八二《與徐孟孺》記："昔謝茂秦每論詩，輒言當割愛，而意不能自決。以屬于鱗，泚筆抹之，大叫稱快。乃知陳王、敬禮之談，千古不虛也。"蓋作者每不忍操刀自"割"，而必假手於知友；"陳王"云云，出曹植《與楊德祖書》。

"彼榛楛之勿剪，亦蒙榮於集翠；綴下里於白雪，吾亦濟夫所偉。"按李善註："榛楛喻庸音也，以珠玉之句既存，故榛楛之辭亦美。……以此庸音，而偶彼嘉句，譬以下里鄙曲，綴於白雪之高唱，吾雖知美惡不倫，然且以益夫所偉也。"前二語易曉，故善註未誤；後二語更進一解，善註遂含糊鶻突。前謂"庸音"端賴"嘉句"而得保存，後則謂"嘉句"亦不得無"庸音"爲之烘托。蓋庸音匪徒"蒙"嘉句之"榮"，抑且"濟"嘉句之"偉"。"蒙榮"者，俗語所謂"附驥"、"借重"、"叨光"；"濟偉"者，俗語所謂"牡丹雖好，綠葉扶持"，"若非培塿襯，爭見太山高"（C'est une ombre au tableau qui lui donne du lustre）（參觀《太平廣記》卷論卷二一八《吳太醫》）。《苕溪漁隱叢話》前集卷九引《潛溪詩眼》：“老杜詩凡一篇皆工拙相半，古人文章類如此。皆拙固無取，使其皆工，則峭急而無古氣，如李賀之流是也”，因舉《望嶽》、《洞庭》等篇爲例；吳可《藏海詩話》：“東坡詩不無精粗，當汰之。葉集之曰：‘不可！其不齊不整中時見妙處，乃佳’”；張戒《歲寒堂詩話》卷上：“王介甫只知巧語之爲詩，而不知拙語亦詩也；山谷只知奇語之爲詩，而不知常語亦詩也”；趙秉文《滏水集》卷二〇《題南麓書後》：“‘岱宗夫如何？齊魯青未了。’‘夫如何’三字幾不成語，然非三字無以成下句有數百里之氣象；若上句俱雄麗，則一李長吉耳”；魏際瑞《魏伯子文集》卷四《與子弟論文書》：“詩文句句要工，便不在行。”十七、八世紀西方名家論詩亦云：“通篇皆雋語警句，如滿頭珠翠以至鼻孔唇皮皆填嵌珍寶，益妍得醜，反不如無”（Jewels at nose and lips but ill appear；/Rather than all things Wit，let none be there）；又云：“詩中詞句必工拙相間，猶皇冕上之金剛鑽，須以較次之物串綴之”（An imperial crown cannot be one continued diamond；the gems must be held together by some less valuable matter. Ces vers prosaïques sont des fils de laitons qui servent à joindre des diamants）；一大小説家自言夾敍夾議處視若沉悶，實有烘雲托月之用，猶寶石之須鑲邊（The jeweller knows that the finest brilliant requires a foil...these soporific parts are artfully interwoven in order to contrast and set off the rest）[1]。盈頭蓋臉皆珠寶之喻，可與談藝另一喻合觀：“人面能美，尤藉明眸，然徧面生眼睛，則魔怪

---

[1]　Abraham Cowley：“Of Wit”；Johnson，*Lives of the English Poets*，“Dryden”（“On the Death of Mʳˢ Killigrew”）；Voltaire，*Dic. philos. art.* “Style”（Racine）；Fielding，*Tom Jones*，Bk. V，ch.1.

相耳"（Il n'y a rien de plus beau ni de plus éclatant que les yeux；
mais Argus passa pour un monstre，dès qu'il en parut tout cou-
vert)①。十九世紀一大詩人概以一語曰："詩勿論長短，匪特不能通
篇悉佳，亦不當爾"（A poem of any length neither can be，nor
ought to be all poetry)②。

【增訂三】亨利・詹姆士（Henry James）言小説應使讀之者
生"强烈幻覺"（intensity of illusion）。當世論師補苴之，
謂全書中"强烈"程度不可等齊一律（a uniform intensi-
ty），而必有升有降，猶夫高或爲陵，深或爲谷，得地之宜
（ordering intensities，each valley and each peak in its
proper place——Wayne C. Booth，*The Rhetoric of Fiction*，
1961，60）。與費爾丁等語相發明。尼采嘗謂麵包淡而寡
味，然苟無此物佐餐，佳餚美味，連進即易饜膩，推案不
欲食矣，故"一切藝術作品中須具有相當於麵包者"（In
allen Kunstwerken muss es etwas wie Brot geben——*Menschli-
ches*，*Allzumenschliches*，Bd II，Abt. ii，§98. *op. cit.*，I，
919）。蓋吾國以饌"下飯"，而"大餐"（趙光自編《年譜》
道光四年"登夷館樓閣設席大餐"；陳坤《嶺南雜事詩鈔》
卷五《食大餐》；張問安《亥白詩草》卷三《夏日在廣州
戲作洋舶雜詩》之六："飽啖大餐齊脱帽"）則以麵包"下"
饌。所言猶夫"濟偉"、不要"句句工"之旨；取譬於口
腹，較綴鑽鑲寶之喻，似更資切問而近思焉。

---

① Colletet，quoted in A. Soreil，*Introduction à l'Histoire de l'Esthétique
française*，nouv. éd. rév.，97.

② Coleridge，*Biographia Literaria*，ch. 14.

【增訂四】約翰生屢言"烘託"、"工拙相間"（artful intermixture）（J. E. Brown，*op. cit.*，pp. 251，254）。柯勒太所謂"徧面生眼睛"，早發於古羅馬修詞學名典："藻彩譬如詞令之眼目。然倘通身皆眼，則其他官肢俱廢而失用矣"（Ego vero haec lumina orationis velut oculos quosdem esse eloquentiae credo. Sed neque oculos esse toto corpore velim，ne cetera membra officium suum perdant. —Quintilian，*Inst. orat.*，VIII.，v. 34，Loeb.，Vol. III，pp. 298-10）。賀裳《載酒園詩話》卷一《瀛奎律髓》引方回"未有名爲好詩而句中無眼者"一語（卷一〇王安石《宿雨》評語），嘲之曰："人生好眼，只須兩隻，何必盡作大悲相千手千眼觀世音乎！"用意不異。聖佩韋甚賞儒貝爾之約鍊，而微嫌其如天上繁星過密，虛隙無多，使人有應接不暇之感（Il ya trop d'étoiles dans le ciel de M. Joubert. On voudrait plus d'intervalles et le repos. ... Ces idées intermédiaires，s'il s'était donné la peine de les exprimer，ne nous ennuiraient pas，mais plutôt nous reposeraient en le lisant. —*Causeries du lundi*，Vol. I，p. 168）。哈代曰："劇本固置不論，抒情詩之佳者亦非通篇處處情深文明，特其佳句能烘染平常語句耳"（Leave alone plays，some of our best lyrics are not lyrical every moment throughout，but the neutral lines are warmed by the remainder. —Hardy to Arthur Symons，in Michael Milgate，*Thomas Hardy*，1982，p. 448）。克羅齊謂："無平夷則不見高峻，無寧静則不覺震盪"（Senza il piano，non si può avere il rilievo；

senza un periodo di apparente calma，non si può avere l'istante della commozione violenta. —Croce，*Conversazioni critiche*，serie I，P.67）；幾如闡釋蒲伯舊語（Besides to bestow heightening on every part is monstrous：Some parts ought to be lower than the rest—Pope："To Walsh"，*Correspondence*，ed. G. Sherburn，I，p.18）。愛略脱亦謂長篇詩中必有平鈍句段爲警策句段居間引度（There must be transitions between passages of greater and lesser intensity. . . . The passages of less intensity will be in relation to the level on which the total poem operates，prosaic. —T. S. Eliot，*On Poetry and Poets*，1957，p. 32）。皆有當 "庸音濟偉"、"麵包下饌" 之旨。《明文海》卷一三三沈懋孝（?）《雪後與諸文學諷〈文賦〉》："'綴下里於白雪，吾以濟夫所偉'：用之當，芻蕘可以裹廟謨"；得其解矣。

【增訂五】蒲伯言作詩當如光黯相襯（*An Essay in Criticism*，301-2：As shades more sweetly recommend the light，/So modest plainness sweetly sets off sprightly Wit）。

近人亦謂於精意好語之間，安置湊數足篇之句（Chevilles，Zeppe，intarsiature，parti aritmetiche），自不可少，猶流水一灣，兩岸嘉蔭芳草，須小橋跨度其上，得以徜徉由此達彼（quei versi sono un ponticello di legno per passare dall'una all'altra sponda verdeggiante）①；真 "濟夫所偉" 之 "濟" 矣！蓋争妍競秀，絡繹不絶，

---

①　Croce，*La Poesia*，93-6. Cf. T. S. Eliot，*To Criticise the Critic*，34（some parts deliberately planned to be less "poetic" than others）.

則目眩神疲，應接不暇，如鵬搏九萬里而不得以六月息，有乖於心行一張一弛之道①。陸機首悟斯理，而解人難索，代遠言湮。老於文學如劉勰，《雕龍·鎔裁》曰："巧猶難繁，況在乎拙？而《文賦》以爲'榛楛勿剪，庸音足曲'，其識非不鑒，乃情苦芟繁也"；則於"濟於所偉"亦乏會心，衹謂作者"識"庸音之宜"芟"而"情"不忍"芟"。李善以下醉心《選》學者於此茗艼無知，又不足咎矣。

"或託言於短韻，對窮迹而孤興；俯寂寞而無友，仰寥廓而莫承；譬偏絃之獨張，含清唱而靡應。或寄辭於瘁音，言徒靡而弗華，混妍蚩而成體，累良質而爲瑕；象下管之偏疾，故雖應而不和。"按此節文法，別見《全上古文》卷論宋玉《好色賦》。《文選》李善註："'短韻'、小文也；……'靡'、無也。'瘁音'謂惡辭也；'靡'、美也，言空美而不光華也。"兩"靡"字異義，猶前之兩"必"字異義。"瘁"、竭盡之意，"華"、茂盛之意；才短則易盡而難繼，故言"美"而不多，如孤花之表春餘耳。工拙相參，"濟夫所偉"，與"妍蚩混體，累質爲瑕"，毫釐之差，謬以千里。蓋短韻小文別於鴻筆鉅篇，江河不妨挾泥沙俱下，而一杯之水則以淨潔無塵滓爲尚。"短韻"、"瘁音"，皆謂才思寒儉、邊幅狹小，如襪線拆下。"偏絃"則得句而不克成章，"混體"則勉強成章而拉雜支扯，窘狀畢呈。唱清莫應，音瘁難續，明月已盡，夜珠不來，其情事如《詩人玉屑》卷六引《陵陽室中語》記韓駒云："凡作詩須命終篇意，切勿以先得一句一聯，因而成章；

---

① Cf. Poe："The Poetic Principle" and "The Philosophy of Composition"，*Poems and Miscellanies*，Oxford，167，193（a psychal or physical necessity）；G. Boullough，*Mirror of Minds*，214（the poetic as well as the psychological importance of phases of lowered tension）；A. Soreil，*op. cit.*，44（Pierre Nicole）．

如此則意多不屬，然古人亦不免如此”；《詩話總龜》後集卷二〇引《童蒙詩訓》記徐俯云："爲詩文常患意不屬，或只得一句，語意便盡，欲足成一章，又患其不相稱"（《苕溪漁隱叢話》前集卷三五引語同，但未標明徐俯）。故《唐詩紀事》卷二〇記祖詠應試，賦《終南山望餘雪》，祇得四句便納卷，或詰之，對曰："意盡！"；《冷齋夜話》卷四載潘大臨答謝逸書："秋來景物，件件是佳句，恨爲俗氛所蔽翳。昨日閑臥，聞攪林風雨，欣然起題於壁曰：'滿城風雨近重陽——'忽催租人至，遂敗意。止此一句奉寄。"四句納卷，一句奉寄，均"短韻"、"孤興"，任其"寂寞"、"寥廓"也。《後山詩註》卷三《次韻西湖徙魚》第三首："小家厚斂四壁立，拆東補西裳作帶"，任淵註："自言窘於屬和也"；又卷八《隱者郊居》："拆補新詩擬獻酬"；意盡不休，搜索枯腸而强求"友""承"也。孫覿《鴻慶居士集》卷四《題谷隱》："句好無强對，神超有獨邀"；樓鑰《攻媿集》卷一二《即事》："調琴不用求成曲，得句何須湊作詩？"；不"强對"、"湊作"，庶免於"混妍蚩"也。張炎《詞源》卷下："安能句句高妙，只要拍搭襯副得去"；"混妍蚩"者，"拍搭襯副"而"去"不得也①。劉辰翁評點李壁註《王荊文公詩集》卷三七《松江》："五更縹渺千山月，萬里淒涼一笛風"，批云："上句無用"，卷三八《江上》："春風似補林塘破，野水遙憐草樹高"，批云："上句先得"；欲"先得"之句不"偏絃孤張"，强爲之對，徒成"無用"，如捉家雞以妃天邊鴻鵠也。魏慶之《詩人玉屑》卷三論

---

① Cf. Valéry, *Variétés I*, 67; *Littérature*, 36 (les vers donnés et les vers calculés).

"全寶未易多得"，范晞文《對牀夜話》卷三論"好句易，好聯難"，皆此意。然安石此二聯之上、下句，一"妍"一"媸"，尚非懸絶，或猶可"混"，不失如"園柳變鳴禽"之於"池塘生春草"。余舊見沈曾植朱墨評點嚴遂成《海珊詩鈔》卷四《太行》："兒孫羅列百靈朝，小白懸車道路遙。掉尾爲龍翻碣石，連羣如馬勒中條。孕生碧獸跪而乳，壓住黄河痞不驕。呵吸仰疑通帝座，凌雲我欲上山椒"；評云："第六句所謂'放筆作霹靂聲'也，出句何太無色！"第三、四句亦雄健，第五句扯淡稚拙，遽集於此，相形"妍媸"，分明太甚，不能"濟偉"，適滋玷穢，匪直"無用"而已；其"拍搭襯副"而"去"不得，視"山上亂雲隨手變"之於"湖東飛雨過江來"（殷堯藩《喜雨》），更有過焉。《儒林外史》第二九回記蕭金鉉作《烏龍潭春游詩》："桃花何苦紅如此？楊柳忽然青可憐！"杜慎卿讀之曰："加意做出來的！但上一句只要添一個'問'字，便是《賀新涼》中問一句好詞，先生把他做了詩，下面又强對一句，便覺索然了！"足繼韓駒、徐俯、劉辰翁等説詩語，爲《文賦》作箋；上句"好詞"者，"含清唱而靡應"也；强對"索然"者，"故雖應而不和"也。倪元璐《倪文貞公遺稿》卷一《發足靈鷲抵天竺》："青得山無奈，白爲雲可知"，亦可移慎卿言評泊之。又按《外史》中詩多取他人成句，非吳敬梓自擬；袁潔《蠡莊詩話》卷四："畢恬溪（亨）爲余誦張嘯蘇佳句：'桃花何苦紅如此？楊柳忽然青可憐！'"吳氏倘借張語以發策歟？張不知何人，未遑考索也。

"雖紛藹於此世，嗟不盈于予掬。患挈瓶之屢空，病昌言之難屬。故踸踔於短垣，放庸音以足曲。恒遺恨以終篇，豈懷盈而自足！"按作而不成，意難釋而心不快，無足怪者；作而已成矣，却復怏怏未足，忽忽有失，則非深於文而嚴於責己者不能會也。其始也，"鶩八極而游萬仞，觀古今而撫四海"，而兹之終也，"紛藹此世，而予掬不盈"；蓋人之才有涯，文之材無涯，欲吸西江於一口，而祇能飲河滿腹而已。前言劣手"混妍蚩而累良質"，良工則解"綴下里白雪以濟偉"，而此歎"昌言難屬，庸音足曲"；蓋盡善盡美，毫髮無憾，雖在良工，勿克臻此，至竟與劣手祇如五十步百步而已。初曰："伊兹事之可樂"，事畢乃曰："恒遺恨以終篇"；蓋事之所能已盡，心之所有亦宣，斐然成章，而仍覺不副意之所期，如丘而止耳，爲山尚虧也。事願乖違（語見嵇康《幽憤詩》、《晉書·宗室傳》譙王承《答甘卓書》、劉長卿《北遊酬孟雲卿見寄》、李後主《浣溪沙》、《仁王經·四無常偈》等），人生常歎，造藝亦歸一律。文士之"遺恨終篇"，與英雄之壯志未酬、兒女之善懷莫遂，戚戚有同心焉。西人談藝，或以理想之據高責備，比歌德《浮士德》中魔鬼，於現實事物都不許可（L'idéal est la voix qui dit "Non" aux choses et aux êtres comme Méphistophélès）[1]；有撰《悲劇觀之文學史》者，以"求全美盡善"（der Wille zur Vollendung, la recherche de l'absolu）爲歷世才人齎志長恨之一端[2]。《文賦》所"嗟"，正是

---

[1]　Amiel, quoted in M. -J. Guyau, *L'Art au Point de Vue sociologique*, 77; *Faust*, I, 1338: "Ich bin der Geist, der stets verneint!" Cf. Rivarol: "L'art doit se donner un but qui recule sans cesse, et mettre l'infini entre lui et son modèle" (Sainte-Beuve, *Les Grands Écrivains Français*, ed. Maurice Allem, X, 278).

[2]　W. Muschg, *Tragische Literaturgeschichte*, 3. Aufl., 530-8; Cf. Novalis, *Fragmente*, § 87, hrsg. E. Kamnitzer, S. 81: "Ein absoluter Trieb nach Vollendung und Vollständigkeit ist Krankheit, sobald er sich zerstörend und abgeneigt gegen das Unvollendete, Unvollständige zeigt."

斯情。然文成而得意如願，復比比多有，如《宋書・范曄傳》獄中與甥姪書自譽《後漢書》云：“實天下之奇作，乃自不知所以稱之”；《顏氏家訓・文章》云：“神厲九霄，志凌千載，自吟自賞，不覺更有旁人”；歐陽修《文忠集》卷四七《答吳充秀才書》云：“蓋文之爲言，難工而可喜，易悅而自足”；甚且如王昶《國朝詞綜》卷四六西湖老僧《點絳唇》云：“得意高歌，夜静聲偏朗，無人賞，自家拍掌，唱徹千山響。”自得受用，未可因而斷言其才高或其趣卑，故能爲所欲爲，躊躇滿志乃爾。

【增訂三】“西湖老僧”詞乃淨慈寺僧豁堂自題畫者，見明遺民李介《天香閣隨筆》卷一，“偏”作“初”，“徹千”作“得青”。

【增訂四】蔣景祁《瑶華集》卷二選《點絳唇》，作者爲釋正喦，“唱徹千山響”作“唱得千山響”。陳廷焯《詞則・放歌集》卷六亦選“西湖老僧”此詞，“唱徹”作“唱得”，評曰：“一片化機，古今絶調。……‘徹’字不及‘得’字。”余觀唐寅《六如居士全集》（唐仲冕輯本）卷三《題畫》云：“山中老木秋還青，山下漁舟泊淺汀。一笛月明人不識，自家吹與自家聽”；此僧殆曾竊聽耶？

李光地《榕村語録》正編卷三〇嘗評杜甫：“工部一部集，自首至尾，尋不出他一點自見不足處，只覺從十來歲以至於老，件件都好；這是一件大病”；杜甫於詩亦“懷盈自足”，不似陸機之“遺恨終篇”，然二家文章正不以此爲優劣也。《史通・自敍》：“每握管，歎息遲回者久之，非欲之而不能，實能之而不敢也”；則文士“遺恨”之又一端，敗於人事，非己之咎。兩恨孰深，必有能言之者。

"若夫應感之會，通塞之紀，來不可遏，去不可止。"按自此至："雖茲物之在我，非余力之所戮，故時撫空懷而自惋，吾未識夫開塞之所由"，一大節皆言文機利滯非作者所能自主，已近後世"神來"、"烟士披里純"之説。《梁書·蕭子顯傳·自序》："每有製作，特寡思功，須其自來，不以力構"；《全唐文》卷七〇九李德裕《文章論》引自撰《文箴》："文之爲物，自然靈氣，恍惚而來，不思而至"；以至貫休《言詩》："幾處覓不得，有時還自來"（歐陽修《六一詩話》引無名氏惡詩道"好句難得"："盡日覓不得，有時還自來"），或《鏡花緣》第二三回林之洋强顏自解："今日偏偏詩思不在家，不知甚時纔來！"；莫非道此情狀。"在我"而非"余力"，即如鍾嶸《詩品》中《謝惠連》引《謝氏家録》載靈運自稱其"池塘生春草"之句，云："此語有神助，非吾語也！"；蘇軾《東坡題跋》卷二《書晁秀詩》："余嘗對歐陽文忠公誦文與可詩云：'美人卻扇坐，羞落庭下花'，公云：'此非與可詩，世間原有此句，與可拾得耳'"；

【增訂四】文與可句見《丹淵集》卷二《秦王卷衣》。

陸游《劍南詩稿》卷八三《文章》："文章本天成，妙手偶得之"；《儒林外史》第二回周進面譽王惠鄉試硃卷"後面兩大股文章尤其精妙"，"王舉人道：'那兩股文章不是俺作的。'周進道：'老先生又過謙了！却是誰作的呢？'王舉人道：'雖不是我作的，却也不是人作的！……'"。或讚或諷，有諧有莊，謝客兒誇五字"非吾語"，王舉人誇兩股"不是俺作"，正陸機言"非余力之所戮"爾。西人論致知造藝，思之思之，不意得之，若神告之，若物憑之，或曰："不當言'我思'，當言'有物［假我以］思'"

(Man soll nicht sagen：“Ich denke”, sondern：“Es denkt”)①；
或曰：“言‘我思’，大誤；當言‘我爲彼所思’。我即非我也”
(C'est faux de dire：Je pense. On devrait dire：On me pense. JE
est un autre)②。

【增訂三】濟慈亦嘗語友，每有新意新詞，輒自詫其似出於他
人而非得諸己者（it struck him with astonishment and
seemed rather the production of another person than his
own—quoted in Amy Lowell，*John Keats*，I，151）。
“在我”而“非余”，“天成”而人“偶得”，“不是俺”却“也不
是人”，此之謂矣。

《文賦》非賦文也，乃賦作文也。機於文之“妍蚩好惡”以
及源流正變，言甚疏略，不足方劉勰、鍾嶸；而於“作”之“用
心”、“屬文“之“情”，其慘淡經營、心手乖合之況，言之親切
微至，不愧先覺，後來亦無以遠過。杜甫《醉歌行》云：“陸機
二十作《文賦》”，未曉何本。

【增訂三】李清照《金石錄後序》：“余自少陸機作賦之二年，
至過蘧瑗知非之兩歲”；上句指上文之“余建中辛巳始歸趙
氏”，謂十八歲也。用事即本杜詩。

信斯言也，則可仿張說稱崔湜而歎其文或可致，其年不可及矣。

---

① Lichtenberg，quoted in R. Müller-Freienfels，*Psychologie der Kunst*，I，
321. Cf. Heine，*Religion und Philosophie in Deutschland*，III，*Sämtl. Werke.*，Wei-
chert，VIII，94：“So wie man sagt：‘Es regnet, es blitzt’ usw.，so sollte Fichte nicht
sagen：‘Ich denke’，sondern ‘Es denkt’.”

② Rimbaud：“Lettre à Georges Izambard”，*Poèmes*，Hachette，245；cf. 246，
“Lettre à Paul Demeny”：“Car Je est un autre”，etc..

人纔弱冠，方且負才使氣，易念輕心，以爲興酣可搖五嶽，筆落足掃千軍，安能便深知茲事之難，九迴腸而三折肱，如機之全消客氣，盡退虛鋒，作過來人閱歷語哉？後世沿習，已成典故，如《梁谿漫志》卷六自記爲"士子年十有九擢第"作啓云："年踰賈誼，亦濫置於秀林，齒少陸機；顧何能於《文賦》。"周君振甫曰："李善於此《賦》題下註引臧榮緒《晉書》載機'年二十而吳滅'，積十一年入洛，爲張華所賞，作《文賦》。必非如杜詩所謂'二十作《文賦》。'陸雲與兄書之九稱《文賦》'甚有辭'，又曰：'《感逝賦》愈前'云云；當指機之《歎逝賦》，其賦明言'余年方四十'，則《文賦》爲機四十後作。"允矣。

陸機《謝平原內史表》："雲雨之澤，播及朽瘁。忘臣弱才，身無足采；哀臣零落，罪有可察。……使春枯之條，更與秋蘭垂芳，陸沈之羽，復與翔鴻撫翼。"按沈約《齊安陸王碑》："惠露沾吳，仁風扇越"，《文選》李善註："陸機《謝成都王牋》曰：'慶雲惠露，止於落葉。'"其《牋》僅存善註所引二句，意同此《表》"雲雨之澤"二句與"使春枯之條"二句，猶言起死人而肉白骨，"止"如"蒞止"之"止"，至及也；脫善註未標明《謝牋》，則奇零八字，尠不以爲猶言西江水難活枯鮒，而視"止於"如"流言止於智者"之"止於"矣。洪邁《容齋四筆》卷一四："表章自敍，以兩'臣'字對說，由東坡至浮溪多用之。然須要審度君臣之間情義厚薄及姓名眷顧，於君前乃爲合宜。劉夢得代竇羣容州表有：'察臣前任事實，恕臣本性朴愚'，坡公本此。近代後生，不識事情，碌碌常流，乍得一官，輒云'知臣'、'察臣'之類，真可笑也！"洪氏未識唐前表奏早以"兩'臣'字對說"，如陸機此《表》之"忘臣——哀臣"，又《全後周文》卷一

○庾信《代人乞致仕表》：“察臣榮不可支，矜臣分不能强。”唐人固常仿此，如《全唐文》卷七七一李商隱《代平安公遺表》：“豈意陛下謂臣奄有三縣，未稱其能，謂臣出以一麾，未足爲貴。”

【增訂四】唐人表奏如《全唐文》卷二〇七宋璟《乞休表》：“陛下選能以授，爲官而擇。察臣之有詞，矜臣之不逮”；卷二四六李嶠《謝賜優詔矜全表》：“許臣以無僭衡鏡，怪臣以輒謝鹽梅。察臣誠款之心，知其憂國；覽臣狂愚之奏，謂合事宜。”更僕難數。

北宋愈多，蘇軾所師歐陽修《亳州謝上表》即云：“察臣自取於怨仇，本由孤直；憫臣力難於勉强，蓋迫衰殘”，何必“本”劉禹錫哉？又如王安石弟子陸佃《陶山集》卷七《謝中書舍人表》：“察臣於隱約之中，擢臣於疏賤之外”，卷八《蔡州謝上表》：“念臣才能雖薄，猶是舊人；察臣悔吝固多，實非餘黨。”南宋尤成匡格，此洪邁之所以嗤笑歟。莊仲方《南宋文範》卷二七、二八所錄，自宗澤《遺表》至方岳《辭起復知州表》“察臣”、“念臣、“俾臣”、“憐臣”、“知臣”、“矜臣”、“謂臣”之類，層見疊出，葫蘆依樣，其中或不無“碌碌常流”。楊萬里《誠齋集》卷四七《謝御寶封回自劾狀表》：“憐臣老而幸會，親逢賓日之清明；知臣野而朴忠，未聽客星之漁釣”，則洵免於此嘲矣。

陸機《與弟雲書》：“此間有傖父，欲作《三都賦》，須其成，當以覆酒甕耳！”按卷一〇二陸雲《與兄平原書》之一九：“雲謂兄作《二京》，必得無疑，久勸兄爲耳。又思《三都》，世人已作是語，觸類長之，能事可見。”則似雲已覩左思賦矣。《文選》以賦體開卷，而以《京都》冠其體；蓋此種製作競多侈富，舒華炫博，當時必視爲最足表才情學問，非大手筆不能作者。故左思不惜“構思十稔”爲之，而陸雲亦“久勸兄爲”也。《北齊書·魏收傳》：“收以温子昇全不作賦，邢雖有一兩首，又非所長，常云：‘會須作賦，始成大才士’”；而作《京都》賦殆才之尤大者歟。竊意其事仿佛後世之重五、七言長律；杭世駿《道古堂文集》卷七《〈韻典析疑〉序》：“自來大家未有不工排律而可冒託者也。近代鉅公……薄排律而不屑爲，勉强爲之，不及十韻而已胸喘膚汗，氣竭不能再鼓矣”；施閏章《愚山別集》卷一：“吾讀方密之《述懷》二百韻，歎爲奇觀，已如讀《三都賦》。至關中李太青有三百韻詩，便當盡焚却古今經、史、子、集，單看此一篇排律矣！”；王闓運《湘綺樓日記》光緒二十八年四月十九日：“唐詩唯無七言排律，本朝最重大詩體也；自鴻博大考始用之，非小翰林所敢作，惟湯海翁有七排百韻，亦第一詩人矣！”——指湯鵬《海秋詩集》卷二五《曹新安師以詩集命點勘，斐然敘德抒情，得七律一百韻》。長律可具類書之用，故施氏戲欲摧燒四部之籍，又與袁枚等謂《三都》《兩京》足“當類書、郡志”，互相發明；參觀前論《三都賦》。

　　《與長沙顧母書》：“痛心拔腦，有如孔懷。”按僅二句，嚴未註輯自何書。實出《顏氏家訓·文章》篇，舉爲“用事誤”之例者，謂：“述從祖弟士璜死，乃云云。心既痛矣，即爲甚思，何故言‘有如’也？觀其此意，當謂親兄弟爲‘孔懷’；《詩》云：‘父母孔邇’，而呼二親爲‘孔邇’，於義通乎？”

一三九　全晉文卷九九

　　陸機《演連珠》。按立譬多匠心切事，拈而不執，喻一邊殊，可悟活法。如既曰："物勝權而衡殆，形過鏡則照窮"，而復曰："鑑之積也無厚，而照有重淵之深，目之察也有畔，而眂周天壤之際"；既曰："都人冶容，不悦西施之影，乘馬班如，不輟太山之陰"，"覽影偶質，不能解獨，指迹慕遠，無救於遲"，"圖形於影，未盡纖麗之容，察火於灰，不覩洪赫之烈"，而復曰："名勝欲故偶影之操矜，窮愈達故凌霄之節厲"；既曰："尋烟染芬，薰息猶芳，微音録響，操終則絶"，而復曰："郁烈之芳，出於委灰，繁會之音，生於絶絃"，又曰："充堂之芳，非幽蘭所難，繞梁之音，實繁絃所思。"皆言非一端之例也。參觀《周易》卷論《歸妹》、《老子》卷論第四一章、《列子》卷論《黄帝》篇。"不悦西施之影"句，《文選》善註引《潛夫論》"圖西施、毛嬙可悦於心"云云，未允；《淮南子·説山訓》早曰："畫西施之面，美而不可悦。"《全齊文》卷二三謝朓《思歸賦·序》："夫鑑之積也無厚，而納窮神之照；心之徑也有域，而納重淵之深"，即本陸此文。

　　"臣聞傾耳求音，眂優聽苦，澄心徇物，形逸神勞。"按

"優"乃"優閒"、"優游"之"優"，謂耳勞而目逸，視不能分聽之苦，即下文之"雖同方不能分其感"。"澄心"句正如機《隴西行》所云："我靜而鏡，民動如烟"，然彼言心以定而洞觀，此言神以明而疲照，又各明一義。

"臣聞絃有常音，故曲終則改，鏡無畜影，故觸形則照。"按《文選》李善註："《文子》曰：'事猶琴瑟，終必改調'；《淮南子》曰：'鏡不設形，故能形也。'"《淮南》語實亦本《文子·上德》篇，善註失引。參觀《毛詩》卷論《柏舟》。先秦諸子如《莊子·應帝王》、《韓非子·飾邪》等早有鏡形之喻，然不若釋氏著作之發揮盡致。《楞嚴經》卷一〇："如鏡鑑明，來無所粘，過無踪跡"，或僧肇《寶藏論·離微體靜品》第二："譬如明鏡，光映萬象，然彼明鏡，不與影合，亦不與體離"；尚皆不過似莊之言"不將不迎，應而不藏"，韓之言"執清而無事"。《宗鏡錄》卷一〇引《〈起信論〉疏釋》之鏡喻四解，則推闡無賸義矣。有云："登樓持鏡，則黃河一帶盡入鏡中，瀑布千丈，見於逕尺；王右丞詩云：'隔窗雲霧生衣上，卷幔山泉入鏡中'，明是所現矣"；可爲機之"形過鏡則照窮"下轉語，又可爲機之"目之察也有畔"作譬喻。

"是以江漢之君，悲其墜屨；少原之婦，哭其亡簪。"按善註引《賈子》及《韓詩外傳》，是也。李白《爲吳王謝責赴行在遲滯表》："慚墜屨之還收，喜遺簪之再御"，亦以二事作對，而反悵慼爲慚喜，於故典能生發活用者。王琦註《李太白集》卷二六此文，未及機語。又王氏註"遺簪"引《韓詩外傳》，而註同卷《爲趙宣城與楊右相書》："收遺簪於少原"，却引《獨異志》；數葉之內，不相照管，大似掇拾類書、非出一手，吁可怪也！

　　"臣聞烟出於火，非火之和，情生於性，非性之適；故火壯
則煙微，性充則情約。"按前之道家、後之道學家，發揮性理，
亦無以逾此。《全唐文》卷六三〇吕温《望思臺銘》："性雖生情，
情或滅性"，詞簡意豁，可移作註釋。《全三國文》卷四八嵇康
《答向子期〈難養生論〉》："夫嗜欲雖出於人，而非道之正，猶木
之有蝎，雖木之所生，而非木之宜也。故蝎盛則木朽，欲勝則身
枯"；亦其意而別設喻耳。《全宋文》卷三六顔延之《庭誥》："欲
者，性之煩濁，氣之蒿蒸；故其爲害，則燻心智，耗真情，傷人
和，犯天性。雖生必有之，而生之德，猶火含烟而妨火，桂懷蠹
而殘桂，然則火勝則烟滅，蠹壯則桂折，故性明者欲簡，嗜繁者
氣惛"；則取譬兼嵇之木蠹與陸之火烟。劉晝《新論・防慾》：
"情生於性而情違性；慾由於情，而慾害情。情之傷性，性之妨
情，猶烟冰之與水火也；烟生於火而烟鬱火，冰出於水而冰遏
水"；《全唐文》卷六三七李翱《復性書》上篇："情者、性之動，
水泪於沙，而清者渾，火鬱於烟，而明者昏，性動於情，而善者
惡。……水之渾也，其流不清，火之烟也，其光不明"；則皆
本陸之火喻而兼采二氏之水喻。《文子》數喻性於水，如《下
德》論"人性欲平，嗜欲害之"，曰："故水激則波起，氣亂則
智昏，昏智不可以爲正，波水不可以爲平"；《道原》曰："水
之性欲清，沙石穢之；人之性欲平，嗜欲害之"；《十守》："人
之精神，難濁而易清，猶盆水也"；反復一意。釋書橫説竪説，
正看側看，如《雜阿含經》卷八之二一七："眼是人大海，彼
色爲濤波；若能堪色濤波者，得度眼大海竟。耳、鼻、舌、
身、意是人大海，聲、香、味、觸、法爲濤波，若堪忍彼法濤
波，得度於意海竟"；《楞伽經・一切佛語心品》之一："譬如

巨海浪，斯由猛風起。……藏識海常住，境界風所動。……海水起波浪，七識亦如是”；

> 【增訂四】《成唯識論》卷三：“如海遇風緣，起種種波浪；現前所用轉，無有間斷時。藏識海亦然，境等風所擊，恒起諸識浪，現前作用轉。”

《楞嚴經》卷三：“由此四纏，分汝湛圓妙覺明心。……譬如清水，清潔本然，即彼塵土灰沙之倫，本質留礙；二體法爾，性不相循。有世間人，取彼土塵，投於淨水，土失留礙，水亡清潔，容貌汩然，名之爲濁”；《維摩詰所說經·觀衆生品》第七有云：“如水聚沫，如水上泡”，謝靈運《〈維摩經〉十譬讚》即演之云：“水性本無泡，激流遂成沫。”袁枚《小倉山房文集》卷三《書〈復性書〉後》謂其“水火之喻”爲“尤誤”：“夫水火性也，其波流光焰則情也。……若夫汙而爲泥沙，鬱而爲煙黷，此後起者累之，所謂‘習相遠’也，於情何尤哉?”其詞甚辯，然概乎未知以“煙黷”、“泥沙”喻情，初非昉自李氏也。吾國衲子復好取冰水爲喻，如僧肇《寶藏論·廣照空有品》第一：“真冰釋水，妄水結冰”；淨覺《楞伽師資記》第三篇載北齊惠可語：“冰生於水而冰遏水，冰泮而水通，妄生於真而妄迷真，妄盡而真見”；智者《摩訶止觀》卷一《大意》：“法性不異苦集，但迷苦集失法性，如水結爲冰，無別水也。……無明轉即變爲明，如融冰成水。”至清涼澄觀《華嚴經疏鈔》卷三六《菩薩問明品》第一○覺首菩薩頌：“譬如河中水”疏列舉“水有十義同真性故”，洋洋乎尤爲大觀。佛說既盛行，儒家、道家之言性者，亦濡染掐擦，如《禮記·中庸》：“天命之謂性”，孔穎達《正義》引梁五經博士賀瑒曰：“性之與情，猶波之與水，静時是水，動則是波，静時是性，動則是情"；

　　【增訂三】《程氏遺書》卷一八《伊川語》："湛然平静如鏡者，
　　水之性也。及遇沙石或地勢不平，便有湍激；或風行其上，便
　　爲波濤洶湧，此豈水之性也哉！……然無水安得波浪，無性安
　　得情也？"設譬全同道釋，不避異端，不怵他先，殆章學誠所
　　謂"言公"者。末二句語意尤屬禪家常喻。淨覺《楞伽師資
　　記》卷四粲禪師："若純金不隔於環佩，等積水不憚於連漪"，
　　註："金爲器體，故無器而不金；波爲水用，亦無波而異水
　　也"；無名氏《歷代法寶記》無相禪師："水不離波，波不離
　　水，波喻妄念，水喻佛性"；《五燈會元》卷一三普滿："土上
　　加泥猶自可，離波求水實堪悲。"西語"情"（emotion）字之
　　根爲"動"（motus）字（A. Lalande, *op. cit.*, 278-9），可
　　與"性"感物而動爲"情"之説參印。

李翺《復性書》中篇即不復及火，祇曰："水之性清澈，其渾之
者沙泥也。……人之性猶水之性也"；《關尹子·五鑑》："情生於
心，心生於性；情、波也，心、流也，性、水也"。此類水喻，
與《孟子·告子》之"性猶湍水"、《老子》二〇章之"澹若海，
漂無所止"，均着眼不同，會心別具，正如陸機之火喻，與《莊
子·養生主》之"窮薪火傳"、即慧遠、宗炳輩借以申佛説神不
滅者，亦喻同而邊異焉。陸機烟情火性之譬，熠焉已若寒灰；宋
儒誦説李翺，尊爲理學先覺，於《演連珠》無過而問者。《維摩
詰所説經·方便品》第二："是身無我爲如火"；《楞嚴經》卷三：
"火性無我，寄於諸緣"；又標新解。《關尹子·六匕》："譬如火
也，躁動不停，未嘗有我"；道家僞書向佛典中作賊耳。

　　"臣聞圖形於影，未盡纖麗之容"云云。按黄庭堅《豫章黄

先生文集》卷二七《跋東坡論畫》引此《珠》而論之曰："此論與東坡照壁語，託類不同，而實契也"；又引下一《珠》"臣聞情見於物"云云而論之曰："此論則如語密而意疏，不如東坡得之濠上也。雖然，筆墨之妙，至於心手不能相爲南北，而有數存焉於其間；則意之所在者，猶是國師天津橋南看弄胡孫、西川觀競渡處耳。"黃若曰：得心應手，固是高境，然神妙處往往非初心所及，出意計之外，有同幸偶；"有數"即《文賦》所謂"非余力"也。"國師"云云指唐僧慧忠與大耳三藏鬭法事，具見《列子》卷論《黃帝》篇。

　　陸機《吳大司馬陸抗誄》。按輯自《藝文類聚》卷四七；《顏氏家訓·文章》篇："陸機父《誄》云：'億兆宅心，敦敍百揆'，姊《誄》云：'倪天之和'，今爲此言，則朝廷之罪人也"，《類聚》略去此二句，嚴氏未補，亦漏輯姊《誄》。嚴氏似未細檢《家訓》，如同篇引孫楚《王驃騎誄》，卷六〇即失於網羅也。顏氏指摘機措詞僭妄，罔知忌諱，可參觀董逌《廣川書跋》卷五《泰山都尉孔宙碑》所舉《書》、《詩》以至魏晉"古人於文無忌"諸例；沈濤《銅熨斗齋隨筆》卷八論唐《王守琦墓志》之臣下稱"崩"，張宗泰《魯巖所學集》卷一〇論《唐闕史》之軍將稱"殂落"，亦其類。

　　陸機《弔魏武帝文》："已而格乎上下者，藏於區區之木，光于四表者，翳乎蕞爾之土。……戢彌天乎一棺。"按王安石《次相州》："功名蓋世知誰是，氣力迴天到此休"，亦爲弔魏武墓作，正同此意。古羅馬詩人詠亞歷山大大帝云："少年時雄圖大略，睥睨全球，猶覺狹小，死後方知躬眇軀微，所據僅片席地爾"（Unus Pellaeo iuveni non sufficit orbis；/ . . . mors sola fatetur/

quantula sint hominem corpuscula)①，即所謂"四表嬛乎撮土"也。

【增訂三】德國古詩人(Andreas Gryphius)亦言："生前祇覺世界太逼窄，死後相形墓穴廓落"（Dem hie die Welt zu eng，/Dem wird ein enges Grab zu weit——M. Wehrli，*op. cit.*，56）。

---

① Juvenal，*Satires*，X，168，172-3，"Loeb"，206. Cf. Henry Vaughan，*Olor Iscanus*，"The Charnel-house"："Thus Cyrus tam'd the *Macedon*，a tombe/ Checkt him，who thought the World too straight a Room"（*Works*，ed. L. C. Martin，42）。

一四○　全晉文卷一○○

　　陸雲《歲暮賦》：“悲人生之有終兮，何天造而罔極。”按謂人壽短促而世界永久，鑄詞不如王勃《滕王閣序》名句：“天高地迥，覺宇宙之無窮；興盡悲來，識盈虛之有數。”鮑照《傷逝賦》：“寒往暑來而不窮，哀極樂反而有終”，亦此意。“年有來而棄予兮，時無算而無我。”按進一解，謂世壽無窮，却不能分減與人，億萬斯年，於己無與，如有酒池肉林在，而不克以殘骨餘瀝活餓殍。參觀《毛詩》卷論《正月》，彼言人生境地窄而宇徒廣大，此言人生年命促而宙空悠久也。